Entwicklungsaufgaben und Bewältigungsprobleme
in der Adoleszenz

Entwicklungsaufgaben und Bewältigungsprobleme in der Adoleszenz

Sozial- und entwicklungspsychologische Perspektiven

von

Prof. Dr. Detlev Liepmann

und

Dr. Arne Stiksrud

Berlin

Verlag für Psychologie · Dr. C. J. Hogrefe
Göttingen · Toronto · Zürich

Druck und Bindearbeit
Dieterichsche Universitätsbuchdruckerei W. Fr. Kaestner GmbH & Co. KG, Rosdorf/Kr. Göttingen
Printed in Germany
ISBN 3 8017 0243 x

Inhaltsverzeichnis

TEIL III
SELBSTSCHEMATA IN DER ADOLESZENZ

TEIL IV
ENTWICKLUNG VON LEISTUNNG UND ZUKUNFTSORIENTIERUNG
IM JUGENDALTER

Vorwort

Die Neu- und Wiederentdeckung des Jugendalters als Thema der Psychologie, insbesondere der Entwicklungspsychologie führt zu einer Themenauffächerung, die Probleme der 'Zentrifugalität' und der Partikularisierung mit sich bringt. Da der Jugendliche sich auf der Schwelle zur autonomen Partizipation am gesellschaftlichen Gefüge befindet, kann man sich mit dem Phänomen 'Jugend' nicht ohne sozialpsychologische Denkweisen befassen. Ein heuristischer Rahmen, der beides, die 'Entwicklung' und das Hineinwachsen in das gesellschaftliche Gefüge, berücksichtigt, ist historisch mit HAVIGHURSTs (1953) Konzeption der Entwicklungsaufgaben vorgegeben. Das Kennzeichnende von Entwicklungsaufgaben ist, daß sie "zwischen individuellen Bedürfnissen und objektiven gesellschaftlichen Forderungen" stehen (EWERT, 1983, S. 55), daß sie es ermöglichen, den Lebenslauf zu gliedern, und daß sie eine Kombination von 'normativ altersbezogenen' und 'normativ kulturwandelbezogenen' Einflußsystemen auf die Entwicklung darstellen. Nach BALTES & SOWARKA (1983, S. 20) bezeichnen normativ altersbezogene Einflußsysteme solche Determinanten, die eine hohe Korrelation mit dem chronologischen Alter aufweisen; sie sprechen daher auch von "entwicklungsregulierenden Faktoren", die sich aus dem Zusammenspiel von ontogenetischer Organismusentwicklung und der in der Gesellschaft vorgegebenen sozialen Strukturierung des Lebensablaufs ergeben. Normativ kulturwandelbezogene Einflußsysteme beinhalten solche Entwicklungsdeterminanten, die zeitlich mit Art und Verlauf der Geschichte, d.h. mit gesellschaftlichem Wandel, koordiniert sind; man denke an Innovationen, z.B. die Einführung eines neuen Ausbildungssystems für alle Jugendlichen oder an Wirtschaftskrisen mit genereller Jugendarbeitslosigkeit bzw. an die Paradoxie eines Wirtschaftswachstums m i t einem größeren Ausmaß an Jugendarbeitslosigkeit. Von den im statistischen Sinn normativen Entwicklungssystemen - d.h. wenn sich hohe Korrelationen mit der ontogenetischen und/oder historischen Zeitdimension ausweisen lassen - werden noch 'nicht-normative' Ereignissysteme unterschieden. Darunter werden solche Einflußkomponenten zusammengefaßt, die für den individuellen Verlauf der Entwicklung relevant sind, aber bezüglich Auftreten und Konstellation eher einen idiographischen Zugang verlangen.

Das Konzept der Entwicklungsaufgaben, wie es von HAVIGHURST eingeführt wurde, kann mit allen drei Einflußgrößen zu tun haben; diese können biologischen, kulturellen und gesellschaftlichen sowie persönlichkeitsspezifischen Ursprungs sein. Die Entwicklungsaufgaben sollen bei der Identifikation und Entdeckung von Erziehungs- und Curriculumzielen helfen; sie ermöglichen das erzieherisch günstige Moment ('teachable moment') im individuellen Lebenslauf ('timing'); das Nicht-Erfüllen einer Aufgabe in der ihr eigenen Entwicklungszeitspanne führt zu partiellem oder totalem Versagen in der Erfüllung noch bevorstehender Aufgaben. Noch expliziter wird das fast deterministische Stufensequenz-Modell von HAVIGHURST (1953, S. 1) in seiner Definition von 'developmental task': "Es handelt sich um eine Aufgabe in oder während der individuellen Lebensperiode, deren erfolgreiches Erreichen zu Glücklichsein und Erfolg mit zukünftigen Aufgaben führt, wohingegen Versagen das Individuum unglücklich macht und zu gesellschaftlicher Mißbilligung und

Schwierigkeiten mit zukünftigen Aufgaben führt". Wenngleich einige der von HAVIGHURST aufgeführten Entwicklungsaufgaben heute anders formuliert werden dürften und auch entwicklungspsychologischer Erkenntnisfortschritt die jenen zugrunde gelegten Zeit- und Stufenvorstellungen relativieren würde, tauchen in der neueren Entwicklungspsychologie diese Grundgedanken vor allem deshalb wieder auf, weil ihnen die Vorstellung von einer Gesamt-Lebenslauf-Spanne mit jeweils alterstypischen Aufgaben zugrundeliegt. Es handelt sich dabei um Soll-Zustände bezüglich einer aktiven Entwicklung des Jugendlichen in seine Umwelt hinein. Es bleibt offen, ob es sich dabei um ein Verlangen der Lösung von Adoleszenzaufgaben seitens 'der' Gesellschaft oder besser anderer Altersgruppen handelt oder ob man es hier mit Zuschreibungen von Aufgaben, d.h. sozialer Normierung durch die Mitglieder der eigenen Altersgruppen, zu tun hat oder ob zu der sozialen Normierung durch die Erwartungen der Mitglieder anderer Altersgruppen u n d der eigenen Altersgruppe n o c h eigene Norm- und Wert-Vorstellungen über eigene Entwicklung und damit Zukunft hinzukommen. (Wäre das Individuum n u r Produkt gesellschaftlicher Zuschreibung, dann würde sich die attributive Überbetonung von Mißständen bei der Altersgruppe der Jugendlichen auch dahingehend auswirken, daß man dieser nur diese und nicht andere Handlungsformen zumutet).

Der Jugendliche wächst in den Gewohnheiten und damit Aufgabenzuschreibungen einer definierbaren soziokulturellen Umwelt auf, "doch ist er nicht das Produkt dieser Gewohnheiten, sondern er interpretiert sie, verleiht ihnen Sinn oder verwirft sie auf der Suche nach neuen Entwürfen ..." (EWERT, 1983, S. 9). Sieht man das Jugendalter aus dieser Perspektive, dann müssen 'Aufgaben' und 'Probleme' des Jugendalters neu überdacht werden. Nach DÖRNER (1976, S.10) unterscheidet sich 'Aufgabe' von 'Problem' insofern, als auf bekannte Lösungsmethoden und -möglichkeiten zurückgegriffen werden kann, d.h. 'Aufgaben' erfordern reproduktives Gedächtnis-Handeln; 'Probleme' hingegen erfordern produktives Denk-Handeln. Ein Problem ist dann gegeben, wenn eine Person ein bestimmtes Ziel erreichen will, jedoch nicht weiß, wie sie zu diesem Ziel gelangen kann, d.h. nicht auf allgemein bekannte Operationen und spezifische Techniken zurückzugreifen vermag (vgl. SÜLLWOLD, 1969, S.273). Zwischen Ziel und denk-handelnder Person befindet sich eine Barriere, eine Schwierigkeit, ein Hindernis, für deren Überwindung anläßlich des ersten Schrittes vom unerwünschten Anfangszustand zu einem erwünschten Endzustand keine effiziente Reaktionsmöglichkeit gegeben ist. Wenn von Problemen Jugendlicher die Rede ist, dann erfahren wir meist nur etwas über die Unannehmlichkeiten des 'Ausgangszustandes' und möglicherweise etwas Inhaltliches über die 'Barrieren', aber wenig über die Zielzustände, die auch Aspekte der Entwicklungsaufgaben als selbstgewählte Zielvorgaben beinhalten sollten.

Das Aufeinander-Verwiesensein beider Entwicklungskomponenten - der Setzungen und Zuschreibungen durch die Umwelt sowie der Wahrnehmung und Ausschöpfung eigener Handlungsfreiheit und subjektiver Wirsamkeitserfahrung - wird hier von BRANDTSTÄDTER betont. In den übrigen Beiträgen dieses Bandes werden die Bedingungen und Möglichkeiten dieser speziell im Jugendalter notwendigen Konvergenz von Individuum und Gesellschaft aus unterschiedlicher Perspektive empirisch untersucht. Zuerst wird ersichtlich, daß 'die' Jugend mit ihren Problemen schwerlich theoretisch und empirisch konstruierbar ist: Zum einen sind es Jugendliche inner-

halb unterschiedlicher institutioneller Rahmenbedingungen, z. B. Lehrlinge (DITTMANN-KOHLI, SCHMIDT, QUAST, LIEPMANN et al.) oder Schüler
(JERUSALEM, DE VOL & SCHWEFLINGHAUS) oder schon (bzw. noch) akademische
Jugendliche (HÖRMANN & BRUNKE); zum anderen lassen sich 'die' Jugend-
probleme in unterschiedlicher Hinsicht auffächern. Die Bewältigungsprobleme der Identitäts- und Rollenfindung in der Adoleszenz scheinen zwar
als solche 'alt' zu sein, da sie schon eine für die Psychologie satu-
rierte Historie aufweisen können. Sie sind allerdings 'jung' insofern,
als die Themen der Geschlechtsrollen (NIEDER & PEZARO) und der kulturellen Identität bei der II. Migrantengeneration (CHRIST et al., STIKS-
RUD & WOBIT) im deutschen Gesellschaftsgefüge 'neu' sind, das sich als
transitorisches der "Übergangsphase" Jugend zu stellen hat. Die kognitive Wende in der Entwicklungspsychologie führte auch zur Re- und
Neuformulierung der sozio-emotionalen Aspekte von 'Identität': Das
'Selbstkonzept' bzw. noch kognitivistischer die 'Selbstschemata' sind
heutzutage noch allgemeinere und umfassendere Konstrukte. 'Werte' des
Jugendlichen sind demnach nicht nur emotionale und motivationale Aspi-
rationen, sondern auch kognitive Selbsteinschätzungen und Selbstvor-
wegnahmen in eine schwer strukturierbare Zukunft, von der anscheinend
nur sicher ist, daß sie der jetzt Jugendliche als Erwachsener und nicht
mehr als Jugendlicher erleben wird (vgl. STIKSRUD,1984). Das Übergangsstadium des Jugendlichen verlangt von diesem ein eigenes Lebenslaufkal-
kül, die Vorwegnahme eigener personaler Zukunft und der Zukunft des Ge-
sellschaftssystems, in das er sowohl hineinwächst als auch dessen Teil-
komponente er schon ist. Die Leistungsdimension kann nicht von der Zu-
kunftsdimension getrennt werden (vgl. LIEPMANN et al.); täte man dies,
wäre die Frage nach der Berechtigung von Leistung und Anstrengung bei
den Jugendlichen angebracht. Wenn der Instabilität des Jugendlichen im
Übergangsstadium von der Kindheit ins Erwachsenenleben eine Instabilität des Sozialgefüges entspräche, in das handlungsvorwegnehmend hinein-
geplant und -strukturiert werden muß, dann bliebe als jugendtypische
Leistungsanforderung 'nur' die Bewältigung der mangelnden Kalkulierbar-
keit von eigener und gesellschaftlicher Zukunft übrig. Ob dies eine
spezifisch psychologisch fundierte Strategie der Entwicklungs- und
Lebenslaufberatung (vgl. BRANDTSTÄDTER) rechtfertigte, läßt sich an-
zwcifeln. Entwicklungsaufgaben und Bewältigungsprobleme in der Adoleszenz verlangen die Zieldefinition und Vorwegnahme sowie die mehr oder
weniger plastische Vorstellung von eigener Zukunft in einem Transak-
tionsrahmen von Person und Umwelt - sowohl für den Jugendlichen wie
auch für den Entwicklungsberater.

Berlin, März 1985   *Detlev Liepmann*
                                                         Arne Stiksrud

Entwicklungsprobleme des Jugendalters als Probleme des Aufbaus von Handlungsorientierung

Jochen Brandtstädter

1. Einleitung: Entwicklungsübergänge des Jugendalters

Das Jugendalter wird von Entwicklungspsychologen gern als eine "Übergangsphase" bezeichnet. Angesichts der massiven, zahlreichen Entwicklungsebenen umfassenden Veränderungsdynamik der Adoleszenz ist dies eine wohl eher blasse Charakterisierung: Veränderungen auf biologisch-somatischer Ebene gehen einher mit der Umstrukturierung interpersoneller Beziehungen und sozialen Statusveränderungen; schulische und berufliche Entwicklungsbereiche treten gegenüber dem familiären Umfeld in den Vordergrund; im Zuge des Übertritts in die Lebensbereiche und Rollensysteme des Erwachsenenalters ergeben sich neuartige Handlungserfordernisse und Handlungsmöglichkeiten, damit zugleich auch neue Maßstäbe und Möglichkeiten erfolgreicher und scheiternder Entwicklung. Hinzu kommen Veränderungseffekte säkularen und historischen Wandels: Die Lebens- und Entwicklungskontexte, in welche die genannten lebenslaufgebundenen Veränderungen eingebettet sind, unterliegen selbst einem (zunehmend rapiden) kulturellen Wandel. Entwicklungsprozesse während der Adoleszenz müssen mithin nach mindestens drei molaren, miteinander wechselwirkenden Varianzquellen aufgeschlüsselt werden: Einflüsse, die mit der Altersstaffelung soziokultureller Entwicklungsforderungen und Entwicklungsangebote verbunden sind (vgl. NEUGARTEN & HAGESTAD, 1976), interagieren mit physiologisch-somatischen Entwicklungsfaktoren sowie mit Einflüssen, die vom historisch-kulturellen Wandel ausgehen und an die Generations- bzw. Kohortenzugehörigkeit des Individuums gebunden sind (vgl. auch BALTES & WILLIS, 1977). Diese Bedingungssystematik trägt dem Umstand Rechnung, daß die Entwicklungsphänomene und Entwicklungsprobleme des Jugendalters in verschiedenen historisch-kulturellen Kontexten neben strukturellen Gemeinsamkeiten immer auch spezifische Inhalte und Äußerungsformen aufweisen.

Mit Blick auf die angesprochene komplexe Änderungsdynamik haben einflußreiche Entwicklungstheoretiker das Jugendalter als einen Entwicklungsabschnitt der Krisen und Konflikte, als Phase auch des erhöhten Risikos für Entwicklungs- und Verhaltensprobleme charakterisiert: FREUD (1940; vgl. auch LIDZ, 1969) zentrierte auf die Reaktualisierung psychosexueller Konflikte; ERIKSON (1968) betonte die krisenhafte Polarität von Identitätsbildung und Rollenkonfusion; LEWIN (1939) sprach von der konfliktträchtigen "Marginalposition" des Jugendlichen im Übergangsfeld zwischen dem Lebensraum des Kindes und dem des Erwachsenen; DOLLARD et al.(1939) sahen in der für das späte Jugendalter charakteristischen Diskrepanz zwischen physischer Reife und sozialen Verhaltensoperationen eine Quelle von Frustrationen und - dementsprechend - ein Motiv für aggressive, u.U. auch für depressive oder resignative Tendenzen. Aus soziologischer Sicht hat MANNHEIM (1952) die "dynamische Destabilisierung" des Jugendalters als Voraussetzung für die Ausbildung von "Generationseinheiten" mit gleichartigen lebensthematischen Grundorientierungen betrachtet.

Die in solchen theoretischen Formulierungen anklingende, auch im Alltagsverständnis verbreitete "Sturm- und Drang"-Konzeption des Jugendalters mag in einigen Punkten überspitzt sein. Gestützt auf empirische Befunde haben einige Autoren eingewendet, daß die Entwicklung bei Jugendlichen mehrheitlich keineswegs krisengeschüttelt verlaufe und daß die Entwicklungsübergänge des Jugendalters angesichts der doch einschneidenden körperlichen, psychischen und sozialen Veränderungen sich oft überraschend ruhig und undramatisch vollzögen, so daß weniger das Auftreten von Verhaltens- und Entwicklungsproblemen während der Adoleszenz als vielmehr die im ganzen eher geringe Inzidenz solcher Probleme erklärungsbedürftig sei(z.B. COLEMAN, 1980; GRAHAM & RUTTER, 1977; JOSSELSON, 1980). Nun wird man auch solche Einwendungen auf die jeweiligen Urteilsmaßstäbe und den weiteren methodischen und historichen Untersuchungskontext relativieren müssen (vgl. ELDER, 1980). Immerhin verdeutlichen sie die Notwendigkeit eines differentiellen Zugangs, der interindividuelle Unterschiede in der Bewältigung der Entwicklungsübergänge der Adoleszenz berücksichtigt und nach den entwicklungspsychologischen Bedingungen solcher Unterschiede fragt.

Ungeachtet dieser notwendigen Einchränkungen kann man die Adoleszenz durchaus als einen veränderungsintensiven Entwicklungsabschnitt charakterisieren, in dem Entwicklungsmöglichkeiten und Entwicklungsforderungen, Entwicklungsinteressen und Entwicklungsangebote neu aufeinander abgestimmt werden müssen, der mithin Reorientierungen und "readjustments" in verschiedenen Lebens- und Entwicklungsbereichen herausfordert und in dieser Hinsicht vielleicht paradigmatisch für Übergangs- und Bewältigungsprobleme auch in späteren Abschnitten der Lebensspanne ist.

2. Orientierungsprobleme der Adoleszenz

Der Jugendliche ist an und für sich unsicher - so kann man vielleicht mit Charlotte BÜHLER (1962) diese einleitenden Überlegungen zusammenfassen. Unsicher und verunsichert in vielerlei Hinsicht: Verunsichert angesichts neuer, oft unklarer Entwicklungsaufgaben und Rollenerwartungen; im Ungewissen über eigene Entwicklungspotentiale; unsicher im Hinblick auf neue Identitätsaspekte und Entwicklungsoptionen (Sexualität, berufliche Entwicklung usf). Wie noch näher auszuführen sein wird, wird diese Unsicherheit in der heutigen Situation durch die Vielfalt und Widersprüchlichkeit alternativer Entwürfe der Lebensführung, durch den Mangel an entlastenden kulturellen Selbstverständlichkeiten und Traditionsleitungen und nicht zuletzt durch eine im Zuge der kulturellen und technisch-wissenschaftlichen Akzeleration ständig abnehmende Transparenz und Vorhersagbarkeit der Lebensumstände erheblich verstärkt.

Die vielberufene Krise des Jugendalters erscheint nach alledem zunächst als eine Orientierungskrise, die durch die Problematisierung und Destabilisierung bisheriger Handlungsorientierungen einerseits und durch die Aufgabe der Wiedergewinnung bzw. des Neuaufbaus stabiler Handlungsorientierungen andererseits gekennzeichnet ist. Als Handlungsorientierungen verstehe ich hier zunächst kognitive und evaluative Orientierungen, auf die in Handlungsbegründungen bzw. Handlungserklärungen (etwa nach dem Muster der Erwartungs-Wert-Theorien; vgl. FEATHER, 1982) Bezug genommen wird. Kognitive Handlungsorientierungen umfassen handlungsleitende deskriptive Erwartungen, Überzeugungen, Hypothesenbildungen oder Erfahrungsbestände, die das Handlungssubjekt über sich selbst und seine

Handlungsbereiche aufgebaut hat.evaluative Handlungsorientierungen sind die Werthaltungen, Zielsetzungen und "Sollsätze", welche in Verbindung mit den kognitiven Orientierungen die Handlungsentscheidungen der Person festlegen. Eine weitere Gruppe von Handlungsorientierungen möchte ich als normative Orientierungen bezeichnen: ich meine damit die Regeln und Musterbeispiele (insbesondere auch die sprachlichen und semantischen Regeln), nach denen sich das Handlungssubjekt bei der Konstruktion und Interpretation von Handlungen bzw. bei der Zuordnung von Handlungsereignissen zu Handlungsklassen richtet (auf diese Orientierungskategorie wird in Handlungserklärungen vom Typus der "Mustererklärungen" Bezug genommen; vgl. SCHWEMMER, 1981).

Ausgehend von diesen Überlegungen lassen sich nun verschiedene Typen von Orientierungsproblemen unterscheiden, die in den Entwicklungsübergängen des Jugendalters auftreten können und deren Bewältigung die Restrukturierung bzw. den Neuaufbau kognitiver, evaluativer und normativer Handlungsorientierungen erfordert.ich möchte vier Problemkategorien unterscheiden:Diskrepanzprobleme, Konfliktprobleme, Verstänständigungsprobleme und Sinngebungsprobleme.

(a) *Diskrepanzprobleme*: Hierunter fallen Orientierungsprobleme aufgrund mangelnder "Passung" zwischen sozialen Entwicklungsforderungen und subjektiven Entwicklungsmöglichkeiten, zwischen individuellen Entwicklungsinteressen und sozialen Entwicklungsangeboten und dgl. Diskrepanzprobleme dieser Art sind z.b. angesprochen, wenn etwa in Leistungszusammenhängen von Unter- bzw. Überforderungen, von "Streß" und dgl. die Rede ist.

(b) *Konfliktprobleme*: Dieser Problemtyp bezeichnet Unverträglichkeitsbeziehungen zwichen handlungs- und entwicklungsbezogenen Zielorientierungen, und zwar sowohl im Sinne von intra- wie auch in interindividuellen Konflikten. Man denke z.B. an die konfliktträchtige Überlagerung der Verhaltenserwartungen, die von seiten der Familie, der peergroup, des schulischen oder beruflichen Umfeldes an den Jugendlichen gerichtet werden (vgl. OERTER, 1982a).

(c) *Verständigungsprobleme*: In diesem Fall bestehen die Probleme darin, daß die Handlungspartner die Entstehungs- und Begründungszusammenhänge ihres Handelns wechselseitig nicht angemessen nachvollziehen bzw. rekonstruieren können, weil ihnen die jeweils handlungsleitenden Kognitionen, Werte und Regelorientierungen unzugänglich oder nicht einsichtig sind. Probleme dieser Art, wie sie auch im Schlagwort des "Generationenkonfliktes" angesprochen sind, mögen das Aufbrechen einer Kommunikationsgemeinschaft in "Subkulturen" begünstigen.

(d) *Sinngebungsprobleme*: Hier geht es um das Fehlen oder den Verlust einer subjektiven Orientierungsbasis, die dem Handeln personale Identität verleiht bzw. es dem Handlungssubjekt ermöglicht, sein Handeln in einen Sinnzusammenhang zu stellen bzw. sich mit dem eigenen Tun zu identifizieren. Entfremdung, Sinnverlust usf. sind geläufige Konzepte, die sich auf diesen Problemtyp beziehen (vgl. KENISTON, 1968; ISRAEL, 1972).

3. Verhaltensprobleme des Adoleszenten als Versuche zur Lösung von Orientierungsproblemen

Manche Besonderheiten adoleszenten Verhaltens, die vielfach als Entwicklungsprobleme angesehen werden, lassen sich als Begleiterscheinungen des Versuchs verstehen, aufgetretene Diskrepanz-, Konflikt-, Verständigungs- und Sinngebungsprobleme zu bewältigen und wieder zu stabilen Handlungsorientierungen zu gelangen. Die genannten Schwierigkeiten werden erst dann zu Problemen im engeren Sinne, wenn sie mit den Handlungsmitteln und Problemlösungsroutinen, die der Person aktuell verfügbar und zugänglich sind, nicht bewältigt werden können. In diesem Falle fordern sie adaptive Handlungsregulationen höherer Ordnung heraus, die auf die Bewältigung von Ambiguität und Komplexität durch Restrukturierungen des Handlungsfeldes und/oder durch individuelle Kompetenzbildungen gerichtet sind (der Kompetenzbildungsaspekt verweist auf das neuerlich oft betonte entwicklungsförderliche Potential von Entwicklungskrisen und -problemen). Zu den angesprochenen adaptiven Regulationen gehören z.B.: Reorganisation von Sozialbeziehungen; Erweiterung persönlicher Kontrollpotentiale; Kritik an überkommenen Norm- und Wertbeständen; Reaktanz gegenüber Einengungen persönlicher Handlungsspielräume; epistemische und exploratorische Motivationen. Diese Phänomene umfassen offenbar auch Verhaltensaspekte, die in der geläufigen Rede vom "Jugendprotest", von der jugendlichen "Identitätskrise" und der "rebelliousness" des Adoleszenten angesprochen sind. Freilich werden ähnliche Regulationsmuster als funktionelle Begleiterscheinungen des Neuaufbaus von Handlungsorientierungen auch in coping- und streßtheoretischen Formulierungen beschrieben z.B. LAZARUS, 1981). Insofern sind zwischen den Entwicklungsübergängen im Jugendalter und den kritischen Lebensübergängen des mittleren und höheren Erwachsenenalters neben allen Unterschieden, die sich aus altersnormativen, biologisch-somatischen und kultur- bzw. kohortenspezifischen Differenzen ergeben, auch gewisse Gemeinsamkeiten hinsichtlich der Ausdrucks- und Bewältigungsmuster zu sehen. Solche Gemeinsamkeiten legen übrigens die Vermutung nahe, daß die Voraussetzungen für ein wechselseitiges empathisches Verstehen zwischen Jugendlichen und älteren Erwachsenen dann günstiger sind, wenn letztere selbst in einer Übergangskrise stehen.

Die vorgetragenen Überlegungen führen zu der methodischen Empfehlung, konkrete Verhaltensprobleme Jugendlicher wie etwa Rauschmittelkonsum, Delinquenz usw. zunächst versuchsweise als Handlungen zu rekonstruieren, die zur Bewältigung von Orientierungsproblemen des angesprochenen Typs -also von Diskrepanz-, Konflikt-, Verständigungs- und Sinngebungsproblemen- beitragen sollen. Zum Beispiel hat MERTON (1968) in seiner Anomietheorie einen ähnlichen Ansatz gewählt, indem er Delinquenzprobleme aus der Diskrepanz zwischen kulturellen Wertpräferenzen und sozial gebilligten Werterfüllungsmöglichkeiten zu erklären suchte. Auch neuere entwicklungspsychologische Arbeiten zur Drogenproblematik (z.B. LABOUVIE & PANDINA, 1983; SILBEREISEN, im Druck) sprechen für die theoretische und praktische Fruchtbarkeit dieses Problemzugangs. Ein solcher handlungsinterpretativer Zugang erscheint zumal in interventionspraktischen Zusammenhängen von Belang:werden "unerwünschte" Verhaltensmuster ohne Kenntnis ihrer latenten Bedeutungsgehalte, Befriedigungsqualitäten und Problemlösungswerte modifiziert, so kann es leicht zu Problemdislozierungen kommen, wie sie aus der sozialen Planungs- und Reformpraxis als "unerwünschte Nebenwirkungen" geläufig sind (vgl. TEN-

8

BRUCK,1972). Die Psychoanalyse hat die Dislokationsproblematik bekannt-
lich im Konzept der "Symptomverschiebung" angesprochen. Dislokations-
probleme lassen sich oft nur vermeiden, wenn es gelingt, das jeweilige
Problemverhalten durch ein in seinen instrumentellen und expressiven
Funktionen hinreichend äquivalentes, in seinen Auswirkungen indessen
weniger bedenkliches Verhalten zu ersetzen.

4. Probleme der Handlungsinterpretation

Um die Bedeutung eines Problemverhaltens im Hinblick auf die entwick-
lungs- und lebensthematischen Grundorientierungen der Person darzustellen und auf diesem Wege zur Bestimmung funktioneller Äquivalenzen zu
gelangen, bedarf es bestimmter Interpretationsleistungen. Unterscheidet
man - wie oben angedeutet - zwischen instrumentellen und expressiven
Bedeutungsaspekten (vgl.HARRE, 1982),so besteht die interpretative Aufgabe darin, diese Bedeutungsaspekte unter Berücksichtigung des Entste-
hungszusammenhanges und der kontextuellen Einbettung des Verhaltens in
methodisch kontrollierter Weise zu rekonstruieren. Aufgrund welcher
Schritte gelangt man nun dazu, etwa den Drogengebrauch eines Jugendlichen als einen Akt der Selbstbestätigung zu interpretieren bzw. ihn in
eine thematische Äquivalenzbeziehung zu anderen Verhaltensweisen der
Ichaufwertung zu setzen? Methodische Ansatzpunkte hierzu gewinnt man
aus Modellen der Handlungserklärung und -begründung (vgl. SCHWEMMER,
1979): Um etwa die instrumentellen Bedeutungen eines Verhaltens zu
eruieren, muß dieses Verhalten in Bezug zu den Erwartungen und Wertorientierungen des Handlungssubjektes gestellt werden *). Zur Bestimmung
expressiver Sinngehalte des Verhaltens, d.h. seiner Ausdrucksbedeutung
oder "Diagnostizität" für die Zuschreibung bestimmter Werte, Dispositionen etc. bedarf es weiterhin der Darstellung der Erfahrungs- und Be-
griffsbildungen des Handlungssubjektes, welche diese attributiven In-
ferenzen vermitteln oder begründen (vgl.auch ROMMETVEIT, 1980).

Die Rekonstruktion der instrumentellen und expressiven Bedeutungsgehalte eines Handelns dürfte um so geringere Probleme aufwerfen, je ähnlicher in relevanten Hinsichten der Erfahrungshintergrund bzw. je geringer die "biographische Distanz" zwischen Handlungssubjekt und Beobachter - konkret also zwischen dem Jugendlichen und seinem Erzieher, The-
rapeuten oder Berater - ist (was freilich nicht impliziert, daß das
das Handlungssubjekt selbst notwendig die beste Einsicht in seine
Handlungsorientierungen hätte; vgl. BRANDTSTÄDTER, 1979). Das mag einer
der Gründe für den z.T. beachtlichen Erfolg von Selbsthilfegruppen
("Synanon", "Anonyme Alkoholiker" u.a.) sein. Es kann daher sinnvoll
sein, bei diagnostischen und therapeutischen Bemühungen paraprofessio-
nelle Helfer einzubeziehen, die in ihrer Problem- und Erfahrungsge-
schichte dem Klienten nahestehen.

----

* In klassisch-lernpsychologischer Redeweise könnte man hier wohl auch
  sagen, daß die instrumentellen Bedeutungen oder Bedeutungsäquiva-
  lente eines Verhaltens sich erst im Zuge der Rekonstruktion seiner
  Verstärkungsgeschichte ergeben (ein Umstand, der z.B. von B.F. SKIN-
  NER explizit betont wird; siehe EPSTEIN, 1980).

5. Verschärfung der Identitäts- und Sinngebungsproblematik durch kulturelle Akzeleration

Wie eingangs dargelegt, wächst der Jugendliche heute in einer Welt heran, in der sich Wissens- und Informationsstände, Techniken, Arbeitsbedingungen rapide und mit ständig zunehmender Geschwindigkeit wandeln (vgl.ADAMS, 1976). Aus dieser kulturellen Akzeleration, die auch zu einer zunehmenden Erschwerung der Verständigung zwischen Generationen und Alterskohorten beitragen dürfte, ergeben sich eine Reihe von entwicklungspsychologisch bedeutsamen Problemen. In thesenartiger Verkürzung möchte ich besonders die folgenden Probleme hervorheben:
(1) Die subjektive Zukunftssicherheit und die zeitliche Tiefe des individuellen Erwartungshorizontes verringert sich ständig;
(2) Eine reflexive Aufarbeitung und rationale Rekonstruktion gesellschaftlicher Veränderungsprozesse wird zunehmend schwieriger;
(3) Obsoleszenzprobleme treten im individuellen Lebenslauf zunehmend früher und häufiger auf (vgl. SCHAIE & QUAYHAGEN, 1979);
(4) Der Ausweitung technischer Kontrollpotentiale stehen - nur scheinbar paradox - auf individueller Ebene zunehmende Machtlosigkeitsgefühle gegenüber (vgl. RICE, 1978).

Betrachten wir einige weitere motivationale und emotionale Konsequenzen dieser Situation. Emotionen sind - wie neuerlich auch von attributionstheoretischer Seite betont wird (WEINER, 1982) - wesentlich verbunden mit der erlebten Erweiterung oder Einengung von Handlungsmöglichkeiten bzw. mit dem Gewinn oder Verlust von Kontrolle in personal relevanten Lebensbereichen. Kontrollverlust geht einher mit negativen Emotionen, die - je nach perzipierten Bedrohungspotentialen und Abwehrmöglichkeiten - reaktanten Charakter haben (Wut, Ärger, Aggression) oder resignativ gefärbt sind (Apathie, Depression, Hoffnungslosigkeit; vgl. auch WORTMAN & BREHM, 1975). Es scheint, daß diese emotionalen Qualitäten in den Stimmungslagen und Handlungsbereitschaften, wie sie von Jugendlichen heute zum Ausdruck gebracht werden, im Vordergrund stehen (vgl. OERTER, 1982a).

Unter den angesprochenen Bedingungen kultureller Akzeleration und abnehmender Kontrollierbarkeitserfahrung sind zugleich auch Prozesse der Identitätsbildung erschwert."Identität" und "Identitätsbildung" sind in der jugendpsychologischen Literatur oft und gern gebrauchte, gleichwohl unzulänglich explizierte Konstrukte (vgl. MARCIA, 1980). Im gegebenen Zusammenhang erscheinen zwei Bedeutungsaspekte relevant:(a) Identitätsbildung im Sinne des Aufbaus stabiler Selbstkonzeptstrukturen; (b) Identitätsbildung im Sinne der Möglichkeit, sich mit der Organisation des eigenen Handelns und der eigenen Lebensführung zu identifizieren.

(a) *Aufbau stabiler Selbstkonzeptstrukturen:* Wenn man das Selbstkonzept oder interne Selbstmodell als eine Art von Theorie über sich selbst versteht (vgl. FILIPP, 1979), so kann man diese Theorie vielleicht in loser Anlehnung an eine strukturalistische Theorienkonzeption (vgl. STEGMÜLLER, 1975; 1980) verstehen. Es liegt dann nahe, zu unterscheiden zwischen ich-nahen bzw. ich-konstitutiven Kernelementen der Selbsttheorie, die weitgehend stabilisiert und gegenüber "diskrepanter" empirischer Information resistent sind, und variablen interpretativen Kernerweiterungen, die eher preisgegeben werden und sich gleichsam wie ein Schutzgürtel um den Kern der Selbsttheorie legen. Der "harte Kern" der Selbsttheorie entspricht gewissermaßen einer prototypischen oder idealtypischen Konstruktion der eigenen Person. Erst mit dem Aufbau eines solchen Kernkonzeptes der eigenen Person gewinnt das Subjekt eine - hier legt sich eine Formulierung des Logikers KRIPKE (1972) nahe - "transworld identity" ("Querwelteinidentität"; STEGMÜLLER, 1975), d.h. eine gegenüber den kontingenten Wechselfällen der eigenen Entwicklung und Entwicklungsumwelt stabile, transsituativ gültige Kernidentität (Ich-Kontinuität", "Kontinuität des Bewußtseins"; vgl.JOSSELSON, 1980). In einer historischen Situation, welche durch Diskontinuität und weitgehende Unberechenbarkeit der Lebensbedingungen gekennzeichnet ist, muß es entsprechend schwieriger sein, eine solche stabile Identität aufzubauen.

(b) *Identifikation mit dem eigenen Handeln*: Begriffliche Analysen wie auch attributions- und korrespondenztheoretische Argumente (z.B.JONES & McGILLIS, 1976) stützen die Annahme, daß personale Verantwortungs- und Zurechnungsprozesse wesentlich von erlebter Handlungsfreiheit und subjektiver Effektanz abhängen. Wo nun die eigene Entwicklung und Lebensführung zunehmend als fremdbestimmt, durch - personal nicht übernommene bzw. nicht "internalisierte" - externe Setzungen eingeschränkt und insofern auch eher als "Wilderfahrnis" denn als Ergebnis eigenen Handelns erlebt wird, wird es zugleich schwerer, sein Verhalten als persönlich zurechenbares und zu verantwortendes Tun zu identifizieren und es hinsichtlich seiner expressiven und instrumentellen Gehalte auf ich-nahe Selbstkonzeptattribute zu beziehen. Hier hängen Probleme der Identitätsbildung mit Sinngebungs- und Entfremdungsproblemen zusammen: Eine in ihren Entstehungs- und weiteren Verlaufsbedingungen kaum noch rational zu rekonstruierende Lebens- und Entwicklungssituation ist zugleich eine Situation, der kaum noch "Sinn" - hier im zweifachen Verständnis von Nachvollziehbarkeit und personaler Signifikanz - entnommen werden kann.

Ich hatte die These formuliert, daß die Verhaltensmuster Jugendlicher z.T. als Antworten auf Entwicklungsprobleme verstanden werden können. Wir beobachten bei Jugendlichen heute z.B. eine zunehmende Betonung von expressiven gegenüber instrumentell-zweckrationalen Handlungsorientierungen (vgl. HAVIGHURST, 1975), eine Abkehr von etablierten expansionistischen Fortschrittskonzepten und Hinwendung zu überschaubaren, selbsterfahrungsintensiven Lebens- und Arbeitsformen (vgl. OERTER, 1982a), Tendenzen der Rückkehr zu einem (vermeintlich) naturnahen, einfachen Leben, auch Anzeichen einer neuen Religiosität. Diese Phänomene lassen sich durchaus als Versuche zur Bewältigung der angesprochenen Identitäts- und Sinnproblematik verstehen. Wohl sind nicht alle diese Problemantworten neu: manche Programmpunkte z.B. der ökologischen Jugendbewegung finden sich in der Entfremdungsliteratur seit ROUSSEAU. In ihrer Gesamtheit bilden diese Phänomene freilich eine durchaus epochaltypische Konstellation.

6. Abschließende Bemerkungen

Fragen wir uns abschließend, welche Anwendungswerte die Psychologie im Zusammenhang der Bewältigung von jugendspezifischen Entwicklungsproblemen der beschriebenen Art haben könnte.

Zunächst ist wohl zu sehen, daß Identitäts- und Sinnfindungsprobleme – zumal wenn sie als Massenproblem auftreten – nicht nur individuelle Entwicklungs- und Persönlichkeitsprobleme, sondern auch und vielleicht in erster Linie überindividuelle Kulturprobleme darstellen, deren Lösung nur im Zusammenhang einer Kulturkritik gesucht werden kann. Die möglichen Beiträge der Psychologie zu einer Kulturkritik kann ich hier nicht näher behandeln (hierzu z.B. BRANDTSTÄDTER, 1979). Hervorheben möchte ich an dieser Stelle vielmehr, daß Psychologie nicht nur in kritischer, sondern auch in praktischer Hinsicht wesentlich zur Vermeidung und Bewältigung von Orientierungsproblemen des Jugendalters beitragen könnte. Orientierungsprobleme – und in dieser Feststellung liegt schon ein kulturkritisches Element – verweisen nicht zuletzt auf Entscheidungsunsicherheiten und Beratungsdefizite. Dementsprechend ist für die angesprochenen Probleme vielleicht weniger der Ausbau therapeutischer Hilfen als die Etablierung einer psychologischen Entwicklungsberatung angezeigt, die – über die Lebensspanene hinweg und sowohl zur individuellen wie zur institutionellen Seite hin – auf die Vermeidung und konstruktive Bewältigung von Diskrepanz-, Konflikt-, Verständigungs- und Sinngebungsproblemen gerichtet ist (vgl. BRANDTSTÄDTER, im Druck).

Soziale Handlungsfähigkeit bei Lehrlingen

Freya Dittmann-Kohli

1. Zielsetzung des Beitrags

Politisches Engagement und gesellschaftliche Aktivitäten werden u.a. beeinflußt von den Situations- und Handlungsorientierungen, die in das Verhalten in interpersonellen Interaktionen mit den wichtigsten Bezugspersonen und Rollenpartnern eines Individuums eingehen. In der Jugendzeit bilden sich, insbesondere in einer Phase des Eintritts in neue soziale Institutionen, neue Handlungsmuster und Situationsinterpretationen aus, wenn zusätzliche soziale Rollen eingenommen werden und neue Interaktionspartner auftauchen. Aber auch die Handlungsorientierungen gegenüber Interaktionspartnern, die als Person oder im Sinne einer sozialen Rolle schon in der frühen Adoleszenz oder Kindheit existieren, erfahren in der Jugendzeit Änderungen aufgrund sich weiterentwickelnder kognitiver und affektiver Ressourcen und Handlungsstrategien. Beides ist im besonderen Ausmaß bei Lehrlingen der Fall. Jugendliche, die in eine betriebliche Lehre eintreten, müssen sich auf eine neue Lebenswelt einstellen, neue Tätigkeiten und Bewertungskriterien erlernen und sich mit Rollenpartnern arrangieren, mit denen sie bisher in Schule, Familie und Freizeit keine Erfahrungen hatten. Sie müssen sich auf Personen einstellen, die einem anderen Lebenskreis angehören, in dem wirtschaftliche Aktivitäten die Interaktionen zwischen Arbeitgebern und Arbeitnehmern bestimmen. Nicht nur der betriebliche Bereich ihrer Lebenswelt, sondern auch die Berufsschule unterscheidet sich - aufgrund ihrer Anonymität und ihrer Berufsausrichtung - von der früheren Schulzeit. Auch die Interaktion mit Alterskameraden, verschiedengeschlechtliche Freundschaften und die Beziehung zu Eltern erhalten in der späten Adoleszenz bzw. im frühen Erwachsenenalter eine neue Qualität, die einer Verwandlung der sozialen Situation gleichkommt und die Herausbildung neuer sozialer Kompetenz oder Handlungsfähigkeit erfordert. Wie bewältigen Jugendliche eine solche Situation? Wie gestalten sie diese Beziehungen, auf welche Aspekte der Situation reagieren sie? In welchen Rollenbeziehungen können sie die ihnen gegebenen Handlungsspielräume nutzen, und in welchen Lebensbereichen sind sie diejenigen, die reagieren, die sich anpassenden, anstelle die Beziehung aktiv im Sinne ihrer eigenen Bedürfnisse, Werte und Ziele mitzugestalten?

Im Mittelpunkt des folgenden Beitrags steht eine qualitative Analyse interpersoneller Strategien der Lebensbewältigung, die Lehrlinge in ihrer Interaktion mit den wichtigsten Bezugspersonen ihrer Lebenswelt anwenden. Bei diesen Personen handelt es sich um ihre Vorgesetzten, Kollegen, Lehrer, Eltern, ihre besten Freunde bzw. Freundinnen und ihre Schulkameraden und Freizeitgruppe. Der zentrale Bestandteil der Strategien zur Auseinandersetzung mit der sozialen Umwelt ist in dieser Analyse die Wahrnehmung und Interpretation der sozialen Situation, wie sie durch die jeweilige Beziehung gegeben ist. Es geht dabei also nicht um einzelne Episoden und Begegnungen oder um spezielle Handlungsweisen zu einem einzelnen Zeitpunkt, sondern um das Grundmuster oder die soziale Konfiguration der gesamten Beziehung zum jeweiligen Interaktionspartner, wie sie sich zum Zeitpunkt der Studie den Untersuchern und den Jugendlichen darstellt. Nach einer Beschreibung der wichtigsten Merkmale dieser Untersuchung werden zunächst die Überlegungen und Konzepte dargestellt, die zu einer handlungstheoretischen Interpretation der Situationswahrnehmung und des Verhaltens der Jugendlichen gegenüber ihren Beziehungspartnern gehören. Dabei werden die Gesichtspunkte erörtert, die der Erhebung der Daten und ihrer Auswertung zugrundegelegt wurden, und es werden die Kriterien erarbeitet, nach denen die hier vorgestellte Analyse und Interpretation des Datenmaterials durchgeführt wird. Dann erfolgt eine Beschreibung der Beziehungsstrukturen und der Strategien der Jugendlichen unter der Perspektive einer mehr oder minder gelingenden Lebensbewältigung, und zwar speziell im Hinblick auf ihre soziale Handlungsfähigkeit oder Bewältigungskompetenz, deren Bedeutung auch über ihre gegenwärtige Lebensphase hinausgeht. Abschließend werden die Ergebnisse der Analyse benutzt, um Gründe und mögliche Ansatzpunkte der Verbesserung sozialer Handlungsfähigkeit im Rahmen von schulischen Interventionsprogrammen darzustellen.

2. Angaben zur empirischen Untersuchung

Im Rahmen einer qualitativen empirischen Studie wurden 20 Lehrlinge aus dem Bodenseeraum interviewt, die fünf verschiedenen Berufen angehören. Die Jugendlichen wurden über die genannten sozialen Beziehungen, ihre Arbeit, Freizeit, Schule und andere Aspekte der Lebensbewältigung befragt sowie über den jeweiligen institutionellen Kontext, in dem die Sozialbeziehungen stattfinden. Neben den Interviews wurden umfangreiche zusätzliche Informationen über den sozialökologischen Kontext (die Lebenswelt der Lehrlinge) aus verschiedenen Dokumenten, Beobachtungen und Befragungen gewonnen. Die Lebensweltanalyse umfaßte besonders intensiv die Betriebe und die Schule der Befragten. Die Interviews waren offen. Die Jugendlichen wurden in Einzelinterviews anhand eines halbstrukturierten Gesprächsleitfadens befragt und ihre Berichte auf Tonband aufgenommen. Durch Zusatzfragen versuchten die Interviewer bei Bedarf, weitere Beschreibungen oder genauere Angaben zu erhalten.

Die Interviews wurden systematisch mit Hilfe inhaltsanalytische Kategorien ausgewertet, die den grundlegenden Dimensionen einer handlungstheoretischen Auffassung von Lebensbewältigung entsprachen.Die so klassifizierten Aussagen wurden dann inhaltlich zusammengefaßt und im Projektbericht in voller Länge dargestellt (DITTMANN-KOHLI, SCHREIBER & MÖLLER, 1982). Die später im vorliegenden Beitrag dargestellten sozialen Strategien sind Beschreibungen und Interpretationen der Zusammenfassungen der Inhaltsanalyse.

Die Daten über die Lehrlinge und ihre Lebenswelt wurden im Hinblick auf drei verschiedene Handlungskategorien ausgewertet. Außer der erwähnten interpersonellen Interaktion wurde intrapersonelles und extrapersonelles Handeln analysiert. Intrapersonelle Strategien sind auf die Auseinandersetzung mit sich selbst, auf die Veränderung oder Stabilisierung der eigenen Person,insbesondere ihrer psychischen Verfassung und Struktur, gerichtet. Extrapersonelle Strategien sind auf Ziele in der Umwelt (aber nicht auf Personen) gerichtet, insbesondere auf solche Ziele, die der Sicherung und Verbesserung der beruflichen Laufbahn und der konstruktiv-effizienten Bewältigung des Alltags dienen. Die interpersonellen Strategien sind Handlungsmuster, die unmittelbar den Umgang mit anderen Personen beschreiben; interpersonelles Handeln geschieht im

Kontext überdauernder zwischenmenschlicher Beziehungen, die aus eigener Initiative entstehen, aber auch aufgrund der Teilnahme an gesellschaftlichen Institutionen vorgegeben sein können und deshalb nicht ohne weiteres beendet werden können (vgl. GELMAN & SPELKE, 1981; BERNDT, 1981; HOFFMANN, 1981).

In der weiteren Diskussion geht es um die Deskription und Analyse der interpersonellen (sozialen) Strategien; die vorliegenden Daten über intra- und extrapersonelles Handeln werden dabei als Zusatzinformation verwendet.

3. Der theoretische Bezugsrahmen und seine Umsetzung

Die metatheoretische Position des Forschungsprogramms kann übergreifend gekennzeichnet werden als handlungstheoretisch und sozialökologisch-kontextbezogen. Diese Position ergab sich fast zwangsläufig aus der Themenstellung und dem gesellschaftlichen Kontext der Untersuchung. Anlaß der wissenschaftlichen Arbeit war ein soziales Anliegen, das mit Hilfe angewandter Entwicklungspsychologie teilweise bearbeitbar schien. Das Anliegen beinhaltet die annähernde Realisierung eines gesellschaftlich seit langem anerkannten Bildungs- oder Entwicklungsziels für Kinder und Jugendliche, nämlich die "Vorbereitung auf das Leben" durch Hilfen zur Erweiterung von Kompetenzen der Lebensbewältigung.

3.1 Handlungstheoretischer Ansatz, Coping-Konzept und Lebensbewältigung

Die Handlungstheorie (z.B. AEBLI, 1980; BOESCH, 1976; LANTERMANN, 1980; WERBIK, 1978), die Tätigkeitspsychologie (z.B. LEONTJEV, 1979; KOSSAKOWSKI et al., 1977; TOMASZEWSKI, 1978), die Problemlöse- beziehungsweise Entscheidungstheorie (z.B. DÖRNER, 1976; KIRSCH, 1977) sowie die Planungswissenschaften (z.B. GASPARSKI, 1969; GEHMACHER, 1975) haben konzeptuelle Mittel geliefert, den Coping-Ansatz zu erweitern, den ich als die traditionell etablierte Variante und als eine Subkategorie eines Forschungsansatzes über Lebensbewältigung ansehe. LAZARUS(1980) beschränkte Coping und den Appraisal Process ursprünglich auf den Umgang mit Streß, das heißt auf Ereignisse, die eine negative Abweichung vom normalen Anpassungsniveau darstellen. Die Forschung über Coping und die zur Erläuterung seiner Position von ihm zitierten Beispiele beziehen sich auf plötzliche, klar erkennbare Ereignisse von negativer Bedeutung für die Betroffenen (non-normative events). Später wurde der Coping-Ansatz auf die Bewältigung alltäglichen Ärgers ausgedehnt.

Forschung über die "ganz gewöhnliche" Lebensbewältigung muß Ereignis-Ketten erfassen, die weit weniger leicht abgrenzbar sind als außergewöhnliche Ereignisse, und deren Bedeutung für das Individuum schwerer bestimmbar ist als im Falle von deutlich als solchem erkennbaren Stress. Lebensbewältigung ist jedoch nicht nur als Folge negativer Anlässe zu verstehen, sondern ist ein Aspekt der kontinuierlichen Interaktion zwischen Person und Umwelt bzw. Person und Selbst. Ob man sich Ziele setzt, ob Ziele und Situationseinschätzung realistisch sind, und wie nachhaltig Ziele verfolgt werden, ist ein wesentlicher Teil der Lebensbewältigung. Die ganz gewöhnliche Lebensbewältigung außerhalb der besonderen Unglücksfälle und unabänderlichen Ärgernisse ist für viele Menschen besonders bedeutsam, weil eher zu erwarten ist, daß man seine Lage durch eigene Anstrengungen –etwa mit Hilfe erweiterter Informationen und durch umsichtigeres Handeln– verbessern kann. Diese "selbstgesteuerte Intervention" ist ein inhärenter Gesichtspunkt des Konzepts der Lebensbewältigung, welches die Vorstellung vom aktiven, zielorientierten und an den Effekten seines Handelns interessierten Individuums impliziert.

Das übergeordnete Erkenntnisinteresse der wissenschaftlichen Beschäftigung mit Lebensbewältigung kann in der Entwicklung von Grundlagen für die selbstgesteuerte Intervention gesehen werden. Dieses Erkenntnisziel hat auch die Auswahl und Weiterentwicklung der theoretischen Konzeption sowie Design und Methode der empirischen Untersuchung über Strategien der Lebensbewältigung beeinflußt. Die Optimierung - bzw. die Verbesserung - von Interaktionsstrategien über das bereits realisierte Niveau hinaus bestimmt auch die Perspektive, unter der in der Realität angewendeten, von den Jugendlichen beschriebenen Strategien analysiert und dargestellt werden.

Zwar ist die empirische Datensammlung darauf gerichtet, ähnlich wie die Coping-Forschung den Einschätzungs- und Coping-Prozeß (LAZARUS, 1980), also die Situationsdeutung und die verwendeten Handlungsschemata (vgl. AEBLI, 1980) zu erfassen und zu beschreiben, jedoch bei gleichzeitiger Erfassung und Beschreibung des entsprechenden Handlungsraums und unter Bezugnahme auf alternative, wenn möglich effizientere Deutungs- und Handlungsmöglichkeiten. Unser impliziter und expliziter Vergleichsmaßstab ist also nicht die modale, weit verbreitete Art der Lebensbewältigung, sondern die idealtypische Konstruktion des optimalen bzw. des kompetenten, effizienten Handelns (vgl. MUSTO, 1972; VOLPERT, 1974): Somit verwenden wir zur Analyse von interpersonellen Strategien der Lebensbewältigung eine Reihe von Konzepten, die ursprünglich aus der Problemlöse- und Entscheidungstheorie stammen, nämlich: Handlungsraum (KAMINSKI, 1978; vgl. NEWELL, 1980 zum Problemraum); Strategien, die die Rolle von Operatoren spielen; Situationsdeutung und Problemdefinition, die die Auswahl der Operatoren beeinflussen; und schließlich das Kriterium von Kosten und Nutzen (Effizienz), an welchen der Wert der Handlung relativ zu übergeordneten Zielen und Werten des Akteurs gemessen werden kann.

3.2 Allgemeine Charakteristiken interpersoneller Handlungsräume

Werden interpersonelle Strategien als Teil des Lebensbewältigungsprozesses verstanden, wird damit zugleich der Maßstab der Effizienz und Handlungskompetenz angelegt, da Lebensbewältigung von den übergeordneten Zielen des Individuums her gesehen der Prozeß ist, durch welchen Chancen genutzt, Daseinserfüllung realisiert und individuelle Entwicklung optimiert werden sollen. Verschiedene Akteure thematisieren und akzentuieren in ihren jeweiligen Handlungsräumen jedoch unterschiedliche Ausschnitte. Um individuelle Strategien in sozialen Beziehungen hinsichtlich ihrer Merkmale und Effizienz beurteilen zu können, müssen wir die *objektive* Situation, den sozialen Handlungsraum und seinen Kontext kennen, in dem die möglichen Zielzustände, die Handlungsweisen der Partner und die Handlungsbedingungen enthalten sind (vgl.ECKENSBER-

GER & SILBEREISEN, 1980). Zunächst wollen wir Aspekte benennen, die sozialen Situationen (Beziehungen) im allgemeinen zukommen.

Interpersonelle Beziehungen sind besondere Handlungsräume, die aufgrund der verschiedenen Eigenarten des Handlungsgegenstandes "Mensch" generiert werden. Soziale Interaktion kann als Operator oder Handlungsstrategie darauf gerichtet sein, den Handlungsgegenstand "Partner" psychisch zu verändern, ihn so zu beeinflussen, daß eigene oder gemeinsame Ziele realisiert werden. Die Beeinflussung erfolgt am häufigsten durch verbale und nonverbale Kommunikation, seltener über physische Einwirkung oder die Veränderung seiner Umgebung. Im allgemeinen verfolgt nicht nur der Akteur, sondern auch der "Sachverhalt" innerhalb des Handlungsraums, der Partner, der verändert werden soll, Ziele. Der zu verändernde Sachverhalt eines Handlungsraumes, der in der Tätigkeitspsychologie Handlungsgegenstand genannt wird, ist also im Falle interpersoneller Beziehungen selbst ein handelndes Subjekt, das seinerseits den Akteur beeinflußt, indem es ihm etwa seine eigene Situationsdeutung nahezubringen versucht und ihn zu Handlungsweisen bringen will, die seinen Zielen entsprechen. Die Realisierung von Zielen und Nutzen ist in sozialen Beziehungen – in je nach Rollenstruktur und Beziehungsgeschichte variierender Weise – an die Realisierung von Zielen und Nutzen des Partners gekoppelt. Dessen Aktionen und Zustände (Befindlichkeiten) müssen daher aus moralischen und funktionalen Gründen in die eigene Handlungsweise einbezogen werden.

3.3 Die Analyse situativer Aspekte des sozialen Handelns von
     Lehrlingen

Soziale Positionen und Rollen der Interaktionsteilnehmer sowie sonstige Eigenheiten des institutionellen Kontexts, in dem sich die Personen befinden, bestimmen wichtige Merkmale des Handlungsraumes (vgl. OESTER-REICH, 1979; McCALL & SIMMONS, 1974) und müssen daher in den Situationsdefinitionen und Handlungsstrategien des Akteurs zusätzlich berücksichtigt werden. Soziale Positionen und Rollen limitieren z. B. das Ausmaß von Formalisierung, persönlicher Nähe und Intimität, und sie implizieren Gegebenheiten oder Bestimmungen über Belohnungen, Sankionsgewalt und die Hierarchie in der Beziehung, die beide ihrerseits die Inhaltsbereiche und Formen der interpersonellen Interaktion entscheidend beeinflussen. Mit anderen Worten, Rollenstrukturen determinieren den Bereich infragekommender Strategien und Zielzustände, und dadurch auch die möglichen Nutzenfunktionen. So können zum Beispiel Arbeitgeber, aber nicht Eltern, Kollegen und Freunde einem Lehrling eine Berufsausbildung und einen Arbeitsplatz liefern, umgekehrt kann ein Jugendlicher von seinen Eltern ein Zuhause, aber nicht die Befriedigung erotischer Beziehungen erwarten. Im Falle erotischer Beziehungen zur Freundin ist der Nutzen beziehungsimmanent, das heißt die Ziele liegen innerhalb der Beziehung selbst. Soziale Strategien können jedoch zusätzlich außerhalb der Beziehung liegende Ziele realisieren. Dies ist in den meisten Beziehungen der Fall, da sie in übergreifende Lebenszusammenhänge eingebettet sind und die interpersonellen Handlungen häufig auch Folgen für andere Lebensbereiche oder den weiteren Lebenslauf haben.

Die aus unterschiedlichen sozialen Rollen der Beziehungspartner resultierenden Unterschiede interpersoneller Handlungsräume sind in der Psy-

chologie bisher zu wenig beachtet worden: Soziale Kognition und soziales Handeln wird im allgemeinen ohne Rücksicht auf die unterschiedlichen Handlungsbedingungen analysiert. Erst YOUNISS (1980)hat nachdrück-
lich auf die unterschiedlichen Bedingungen aufmerksam gemacht, die etwa
für Sozialverhalten gegenüber Eltern und gegenüber Peers vorhanden
sind.

3.4 Handlungsbestimmte Charakteristiken der Wahrnehmung sozialer
Situationen: Evaluationsgesichtspunkte

Neben den situationsspezifischen bzw. rollentypischen Merkmalen von sozialen Beziehungen gibt es allgemeine Charakteristiken sozialer Interaktion, die von besonderem Interesse für vergleichende Urteile über die
Qualität der Lebensbewältigung sind. Die Dimension des Nutzens, der Effizienz bzw. Effektivität dient als Maßstab der Evaluation des Handelns
an den Zielen und Bedürfnissen des Akteurs (vgl. GOLDFRIED & D'ZURILLA,
1969). Ein weiteres Merkmal von Interesse für die Beurteilung des
Handelns ist der Veränderungsdruck in der objektiven Situation sowie
der subjektiv wahrgenommene Problemdruck einer Situation. Der subjektiv
wahrgenommene Veränderungs- oder Problemdruck wird nicht nur von den
objektiven Merkmalen der äußeren Situation, sondern auch von den Persönlichkeitsmerkmalen des Akteurs und von den vorhergehenden Erfahrungen mit dieser oder ähnlichen Situationen bestimmt. Die Wahrnehmung
einer Beziehung, des Beziehungspartners und der Situation des Partners
bestimmen, welche Art des Verhaltens und der affektiven Reaktionen
subjektiv als angebracht gesehen werden. Wenn kein Handlungsspielraum
wahrgenommen wird, kommt der Gedanke an alternative Strategien nicht
auf; wenn die Beziehungssituation zufriedenstellend erscheint, ist die
Formulierung und Durchsetzung von Zielen unnötig; wenn Realität als
etwas Absolutes und Selbstverständliches wahrgenommen wird, das nicht
verschieden interpretierbar ist, wird nach alternativen Deutungen und
zusätzlichen Informationen nicht gesucht (vgl. SCHÜTZ & LUCKMANN,
1975). Bedürfnisse und Werthaltungen des Individuums gehen ein in den
Wahrnehmungsprozeß und in die Realitätsinterpretation, die die jeweilige Folie für Zielsetzungen, Handlungsentwürfe und Kontrollerwartungen
ist.

Die Kontrollerwartungen des Akteurs sind das Gegenstück zum wahrgenommenen Problemdruck. Die tatsächliche Kontrolle des Akteurs über das Geschehen innerhalb einer Beziehung wird nicht nur von seinen psychologischen Ressourcen (Kompetenzen) bestimmt - von seiner sozialen Geschicklichkeit, von seiner Überzeugungskraft, beim Partner eine günstige
Situationsdefinition hervorzurufen - sondern auch von den positiven und
negativen Sanktionen, die den Interaktionspartnern zur Verfügung stehen. Diese sind in hierarchischen Beziehungen wie der des Arbeitgebers
- Arbeitnehmers bzw. Lehrlings durchaus unterschiedlich verteilt. Andererseits sind die materiellen und sozialen Machtverhältnisse in ihrer
Wirkungsweise auch wiederum davon abhängig, wie sie interpretiert werden. So kann in sozialen Beziehungen der hierarchisch untergeordnete,
zunächst Machtlose ein beträchtliches Maß an Kontrolle auf psychologischer Ebene erreichen, wenn er durch soziale Geschicklichkeit die
Situationsdefinition des "Mächtigeren" zu seinen Gunsten ändert oder
sich so verhält, daß der Nutzen der Beziehung für den "Mächtigeren"
steigt und Belohnungsentzug als strategische Verhandlungsposition ein-

gesetzt werden kann.

Derartige Strategien werden in der Regel aber nur dann eingesetzt, wenn in der sozialen Realität entsprechende Zusammenhänge *wahrgenommen* werden. Das gleiche trifft für Strategien zu, in denen Gruppendruck und solidarische Aktionen verwendet werden. Wird von den Akteuren nicht erkannt, daß in einem sozialen Handlungsraum bestimmte, für sie vorteilhafte Operatoren potentiell realisierbar sind und angewendet werden können, wird die Realität nicht als veränderbar gesehen. In diesem Sinne teilt FREIRE (1974) die Realitätswahrnehmungen in unterschiedliche "Entwicklungsstufen des Bewußtseins" ein. Die erste Stufe kennzeichnet eine geistige Lage, in der die Menchen keine Distanz gegenüber ihrer Umwelt einnehmen können, diese nicht problematisieren und nicht in kritischer Weise erkennen; sie haben also nicht die Möglichkeit, ihre Lebenssituation strukturierend zu reflektieren (BENDIT & HEIMBUCHER, 1977, S. 47 ff.). In der zweiten Stufe beginnen die Menschen, sich ein Bild von der sie umgebenden Realität zu machen, die vorher gänzlich unerklärbar war, aber ihre Erklärungsversuche sind noch unzulänglich; die Erklärungen sind emotional, magisch, verschleiernd, übersimplifizierend. Handlungen sind nicht auf rationalen Dialog und Realisierung gerechter Beziehungen gerichtet, sondern durch Unterwerfung unter herrschende Gruppennormen und Vorherrschaft der Polemik gekennzeichnet.

Wenn die Entwicklungsbedingungen sozialer Kognitionen günstig sind, kann sich die dritte Stufe, das kritisch-transitive Bewußtsein, bilden. Dazu tragen schulische und sonstige Einflüsse bei, die die kritischen Fähigkeiten des Menschen entwickeln. Diese Stufe ist gekennzeichnet durch eine differenzierte Interpretation der Probleme; kausale Prinzipien ersetzen magische Erklärungen; die eigenen "Erkenntnisse" werden überprüft, und es besteht Bereitschaft, diese zu revidieren. Es wird versucht, Probleme unverzerrt wahrzunehmen und voreilig gefaßte Meinungen zu revidieren. Verantwortlichkeit wird nicht geleugnet, sondern mögliche und tatsächliche Urheberschaft werden anerkannt; passive Haltungen werden dagegen abgelehnt (FREIRE, 1974, S.18). Entsprechend seiner Interessen zur Bekämpfung von Unterentwicklung und Unterdrückung in Ländern der Dritten Welt ist FREIREs Blick auf die Bewußtseinsstufen bei der Wahrnehmung kollektiver sozialer Probleme und Aktionen gerichtet; aber auch die Wahrnehmung von sozialen Verhältnissen in der individuell spezifischen Lebenswelt scheint durch eine solche Dimension der Transivität in der Bewußtseinsentwicklung kennzeichenbar.

4.   Beschreibung empirischer Befunde über interpersonelle
      Beziehungen von Lehrlingen

In der nachfolgenden, aus den Interviews mit den Lehrlingen gebildeten Beschreibung der Wahrnehmungen ihrer sozialen Beziehungen und Strategien kommen die Situations- und Handlungsorientierungen zum Ausdruck, die im Hinblick auf die erörterten Evaluationskriterien sozialer Handlungsfähigkeit analysiert werden.

4.1 Beziehung zu Vorgesetzten

Die vorherrschende Situationsinterpretation der Lehrlinge im Hinblick auf die Vorgesetzten manifestiert eine Art nichthinterfragter, selbstverständlicher "Vorgegebenheit": In den Augen dieser Jugendlichen hat der Vorgesetzte die Aufgabe, Anweisungen zu geben, die Arbeit zu kontrollieren und zuzuteilen; dem Jugendlichen kommt die Rolle des Ausführenden zu, deshalb werden Anweisungen selbstverständlich befolgt. Die Möglichkeit, das Ob und Wie der Ausführung auszuhandeln, wird nicht wahrgenommen; die Jugendlichen sehen keinen Anlaß, das Verhalten des Vorgesetzten oder seine Rolle in Frage zu stellen. Ebensowenig scheinen sie eine Möglichkeit wahrzunehmen, den Vorgesetzten als Person zu beeinflussen und dies für sich zu nutzen, um externe (Beziehungs-)Ziele dadurch besser zu erreichen. Solche externen Ziele sind bei den Lehrlingen durchaus vorhanden; etwa der Wunsch, in der Lehre die benötigten beruflichen Qualifikationen möglichst gut zu erreichen oder den späteren Arbeitsplatz zu sichern. Das Mittel der Beeinflussung des Vorgesetzten-Verhaltens wird jedoch hierzu nicht in Beziehung gesetzt; der Vorgesetzte wird nicht instrumentell gesehen. Dem unbeteiligten Beobachter scheint es demgegenüber durchaus möglich und zweckmäßig, daß die Lehrlinge ihre Vorgesetzten dahingehend beeinflussen, sich bevorzugt solche Arbeiten zuweisen zu lassen, bei denen sie am meisten lernen. Zwar nehmen die Jugendlichen zum Teil die Diskrepanz zwischen Ist- und Sollzustand ihres Lernzieles wahr; sie bemängeln z. B., daß sie im Betrieb und in ihrer Lehre nicht genug lernen. In ihrem tatsächlichen Verhalten gegenüber dem Chef jedoch tritt das Handlungsziel der Beeinflussung zugunsten des Oberziels der beruflichen Qualifizierung nicht hervor; es wird nichts unternommen. Diese vorwiegend passive oder reaktive Haltung gegenüber dem Vorgesetzten tritt bei vielen Lehrlingen nicht nur im Hinblick auf den Meister, den Chef des Betriebes auf, sondern auch gegenüber den Gesellen, denen die Auszubildenden für bestimmte Arbeiten zugeordnet werden. Die formale Autorität des Vorgesetzten und der Erwachsenen wird als absolut gesehen und die Situationsdefinition wird dem jeweiligen Partner überlassen; die Selbstbestimmung der Deutung, der Zielsetzung und der Handlungsstrategien in der sozialen Interaktion wird nicht realisiert.

Die reaktive Haltung ist gekoppelt mit Zufriedenheit über die angenehme Beziehung zum Vorgesetzten. Die Haltung ist nicht negativ apathisch, sondern positiv akzeptierend: Der Vorgesetzte wird als freundlich, angenehm, nett usw. bezeichnet. Die Strategie des Sich-Fügens hat die willkommene Konsequenz, daß Reibungen vermieden werden. Konfliktvermeidung erscheint den Jugendlichen als die richtige Strategie in einem Handlungsraum, der in ihren Augen nicht durch eigene Handlungen kontrolliert werden kann, wobei letzteres aber auch gar nicht erst erwogen wird.Eine eigene Position oder Handlungsweise scheint unnötig, weil der der Vorgesetzte als positiv gesehen wird.Kritik kommt kaum auf, Schwärmerei dagegen schon. Die Notwendigkeit, die Effekte des Vorgesetztenverhaltens im Hinblick auf die eigenen Lernbedürfnisse und beruflichen Ziele zu überprüfen, wird nicht erlebt; es wird kein Problemdruck empfunden.

4.2 Beziehung zu den Eltern

Im Gegensatz zur Vorgesetzten-Beziehung erscheint diejenige zu den Eltern als autonom und intern kontrolliert. Eine kritisch hinterfragende Haltung bei gleichzeitiger positiver Einstellung gegenüber der Person

der Eltern ist hier nicht die Ausnahme, sondern die Regel. Die Jugendlichen zeigen eine gewisse Wertschätzung gegenüber der Person und
einigen Aspekten der Erziehungseinstellung der Eltern, ohne daß dies
auf seiten der Jugendlichen eine generelle Akzeptierung aller ihrer
Werthaltungen, Gebote, Anweisungen und Wünsche impliziert. Im Gegenteil
zeigt sich eine taktische Vorgehensweise gegenüber dem als vorherr-
schend bezeichneten Interessenkonflikt, nämlich die Frage des Ausgehens
und Nach-Hause-Kommens. Von einigen Jugendlichen werden verschiedenartige Handlungsmöglichkeiten gesehen und ihre Anwendung geschildert. Sie
beschreiben, wie sie die eigenen Interessen aushandeln oder realisieren, ohne daß dadurch die positive emotionale Qualität und der Frieden
der Beziehung insgesamt dauerhaft aufs Spiel gesetzt wird. Gelegentlich
wird aggressives Verhalten gezeigt; offene Konflikte werden provoziert.
Die Jugendlichen legen es aber nicht darauf an, etwa das Selbstbild der
Eltern nachhaltig zu untergraben oder einen Hinauswurf anzusteuern.
Einige Jugendliche benutzen in wirksamer Weise ihre Kenntnis der individuellen Persönlichkeitscharakteristiken der Eltern oder nutzen materielle Kontextbedingungen bzw. beides.

Die Frage der Autorität der Eltern wird durchaus gesehen, aber ihre
Interessen und Ansprüche werden nicht völlig negiert. So berichten die
meisten Jugendlichen, daß sie im Haushalt helfen müssen oder daß sie
sich bestimmten Regeln unterordnen müssen, solange sie zu Hause leben.
Sie finden aber Mittel und Wege der Realisierung für eigene Ansprüche,
die nicht mit der völligen Einordnung ins Familienleben vereinbar sind.

Das Ausmaß der Realisierung eigener Ansprüche ist natürlich unterschiedlich und variiert zum Beispiel mit der ökonomischen Lage der
Familie und dem Geschlecht des Jugendlichen. Die Mädchen, deren Eltern
nebenberuflich einen kleinen landwirtschaftlichen Betrieb haben, klagen
zum Beispiel darüber, daß sie zu Hause noch neben ihrer Lehre und Schule mithelfen müssen. Der Druck der ökonomischen Notwendigkeiten wird
hier als zu stark gesehen, als daß sie sich dagegen legitimerweise
auflehnen könnten. Der Problemdruck wird empfunden, aber sie sehen sich
nicht in der Lage, etwas zu ändern.

Eine weitere Nutzendimension in der Elternbeziehung wird von vielen der
befragten Jugendlichen recht klar gesehen. Es ist eine Nutzenwahrneh-
mung, die eine gewisse Reife der sozialen Kognition verrät: Eltern
werden zunehmend als Freunde verstanden, als wohlwollende und erfahrene
Partner, mit denen man persönliche Probleme besprechen kann, denen
gegenüber man aber auch selbst als Ratgeber auftreten kann. Es ist aber
fast immer die Mutter, die dafür in Frage kommt, nicht sehr der
Vater. Die Jugendlichen nehmen in ihrer Beziehung zu den Eltern die
positiven Möglichkeiten und die Handlungsspielräume insgesamt recht gut
wahr und können in vieler Hinsicht auch die Mittel finden und anwenden,
die diese Möglichkeiten realisieren.

4.3 Lehrer und Mitschüler

In Aussagen über Beziehungen zu Berufsschullehrern wird Passivität im
Sinne von Nicht-Handeln aktiv als Schutzstrategie eingesetzt: Man ver-
hält sich bewußt so angepaßt, daß der Lehrer einen in Ruhe läßt. Auch
Mitschülern gegenüber verhält man sich zum Beispiel distanziert, weil

die Beziehung nicht attraktiv erscheint. Charakteristisch ist in beiden Fällen die emotionale Neutralität. Man will sich nicht mit der Beziehung befassen, nicht in soziale Interaktionen involviert werden und nicht eingreifen, weil man entweder deutlich erkennt, daß dieser Handlungsraum keine wünschenswerten Zielzustände enthält, oder weil man sich von unerwünschten Geschehnissen, nämlich den Reibereien der anderen, fernhalten will.

Der zweite Haupttypus der Beziehungen zu den Mitschülern ist positiv-aktiv:Man erzeugt die affektiv wünschenswerten Zustände, die in freundschaftlichen Beziehungen möglich sind, weil man die psychischen Ressourcen für die Gestaltung dieser Beziehung hat und die richtigen Mittel anwendet. Eine Beziehung wird deswegen als gut bezeichnet, weil man füreinander Verständnis hat und sich über persönliche Dinge aussprechen kann. Es kommen sogar solidarische Aktionen gegenüber dem Lehrer zugunsten eines benachteiligten Schülers vor.

Die Solidarisierung der Schüler stellt gleichzeitig die zweite Variante der Strategie der Auseinandersetzung mit dem Lehrer dar. Es handelt sich hierbei um eine selbstbestimmte, eigenständige und der Schilderung nach, effiziente Interessendurchsetzung. Eine weitere autonome und zugleich aktiv eingreifende Strategie ist auch die der individuellen Argumentation gegenüber dem Lehrer im Falle von Fehlern oder Unrecht. Der Einsatz dieser Strategie ist aber vereinzelt, und wird nur durch besondere Ereignisse ausgelöst. Umfassendere Ansätze zur Veränderung der als uninteressant empfundenen Unterrichtsinhalte und zur Behebung der Langeweile werden nicht gemacht. Der Grund der Realitätsferne des Unterrichts wird in mangelnder Kenntnis des Berufsalltags beim Lehrer gesehen. Solche Strategien zur Veränderung des Unterrichts sind vermutlich tatsächlich nur schwer realisierbar. Einen allseits zufriedenstellenden Unterricht zu erreichen ist schon deshalb schwierig, weil die Vorstellungen der Mitschüler hierüber divergieren.

Im Lebensraum der Berufsschule erleben die Jugendlichen nur geringen Problemdruck in ihrer Beziehung zu den Mitschülern, jedoch scheint zum Teil auch das Ausmaß an Befriedigung und das Interesse gering, das sie diesen entgegenbringen. Veränderungsdruck wird empfunden im Hinblick auf den Unterricht, während zielgerichtete und wirkungsvolle Aktionen vereinzelt bleiben.

4.4 Beziehung zu Kollegen

Kollegen sind für einen Lehrling die anderen Auszubildenden im gleichen Betrieb. Kollegen sind auch die Gesellen, denen vom Chef zu diesem Zeitpunkt nicht die Ausbildungsfunktion zugewiesen wurde. In den Aussagen über ihre Beziehungen zu ihren Kollegen betonten relativ viele Jugendliche, daß sie mit allen gut auskämen. In diesem Fall spiegelt die Aussage jedoch einen Anspruch, eine moralische Norm, die sie als verpflichtend erleben - nämlich die Vorstellung, gute Beziehungen zu Kollegen haben zu müssen, wider.

Gleichzeitig machen andere Aussagen deutlich, daß es sich nicht um gewünschte oder realisierte enge Beziehungen im Sinne von Freundschaft oder persönlicher Nähe handelt, sondern daß Distanz und Neutralität vorherrschen. Auch starke Ablehnung oder gelegentliche bis häufige Konflikte werden noch unter "gutes Auskommen" subsummiert. Würden die Beziehungen zu den Kollegen als schlecht oder unzureichend definiert, wäre eine kritische Haltung in ihren Augen hier offensichtlich gleichbedeutend mit Selbstkritik und mit der Notwendigkeit, die Beziehungen zu verbessern. Es ist anzunehmen, daß die kollegiale Beziehungsqualität als der internen Kontrolle unterstehend aufgefaßt wird. Solange die Beziehung als "gut" interpretiert wird, muß man sich nicht der Mühe unterziehen, sie zu verbessern. Die Aussagen über die "guten" Beziehungen zu den Kollegen erinnern teilweise an eine Verleugnung (denial) der Probleme mit ihnen.

Im Vergleich zu der positiven und akzeptierenden Haltung zu den Vorgesetzten sind die Haltungen zu den Kollegen dennoch deutlich kritischer. Dominanz und Unterordnung, Durchsetzung und Schüchternheit werden als Grund für Beziehungsprobleme genannt, die den Zielvorstellungen der Jugendlichen von Freundlichkeit oder sogar Kameradschaftlichkeit widersprechen. Dem Idealbild einer solidarischen Betriebsgemeinschaft mit emotional erfrischenden Beziehungen, Vertrauen und aktiver gegenseitiger Unterstützung kommen weder die geschilderten tatsächlichen Beziehungen noch die diesbezüglichen Erwartunen der Jugendlichen nahe.Anders ausgedrückt, erwarten die Lehrlinge im Hinblick auf ihre soziale Situation innerhalb der Belegschaft nicht, dort persönliche Hilfe, weitgehende Kooperation und echte Freundschaft zu finden, und versuchen dies auch nicht.

Die Einstellung der Lehrlinge zum Betrieb ist insgesamt eher autoritäts-orientiert als partnerchaftlich. Die Belegschaft bildet in ihren Augen keinen Gegensatz zur Betriebsleitung, sondern ist "nach oben" orientiert, unter sich aber tendenziell uneinig.

Der modale Interaktionsverlauf zwischen Kollegen ist allerdings auch nicht generell feindselig oder völlig antithetisch. Gespräche werden als normales Interaktionsmittel gesehen, sowohl zur Schlichtung von Konflikten als auch zur normalen Beziehungsgestaltung. Private Gespräche - über persönliche Angelegenheiten - werden nur teilweise als wünschenswert angesehen, und zwar viel häufiger von den Frauen. Wichtig ist hier, sich die regionalen, lokalen und betrieblichen Merkmale des Kontexts zu vergegenwärtigen: Es handelt sich um Friseurläden, Arztpraxen, um Kfz-Betriebe, sowie um Maurer und Bekleidungsfertigerinnen (Industrienäherinnen). Letztere werden in Gruppen ausgebildet und kennen sich untereinander. Es handelt sich also um kleine Betriebe oder um Gruppen, die nicht durch Anonymität gekennzeichnet sind. Das Verhältnis der Auszubildenden zu ihren Kollegen läßt sich insgesamt kennzeichnen als suboptimal in dem Sinne, daß wenig Problemdruck empfunden oder zugegeben wird und daß die positiven Möglichkeiten der Beziehungsgestaltung nicht voll ausgeschöpft werden.

4.5 Peers und beste Freunde

Die Clique ist die Beziehungsform, welche die arbeitsfreie Zeit dominiert und die auch subjektiv als sehr wichtig angesehen wird. Treffpunkt für die jungen Männer ist häufig die Kneipe. Die Mädchen gehen häufig zu Tanzveranstaltungen oder in Diskotheken, aber auch das Vereinsleben ist wichtig, inclusive Sport.

Es war im Interview nicht möglich, ausreichende Daten über die Merkmale der Problemwahrnehmung und über die Wirksamkeit verschiedenartiger Verhaltensstrategien gegenüber Cliquenmitgliedern zu sammeln. Relativ beschränkt sind leider auch die Informationen über die Zweierbeziehungen. 13 von 20 Jugendlichen haben feste heterosexuelle Beziehungen. Hier wird wechselseitiges Verständnis, Aufrichtigkeit und Vertrauen als die wünschenswerte Beziehungsqualität angegeben, daß heißt als Zielzustand angesehen. Dazu paßt, daß im Falle von Problemen die aufrichtige Aussprache als Lösungsmittel gesehen wird. Neben den mehr reaktiven Strategien gibt es auch präventive mit Überlegungen und Vorkehrungen, wie man die Freundschaft, das heißt die gute Beziehung, langzeitig sichern kann. In den vorliegenden Daten haben nur einzelne Jugendliche ausführliche oder gut erkennbare Angaben über ihren Umgang mit ihrem Freund bzw. ihrer Freundin gemacht. Ein Einzelbeispiel enthält folgendes:

Die Strategie der gegenseitigen Abstimmung impliziert, daß sich der (weibliche) Partner dem anderen anpaßt und sich bezüglich derjenigen vorgebrachten Kritikpunkte, die akzeptiert werden, zu ändern versucht. Die Interviewte betonte jedoch: wenn sie die Kritik oder Wünsche nicht akzeptieren kann, versucht sie ihrerseits ganz entschieden, ihren Freund vom Gegenteil zu überzeugen. Die Strategie der Anpassung ist hier gekoppelt mit der Bedingung, daß die Interessen ausgehandelt und ausgeglichen werden. Anpassung schließt daher nicht aus, den Partner zu beeinflussen, um die eigenen Anforderungen durchzusetzen.

5. Zusammenfassung und Schlußfolgerung

Rückblickend soll die Anwendung eines handlungstheoretischen Ansatzes auf die Analyse sozialer Beziehungen noch einmal angesprochen und in den Rahmen eines Forschungsansatzes über Lebensbewältigung gestellt werden. Einige der möglichen Schlußfolgerungen aus der Analyse dieser Beziehungsstrategien sind:

Für die Güte der Lebensbewältigung der Jugendlichen scheint weniger die Bewältigung von erlebtem Streß das Primäre zu sein, sondern vielmehr die sogenannten Unterlassungssünden: Handlungsspielräume werden nicht gesehen und nicht genutzt. Folgenreich ist für den Akteur das Niveau der Bewältigung wiederkehrender Ereignisse, das Gesamtkonzept der Beziehung, innerhalb dessen die einzelnen Begegnungen reguliert werden. Übergreifende Zielsetzungen und Planungen müssen ebenso wie die Realitätsnähe der Situationsinterpretationen in der Gesamtbeziehung als Variablen gesehen werden, die die aktive Gestaltung bzw. passive Akzeptierung einer Beziehung beeinflussen.

Zielerreichung, Verhalten und Handeln kann auch unabhängig von der Evaluation des Akteurs gesehen werden in Relation zu Zielen und Nutzen, die der Akteur erreichen könnte, wenn er die realen Möglichkeiten richtig erkennen und nutzen würde. Die Wahrnehmung von Möglichkeiten der Bedürfniserfüllung und von Handlungsmöglichkeiten variiert erheblich zwischen den verschiedenen sozialen Situationen; es wurden je nach Beziehungspartner verschiedene Grade der Anpassung und der aktiven

Gestaltung der Beziehung registriert. Erkenntnis ihrer Möglichkeiten und wirksame Strategien der Zielerreichung traten vor allem gegenüber den Eltern auf und waren am geringsten im Betrieb. Möglicherweise hat diese Abstufung etwas zu tun mit der Unterordnung gegenüber Autorität, die zur Negation oder Vernachlässigung eigener Interessen führt. Es ist aber auch möglich, daß der Grad der "Neuheit" eines Lebensbereichs zunächst eher zur Einordnung und Anpassung führt, da der Einblick in die Gesetzmäßigkeiten des Geschehens gering ist und das Verständnis eigener Handlungsmöglichkeiten fehlt.

Schließlich muß zur Beurteilung des Handelns noch berücksichtigt werden, daß die Einschätzung des Vorgesetztenverhaltens für den Beobachter schwierig oder unmöglich ist und daß es theoretisch sein könnte, daß alle Vorgesetzten grundsätzlich eher im Interesse des Auszubildenden gehandelt haben. Andererseits sprechen die Interviewergebnisse über den Umgang mit den Eltern eher dafür, daß bei Bekanntheit der Partner und des Umfeldes auch bei Wohlwollen und Zufriedenheit mit der Gesamtbeziehung eigene Interessen ins Spiel kommen und umgesetzt werden können.

5.1 Intervention

Das Thema Lebensbewältigung und insbesondere die Strategien der Auseinandersetzung mit der sozialen Umwelt gehören zu den wichtigsten Lern- und Entwicklungsaufgaben des Jugendalters. Nicht nur (unter Umständen unkorrigierbare) Fehler können zu der Einsicht führen, daß eine Beziehung in Zukunft besser gestaltet werden sollte und wie sie verändert werden könnte. Auch planvolle, organisierte Lehrveranstaltungen und Trainingsprogramme sind vorstellbar, die die Verbesserung solcher Strategien ermöglichen (vgl. GOLDFRIED & D'ZURILLA, 1969). Das Handlungsparadigma und die Konzeption sozialer Interaktion als ein Fall von Problemlösung oder Bewältigung hat entscheidende, bisher noch wenig genutzte Vorteile als grundlegendes Lern- und Veränderungsmodell. Der handlungstheoretische und lebensweltorientierte Ansatz eignet sich besonders gut als zugrundeliegendes Veränderungsmodell, da er Lebensbewältigung in Tätigkeiten zerlegen und danach ordnen kann, welche Ziele innerhalb abgrenzbarer sozialer Handlungsräume erreicht werden sollen. Adäquate Deutungsmuster, Zielsetzungen und Handlungsstrategien für bestimmte soziale Beziehungen erarbeiten ist eine Problemlösetätigkeit, die sich durchaus systematisch üben läßt und als Unterrichtsfach denkbar ist. Die Möglichkeiten der Umsetzung ausgearbeiteter Beziehungsstrategien läßt sich in Rollenspielen einüben und durch zusätzlichen Erwerb von Fertigkeiten, die innerhalb einer oder mehrerer Beziehungstypen (Rollenstrukturen) eingesetzt werden können, noch steigern.

Die Ausarbeitung und Realisierung besserer Strategien sozialer Interaktion gegenüber wichtigen Beziehungspartnern ist eine Aufgabe, deren Lösung wichtige Konsequenzen für die Lebensbewältigung des Auszubildenden hat. Dies würde nicht nur in der Lebensgestaltung der Jugendlichen selbst zu spüren sein, sondern sich auch auf die Handlungsmöglichkeiten und die Situation der Beziehungspartner auswirken. Es schiene durchaus begrüßenswert, wenn in Betrieben und in Berufsschulen vermehrt Jugendliche zu finden wären, die kompetente Beziehungspartner darstellen und die Durchsetzung berechtigter Interessen aushandeln und überwachen könnten. Nach der vorliegenden Analyse scheint die Gefahr zunächst

nicht sehr groß, durch die Erhöhung sozialer Kompetenz den Auszubildenden ein Übergewicht in Betrieben und Schulen zu verschaffen oder sie zu
aggressiver Ausnutzung ihre Möglichkeiten zu verleiten. Allerdings
wären sie wohl auch weniger passive Rolleninhaber. In jedem Falle
gehört die Vermittlung sozialer Kompetenz zu den Ansprüchen, die die
Jugendlichen aufgrund der öffentlichen und bisher unwidersprochenen
Bildungsideale der Berufsausbildung haben, nämlich auf das Leben vorbereitet zu werden. Daß Lebensbewältigung ausschließlich durch fachliche
Fähigkeiten zu erreichen ist, wird wohl kaum behauptet werden.

Zur Überwindung sozialer Angst ("Redeangst") bei Jugendlichen in Abhängigkeit differentieller Problemlösefähigkeiten

Detlev Liepmann und Martin Hautzinger

1. Allgemeine Vorüberlegungen

Betrachtet man das Mißverhältnis zwischen der Anzahl empirischer Beiträge zur Redeangst als spezielle Form sozialer Angst und der Auftretenshäufigkeit dieses Phänomens, so kann man "selbst Angst bekommen". KRIEBEL (1975) weist darauf hin, daß der Anteil von redeängstlichen Studenten bzw. Schülern im anglo-amerikanischen Sprachraum annähernd 60-70% beträgt. Legt man diese Zahlen zugrunde, so muß konstatiert werden, daß Redeangst zu den am häufigsten auftretenden Störungen bei klinisch nicht auffälligen Personen gehört. Zu Recht stellt KRIEBEL (1975) fest, daß eine differenzierte Analyse und nüchterne psychologische Bearbeitung des Problems fehlt. Im Gegensatz dazu läßt sich eine intensivere Auseinandersetzung mit Fragen der Prüfungsangst, der Beziehung zwischen Leistung und Angst, Aspekten des Sozialverhaltens und des Selbstwertgefühls etc. beobachten (PRAHL, 1979, GÄRTNER-HARNACH, 1976, KROHNE, 1977).

"Schweiger" gibt es in den unterschiedlichsten Gruppen und Kommunikationsstrukturen. Als individuell belastendes Phänomen wird "Schweigen" allerdings verstärkt in Gruppen zu beobachten sein, in denen der "Zwang zum Reden" vorprogrammiert ist. Derartige Gruppen finden sich in herausragendem Maße beispielsweise in der Schule, Universität etc. Der Klassenverband mit seinen spezifischen Kommunikationsstrukturen eignet sich daher bestens zur Demonstration des von uns intendierten Untersuchungsvorhaben.

Jeder Lehrer kennt in seinen Unterrichtsgruppen Schüler, die durch mangelnde Aktivität, speziell mündliche Mitarbeit, am Unterrichtsgeschehen gekennzeichnet sind. Etikettierungen wie: fehlendes Interesse am Thema, Abgelenktheit, Unaufmerksamkeit, fehlende Vorbereitung auf inhaltliche Aspekte des Unterrichtsgeschehens, Faulheit oder Unfähigkeit, dem Unterricht zu folgen, stellen nur eine Auswahl von Erklärungsschemata dar, die sich alltagssprachlich eingebürgert haben.

Die zeitliche Konstanz dieses Verhaltensmerkmals erstreckt sich meist über den Zeitraum von Jahren. Als Determinanten sind neben eher personenbezogenen Merkmalen wie Motivation, Interesse, Problemlösefertigkeiten speziell Struktur- und Kontextparameter der sozialen Situation in Rechnung zu stellen. Berücksichtigt man die spezifischen Kommunikationsstrukturen einer Schulklasse, so hat die allgemeine Erwartung einer aktiven Mitarbeit großen Einfluß auf das individuelle Erleben des Schülers. Der Schüler sieht sich "gezwungen", sein Bemühen zur Kooperation durch häufigeres Meldeverhalten anzudeuten. Angstbesetzte individuelle Konfliktsituationen sind damit zwangsläufig indiziert.

Wir sind überzeugt, daß Interventionsmaßnahmen zur Erhöhung des "Redeverhaltens" gezielt auf den Abbau von Redeangst unter Berücksichtigung der individuellen Problemlösefähigkeit eingesetzt werden müssen. Die Erfassung verschiedener Angstmaße sowie der Problemlösefähigkeit zu unterschiedlichen Zeitpunkten ist neben dem Einsatz geeigneter Interventionsstrategien vorrangig im Auge zu behalten.

2. Redeangst

Ein im deutschen Sprachraum nicht hinreichend berücksichtigtes Konzept stellt der Ansatz von PAIVIO (u.a. 1959, 1961, 1964, 1965) dar, dessen theoretische sowie empirische Überlegungen einen geeigneten Zugang zu Fragen der Reduktion von Redeangst bei Schülern liefern.

PAIVIO und LAMBERT (1959) beschreiben die für redeängstliche Schüler wichtige "audience-Situation" und leiten aus ihr die beiden Konzepte der "audience anxiety" (Zuhörerangst) und "audience sensitivity" (Zuhörersensitivität) ab. Unterstrichen werden die positiven wie auch negativen Effekte des Zuschauers bzw. aller Personen, die als Bewerter und potentielle Verstärker für menschliches Verhalten in Frage kommen und in diesen Funktionen wahrgenommen werden.

Eine wichtige Rolle spielt die Zuhörerschaft ("audience") im Falle von verbalem Verhalten, denn dieses wird gewissermaßen nur in Anwesenheit von Zuhörern manifest. Somit wird verbales zu sozialem Verhalten und ist der Bewertung durch andere Personen ausgesetzt. Es lassen sich unter Berücksichtigung gegenwärtiger Forschungsergebnisse folgende Punkte zusammenfassen:

1. Zuhörer beeinflussen im allgemeinen den Vortragenden emotional, wobei der Grad der Emotionalität (Angst, Spannung, Lampenfieber) mit der Größe und den negativen Reaktionen der Zuhörerschaft korreliert.

2. Der Einfluß von Zuhörern auf Verhaltensvariablen ist unterschiedlich. Passive Beobachter haben nur geringe Auswirkungen auf die Leistungen in bestimmten Aufgaben. Reale, reagierende Zuhörer haben abträgliche Auswirkungen auf motorische Leistungen und Bewegungslernen; die entscheidenden Variablen sind wiederum negative Reaktionen wie auch die Größe der Zuhörerschaft.

3. Es gibt Hinweise dafür, daß die Auswirkungen auf die Emotionalität und das offene Verhalten des Vortragenden miteinander in Beziehung stehen, wobei erstere die Grundlage für letzteres ist.

4. Zuhörer haben einen selektiven Einfluß auf das Auftreten bestimmter Reaktionen, aber auch auf allgemeineres Annäherungs- und Vermeidungsverhalten. Dieser Einfluß hängt von der Zusammensetzung und der Bewertung durch die Zuhörer ab.

5. Persönlichkeitsfaktoren für emotionale Dispositionen wie etwa die Bereitschaft eines Menschen, mit Angst oder Lampenfieber zu reagieren, oder für ein zuhöreraufsuchendes bzw. zuhörer-vermeidendes Verhalten scheinen die individuelle Unterschiede der Reaktionen auf solche sozialen Situationen erklären zu können. Ihre Funktionsweise ist jedoch weitgehend unerforscht.

PAIVIO und LAY (1965) weisen darauf hin, daß Angst in Situationen mit Zuhörern im wesentlichen Angst vor sozialer Mißbilligung ist. So konnte von den Autoren gezeigt werden, daß Anerkennung bzw. soziale Bekräftigung für hoch "zuhörer-sensible" Personen angstreduzierender ist als für niedrig sensible Personen.

PAIVIOs Annahme von kognitiven Faktoren als Mediatoren zwischen den sozialen Situationen und der akuten Angst ist für die Erörterung von Möglichkeiten zur Reduktion von Redeangst gleichermaßen heranzuziehen wie lerntheoretische Ansätze zur Identifizierung bestimmter sozialer Bedingungen kindlicher Sozialisation als Vorläufer für eine Zuhörer-Sensitivität bei Kindern. PAIVIO (1964) unterstreicht die positive Kovariation zwischen dem Ausmaß dieser Sensitivität und der Häufigkeit negativer Bewertungen und Bestrafungen; andererseits besteht eine negative Kovariation mit der Häufigkeit positiver Bewertungen durch andere Personen. Wer oft bestraft oder gering eingeschätzt worden ist, hält sich im allgemeinen für erfolglos und erwartet in Situationen, in denen seine Leistungen bewertet werden, eine Bestrafung. Die mögliche Konsequenz ist, auf Zuhörer-Situationen (in denen Bewertung durch andere explizit und Versagen subjektiv unabwendbar ist) von vornherein mit Angst zu reagieren. Wurde eine Person jedoch häufig positiv bewertet und nur selten für ihr Versagen bestraft, wird sie ein "erfolgreiches Bestehen" der Zuhörer-Situation einkalkulieren (oder mindestens im Falle des eigenen Versagens keine Bestrafungen erwarten). Die "wichtigsten" Erfahrungen können in formalen Situationen mit Zuhörern (Gedichtaufsagen, Vorsingen, Vorspielen u.a.) im Elternhaus und in der Schule gemacht werden; dabei können wichtige Zuhörer wie Eltern, Lehrer, aber auch Gleichaltrige als "primary audiences" eine entscheidende Rolle spielen.

3. Problemlösen und Therapiemöglichkeiten

HAUTZINGER (1982) betont, daß alle Psychotherapien den Anspruch erheben, beim Lösen von Problemen zu helfen. Betont wird dabei zunächst nur der Zielaspekt des Problemlösens unabhängig von divergierenden Vorstellungen zu den Prozeßkomponenten des Problemlösens in unterschiedlichen Therapieansätzen. Der Problemlösungsprozeß stellt nur selten den zentralen Aspekt des psychotherapeutischen Handelns dar. Mehrere Therapien beschäftigen sich mit der Modifikation spezifischer Aspekte des Denkvorgangs, die sich auf den Problemlösungsprozeß hinderlich oder förderlich auswirken können. Selten ist der gesamte Problemlösungsprozeß Gegenstand der Therapie, wie dies bei verhaltenstherapeutischen Vorschlägen von GOLDFRIED und GOLDFRIED (1975) und D'ZURILLA und GOLDFRIED (1971) der Fall ist.

Im Rahmen dieser Maßnahmen wird versucht, Entstehung und Aufrechterhaltung abnormer Verhaltensmuster zu klären und diese Kenntnisse auf Therapie und Prävention dieser Störungen anzuwenden. Aus dieser Definition ergibt sich eine Affinität von Verhaltenstherapie, Verhaltensdiagnostik und Problemlöseansatz. Die Gemeinsamkeiten dieser Ansätze lassen sich nach HAUTZINGER (a.a.O.) wie folgt darstellen:

Behaviorales Modell	Problemlöseansatz
Exploration und Verhaltensanalyse der Probleme	Allgemeine Orientierung
Bestimmung und Festlegung des Zielvorhabens	Problemanalyse und -definition
Therapieplanung	Lösungsmöglichkeiten generieren
Verhaltensmodifikation	Entscheiden und Verifikation von Lösungsalternativen
Erfolgskontrolle	Kontrolle und Bewertung

Sowohl in der formalen Abfolge (Problemanalyse, Zielanalyse, Veränderungsplanung) als auch in der Ausrichtung auf konkrete Aspekte des Erlebens und Verhaltens werden Übereinstimmungen von Verhaltenstherapie, -diagnostik und Problemlösungsansatz deutlich.

D'ZURILLA und GOLDFRIED (a.a.O.) gehen von zwei Grundannahmen aus, in denen sie die gemeinsamen Ziele von Problemlösen und Verhaltensmodifikation betonen:

1. Die Unfähigkeit, mit problematischen Situationen umzugehen, ist oft die Bedingung für emotionale oder Verhaltensstörungen, die eine psychologische Behandlung erfordern.

2. Generelle Effektivität im Umgang mit Problemen kann am ehesten erreicht werden, indem man Individuen allgemeine Fähigkeiten vermittelt, die es ihnen erlauben, eigenständig mit alltäglichen Problemen umzugehen.

Zu den Merkmalen problemlösungszentrierten Handelns gehören:

- die allgemeine Orientierung,
- die Problemformulierung und -definition,
- die Entwicklung von Alternativen,
- die Entscheidungsfindung,
- die Verifikation.

Schon aufgrund dieser allgemeinen Ausführungen erscheint es mehr als notwendig, beim Einsatz von Interventionsstrategien zur Überwindung von Redeangst Aspekte der individuellen Problemlösefähigkeit mitzuberücksichtigen. Dabei sollten sich Meßinstrumente an den aufgezeigten Prozeßmodellen orientieren, wie es z.B. bei KÖNIG, OTTO, HOLLING, LIEPMANN und SCHMIDT (1980), HOLLING, LIEPMANN, KÖNIG und OTTO (1980) bzw. KÖNIG, LIEPMANN, HOLLING und OTTO (1985) der Fall ist.

Je nach Gewichtung entweder der kognitiven oder der Konditionierungshypothese bieten sich Verfahren der kognitiven Umstrukturierung (KU) bzw. der Systematischen Desensibilisierung(SD) als Interventionsmaßnahmen an.

Das Paradigma der Konditionierung, das dem Konzept der reziproken Hemmung bei der Desensibilisierung von Phobikern (und später auch von allgemein ängstlichen Personen) zugrunde liegt, hat – genau genommen – allein die Reduktion von Furchtreaktionen zum Ziel. Versteht man jedoch Angst als einen Zustand, der vor allem die Desorganisation von kognitiven Systemen mit einschließt, ist eine Therapieform sinnvoll, die die Umstrukturierung eben dieser Systeme zum Ziel hat.

4. Fragestellung, Meßinstrumente, Untersuchungsplan

Auf der Basis der bisherigen Überlegungen erwarten wir, daß Interventionsmaßnahmen (der SD bzw. der KU) bei den von uns untersuchten Schülern in gleicher Weise zu einer Reduktion der Redeangst führen. Dabei sind diese Unterschiede in erster Linie auf all jenen Skalen zu registrieren, die spezifische situative Angstaspekte erfassen.

Weiterhin werden hohe Zusammenhänge zwischen spezifischen bzw. dispositionellen Angstaspekten und einzelnen Dimensionen des Problemlöseverhaltens erwartet, die in unterschiedlichem Maße einer Moderierung durch die von uns gesetzten Interventionsmaßnahmen unterliegen. Wir gehen davon aus, daß Interaktionen zwischen Dimensionen des Problemlöseverhaltens und Angstskalen zu unterschiedlichen Zeitpunkten zu beobachten sind.

Als Meßinstrumente wurden hier allein Selbsteinschätzungsskalen berücksichtigt.

1. Zu situativen Aspekten:

PRCS (Personal Report of Confidence as a Speaker nach GILKENSON, 1942, in einer überarbeiteten Kurzfassung nach PAUL, 1966), der FS (Fragebogen für Schüler nach GÄRTNER-HARNACH, 1972;1973), der AFS-PA (Prüfungsangstfragebogen für Schüler nach WIECZERKOWSKI et al., 1973) sowie der SAP (Fragebogen zur Messung der Angst in sozialen Situationen nach LÜCK, 1971).

2. Zu dispositionellen Aspekten:

Der AAT (Achievement Anxiety Test nach ALPERT und HABER, 1960), das STAI-T (State-Trait-Anxiety Inventory nach SPIELBERGER et al., 1970), die AACL (Affect Adjective Checklist nach ZUCKERMANN, 1960) und das AD (Angstdifferential nach ALEXANDER und HUSEK, 1962).

Das Problemlöseverhalten wurde mit dem PLF (KÖNIG, LIEPMANN, HOLLING und OTTO (1985) erfaßt. 5 Dimensionen wurden berücksichtigt:PER (Problemerleben), PVE (Problemverlegung), PBE (Problembearbeitung), NUP (Neigung zu unkonventionellen Problemlösungen) und NKP (Neigung zu konventionellen Problemlösungen).

Die Untersuchung wurde in einem Zeitraum von knapp 6 Monaten an einem

Berliner Gymnasium durchgeführt. Drei (parallelisierte) Gruppen wurden gebildet: SD-Gruppe (N=20), KU-Gruppe (N=20) sowie eine Warte-Kontroll-(WG)Gruppe (N=16). Die Daten wurden vor Beginn bzw. Nach Ende des Trainings erhoben. Das SD- bzw. KU-Training bestand aus neun 1 1/4 -1 1/2 Stunden dauernden wöchentlichen Sitzungen in Gruppen zu fünf Schülern.

Das Alter der Schüler betrug im Duchschnitt 15.8, die Streuung 1.14 Jahre. 29 Teilnehmer waren Schüler der Sekundarstufe I, 27 der Sekundarstufe II. Die Teilnehmer waren in überwiegendem Maße (85%) weibliche Schüler.

5. Ergebnisse

Aus Tabelle 1 sind die Mittelwerte für alle 3 Untersuchungsgruppen bezüglich der Vor- und Nachtestergebnisse aufgeführt. Für alle 13 Variablen(Angst- und Problemlösedimensionen) ergeben sich bei den Vortestwerten für die 3 Untersuchungsgruppen keine systematischen Unterschiede (die entsprechenden F-Werte liegen zwischen $F=0.083$, $p=0.9204$ und $F=1.655$, $p=0.2106$).

Tabelle 1: Mittelwerte für 8 Angstskalen sowie 5 Problemlöse-dimensionen für 3 Untersuchungsgruppen (Vor- und Nachtest)

	VOR			NACH		
	SD	KU	WG	SD	KU	WG
PRCS	18.3	16.8	17.8	10.3	9.4	14.4
FS	58.0	56.2	57.4	48.6	48.2	54.6
AFS(PA)	57.1	52.2	60.9	46.8	49.4	58.0
SAP	59.7	59.2	58.5	52.0	52.0	58.8
AAT-	62.2	55.3	63.5	55.5	49.1	59.6
STAI(T)	55.3	52.0	55.6	49.5	47.8	52.1
AACL	10.4	10.8	11.8	5.5	6.4	7.6
AD	67.8	68.6	68.3	54.1	52.9	49.2
PER	59.5	55.0	56.9	53.1	52.8	57.5
PVE	15.4	16.2	16.2	15.4	16.3	17.3
NUP	25.0	30.0	24.4	25.5	24.9	24.9
PBE	43.6	44.1	46.3	46.2	44.5	45.3
NKP	18.3	16.8	18.6	18.5	15.7	17.9

Betrachtet man die individuellen Differenzwerte zwischen Vor- und Nachtestergebnissen als Effekte der Interventionsmaßnahmen (bzw. im Falle der Wartegruppe als Fehlen der Maßnahme), so lassen sich für verschiedene Angstmaße systematische Unterschiede zwischen den beiden Trainingsgruppen und der Wartegruppe aufzeigen. Dabei sind die Effekte zwischen beiden Trainingsgruppen in keinem Fall signifikant (s. Tabelle 2).

Unterschiede finden sich nur bei den "situativen Angstaspekten" (PRCS, FS, SAP), während die eher als dispositionelle Maße einzustufenden Skalen (AAT-, STAI-T, AACL, AD) keine systematischen Unterschiede anzeigen.

Tabelle 2: Mittelwerte der Differenzen für 3 Untersuchungsgruppen, F-Werte und Irrtumswahrscheinlichkeiten, für 8 Angstmaße

	$\overline{X}$ SD	$\overline{X}$ KU	$\overline{X}$ WG	F	p
PRCS	-7.95	-7.40	-3.38	3.62	0.03
FS	-9.45	-8.00	-2.75	4.90	0.01
AFS(PA)	-8.46	-2.82	-2.86	1.26	0.30
SAP	-7.70	-7.20	0.25	6.38	0.00
AAT-	-6.70	-6.15	-3.94	0.33	0.73
STAI-T	-5.80	-4.20	-3.56	0.79	0.25
AACL	-4.85	-4.45	-4.19	0.12	0.89
AD	-13.70	-15.75	-10.81	0.52	0.60

Aus Tabelle 3 sind die Zusammenhänge zwischen den 8 Angstskalen und den 5 Dimensionen des Problemlöseverhaltens ersichtlich. Die Koeffizienten zum ersten Meßzeitpunkt beziehen sich auf alle 3 Untersuchungsgruppen, während für den zweiten Maßzeitpunkt nur die beiden Trainigsgruppen berücksichtigt wurden. Für die Skala Problemerleben (PER) zeigen sich durchgängig hohe Zusammenhänge mit allen Angstmaßen(.58 mit SAP bis .38 mit AD).Ähnliche Werte sind auch in der Nachuntersuchung zu beobachten. Inhaltlich bedeutet dies: Hohe Angstwerte kovariieren grundsätzlich mit pessimistischem, niedrige Angstwerte mit optimistischem Problemerleben.

Weiterhin ist zu beachten, daß die systematischen Zusammenhänge zwischen der Skala "Neigung zu unkonventionellen Problemlösungen"(NUP) und den dispositionellen Angstskalen (STAI-T, AACL, AD) in der Nachuntersuchung nicht wiederzufinden sind, während im Vergleich zur Voruntersuchung die Kovariationen zwischen den Angstmaßen und der Dimension Problembearbeitung (PBE) durchweg stark ansteigen. Letzteres bedeutet, daß (verglichen mit der Voruntersuchung) "gute" Problembearbeitung mit niedrigen Angstwerten bzw. "schlechte" Problembearbeitung mit hohen Angstwerten kovariiert.

Unsere letzte Annahme zielt auf die Frage, inwieweit Interaktionen zwischen den einzelnen Meßzeitpunkten und Dimensionen des Problemlöseverhaltens aufzuzeigen sind. Dies erfolgt exemplarisch für jeweils eine "situative" (PRCS) bzw."dispositionelle" (AAT-) Angsskala mit Hilfe von Varianzanalysen mit Meßwiederholungen. Aus Tabelle 4 sind die jeweiligen Mittelwerte sowie F-Werte und Irrtumwahrscheinlichkeiten für die Interaktionen zu ersehen. Für die Dimensionen des Problemlöseverhaltens wurden jeweils Gruppen mit hohen bzw. niedrigen Ausprägungen (Median) gebildet. Berücksichtigt wurden nur die beiden Trainingsgruppen (N=40).

Tabelle 3: Korrelationen zwischen 8 Angstmaßen und 5 Dimensionen des Problemlöseverhaltens. Obere Werte betreffen jeweils den ersten (N=56),die unteren den zweiten Meßzeitpunkt (N=40)
* = p≤ .05
** = p≤ .01

	PER	PVE	NUP	PBE	NKP
PRCS	.51**	.04	-.28*	-.10	.16
	.60**	.15	-.30*	-.43**	.16
FS	.41**	-.02	.03	-.20	.15
	.57**	.10	-.16	-.46**	.18
AFS(PA)	.42**	.05	-.03	-.11	.26
	.53**	.35*	-.08	-.45**	.20
SAP	.58**	-.02	-.42**	-.21	.16
	.50**	.14	-.39**	-.32*	.06
AAT-	.52**	-.07	-.08	-.28*	-.00
	.54**	.20	-.12	-.53**	.15
STAI-T	.40**	-.17	-.41**	-.10	.12
	.43**	-.02	-.07	-.05	-.06
AACL	.38	-.10	-.31*	.03	-.04
	.24	-.08	-.04	-.30*	-.06
AD	.38**	-.23	-.30	.03	.18
	.30*	-.02	-.14	-.33**	.21

gebildet. Berücksichtigt wurden nur die beiden Trainingsgruppen (N=40).
Auf die Darstellung der Haupteffekte wurde an dieser Stelle verzichtet;
es sollte aber nicht unerwähnt bleiben, daß der Effekt über die Zeitpunkte in allen Fällen eine Irrtumswahrscheinlichkeit von p≤ .001 aufweist.

Die signifikanten Interaktionen sind zusätzlich graphisch aus Abbildung
1a - 1c ersichtlich. Im Fall der Skala PRCS lassen sich für die Dimensionen PER und PVE (für die Skala AAT-, die Dimension NKP) systematische Interaktionen aufzeigen. Handelt es sich bei (a) eher um eine
ordinale Interaktion,   so können die Fälle (b) und (c) als disordinale
Interaktion interpretiert werden.

Inhaltlich bedeutet dies für die Dimension PER, daß Personen mit pessimistischem Problemerleben (hohe Werte) einen bedeutend stärkeren
"Angstabbau" auf der Skala PRCS aufweisen als Personen mit optimistischem Problemerleben (niedrige Werte). In weit stärkerem Maß läßt sich
dieser Abbau für die Dimensionen PVE aufzeigen. Personen mit hoher
Problemverleugnung weisen einen bedeutend stärkeren Abfall auf als

Tabelle 4: Mittelwerte für Vor- und Nachtestergebnisse bei 2
Angstskalen (PRCS, AAT-) für hohe (H) und niedrige
(N) Problemlösegruppen (5 Dimensionen), F-Werte so-
wie Irrtumswahrscheinlichkeiten für Interaktionen

	PRCS V	PRCS N	F	p	AAT- V	AAT- N	F	p
PER N	13.85	8.15			53.75	48.30		
			5.75	0.02			0.34	0.56
PER H	21.15	11.50			63.65	56.25		
PVE N	16.27	10.72			61.34	54.59		
			5.37	0.03			0.42	0.52
PVE H	18.50	9.09			56.04	50.59		
NUP N	19.21	10.84			61.11	52.89		
			0.57	0.46			1.08	0.31
NUP H	15.95	8.90			58.52	51.71		
PBE N	19.45	11.45			63.65	59.05		
			0.14	0.72			1.25	0.27
PBE H	15.56	8.20			53.75	45.50		
NKP N	15.61	7.72			60.50	50.16		
			0.04	0.83			5.15	0.03
NKP H	19.04	11.54			57.23	54.00		

Personen mit niedriger Problemverleugnung. Für die Dimension NKP läßt
sich zeigen, daß Personen mit einer geringen Ausprägung zu konventionellen Problemlösungen eine stärkere Angstreduktion auf der Skala AAT-
zeigen, als Personen, die tendenziell eher konventionelle Problemlösungen bevorzugen.

Abbildung la: Interaktionseffekt für Angstskala PRCS.
Meßzeitpunkt x PER

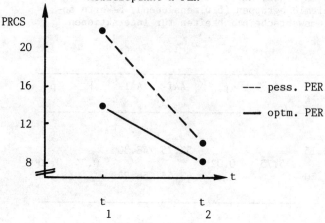

Abbildung lb: Interaktionseffekt für Angstskala PRCS.
Meßzeitpunkt x PVE

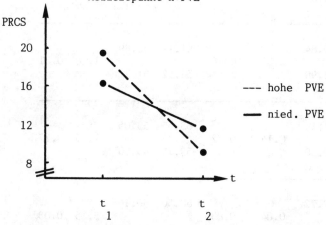

Abbildung lc: Interaktionseffekt für Angstskala AAT-.
Meßzeitpunkt x NKP

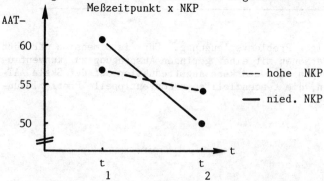

36

6. Diskussion

Betrachten wir die von uns durchgeführten Analysen, so läßt sich festhalten, daß neben dem Effekt der Angstreduktion, gemessen mit situationsspezifischen Angstskalen, verstärkt das Ineinandergreifen von einzelnen Dimensionen des Problemlöseverhaltens und Angstaspekten berücksichtigt werden muß. Hierbei fallen besonders die durchweg hohen Korrelationen zwischen der Dimension "Problemerleben" und allen Angstwerten auf. Hier scheint eine weitere wichtige Erklärung für den Erfolg kognitiv orientierter Therapien zu suchen zu sein. "Pessimistisches Problemerleben" ist gekennzeichnet durch eine Übersensibilität gegenüber Problemen, geringe Zuversicht in die eigenen Möglichkeiten und ein "Sichausgeliefert-Fühlen" gegenüber Problemsituationen: Man sieht Probleme, wo gar keine sind; glaubt mehr Probleme als andere zu haben; hat statt einer Lösung neue Probleme und möchte Entscheidungen rückgängig machen. "Optimistisches Problemerleben" dagegen bringt Selbstvertrauen, Zuversicht und Bewußtsein in die eigene Fähigkeit zum Ausdruck: Man weiß sich Problemen gewachsen und ist optimistisch, sie bewältigen zu können; bei Schwierigkeiten handelt man sicher und schnell. Gleichzeitig gehört im Rahmen des Problemerlebens zu einer "allgemeinen Orientierung" die Einstellung, daß problematische Situationen ein Teil des normalen Lebens sind, und daß man die meisten dieser Situationen bewältigen kann.

Hinweise für effizientere Therapiemaßnahmen liefern die berichteten Interaktionen. Sollte sich in weiteren Untersuchungen bestätigen, daß mit Hilfe einiger Dimensionen der Problemlösefähigkeit Personen identifiziert werden können, die besonders gut bzw. besonders schlecht auf verhaltenstherapeutische Maßnahmen der hier untersuchten Art ansprechen, dann kann dies nur zur Verbesserung der klinischen Indikationsstellung beitragen. Aus den gefundenen Interaktionen des Problemerlebens (pessimistisch), der Problemverleugnung (hoch) und der Neigung zu konventionellen Problemlösungen (niedrig), mit jeweils einer Angstskala, kann zur Zeit jedoch noch keine Behandlungsempfehlung abgeleitet werden. Die Beschränktheit der vorliegenden Studie macht es notwendig, die zuletzt genannte Prädiktionshypothese in weiteren Studien erneut zu prüfen.

Problembewältigungsformen von Auszubildenden in beruflichen, insbesondere sozialen Situationen

Jens U. Schmidt

Der folgende Beitrag ist eine Pilotstudie mit Bezug zu verschiedenen, in der letzten Zeit häufig diskutierten, Fragestellungen. Als Stichworte nennen wir "ökologische Repräsentativität von Testsituationen", "soziale Intelligenz" und den Problemlöseansatz. Auf der Basis von drei Voruntersuchungen werden die Ergebnisse einer Untersuchung mit 443 Auszubildenden dargestellt, in der über das Verhalten in sozialen Problemsituationen des Ausbildungsalltags berichtet wird.

1. Ausgangspunkt der Untersuchung

Eine Stichprobe von Erhebungsbedingungen wird von PAWLIK (1978) als in dem Maße für eine Person ökologisch repräsentativ bezeichnet, in dem sie eine unverzerrte Stichprobe der im Biotop der Person repräsentierten Stimulusbedingungen darstellt. Insbesondere Intelligenztests werden oftmals bezüglich dieses Gesichtspunkts in Frage gestellt. Sicherlich sind die gebräuchlichen paper-pencil-Tests nicht für jede Art intelligenten Verhaltens repräsentativ, der diagnostische Wert derartiger Verfahren für Prognosen kognitiven Problemlösens im Berufs- und Schulalltag ist jedoch vielfach nachgewiesen worden.

Besonders große Probleme bezüglich ökologischer Repräsentativität bestehen bei der Messung der sozialen Intelligenz. Hier gibt es offensichtlich starke Diskrepanzen zwischen den etwa von GUILFORD und HOEPFNER (1971) oder PROBST (1975) eingesetzten Meßinstrumenten und dem "sozial intelligenten Alltagsverhalten". Uns erscheint z.B. das Deuten von gezeichneten Gesichtern oder das Fortsetzen von Bildergeschichten als wenig ökologisch repräsentativ für den Bereich der sozialen Intelligenz. Der hier aufgezeigte Versuch zur Erfassung des Problemlösens in sozialen Alltagssituationen, der sich am verhaltesanalytischen Ansatz von GOLDFRIED und D'ZURILLA (.1969) orientiert, stellt sicher keine Lösung der Frage dar, wie soziale Intelligenz gemessen werden kann. Wir wollen diesen alternativen Weg der Diagnostik lediglich in einem Teilbereich erproben, dem Problemlösen von Auszubildenden in sozialen Situationen des Berufsalltags.

2. Erfassung und Klassifikation von Problemsituationen und Bewältigungsformen

In vier aufeinander aufbauenden Untersuchungen orientierten wir uns an den in Tabelle 1 dargestellten Etappen der Forschungsstrategie von GOLDFRIED und D'ZURILLA (a.a.O.)

Untersuchungsgang und Ergebnisse der ersten drei Untersuchungen sind bei SCHMEDING-WIEGEL und SEITZ (1981) sowie SCHMIDT (1983) ausführlich dokumentiert. Sie werden im folgenden nur kurz referiert:

Die erste Untersuchung (Identifikation von Problemsituationen) bestand in einem unstandardisierten und lediglich vorstrukturierten Interview

Tabelle 1: Gegenüberstellung der Forschungsstrategie von
GOLDFRIED und D'ZURILLA und unseren Untersuchungen zu Problembewältigungsformen

Etappen der Forschungs- strategie von GOLDFRIED und D'ZURILLA	Untersuchungen zum Problemlösen in Situationen des Berufs- und Ausbildungsalltags
1. Identifikation eines Pools von Problemsi- tuationen	Interview von 45 Auszubildenden und 20 Experten über Problemsi- tuationen
2. Klassifikation der Situationen	Klassifikation von 75 Problem- situationen auf der Basis von Häufigkeits- und Schwierigkeits- ratings durch 250 Berufsschüler
3. Entwicklung diagno- stischer Items	Befragung von 145 Berufsschülern nach Verhaltensalternativen in vorgegebenen Problemsituationen
4. Anwendung des diagno- stischen Verfahrens	Bearbeitung des aus 8 Situations- beschreibungen und 57 Verhaltens- alternativen bestehenden Problem- fragebogens in der Hauptuntersu- chung durch 443 Auszubildende

von 45 Auszubildenden und 20 Experten über Problemsituationen von Auszubildenden. Es wurden insgesamt 1016 Problemsituationen des Berufs-
und Ausbildungsalltags genannt.

Die zweite Untersuchung diente der Klassifikation der genannten Situationen bezüglich Auftretenshäufigkeit und subjektiv erlebter Schwierigkeit. Mit Schwerpunkt auf den kognitiven Bereich wurden 75 relativ
häufig genannte Situationsbeschreibungen aus der ersten Untersuchung
ausgewählt und in einem Fragebogen vereinigt. 250 Berufsschüler schätz-
ten sie hinsichtlich Auftretenshäufigkeit und Schwierigkeit auf einer
5-stufigen Skala ein. Die Klassifikation mit Hilfe von Clusteranalysen
ergab u.a. folgende Situationsklassen:

- Bewältigung theoretischer Inhalte im Berufsschulalltag,
- Theorie-Praxis-Umsetzung,
- Arbeitsorganisation,
- Soziale Interaktion,
- Soziale Intelligenz,
- Textbearbeitung,
- Numerischer Leistungsbereich.

Für die Erfassung des Verhaltens in problematischen sozialen Situationen des Ausbildungsalltags wurde auf dieser Grundlage ein Fragebogen
entwickelt. Um die Umsetzung von Situationsbeschreibungen in diagnostische Items angemessen objektiv und ökologisch repräsentativ zu gestalten, wurde eine dritte Untersuchung zur Ermittlung von Bewältigungsfor-

men durchgeführt. Die 145 Auszubildenden wurden aufgefordert, zu 30 ausgewählten und für die Situationsklassen der zweiten Untersuchung repräsentativen Problemsituationen möglichst viele verschiedene Handlungsmöglichkeiten zu nennen und die jeweils beste Verhaltensweise zu signieren.

Die Auswertung beschränkte sich zunächst auf eine Zusammenstellung der genannten Handlungsalternativen. Eine große Zahl von ihnen trat wiederholt auf. In den meisten Fällen ergaben sich nur 6-8 eindeutig verschiedene Verhaltensmöglichkeiten. In den endgültigen Fragebogen, der für die vierte Untersuchungsphase, die Hauptuntersuchung, erstellt wurde, konnten die Handlungsalternativen daher größtenteils so übernommen werden, wie sie von den Probanden genannt worden waren.

3. Problemfragebogen und Untersuchungskontext

Wie bereits ausgeführt, beschränkten wir uns bei der Erstellung des Problemfragebogens auf soziale Situationen. Folgende hatten sich als relativ häufig und schwierig sowie als markierend für die Situationscluster "Soziale Interaktion" und "Soziale Intelligenz" erwiesen:

1. Unterbrechung bei der Arbeit durch andere Personen.   (A)
2. Verteidigung eigener Rechte gegenüber Kollegen.   (B)
3. Umgang mit schwierigen Kunden, Patienten etc.   (C)
4. Arbeitsleistung nimmt ab, weil man durch andere beobach- (D) tet wird.
5. Störung des Berufsschulunterichts durch Mitschüler.   (E)
6. Man möchte sich wegen ungerechter Behandlung wehren oder (F) beschweren.
7. Unterschiedliche Arbeitsanweisungen von verschiedenen   (G) Vorgesetzten.
8. Mangelnde Hilfsbereitschaft zwischen Kollegen oder Mit- (H) schülern.

Zu jeder dieser kurz beschriebenen Situationen enthält der Fragebogen 6-8 Handlungsalternativen aus der dritten Voruntersuchung. Der Proband muß für jede der Verhaltensweisen entscheiden, ob er sich in der jeweiligen Situation entsprechend verhalten würde oder nicht.

Dieser Fragebogen wurde in der Hauptuntersuchung zusammen mit Leistungsaufgaben, Persönlichkeitsmerkmalen Interessens- und Selbstkonzeptaspekten bearbeitet. Die zentrale Fragestellung der Untersuchung bestand in der Prüfung der Universalität des Berliner Intelligenzstrukturmodells (JÄGER, 1982; SCHMIDT, 1983, 1984).

Die Untersuchungsstichprobe setzte sich aus 443 Auszubildenden des 2. und 3. Lehrjahres zusammen, wobei 11 in Berlin besonders stark vertretene Ausbildungsberufe berücksichtigt wurden. Die 207 weiblichen und 233 männlichen Probanden waren im Mittel 18.2 Jahre alt. Die zweitägige Untersuchung fand im Frühjahr 1982 statt.

4. Ergebnisse

Die Häufigkeit der Wahl bestimmter Verhaltensbeschreibungen in einem Fragebogen wird nicht "perfekt" mit dem tatsächlichen Verhalten korrespondieren. Die Tendenz zur Beantwortung der sozial erwünschten Antwort kann ebensowenig ausgeschlossen werden wie die Orientierung am Idealselbst, anstelle des realen Verhaltens. Durch die Anonymität und Freiwilligkeit der Untersuchungsteilnahme, die entgegenkommende Einstellung der Probanden zur Untersuchung und die Nähe des Problemfragebogens zum eigenen Erfahrungsbereich wurden Bedingungen geschaffen, die den Probanden eine realistische Beantwortung erleichtern sollten.

4.1 Häufigkeit der Wahl bestimmter Verhaltensalternativen

Die Akzeptierung der vorgegebenen Verhaltensalternativen schwankt zwischen 7 und 95%, d.h., bei der vorliegenden Stichprobe werden auch selten akzeptierte Verhaltensalternativen mindestens von ca. 30 Probanden (bezogen auf die eigene Person) für möglich gehalten. Folgende Items wurden am seltensten akzeptiert (Text verkürzt, in Klammern der Prozentsatz der Akzeptierung):

- Beschimpfe und bedrohe Mitschüler wegen mangelnder Hilfsbereitschaft (7%),
- hoffe bei unvereinbaren Arbeitsanweisungen, daß sich von selbst eine Lösung ergibt (9%),
- sage störenden Kunden deutlich die Meinung (11%),
- verlasse einfach den Raum bei schwierigen Kunden (12%),
- gebe mich mit schwierigen Kunden nicht ab (12%),
- rufe meinen Vorgesetzten, damit der für ungestörte Arbeitsbedingungen sorgt (12%),
- verhalte mich bei mangelnder Hilfsbereitschaft in der Klasse wie die anderen (14%),
- wechsele den Betrieb, wenn ich Probleme bei der Verteidigung eigener Rechte habe (15%).

Demgegenüber werden folgende Alternativen besonders häufig gewählt:

- Spreche in Ruhe mit den Kollegen, gegenüber denen ich meine Rechte verteidigen möchte (95%),
- versuche bei schwierigen Kunden freundlich zu bleiben (93%),
- versuche mit Personen ruhig zu sprechen, von denen ich mich ungerecht behandelt fühle (93%),
- spreche mit den Personen, die mir unvereinbare Anweisungen gaben (91%),
- versuche bei Unterrichtsstörung den Stoff trotzdem mitzubekommen (90%),
- bitte Vertrauten um Rat, wenn ich mich beschweren möchte (85%),
- verweise Personen, die mich stören, an Kollegen (83%)
- hole Ratschläge zur Verteidigung meiner Rechte ein (82%)

Die genauen Formulierungen, absoluten Zustimmungshäufigkeiten und Faktorladungen sind aus Tabelle 2 ersichtlich.

Tabelle 2: Zustimmungshäufigkeiten und Faktorladungen für 57 Verhaltensalternativen. Es sind an dieser Stelle nur Ladungen >.25 angegeben (Angaben ohne Dezimalpunkt).Die Erklärung der Faktorkurzbezeichnungen sind dem Text zu entnehmen.

Sit:	Verhaltensalternative	p	KPB	APB	NKP	PVE	SIT
A	1. Ich bitte, später wiederzukommen.	58	37				
	2. Suche mir ungestörten Platz.	57		27			
	3. Rufe meinen Vorgesetzten.	12		41			
	4. Arbeite einfach weiter.	27					
	5. Rufe laut um Ruhe.	16		35			31
	6. Verweise auf Kollegen.	83	35				
	7. Nehme Störung in Kauf.	61				40	
B	1. Verständige Chef oder Gewerkschaft.	50			40		
	2. Versuche Betriebswechsel.	15		38			
	3. Führe Gespräch in Ruhe.	95				27	
	4. Hole Ratschläge ein.	82	36		25	28	
	5. Sage gründlich die Meinung.	43		39			
	6. Verzichte auf Rechte.	18					
	7. Gehe mit Kollegen dagegen vor.	78	33				
C	1. Versuche freundlich zu bleiben.	93		-50	27		
	2. Sage deutlich die Meinung.	11		49			
	3. Hole Vorgesetzten.	37					
	4. Gebe mich mit ihm nicht ab.	12		55			
	5. Bitte, nicht schwierig zu sein.	49	29				
	6. Versuche, ihn abzuwimmeln.	25		46			
	7. Gehe aus dem Raum.	12		50			
D	1. Versuche, ihn nicht zu beachten.	75			37		
	2. Sage er soll verschwinden.	21		32			
	3. Bitte ihn weiterzugehen.	62	43				
	4. Höre auf zu arbeiten.	51					
	5. Frage nach dem Grund.	77	39				
	6. Versuche ihn zu beschäftigen.	49					
	7. Versuche mit Nervosität fertig zu werden.	67				46	
E	1. Lehrer soll für Ruhe sorgen.	41	28		50		
	2. Frage später nach.	56			30	39	
	3. Versuche, Stoff trotzdem mitzubekommen.	90			52		
	4. Lerne zu Hause.	49			36		
	5. Brülle laut: Ruhe!	43		32			
	6. Versuche, Klasse zu überzeugen.	45	30		31		-28
	7. Setze mich woanders hin.	63			35		
	8. Bitte freundlich um Ruhe.	78	27		37		
F	1. Bitte Vertrauten um Rat.	85	33			36	
	2. Gehe zum Vorgesetzten.	41		30	34		
	3. Finde mich ab.	19	-30				
	4. Versuche, nochmals zu sprechen.	93	32				-32
	5. Wende mich an Gewerkschaft.	39			39		
	6. Versuche Betriebswechsel.	15		27	36		
	7. Warte ab.	69				38	

Tabelle 2: (Fortsetzung)

G	1. Befolge Anweisungen des Ranghöheren.	57		29	
	2. Versuche, beiden Anweisungen zu folgen.	78			41
	3. Gehe zum Vorgesetzten.	50		42	
	4. Hoffe auf Lösung von selbst.	09	29		
	5. Mache, was ich für richtig halte.	49			
	6. Bitte die Vorgesetzten um Einigung.	81	38		

H	1. Versuche Mitschüler zu überzeugen.	74			-49
	2. Spreche mit Lehrer.	30		55	
	3. Finde mich ab.	35			58
	4. Versuche, gutes Beispiel zu geben.	79			-46
	5. Verweigere ebenfalls jede Hilfe.	14			44
	6. Beschimpfe und bedrohe die anderen.	07	31		
	7. Versuche, Gründe zu finden.	77			-41
	8. Organisiere Klassentreffen o.ä.	49		31	-31

Diese Aussagen geben einen ersten Eindruck davon, daß Auszubildende eher dazu tendieren, durch Gespräche und das Einholen von Ratschlägen die Probleme des Ausbildungsalltags zu lösen als durch aggressives Verhalten oder die Hinzuziehung einer Autoritätsperson.

4.2 Strukturanalysen

Der Fragebogen wurde faktorenanalysiert, da wir vermuteten, daß sich bestimmte situationsübergreifende Tendenzen beim Problemlösen durch strukturanalytische Verfahren aufzeigen lassen. Gleichzeitig sollten resultierende Summenwerte mit Skalen anderer Merkmalsbereiche korreliert werden.

Die Ergebnisse der Dimensionsanalysen legten aufgrund von Scree-Test, Burt-Kriterium und inhaltlicher Interpretierbarkeit die Betrachtung einer 5er-Lösung nahe. Bei der Faktorbenennung konnten wegen hoher Übereinstimmung mit Analysen von KÖNIG, OTTO, HOLLING und LIEPMANN (1980) die dort aufgeführten Phasenbezeichnungen des Problemlöseprozesses teilweise übernommen werden. Die Faktoren lassen sich folgendermassen charakterisieren:

a) Kooperative Problembearbeitung (KPB):

In allen substantiell ladenden Items dieses Faktors wird das Problem aktiv durch Gespräche, Ratsuche oder freundliche Aufforderung bearbeitet. So werden Störer nach ihren Gründen befragt oder zum Weitergehen aufgefordert, bei Konflikten bezüglich der Arbeitsdurchführung oder bei der Verteidigung von Rechten werden die verschiedenen Parteien um ein gemeinsames Gespräch gebeten oder kompetente Dritte um Rat gefragt. Die substantiell ladenden Items dieses Faktors werden im Durchschnitt von 77% der Probanden akzeptiert (mittlerer Schwierigkeitsindex aller mit mindestens .30 ladenden Variablen)

b) Aggressive Problembearbeitung (APB):

Auch bei diesem Faktor findet eine Problembearbeitung statt, jedoch auf eine aggressive oder radikale Art. Das Problem wird dadurch gelöst, daß der Partner beschimpft, bedroht, "abgewimmelt" oder einfach ignoriert wird. Im Gegensatz zur Tendenz der Problemverleugnung stellt Ignorieren hier durchaus ein bewußt zur Problemlösung geplantes Verhalten dar. Durchschnittlich 22% der Probanden wählen derartige Problemlösestrategien.

c) Neigung zu konventionellen Problemlösungen (NKP):

Allen Items dieses Faktors ist die Tendenz gemeinsam, eine Autorität einzuschalten, die bei der Bearbeitung von Problemen beteiligt werden soll. So werden Lehrer, Vorgesetzte oder Gewerkschaften zur Beseitigung von Störungen, zur Verteidigung eigener Rechte, zur Verbesserung der Hilfsbereitschaft in der Klasse und zur Klärung von Anweisungsunterschieden eingeschaltet. 38% der Probanden wählen im Durchschnitt derartige Verhaltensweisen.

d) Problemverleugnung (PVE):

In den Items dieses Faktors kommt keine Problembearbeitung zum Ausdruck. Probleme werden ignoriert bzw. ihre Lösung wird verschoben. Dies liegt u.a. daran, daß Probleme verleugnet oder nicht gesehen werden. Man versucht trotz Störung den Stoff mitzubekommen oder mit der Nervosität fertigzuwerden, versucht allen Vorgesetzten gerecht zu werden und verschiebt eine mögliche Beschwerde oder Nachfrage auf später. Die Verhaltensalternativen dieses Faktors werden von durchschnittlich 70% der Probanden akzeptiert.

e) Situativer Faktor "mangelnde Hilfsbereitschaft" (SIT):

Anders als bei den vorangegangenen 4 relativ situationsunabhängigen Faktoren laden auf diesem Faktor vor allem Items substantiell, die Situationen zur Überwindung mangelnder Hilfsbereitschaft zwischen Klassenkameraden bzw. Arbeitskollegen kennzeichnen.

Bemerkenswert an dem Ergebnis der Faktorenanalyse ist die Situationsunabhängigkeit von vier der fünf Faktoren und die gute Interpretierbarkeit der Verhaltensweisen auf dem Hintergrund anderer Klassifikationen. Die Parallelität mit den Skalen des Problemlösefragebogens von KÖNIG, OTTO, HOLLING und LIEPMANN(1980) oder KÖNIG, LIEPMANN, HOLLING und OTTO (1985) ist auch insofern interessant, als die Probanden bei diesem Fragebogen lediglich aufgefordert werden, ihr Verhalten in einer für sie als problematisch empfundenen Situation zu beschreiben, ohne daß diese näher charakterisiert wird. Es lassen sich also offenbar unabhängig davon,ob Situationen konkret vorgegeben werden oder nicht, ähnliche Klassifikationen der Bewältigungsformen identifizieren.

4.3 Korrelate der Problemlösetendenzen

Das Untersuchungsmaterial dieser Untersuchung bietet die Möglichkeit, die auf der Basis der Faktorenanalyse gebildeten Skalen mit intellek-

tuellen Leistungen, Interessen, den Kurzskalen des Freiburger Persönlichkeitsinventars (FAHRENBERG, SELG und HAMPEL, 1978) und Selbsteinschätzungen in Beziehung zu setzen. Die Leistungsskalen entsprechen den
Operations- und Inhaltsklassen des Berliner Intelligenzstrukturmodells
(s. JÄGER, 1982; SCHMIDT, 1983; 1984).

Die Korrelation der Problemlöseskala "Neigung zu konventionellen Problemlösungen" mit Verarbeitungskapazität beträgt −.22 und mit den
verbalen Leistungen −.20; "aggressive Problembearbeitung" korreliert
mit den FPI-Skalen Aggressivität und Dominanzstreben in Höhe von .27
und .33 Problembearbeitung in der Situation "mangelnde Hilfsbereitschaft" mit Interesse für Sozialpflege und Erziehung mit .20. Alle
übrigen Korrelationen liegen niedriger.

Zwischen intellektuellen Leistungen in Form von Intelligenztestaufgaben
und den Dimensionen des Problemfragebogens bestehen also offenbar auf
Skalenniveauebene nur relativ geringe Zusammenhänge. Das schließt aber
nicht aus, daß möglicherweise auf der Ebene einzelner Verhaltensalternativen durchaus Beziehungen bestehen, die durch die Itemaggregation
verschwinden.Um dies zu prüfen, wurden multiple Regressionsanalysen mit
den Intelligenzskalen als Kriterien und den Fragebogenitems als Prädiktoren gerechnet. Die so ermittelte gemeinsame Varianz beträgt nach
Kreuzvalidierung für die Skala "Verbale Leistungen" 21%, "Allgemeine
Intelligenz" 15% und "Bearbeitungsgeschwindigkeit" 14%.

Die Vorhersagbarkeit der Intelligenzleistungen durch die Fragebogenitems ist so hoch, wie sonst nur bei den von KÖNIG (1983) als "intelli-
genznah" bezeichneten Merkmalen: Leistungsmotivation, bestimmten Interessen und einem leistungsspezifischen Selbstkonzept.

5. Fazit

Sicherlich kann mit diesem Fragebogen noch nicht der Anspruch eingelöst
werden ein Meßinstrument zur Erfassung von Aspekten der "Sozialen
Intelligenz" vorliegen zu haben. Dies umso mehr, sofern man sich an der
Forschungsstrategie von GOLDFRIED und D'ZURILLA (a.a.O.) orientiert. Es
wurden jedoch einigermaßen ökologisch repräsentativ Verhaltensweisen
erfaßt und klassifiziert, die für intelligentes Verhalten in sozialen
Situationen wichtig sind. Erwartungsgemäß ist dieser Bereich relativ
unabhängig von(nach herkömmlichen Methoden)gemessener Intelligenz, eine
gewisse Überlappung besteht dennoch. Unser Ansatz sollte weiterverfolgt
werden, wobei jedoch stärker als die Art des Verhaltens, die Verhal-
tenseffektivität in realen Situationen bewertet werden müßte. Validie-
rungsstudien sollten dann zeigen, ob so tatsächlich eine Annäherung an
das wichtige, aber offenbar sehr schwer erfaßbare Konstrukt "Soziale
Intelligenz" erreicht werden kann.

Für die mehr inhaltliche Diskussion der Ergebnisse erscheint bemerkenswert, daß Auszubildende überwiegend ihre Probleme kooperativ durch Gespräche zu lösen versuchen und nur selten zu "aggressiven" Mitteln
greifen oder Autoritätspersonen einschalten. Relativ häufig ist allerdings auch die Tendenz, "Probleme zu verleugnen" bzw. einer "Problemlösung aus dem Weg zu gehen".

Wert- und Normkonflikte in der Adoleszenz griechischer Jugendlicher in Deutschland — Problemhierarchien der II. Generation —

Ursula Christ, Horst Pfeiffer und Arne Stiksrud

1. Problemstellung

Die theoretischen Anmerkungen zum "normativen Gleichgewicht" (HOFSTÄT-
TER, 1966) geben für interkulturelle Studien einen allgemeinen Bezugsrahmen, der im einzelnen inhaltlich auszufüllen wäre. Das "normative
Equilibrium" ist definiert als die Gesamtheit der in einer Kultur habi-
tuell ausgelösten Lernvorgänge, die soziale Befriedigungen mit sich
bringen. "Unsere und jede Kultur steht und fällt mit der Definition eines normativen Gleichgewichts"(S. 228). Als Belege führt HOFSTÄTTER an,
daß z.B. Kinder von Einwanderern in der II. Generation besonders hoch
mit Persönlichkeitskonflikten belastet sind. Er erwähnt, daß die Häufigkeit neurotischer Konflikte mit der Heterogenität von Kulturen zu-
nimmt. Die Konfliktspannung besteht demnach zwischen den mitgebrachten
und den angetroffenen normativen Setzungen sowie deren Internalisierung
als kulturellen Werten.

HOFSTÄTTER hebt das normative von einem biologischen Equilibrium ab,
und sieht ersteres dann gefährdet, wenn es von der Quasi-Selbstver-
ständlichkeit des biologischen Gleichgewichts abweicht. Diese "Selbst-
verständlichkeit" ist für ihn besonders bei der II. Generation einer
Migrantenpopulation in Frage gestellt und führt zu Destabilisierungen.

Als allgemeine Ursache von Destabilisierungen werden Konflikte zwischen
unterschiedlichen – zumindest zwei – Kulturen und ihren Wertsystemen
angesehen. Eine allgemeine Definition von Werten – der von STIKSRUD
(1979, S. 341) vergleichbar – gibt HOFSTEDE (1979, S.389) "a broad ten-
dency to prefer certain states of affairs over others". Seine Kulturde-
finition kann man kognitionspsychologisch auffassen: "the collective
programming of the mind which distinguishes the members of one human
group from another". Als spezifischere Ursache werden oft unterschiedliche Erziehungsziele und -methoden angeführt (vgl. HAMERS & SMITH,
1975; PECK et al., 1976; TORRES-MATRILLO, 1980; FTHENAKIS, 1983).

Als eine besondere Form des Stresses charakterisiert BERRY (1980) die
Vielfalt der Anpassungsprobleme, denen Migranten im Akkulturations-
prozeß ausgesetzt sind. Von Akkulturation geht BERRY dann aus, wenn eine Änderung in der einen oder anderen der beiden Kulturgruppen aus dem
Kontakt dieser Gruppen untereinander resultiert. Die offensichtliche
Dominanz der einen Gruppe über die andere führt dazu, daß das Kontakt-
und Austauschverhältnis schwierig und konfliktgeladen ist. Die Vielfalt
möglicher Beziehungen und Konflikte zwischen beiden wird in einem Adap-
tions-Phasen-Modell dargestellt. Für BERRY ist die psychische Belastung
und Konfliktanfälligkeit (Streß) bei Immigranten dann am größten, wenn
sie einer einzigen, sie dominierenden Kultur und deren Wertsystem ge-
genüberstehen. BERRY betont das Prozeßhafte des Akkulturationsverlau-
fes, der über verschiedene Reaktionsklassen in jeweils drei Phasen von-
statten geht: Kontakt, Konflikt (Krise), Anpassung. Die Reaktionsklassen beziehen sich auf akkulturativen Streß, Einstellungen, Identität,

Persönlichkeit, kognitive Stile und Sprachverhalten.

Analog läßt sich der Zweitspracherwerb bei Immigrantenkindern prozeß-
haft darstellen. HERMAN (vgl. Schönpflug, 1977, S.143f.) verwendet ähnliche Adaptionskonstrukte, wie antizipierende Sozialisierung, Überkon-
formität, Fluktuation, Krise, Anpassung, Interpretation.

Die psychische Situation jugendlicher Immigraten – der sog. II. Generation – wird z. Zt. in Deutschland mehr und mehr Gegenstand empirischer
Untersuchungen. Erwähnenswert ist die umfangreiche Studie von GÄRTNER-
HARNACH (1974)bzw. GÄRTNER-HARNACH et al., (1975) zur Schulsituation
der Kinder ausländischer Arbeitnehmer. In dieser werden die Probleme
der ausländischen Jugendlichen, ihr Wortschatz sowie "sprachfreie"
Intelligenzleistungen erfaßt. Weiter werden ihre soziometrischen Positionen in den Schulklassen ermittelt; die Lehrer konnten ihre Einstellungen zu verschiedenen Nationalitäten in Polaritätsprofilen zum Ausdruck bringen sowie vergleichende Beurteilungen hinsichtlich Verhaltensstörungen bei deutschen und ausländischen Schülern abgeben. Diese
Untersuchung wurde von der Forschungsgruppe "Kinder ausländischer Arbeitnehmer" an einer Stichprobe von 166 jugendlichen Jugoslawen, Türken, Italienern, Griechen und Spaniern durchgeführt und mit den Befunden von 122 deutschen Jugendlichen verglichen.

Mehr theoretisch fundiert sind die empirischen Untersuchungen von
SCHWARZER & ARZOZ (1980) bzw. SCHWARZER, LANGE & JERUSALEM (1981). Sie
basieren auf Selbstkonzept- und Ängstlichkeits-Konstrukten, wie sie von
SCHWARZER (1981) entwickelt wurden. Für die Charakterisierung der psy-
cho-sozialen Situation von Ausländerkindern wird demnach postuliert,daß
kognitive Prozesse bezüglich der eigenen Person in erhöhtem Maße akti-
viert werden, wenn man "als Ausländer" in einer Situation ist, in der
man anderen gegenüber hervorgehoben wird, öffentlich beachtet ist und
sich mehr beobachtet fühlt. Letzteres erhöht die Selbstaufmerksamkeit
und als Folge davon intensiviert sich die Wahrnehmung eigener Unzuläng-
lichkeiten. "In sozialen Umwelten die Aufmerksamkeit auf sich selbst zu
richten, ist eine Voraussetzung für die Erfahrung von Selbstwertbedrohung, welche schließlich in sozialer Angst resultiert"(SCHWARZER, LANGE
& JERUSALEM, 1981; S. 118).

Ebenfalls auf den Vergleich von Selbstkonzepten griechischer und deutscher Jugendlicher gerichtet, sind die Untersuchungen von MARKOU (1981)
bei griechischen Kindern.

Über den Zusammenhang von Selbstkonzept, Problemlagerungen und Wertvorstellungen äußern sich STIKSRUD & WOBIT (1983). Demnach sind Wertvorstellungen so zentral im erlebnismäßigen Zentrum einer Person angesiedelt, daß ihre Verletzung, z.B. durch die soziale Umgebung, ein erhöh-
tes Ausmaß an "Vulnerabilität" mit sich bringt, was zu entsprechenden
Persönlichkeitsstörungen führen kann. U.E. hängen Werthierarchien und
Problemhierarchien insofern zusammen, als die Destabilisierung von
Wertmustern zu einer Erhöhung subjektiver Problemlagen führt. Für Jugendliche der II. Generation läßt sich recht allgemein die Hypothese
aufstellen, daß der Dauerkonflikt zwischen zwei Wertsystemen sowohl
selbst problemerzeugend ist, als auch die Instabilität beider Wertsy-
steme mit sich bringt (vgl. REMMERS, 1963). Wert- und Problemhierarchien werden von SÜLLWOLD (1977) als "subjektive Hierarchien" zusammen-

gefaßt: Die Abstufungen zwischen Werten erfolgen entsprechend ihrem jeweiligen Valenzausmaß. Zwischen Problemen kann die Abstufung eine Vermeidungs- oder auch eine Bewältigungsrangfolge sein.

2. Untersuchung

2.1 Fragestellungen

Die im folgenden dargestellte Untersuchung läßt sich theoretisch als Selbstkonzept-Studie begreifen. Es geht dabei um den Vergleich selbst-berichteter Problemlagen in der Adoleszenz von griechischen und deut-schen Jugendlichen. Für mögliche Unterschiede in den Selbstkonzepten griechischer und deutscher Jugendlicher lassen sich aufgrund der Theo-rien von HOFSTÄTTER (1966) und BERRY (1980) folgende Fragestellungen formulieren:

1. Die Problemhierarchien griechischer Jugendlicher sind ausgeprägter als die deutscher Jugendlicher, d.h. die normale Problemlage eines Adoleszenten ist durch die Instabilität der Werthierachien als Ange-höriger der II. Generation verstärkt.

2. Da sich die Problemlage in bereichsspezifische Größen gliedern läßt, sind für bestimmte inhaltlich abgrenzbare Problembereiche größere subjektive Belastungen zu erwarten: Beispielsweise sind zwischen den Angehörigen der I. und II. Generation, d.h. zwischen Jugendlichen und Eltern häufige und intensive Konflikte zu erwarten; das bedeu-tet: ein Problembereich der den "häuslichen Aspekt" betont, müßte eine vergleichsweise starke Zentralität (numerisch niedrigen Rang-platz) aufweisen.

3. Unterschiede zwischen griechischen und deutschen Jugendlichen müßten auch geschlechtstypischer Art sein: Griechische Mädchen haben ande-re und möglicherweise auch belastendere Probleme als die männlichen Jugendlichen der II. Generation. Unterschiede zwischen den deutschen und griechischen Mädchen als Angehörigen verschiedener Kulturen müß-ten gleichermaßen deutlich werden.

2.2 Instrumentarium zur Erfassung von Problemhierarchien

Bei dem Problemfragebogben für Jugendliche (PfJ - ROTH, SÜLLWOLD & BERG, 1967) handelt es sich um die deutschsprachige Bearbeitung eines in den USA entwickelten Fragebogens von REMMERS & SHIMBERG (vgl. SÜLL-WOLD, 1959), der vor allem für interkulturelle Studien verwendet und validiert wurde (vgl. REMMERS, 1962). Die psychometrischen Qualifika-tionsmerkmale für dieses vor allem inhaltlich validierte Befragungsin-strumentarium sind gut, allerdings bedarf es für die Individualdiagno-stik sprachlicher Überarbeitungen,da jede Jugendgeneration neue sprach-liche Modetrends hervorbringt, die mehr oder weniger große Ablehnung früherer Frageformen implizieren kann. In dem für männliche und weibli-che Probanden getrennt konzipierten Fragebogen werden mittels 306 Items in Form von Fragen, Wünschen und Feststellungen 8 qualitativ unter-scheidbare Problembereiche erfaßt: Meine Schule (A), Nach der Schulzeit (B), Über mich selbst (C), Ich und die anderen (D), Zu Hause (E),

48

Jungen und Mädchen (F), Gesundheit (G) und Allgemeines (H). Die Probanden haben die Möglichkeit, jedes einzelne Item hinsichtlich 4 Abstufungen (sehr stark, häufig, wenig, nicht) zu markieren, je nachdem in welchem Ausmaß es sie beschäftigt oder betrifft.

2.3 Stichprobe

An der Untersuchung nahmen 29 griechische und 33 deutsche Jugendliche der Altersgruppe 15-20 Jahre teil. Die griechischen Jugendlichen wurden in einer griechischen Nationalschule (Lyzeum), die sich in einer deutschen Großstadt befindet, exploriert 1). Die Vergleichsgruppe besteht aus Gymnasiasten vergleichbaren Alters, die über Elternkontakte im Rahmen von Elternseminaren zusammengestellt wurde. Sie bestand aus 17 männlichen und 16 weiblichen deutschen Jugendlichen.

Tabelle 1: Durchschnittliche Aufenthaltsdauer der
           Eltern in der BRD (in Jahren)

	Väter	Mütter	Eltern
männl. Pbn	15,4	14,8	15,1
weibl. Pbn	16,8	16,0	16,4
männl. + weibl. Pbn	16,1	15,4	15,7

Die durchschnittliche Aufenthaltsdauer aller griechischen Jugendlichen beträgt 9,23 Jahre, wobei die weiblichen Probanden 1 1/2 Jahre länger in der BRD leben. Bei sehr wenigen Jugendlichen verursachte die Migration keine Trennung innerhalb der Familie, wobei auffallend ist, daß in nur 4 Fällen die Mutter mit dem Kind gemeinsam dem bereits im Ausland lebenden Vater folgte. Bei etwa der Hälfte der Probanden migrierten die Eltern zunächst zusammen nach Deutschland und holten ihre Kinder erst später nach. Trotz der migrationsbedingten zeitweisen Trennung der "Klein-Familie" kann u.E. nicht von "defizitären" Familienverhältnissen (vgl. LUKESCH, 1981) bei Ausländerkindern gesprochen werden, da die "Groß-Familie" (Großeltern, Tanten etc.) Ersatzfunktionen ausübt (s.u. a. Tabelle 1).

3. Ergebnisse

3.1 Auswertung

Die erhaltenen Daten wurden pro Person entsprechend dem Hierarchisierungsvorschlag von SÜLLWOLD (1977) verarbeitet.

----

1) Die Genehmigung zur Untersuchung wurde uns von Herrn ALPENTZOS, Griechisches Generalkonsulat (Frankfurt am Main),in unbürokratischer und sehr großzügiger Weise, erteilt.

Bei den in Tab. 2 enthaltenen Größen handelt es sich um Indexwerte (IW)
2) und Standardrangplätze (SRP) pro Problembereich.

Tab. 2: Problemhierarchien griechischer und deutscher Jugendlicher
         (Gesamt, männlich und weibliche Probanden)

Problembereich	Problem-indizes (IW)						Standardrang-plätze (SRP)	
	Gri. ges.	mä.	we.	Deu. ges.	mä.	we.	Gri. ges.	Deu. ges.
Meine Schule (A)	501	504	498	310	247	377	73	65
Nach der Schulzeit (B)	574	566	582	386	336	440	100	100
Über mich selbst (C)	411	427	394	283	198	375	40	53
Ich und die anderen (D)	440	481	396	278	202	359	48	51
Zu Hause (E)	434	439	429	230	177	287	48	29
Jungen und Mädchen (F)	429	442	416	167	133	203	47	0
Gesundheit (G)	302	314	290	223	151	299	0	25
Allgemeines (H)	504	543	461	348	269	432	74	83
Total	456	471	440	283	218	352		

Der Standardrangplatz (0–100) 3) gibt die relative Position eines Problembereichs an und ermöglicht somit den Vergleich aller Subtests.

---

2) Ein Indexwert errechnet sich nach folgender Formel:

$$IW = \frac{\text{Rohwertpunkte im Subtext} * 1000}{\text{Anzahl der Items/Subtest} * 3 \ N(Pbn)}$$

Der Problembereich mit dem höchsten Indexwert erhält Rangplatz 1, der
Problembereich mit dem niedrigsten Wert ist auf Rang 8 plaziert.

3) Der Standardrangplatz ergibt sich nach SÜLLWOLD (1977, S.117) wie
   folgt:

$$SRP = \frac{\text{Index} - \text{Index}_{min}}{\text{Index}_{max} - \text{Index}_{min}} \ x \ 100$$

3.2 Vergleich der Problemhierarchien griechischer und deutscher Jugendlicher

Aus Tab. 2 sowie aus Abb. 1 ist ersichtlich, daß alle Problembereiche von griechischen Jugendlichen höher gewichtet werden. Der Totalindexwert der griechischen Jugendlichen von 456 und der der deutschen Jugendlichen von 283 läßt die Diskrepanz zwischen beiden Gruppen deutlich werden. Speziell der Problembereich "Jungen und Mädchen" (F) ist mehr als doppelt so stark bewertet. Der Problembereich "Nach der Schulzeit" (B) erreicht zwar den Rang 1 in der Problembelastung bei beiden Gruppen, zeigt aber im Indexwert die sichtliche Mehrbelastung von griechi-

Abbildung 1:Problemhierarchie (Indexwerte) von griechischen und deut- Jugendlichen (Bezeichnungen s. Text)

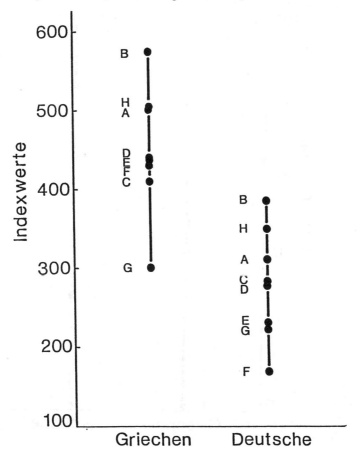

schen Jugendlichen. Wie die Rangkorrelation von r = .81 zeigt, stimmen die griechischen und die deutschen Jugendlichen in der Abfolge der Problembereiche überein. Die größten Rangplatzdifferenzen ergeben sich in den Problembereichen ""Über mich selbst" (C) und "Jungen und Mäd-

chen" (F). Nicht in der Intensität, wohl aber in der Problemrangstruk-
tur läßt sich eine Konkordanz zwischen griechischen und deutschen Jugendlichen feststellen.

Die über die Standardrangplätze (SRP) erstellte Vergleichbarkeit zwischen den beiden Probandengruppen (vgl. Abb. 2 bzw. Tab. 2) betont das
schon erhaltene Bild der Problemstruktur. Innerhalb der Problemhierarchien der einzelnen Gruppen läßt sich aufgrund des Standardrangplatzes
die jeweilige Distanz zwischen den einzelnen Problembereichen metrisch
darstellen. Die über die Standardrangplätze ermittelten Distanzen zwi-

Abbildung 2: Problemhierarchie (Standardrangplätze) von griechischen
und deutschen Jugendlichen

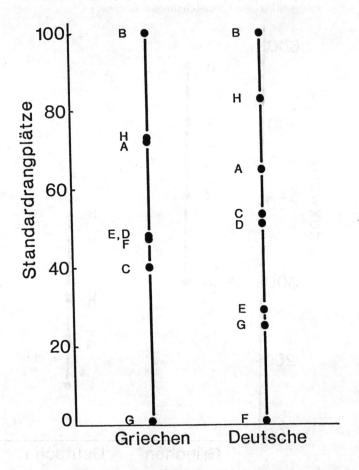

schen den Subtests innerhalb der jeweiligen Gruppe zeigen bei den deutschen Jugendlichen eine gleichmäßigere Verteilung über die gesamte Skala, während bei den griechischen Jugendlichen vier Problembereiche um
45 und zwei Problembereiche um 73 angesiedelt sind.

52

Der Vergleich zwischen den Indexwerten männlicher Jugendlicher beider Gruppen (Abb. 3 bzw. Tab. 2) ergibt nur im Bereich "Jungen und Mädchen" (F) eine Rangdiskrepanz von 3 Punktwerten. Die deutschen Jugendlichen verweisen diese Thematik auf den letzten Rangplatz, bei den Griechen hat sie Rangplatz 5 (in Indexwerten ausgedrückt hat sie die dreifache Intensität). Würde man sich auf die Information der Rangkorrelation verlassen, gäbe es nur geringe Unterschiede.

Abbildung 3: Problemhierarchie (Indexwerte) für griechische und deutsche Jugendliche (getrennt nach Geschlechtern)

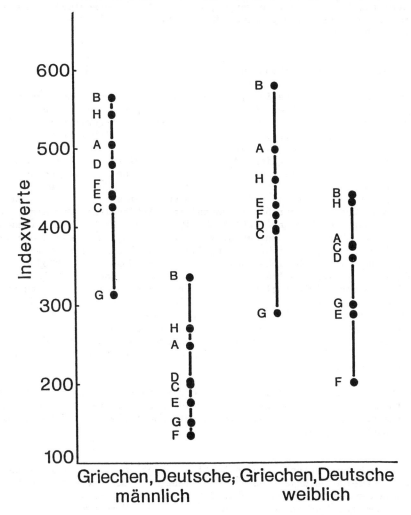

Der Vergleich der weiblichen Jugendlichen (Abb. 3 / Tab. 2) zeigt bei drei Themen größere Rangplatzdifferenzen. Der schon bei den männlichen Jugendlichen angesprochene Bereich "Jungen und Mädchen"(F) hat wie bei

den männlichen griechischen Jugendlichen den Rangplatz von 5, aber eine
geringere Intensität im Vergleich zu den deutschen weiblichen Jugendlichen - bei denen diese Thematik den letzten Rangplatz einnimmt. Die
Thematik "zu Hause"(E) liegt bei den weiblichen griechischen Jugendlichen auf dem 4. Rangplatz, bei den deutschen auf dem 7. Rangplatz. Der
Problembereich "Über mich selbst" (C) wird von den weiblichen griechischen Jugendlichen auf den 7.Rangplatz verwiesen, während er bei den
deutschen den 4. Rangplatz einnimmt. Dennoch liegen beide Problemindi-
zes annähernd gleich hoch. Gemeinsam ist bei den Vergleichsgruppen die
Höchstplazierung von "Nach der Schulzeit" (B). Berücksichtigt man die
Problemintensitäten in Indexwerten, so sind die Unterschiede zwischen
den weiblichen Vergleichsgruppen weniger gravierend als zwischen männlichen Probanden.

4. Zusammenfassende Diskussion

Die erstgenannte Fragestellung, wonach sich bei griechischen Jugendlichen größere Problemintensitäten zeigen, ist positiv zu beantworten.
Wir stehen allerdings vor dem Problem der Vergleichbarkeit griechischer
Jugendlicher in Deutschland und griechischer Jugendlicher in ihrer Heimat. Erst ein Vergleich von drei Gruppen (zwei griechischen und einer
deutschen), gäbe uns mögliche Hinweise auf populationsspezifische Ant-
worttendenzen. Die Befunde sind auch insofern nicht verallgemeinerbar,
als die hier befragten Griechen eine ökonomische "Elite" einerseits
darstellen (oft Kinder von Selbständigen und Kleinunternehmern), andererseits im Gastland durch den Besuch eines National-Lyzeums als solche mit "doppelter Option" (PAPALEKAS, 1982) bezeichnet werden können.
Von "doppelter Option" kann man hier deswegen ausgehen, weil diese Jugendlichen quasi eine nicht integrative Schulbildung erfahren mit der
Perspektive einer möglichen Remigration oder "Wegmigration" oder des
Bewahrens der kulturellen Identität im fremden Land. Für letzteres
spräche die lange Aufenthaltsdauer der griechischen Eltern. Sofern diese Ergebnisse vor dem Hintergrund der Befunde zum Selbstwertgefühl und
zur Hilflosigkeit von SCHWARZER & ARZOZ (1980) interpretiert werden,
müßten - nimmt man spanische Kinder in der Grundschule als vergleichbar
gelagerte Population - diese hier untersuchten griechischen National-
schüler sich in ähnlicher Weise von den ausländischen Besuchern "inte-
grativer" Schulen unterscheiden.

Nicht nur eine mögliche Beantwortungsbereitschaft (Response Set) könnte
die starken Intensitäten erklären. Möglich sind auch vermehrte Probleme
der Jugendlichen infolge temporären Auseinanderfallens der Kernfamilien
(vgl. LUKESCH, 1981).

Die zweite Fragestellung, wonach bestimmte Problembereiche unterschiedliche Problembelastungen indizieren, läßt sich für die männlichen Jugendlichen wegen der hohen Rangkorrelationen nicht positiv beantworten.
Da die Thematik "Jungen und Mädchen" (F) bei dem Vergleich der Mädchen
zum Tragen kommt, wäre hier ein Vergleich mit Jugendlichen des Heimatlandes besonders aufschlußreich. Unabhängig davon lassen sich aufgrund
dieser Thematik jugendspezifische Interaktionsschwierigkeiten zwischen
Deutschen und Griechen erwarten, sofern man über die eigene National-
gruppe hinaus "Jungen-Mädchen-Kontakte" sucht.

Für die relativ niedrige Rangposition der Thematik "Über mich selbst" (C) bei den griechischen Jugendlichen bieten sich zwei Erklärungsmuster an: Zum einen kann man davon ausgehen, daß "selbstbezogene Kognitionen" (verglichen mit deutschen Jugendlichen deren Familienstrukturen nicht so sehr auf sozialen Kontakten basieren dürften) weniger zum Tragen kommen; zum anderen kann man davon ausgehen, daß das Belastende der an-anderen Problembereiche die "Stress-Energie" von selbstbezogenen Pro-blemen abzieht. In Anlehnung an die psychosomatischen Belege für Streß bei Migrantenadoleszenten (HOFSTÄTTER, 1966) läßt sich für die Thematik "Gesundheit"(G) ein größerer Unterschied zwischen beiden Gruppen erwar-ten. Dies ist nicht der Fall, sofern man die Rangpositionen vergleicht.

Um einen Generationen-Konflikt oder -Dissens (vgl. STIKSRUD, 1984) ver-stärkten Ausmaßes bei Angehörigen der II.Generation feststellen zu kön-nen, müßte die Rangposition der Thematik "Zu Hause" (E) höher liegen (vgl. die zweite Fragestellung).

Zur dritten Fragestellung: Mit GRIESE (1981) lassen sich geschlechtsty-pische Unterschiede innerhalb der Population der griechischen Jugendli-chen erwarten, da der Kontrast zwischen dem weiblichen Erziehungsumfeld des Heimatlandes und des Gastlandes bei den Mädchen zum Tragen kommen muß. Dies setzt allerdings voraus, daß nur die Mädchen im Gastland di-verse Rollenmodifikationen erfahren und nicht auch die Jungen. Die er-wartete stärkere Problembelastung der griechischen Mädchen verglichen mit den griechischen Jungen ist aufgrund der vorliegenden Ergebnisse nicht zu belegen. Berücsichtigt man die Problemintensitäten, so sind die weiblichen Deutschen und Griechen ähnlicher belastet als die beiden männlichen Gruppen. Zwischen Letzteren kann man geradezu eine "Problem-kluft" diagnostizieren; in wieweit dies darauf zurückzuführen ist, daß die männlichen Jugendlichen eine im Durchschnitt um 1 1/2 Jahre kürzere Integrationszeit im Gastland haben als die weiblichen, ist nur eine von vielen weiteren Fragestellungen, die der empirischen Überprüfung zu unterziehen sind.

Entwicklungsaufgaben im Jugendalter:
Bedeutsamkeit und Bewältigungskonzepte

Eva Dreher und Michael Dreher

Neuere Ansätze der Entwicklungspsychologie bemühen sich um eine Integration theoretischer Perspektiven und die Überwindung einseitig organismischer oder mechanistischer Konzepte. Speziell das Jugendalter betreffend ermöglicht die Berücksichtigung des kontextuellen Paradigmas (RIEGEL, 1975; MEACHAM,1977; OERTER, 1978; LERNER, 1979; COLEMAN, 1980) einen breiteren Interpretationsrahmen für entwicklungsbezogene Veränderungen. In traditionellen Theorien des Jugendalters (HALL, 1904; LEWIN, 1948; ERIKSON, 1950) stehen Krisen und abweichendes Verhalten als Kennzeichen dieses Entwicklungsabschnittes im Vordergrund.Im Gegensatz dazu wird heute die Auseinandersetzung mit unterschiedlichen Anforderungen betrachtet, die der Jugendliche bei der Übernahme neuer Aufgaben und Rollen im Übergang zum Erwachsensein bewältigen muß.

1. Das Konzept der Entwicklungsaufgabe

1.1 Theoretische Perspektiven

Unserer Meinung nach ist das Konzept der Entwicklungsaufgabe geeignet, derzeit als gültig erachtete theoretische Perspektiven zu integrieren. Als solche Perspektiven gelten:

(1) die Auffassung, daß sich Entwicklung über die gesamte Lebensspanne erstreckt(GOULET & BALTES, 1970); BALTES,1979; BALTES & BRIM,1981),

(2) die Auffassung, daß Entwicklungsprozesse in die Wechselwirkung von Individuum-Umwelt-Systemen eingebettet sind; dies bedeutet, daß das Individuum sich seine Umwelt aneignet und zugleich verändert (BRONFENBRENNER, 1980; RIEGEL, 1980);

(3) die Auffassung, daß die Individuum-Umwelt-Auseinandersetzung einen aktiven, bewußten und zielbezogenen Prozeß darstellt (LEONTJEW, 1977; HECKHAUSEN, 1980; AEBLI, 1980; OERTER, 1982b).

Entwicklungsaufgaben können als inhaltlich definierte Verbindungsglieder zwischen gesellschaftlichen Anforderungen und individuellen Bedürfnissen, Interessen und Zielen betrachtet werden.

Sie stellen damit Analyse-Einheiten für die Individuum-Umwelt-Interaktion dar, die der Forderung nach *ökologischer Validität* entsprechen. Entwicklungsbezogene Veränderungen über die gesamte Lebensspanne werden im Kontext konkreter Fertigkeiten und Kompetenzen erfaßt, die zur Bewältigung von realen Anforderungen in verschiedenen Bereichen des alltäglichen Lebens notwendig sind.

Der Ursprung des Entwicklungsaufgabenkonzeptes liegt mehr als 40 Jahre zurück und steht in Verbindung mit den Arbeiten von R.J.HAVIGHURST. Umfangreiche Forschungen im psychologischen und pädagogischen Bereich wurden auf der Basis von HAVIGHURST's Definition der Entwicklungsaufgabe durchgeführt.

"A developmental task is a task which arises at or about a certain pe-
riod in the life of the individual, successful achievement of which
leads to his happiness and to success with later tasks, while failure
leads to unhappiness in the individual, disapproval by the society and
difficulty with later tasks." (1982, p. 2)

Beeinflußt von ERIKSON's Theorie der psychosozialen Entwicklung berücksichtigt HAVIGHURST den gesamten Lebenszyklus. Im Unterschied zu ERIK-
SON, der jeden Lebensabschnitt durch eine Leitthematik charakterisiert,
differenziert HAVIGHURST für jeden Entwicklungsabschnitt mehrere Ent-
wicklungaugaben, die aus drei Quellen hervorgehen:

"(1) physical maturation,
 (2) cultural pressure (the expectations of society), and
 (3) individual aspirations or values" (1956, p. 215)

Beispielsweise umfaßt die Thematik "Identitätsgewinnung",die nach ERIK-
SON die zentrale Aufgabe des Jugendlichen darstellt, in HAVIGHURST's
Konzept folgende Entwicklungsaufgaben:

1 - Accepting one's body,
2 - Learning a masculine or feminine social role,
3 - Selecting and preparing for an occupation,
4 - Achieving emotional independance of parents and other
    adults,
5 - Achieving a scale of values and an ethical system to live
    by.

Interessant ist, daß HAVIGHURST's Auffassung bereits grundlegende Ideen
enthält,die mit aktuellen theoretischen Trends korrespondieren. Er geht
davon aus, daß die Bewältigung von Entwicklungsaufgaben verbunden ist
mit Prozessen lebenslangen Lernens und auf der Interaktion eines aktiv
Lernenden mit einer aktiven Umwelt beruht (vgl. 1982, S. VI).

1.2 Formale Charakteristika von Entwicklungsaufgaben

HAVIGHURST nennt verschiedene Merkmale von Entwicklungsaufgaben. Als
erstes *"Kulturabhängigkeit"*. Sie besagt, daß einige Aufgaben (insbesondere die, die weitgehend auf biologischer Reifung beruhen) universal
und von einer Kultur zur anderen unverändert sind. Andere Aufgaben findet man nur in bestimmten Gesellschaften oder sogar nur innerhalb bestimmter Schichten (sozio-ökonomischen Gruppen) einer Gesellschaft.

Ein zweites Unterscheidungsmerkmal für Entwicklungsaufgaben ist der
Zeitpunkt,wann die jeweilige Aufgabe entsteht und ihre Bewältigung abgeschlossen ist. Neben Aufgaben, die zeitlich begrenzt sind, gibt es
Aufgaben, die sich unter variierenden Aspekten über mehrere Perioden
der Lebensspanne ausdehnen. Ein Beispiel dafür ist die Aufgabe "mit Altersgenossen beiderlei Geschlechts in sozial reifer Weise zurechtzukommen" (1982, S. 40).

Das dritte Merkmal ist die *Interdependenz* von Entwicklungsaufgaben. HA-

VIGHURST geht davon aus, daß bei einer wiederkehrenden Aufgabe die po-
positive Bewältigung in der ersten Phase ein guter Ausgangspunkt für
Erfolg in späteren Phasen ist. Ebenso bestehen Zusammenhänge zwischen
Entwicklungsaufgaben unterschiedlicher Bereiche; das bedeutet, daß sich
die Bewältigung einer Aufgabe auf die Art und Weise auswirkt, wie eine
Auseinandersetzung mit anderen Aufgaben verläuft (z.B. Erwerb von Kul-
turtechniken und Berufsorientierung; Aufbau von Partnerbeziehungen und
Ablösung von den Eltern).

Abbildung 1 zeigt anhand HAVIGHURST's Entwicklungsaufgaben des Jugendalters die Zusammenhänge zwischen den vorausgegangenen und nachfolgenden Aufgaben.

Betrachtet man die Entwicklungsaufgaben des Jugendalters, so wird deutlich, daß sie keine isolierten Aufgaben sind. Einige stellen eine Wei-
terführung von Aufgaben des Kindesalters dar, andere beginnen zwar im
Jugendalter, erstrecken sich aber weiter ins Erwachsenenalter. Stellt
man den vorausgegangenen und nachfolgenden Entwicklungsabschnitt gegenüber, so kann gezeigt werden, daß das Jugendalter als *Resultat* der Kindheit und zugleich als *Determinante* für spätere Lebensabschnitte verstanden werden kann (vgl. LERNER & SPANIER, 1980, S. 19).

HAVIGHURST's Katalog von Entwicklungsaufgaben ist auf der Basis der
Kultur der amerikanischen Gesellschaft definiert und an Mittelschicht-
normen orientiert, die für die 40er Jahre repräsentativ waren.

Unter dieser Perspektive postulieren wir als weiteres Charakteristikum
von Entwicklungsaufgaben die *historische Dimension*. Sie ist für Entwicklungsaufgaben insofern wirksam, als sowohl gesellschaftliche Verhältnisse wie persönliche Werte und Zielsetzungen von Gegenwartsproblemen und vom jeweiligen Zeitgeist beeinflußt sind.

Daraus leiten sich für uns folgende Fragen ab:

- Welche Gültigkeit haben diese Entwicklungsaufgaben für Personen,
  die *heute* als Jugendliche in unserer Kultur leben?

- Welche Entwicklungsaufgaben werde noch immer bzw. nicht mehr als relevant beurteilt, welche kommen *neu* hinzu?

1.3 Zur Bewältigung von Entwicklungsaufgaben

Nun stellt sich die Frage nach Konzepten der Bewältigung von Entwicklungsaufgaben, die der Auffassung gerecht werden, daß entwicklungsbe-
dingte Veränderungen Resultate der Wechselwirkung zwischen Individuum
und Umwelt sind. Der Individuum-Umwelt-Zusammenhang impliziert, daß Bewältigungsprozesse nicht *unidirektional* definiert werden können, sondern in Einheiten gefaßt werde müssen, die beide Seiten berücksichtigen, d.h. die jeweilige Relation zwischen Individuum und Umwelt.

So steht z.B. jugendliches Ablösungsverhalten in Relation zu elterli-
chem Festhalten oder, um ein Beispiel für komplexere Systembezüge zu

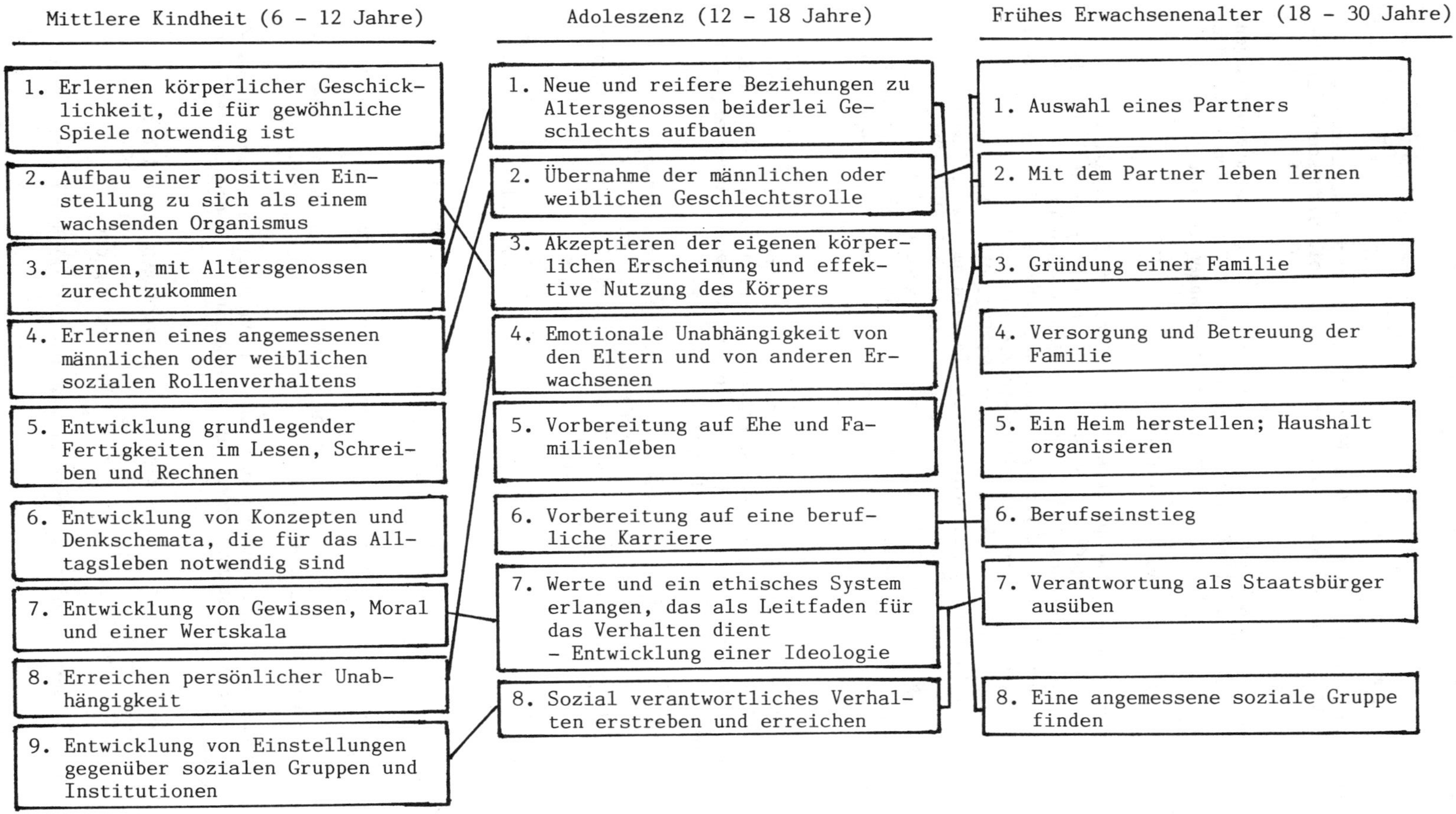

Mittlere Kindheit (6 – 12 Jahre)

1. Erlernen körperlicher Geschicklichkeit, die für gewöhnliche Spiele notwendig ist
2. Aufbau einer positiven Einstellung zu sich als einem wachsenden Organismus
3. Lernen, mit Altersgenossen zurechtzukommen
4. Erlernen eines angemessenen männlichen oder weiblichen sozialen Rollenverhaltens
5. Entwicklung grundlegender Fertigkeiten im Lesen, Schreiben und Rechnen
6. Entwicklung von Konzepten und Denkschemata, die für das Alltagsleben notwendig sind
7. Entwicklung von Gewissen, Moral und einer Wertskala
8. Erreichen persönlicher Unabhängigkeit
9. Entwicklung von Einstellungen gegenüber sozialen Gruppen und Institutionen

Adoleszenz (12 – 18 Jahre)

1. Neue und reifere Beziehungen zu Altersgenossen beiderlei Geschlechts aufbauen
2. Übernahme der männlichen oder weiblichen Geschlechtsrolle
3. Akzeptieren der eigenen körperlichen Erscheinung und effektive Nutzung des Körpers
4. Emotionale Unabhängigkeit von den Eltern und von anderen Erwachsenen
5. Vorbereitung auf Ehe und Familienleben
6. Vorbereitung auf eine berufliche Karriere
7. Werte und ein ethisches System erlangen, das als Leitfaden für das Verhalten dient – Entwicklung einer Ideologie
8. Sozial verantwortliches Verhalten erstreben und erreichen

Frühes Erwachsenenalter (18 – 30 Jahre)

1. Auswahl eines Partners
2. Mit dem Partner leben lernen
3. Gründung einer Familie
4. Versorgung und Betreuung der Familie
5. Ein Heim herstellen; Haushalt organisieren
6. Berufseinstieg
7. Verantwortung als Staatsbürger ausüben
8. Eine angemessene soziale Gruppe finden

Abbildung 1: Entwicklungsaufgaben nach Havighurst unter life-span Perspektive

nennen, das Erreichen von Qualifikationen steht im Zusammenhang mit gesellschaftlichen Selektionsstrukturen und Verteilungsmustern für Positionen.

In ökologischen Modellen wird die Wirkweise von Systemzusammenhängen präzisiert (BRONFENBRENNER, 1980). Hierbei steht Umwelt dem Individuum nicht als Bündel von Bedingungen und Anforderungen *gegenüber*, sondern wird erst in der Interaktion zur unterstützenden oder beschränkenden Voraussetzung für individuelles Handeln.

Die Wirkung von Systemkomponenten kommt nicht nur in konkreten Handlungsbedingungen zum Ausdruck, sondern manifestiert sich ebenso in Prozessen der *kognitiven Repräsentation*. In diesem Sinne ist die These zu verstehen, "daß die Umwelt für Verhalten und Entwicklung bedeutsam ist, wie sie *wahrgenommen* wird, und nicht,wie sie in der "objektiven" Realität sein könnte" (BRONFENBRENNER, a.a.O. S. 20). Die Erfassung kognitiver Repräsentation bei der Analyse von Individuum–Umwelt–Bezügen ist auch ein wesentlicher Bestandteil der Theorie von LAZARUS (1966; 1980). Bei der Frage nach Bewältigung von Anforderungen, die für das Wohlergehen des Individuums bedeutsam sind, unterscheidet er kognitive Prozesse, die sich auf die subjektive Bedeutsamkeit der Anforderung und das Abschätzen eigener Möglichkeiten der Bewältigung beziehen.

Die für das Jugendalter postulierte Veränderung der kognitiven Struktur (PIAGET, 1972; FLAVELL, 1979) ist hierfür von Bedeutung. Mit zunehmender Reflexion ist ein Wandel des Bewußtseins verbunden: Der Jugendliche sieht nicht nur die eigene Person *und* die Umwelt gegenübergestellt,sondern versteht sich selbst als jemand *in* der Umwelt.

Übertragen auf die Auseinandersetzung Jugendlicher mit Entwicklungsaufgaben ist von Interesse, welche Vorstellungen sie haben über Anforderungen der Umwelt sowie über die zur Bewältigung ihrer Lebenssituation bedeutsamen Mittel und Ziele.

Unsere bisherigen empirischen Untersuchungen zur Bewältigung von Entwicklungsaufgaben zielen auf eine Beantwortung der folgenden Fragen hin:

1. Welche Entwicklungsaufgaben werden von Jugendlichen als relevant erachtet und als Entwicklungsziele verfolgt?

2. Welche weiteren Entwicklungsaufgaben halten Jugendliche für wichtig?

3. Welche Vorstellungen über Bewältigungsmöglichkeiten haben Jugendliche und wie weit können diese als handlungsleitend gelten?

4. Welchen Bewältigungsgrad schreiben sich Jugendliche zu und in welchem Verhältnis steht dieser zur Einschätzung der Bedeutsamkeit der Aufgabe?

5. Über welche naiven Entwicklungstheorien verfügen Jugendliche? Welches Entwicklungswissen stellt den Hintergrund für Veränderungen und den aktiven Beitrag zur aktiven Entwicklung dar?

Im Rahmen dieses Beitrags beziehen wir uns lediglich auf Ausschnitte

der bisherigen empirischen Untersuchungen, aus denen wir einige Haupt-
befunde darstellen.

2. Methode

2.1 Fragebogen

Die Datenerhebung erfolgte anhand eines Fragebogens mit vier Bearbei-
tungsteilen. Die darin enthaltenen Fragen beziehen sich auf die folgenden zehn Entwicklungsaufgaben des Jugendalters:

- Aufbau eines Freundeskreises: Zu Altersgenossen beiderlei Geschlechts
  werden neue, tiefere Beziehungen hergestellt (PEER) 1)
- Akzeptieren der eigenen körperlichen Erscheinung: Veränderungen des
  Körpers und sein eigenes Aussehen annehmen (KÖRPER).
- Sich Verhalten aneignen, das man in unserer Gesellschaft von einem
  Mann bzw. einer Frau erwartet (ROLLE).
- Aufnahme intimer Beziehungen zum Partner (Freund/Freundin) (INTIMI-
  TÄT).
- Vom Elternhaus unabhängig werden bzw. sich vom Elternhaus loslösen
  (ABLÖSUNG).
- Wissen, was man werden will und was man dafür können (lernen) muß
  (BERUF).
- Vorstellungen entwickeln, wie der Ehepartner und die zukünftige Fami-
  lie sein sollen (PART./FAM.).
- Über sich selbst im Bild sein: Wissen, wer man ist und was man will
  (SELBST).
- Entwicklung einer eigenen Weltanschauung: Sich darüber klar werden,
  welche Werte man hoch hält und als Richtschnur für eigenes Verhalten
  akzeptiert (WERTE).
- Entwicklung einer Zukunftsperspektive: sein Leben planen und Ziele
  ansteuern, von denen man glaubt,daß man sie erreichen kann (ZUKUNFT).

Die nachfolgenden vier Teile des Fragebogens beziehen sich unmittelbar
auf die vorher genannten Fragen:

- Im ersten Teil des Fragebogens wird nach der *subjektiven* Bedeutsamkeit der Entwicklungsaufgaben gefragt. Jede Aufgabe wird auf einer
  Skala mit den Kategorien "sehr wichtig", "wichtig", "nicht so wichtig", "trifft für mich nicht zu" eingeschätzt.

- Im zweiten Teil sollen weitere Probleme genannt werden, die wichtige
  Entwicklungsziele beinhalten, und mit denen man sich im Jugendalter
  auseinandersetzen muß.

- Im dritten Teil wird erfragt, was man selbst tun kann bzw. wer oder
  was einem helfen kann, um die jeweilige Aufgabe in Angriff zu nehmen
  oder zu bewältigen.

---

1) Im weiteren Text wird für jede Entwicklungsaufgabe das jeweilige
   Kennwort verwendet.

- Im vierten Teil wird eine Einschätzung des persönlichen Standes bei
  der Bewältigung der jeweiligen Entwicklungsaufgabe vorgenommen. Zur
  Einschätzung sind Skalen mit den Endpunkten "ganz am Anfang", "voll-
  ständig bewältigt" (0%-100%) vorgegeben.

Die erhobene Information besteht bei Teil 1 und 4 aus numerischen Daten. Die Antworten aus Teil 2 und 3 sind frei formuliert. Zur Datenver-
arbeitung werden statistische und inhaltsanalytische Methoden ange-
wandt.

2.2 Versuchspersonen

440 Jugendliche im Alter zwischen 15 und 18 Jahren bearbeiteten den
Fragebogen. Die Stichprobe setzt sich aus 210 weiblichen und 230 männlichen Jugendlichen zusammen. Eine Teilstichprobe mit 150 männlichen
Schülern aus einer Realschule wurde längsschnittlich untersucht. Bisher
liegen Daten aus zwei Meßzeitpunkten mit dem Abstand von 15 Monaten
vor. Die erste Erhebung fand in der 9. Klasse, die zweite in der 10.
Klasse statt. Die Altersstreuung der Stichprobe ermöglichte eine Trennung in zwei Altersgruppen (A I und A II). Der Stichprobenumfang jeder
Gruppe beträgt 45 Probanden. Abbildung 2 gibt Auskunft über die Meßzeitpunkte und die Altersangaben bezüglich der Gruppen.

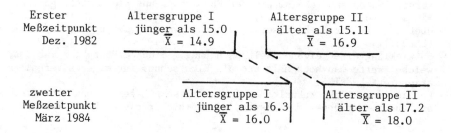

| Erster Meßzeitpunkt Dez. 1982 | Altersgruppe I jünger als 15.0 $\overline{X}$ = 14.9 | Altersgruppe II älter als 15.11 $\overline{X}$ = 16.9 |

| zweiter Meßzeitpunkt März 1984 | Altersgruppe I jünger als 16.3 $\overline{X}$ = 16.0 | Altersgruppe II älter als 17.2 $\overline{X}$ = 18.0 |

Abbildung 2: Kennzeichnung der Altersgruppen A I und A II

3. Ergebnisse

3.1. Die Bedeutsamkeit der Entwicklungsaufgaben im Überblick

Die Ergebnisse zur Einschätzung der Bedeutsamkeit zeigen insgesamt, daß
die Jugendlichen der Mehrzahl der zehn Entwicklungsaufgaben große Bedeutsamkeit zuweisen.

Abbildung 3 zeigt die Prozentwerte der "sehr wichtig" bzw. "wichtig"-
Urteile der männlichen und weiblichen Probanden der Gesamtstichprobe.

Die höchste Bedeutsamkeit haben für männliche und weibliche Jugendliche
die Themen:

- Wissen, was man werden will, und was man dafür können (lernen) muß
  (BERUF)

- Über sich selbst im Bild sein: wissen, wer man ist, und was man will
  (SELBST)
- Aufbau eines Freundeskreises: zu Altersgenossen beiderlei Geschlechts
  neue, tiefere Beziehungen herstellen (PEER).

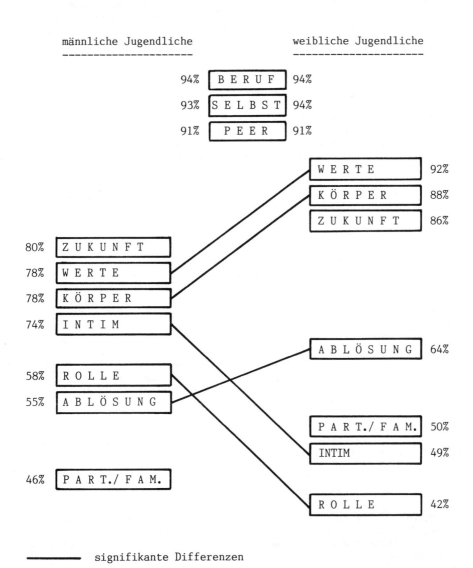

Abbildung 3: Bedeutsamkeitseinschätzungen der Entwicklungsaufgaben
von männlichen und weiblichen Jugendlichen

Bei den weiteren Aufgaben ist einmal die prozentuale Abstufung innerhalb der weiblichen bzw. männlichen Gruppe sowie die Verschiebung der
Bedeutsamkeitsrelationen zwischen den Gruppen interessant.

Gegenüber den männlichen Jugendlichen schätzen weibliche Jugendliche
die Aufgaben 'WERTE' und 'KÖRPER' signifikant höher in ihrer Bedeutsamkeit ein.Beim Thema 'ZUKUNFT' ist der Abstand zu den männlichen Jugendlichen tendenziell, aber nicht signifikant. Auffallend ist bei den
weiblichen Jugendlichen der deutliche Abstand (22%) zu den restlichen
vier Aufgaben. Das Thema 'ABLÖSUNG' folgt abgehoben vor den Themen
'PART./FAM.' und 'INTIMITÄT'.Der niedrigste Rang wird dem Thema /ROLLE'
zugewiesen.

Vergleicht man die Rangordnung der letzten vier Themen zwischen den
Geschlechtern, so weist der deutliche Unterschied beim Thema 'ROLLE'
auf die unterschiedliche Bewertung der männlichen/weiblichen Rolle in
unserer Gesellschaft hin. Bei den männlichen Jugendlichen haben die
Themen 'ROLLE' und 'ABLÖSUNG' eine fast gleich hohe Einschätzung. Dies
weist darauf hin, daß die beiden Bereiche der männlichen Jugendlichen
als zusammengehörend interpretiert werden können. Der signifikant höhere Stellenwert des Themas 'ABLÖSUNG' bei den weiblichen Jugendlichen
sowie die isolierte Stellung dieser Aufgabe legen nahe, daß für weibliche Jugendliche der Gewinn an Selbständigkeit höhere Bedeutsamkeit hat
und nicht verbunden ist mit der Übernahme der weiblichen Rolle. Den
größten geschlechtsspezifischen Unterschied findet man beim Thema 'IN-
TIMITÄT'(25%). Bei den männlichen Jugendlichen hat 'INTIMITÄT' den nahezu gleichen Rang wie das Thema 'KÖRPER', während bei den weiblichen
Jugendlichen 'INTIMITÄT' gleichgestellt ist mit dem Thema 'PART./FAM.'.
Dieses Thema rangiert bei den männlichen Jugendlichen jedoch an letzter
Stelle.

Dieses Ergebnis legt die Interpretation nahe, daß die Aufnahme intimer
Beziehungen für männliche Jugendliche in Verbindung mit körperlicher
Reife an Bedeutamkeit gewinnt, während bei weiblichen Jugendlichen in-
time Beziehungen mehr in Verbindung mit der Bedeutsamkeit von Partnerschaft und späterer Familie stehen.

Insgesamt betrachtet zeigen diese Ergebnisse, daß die genannten traditionellen Entwicklungsaufgaben für heutige Jugendliche in unserer Kultur durchaus bedeutsam sind.

3.2 Weitere wichtige Aufgaben

Andererseits zeigen die Ergebnisse zur Frage nach weiteren Aufgaben,
daß aus der Sicht der Jugendlichen der Katalog der Entwicklungsaufgaben
durch eine Reihe von Themen erweitert werden muß. Eine große Anzahl von
Statements bezieht sich auf eine noch *intensivere Beschäftigung mit der
Entwicklung der eigenen Persönlichkeit* (55% ; 51%) 2). Der Gewinn von
Selbständigkeit, Selbstsicherheit und Selbstkontrolle steht dabei im
Vordergrund. Die weiteren Probleme, die als Ausgangspunkt für Entwick-
lungsaufgaben gesehen werden, betreffen folgende Bereiche:

----
2) Die erste Prozentangabe betrifft die männlichen, die zweite
   die weiblichen Jugendlichen

1) Aufbau sozialer Kompetenz (21%;13%): Damit ist gemeint die Toleranz und Aufgeschlossenheit gegenüber der Meinung anderer; Abbau von Vorurteilen; Konfliktlösung bei Meinungsverschiedenheiten.
2) Der Gesellschaft gegenüber eine kritische Haltung einnehmen bezüglich aktueller Themen; sich einsetzen für Umweltschutz und Friedenssicherung (8%;21%).
3) Verständnis für die komplexen Zusammenhänge in der Politik und Wirttschaft (9%;12%).

3.3 Veränderungen der Bedeutamkeit und der Bewältigung der Entwicklungsaufgaben

Die folgenden Ergebnisse betreffen den Vergleich von zwei Altersgruppen aus der erwähnten Längsschnittstudie (s.Abbildung 4).

Entwicklungs-aufgaben	Meß-zeitpunkt	Altersgruppe I	Altersgruppe II
PEER	1	84% — s —	94%
		s	ns
	2	100% — ns —	93%
INTIMITÄT	1	62% — s —	82%
		ns	ns
	2	67% — s —	82%
ABLÖSUNG	1	41% — s —	52%
		s	s
	2	52% — s —	65%
PART./FAM.	1	43% — s —	65%
		ns	ns
	2	45% — s —	54%

Abbildung 4: Unterschiede in den Bedeutsamkeitseinschätzungen zwischen den Altersgruppen zu beiden Meßzeitpunkten

Bei der Betrachtung der Ergebnisse gehen wir aus von den Unterschieden zwischen den Gruppen A I und A II bei der ersten Messung. Anschließend stellen wir die Veränderungen bei der zweiten Messung dar.

Veränderung der Bedeutsamkeit:
Es finden sich beim ersten Meßzeitpunkt signifikante Unterschiede bei den Augaben 'PEER', 'INTIMITÄT', 'ABLÖSUNG' und 'PART./FAM.'. Für diese Themen kann ein Zusammenhang angenommen werden: Freundschaftsbeziehungen unter Gleichaltrigen führen zur Aufnahme intimer Beziehungen mit andersgeschlechtlichen Freunden.Damit kann die Entwicklung von Vorstellungen über zukünftige Partner verbunden sein. Unabhängig davon bringen intensivere Beziehungen zu Freunden die Lockerung der Bindung an die Eltern mit sich.

Welche Veränderungen zeigen sich bei der zweiten Messung?
Abbildung 4 zeigt die Prozentwerte der Bedeutamkeit ("sehr wichtig", "wichtig") für beide Altersgruppen zu beiden Meßzeitpunkten.

Bei der jüngeren Gruppe nimmt die Bedeutsamkeit der Themen 'PEER' und 'ABLÖSUNG' deutlich zu; bei der älteren Gruppe zeigt sich eine signifikante Zunahme der Bedeutsamkeit nur beim Thema 'ABLÖSUNG'.

Zwischen den Gruppen ist der Unterschied beim Thema 'PEER' aufgehoben; er bleibt signifikant bei den Themen 'ABLÖSUNG','INTIMITÄT' und 'PART./ FAM.'.

Diese Ergebnisse weisen darauf hin, daß die Veränderungen der Bedeutsamkeit zwischen zusammenhängenden Entwicklungsaufgaben im Sinn einer Entwicklungslogik verstanden werden können.

Veränderungen im Grad der Bewältigung:
Für die im folgenden angesprochenen Entwicklungsaufgaben zeigt Abbildung 5 den durchschnittlichen Bewältigungsgrad der Gruppen A I und A II zu beiden Meßzeitpunkten.

Mit dem Übertritt in die 10. Klasse, die Abschlußklasse der Realschule, rückt für die Schüler die Beschäftigung mit der Berufswahl in den Vor-Vordergrund. Vergleicht man die beiden Gruppen bezüglich der Bewältigung der Aufgabe 'BERUF', so zeigt sich, daß der signifikante Unterschied, der beim ersten Meßzeitpunkt bestand, nicht mehr vorhanden ist. Für die Gruppe A I findet sich bei dieser Aufgabe der größte Zuwachs an Bewältigung.

Welche Veränderungen zeigen sich bei jenen Entwicklungsaufgaben, die im Zuammenhang mit sozialen Beziehungen und Rollen stehen? Den Aufbau von Freundschaftsbeziehungen betreffend besteht zum zweiten Meßzeitpunkt kein Unterschied mehr zwischen den Gruppen.

Der Zuwachs an Bewältigung für die Aufgaben 'PART./FAM.' ist für die Gruppe A I relativ groß (18%); der Durchschnittswert der Bewältigung entspricht dem der Gruppe A II.

Analog zu den Ergebnissen einer früheren Querschnittsuntersuchung (DREHER & DREHER, 1984) zeigt sich, daß mit der Intensivierung der Auseinandersetzung mit der Thematik 'Freundschaftsbeziehungen' eine Konkretisierung der Vorstellungen über spätere Partnerschaft einhergeht.

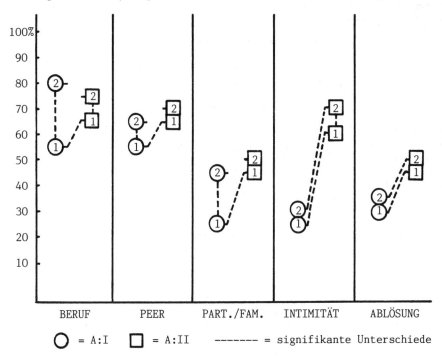

Abbildung 5: Durchschnittliche Bewältigungsgrade der Gruppen A I
und A II zu beiden Meßzeitpunkten

Es bleiben jedoch die signifikanten Unterschiede bei den Aufgaben
'INTIMITÄT' und 'ABLÖSUNG'. Bei der Aufgabe 'INTIMITÄT' vergrößert sich
der Abstand zwichen den Gruppen. Die Gruppe A II hat bei dieser Aufgabe
den größten Zuwachs an Bewältigung. Dieses Ergebnis weist darauf hin,
daß offensichtlich der *frühere* Zeitpunkt, an dem die Auseinandersetzung
mit intimen Beziehungen bedeutsam wurde, für die *Beschleunigung* im Fort-
schreiten der Bewältigung dieser Entwicklungsaufgabe ausschlaggebend
ist.

3.4 Aktivitäten und Konzepte zur Bewältigung von Entwicklungsaufgaben

Die bisherigen Ergebnisse zeigten, daß sich sowohl jüngere wie ältere
Jugendliche *gleichzeitig* mit *mehreren* Entwicklungsaufgaben auseinandersetzen,sofern sie ihnen bedeutsam sind. Eine weitere Frage richtet sich
nun darauf, welche Aktivitäten und Fähigkeiten bedeutsam sind, um einen
Fortschritt in der Bewältigung zu erzielen. Die Ergebnisse zu dieser
Frage zeigen, daß die Vorstellungen der Jugendlichen sowohl *aufgaben-
spezifische* wie *aufgabenübergreifende* Bewältigungskonzepte umfassen.
Bewältigungskonzepte setzen sich aus einer Reihe von Handlungen zusammen, die verschiedene Etappen in der Auseinandersetzung mit Entwick-

lungsaufgaben kennzeichnen. Ein aufgabenspezifisches Bewältigungskon-
konzept wird am Beispiel der Aktivitäten zu 'Aufbau eines Freundeskreises' verdeutlicht.

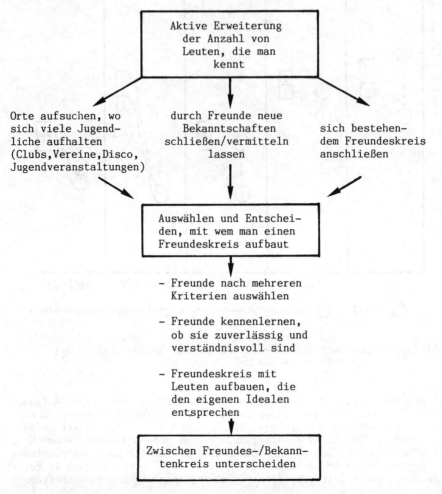

Abbildung 6: Bewältigugskonzept der Entwicklungsaufgabe
'Aufbau eines Freundeskreises mit Gleichaltrigen'

Die erste Etappe umfaßt Aktivitäten zur Erweiterung der Zahl der Leute,
die man kennenlernt, der zweite Abschnitt betrifft Aktivitäten, die zur
Differenzierung zwischen Bekannten und Freunden führt.

Eine zentrale Stellung unter den Bewältigungsvorstellungen der Jugendlichen, die in Verbindung mit verschiedenen Aufgaben genannt wird,
nimmt die Herstellung einer eigenen Meinung bzw. eines kritischen
Standpunktes ein. Abbildung 7 zeigt die Grundstruktur dieses Bewälti-
gungskonzeptes, das als aufgabenübergreifend betrachtet werden kann.

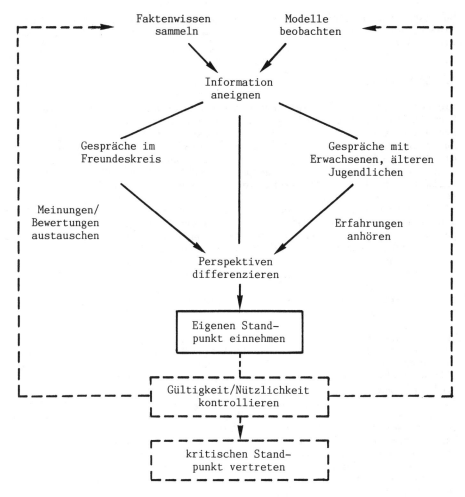

Abbildung 7: Bewältigungskonzept für den Aufbau einer eigenen Meinung
bzw. eines kritischen Standpunktes.

Dieses Konzept umfaßt die *Aneignung von Information* aus unterschiedlichen Quellen (Medien, Verhaltensmodelle) und zweitens den *kommunikati-
ven Austausch*. Hierbei ist interessant, daß explizit zwischen Erwachsenen und älteren Jugendlichen unterschieden wird. Das Gespräch mit Erwachsenen dient dazu, deren Erfahrungswissen zu bestimmten Sachverhal-
ten übermittelt zu bekommen, während der Freundeskreis das Forum für
den Austausch von Meinugen und Bewertungen darstellt. Man kann sagen,
daß im Jugendalter die *Herstellung eines eigenen Standpunktes* tatsächlich eine zentrale Kategorie in der Beziehung zur Umwelt darstellt. Die
Differenzierung zwischen *eigenem* Standpunkt und *kritischem* Standpunkt
kennzeichnet Veränderungen innerhalb dieses Konzeptes zwischen jüngeren
und älteren Jugendlichen.

Man kann annehmen,daß diese Akzentverschiebung mit der gelungenen Überwindung des jugendlichen Egozentrismus im Zusammenhang steht (vgl. EL-
KIND, 1967).

4. Abschließende Bemerkungen

Die Beschränkung auf einige Ergebnisse macht ergänzende Anmerkungen und
Hinweise auf bestehende Fragen erforderlich. Das betrifft einmal die
Frage der zeitlich überdauernden vs. begrenzten Gültigkeit von Entwicklungsaufgaben. Der Vergleich von HAVIGHURST's Arbeiten der 40er Jahre
mit heutigen Ergebnissen weist auf Übereinstimmung in mehreren Punkten
hin. Die Tatsache, daß die angesprochenen Thematiken auch von heutigen
Jugendlichen als relevant wahrgenommen werden, läßt den Schluß zu, daß
es sich hierbei um generationsüberdauernde Problematiken der jugendlichen Persönlichkeitsentwicklung handelt, durch die sich zumindest in
westlich orientierten Kulturen eine idealtypische Struktur des Über-
gangs zum Erwachsenen kennzeichnen läßt. Darüber hinaus spiegeln besondere Akzentuierungen einzelner Thematiken Anforderungen wider, die aus
Gegenwartsproblemen resultieren (z.B. die gegenwärtige Situation des
Arbeitsmarktes unterstreicht die Vorrangigkeit der Zentrierung auf das
Ziel, einen Beruf bzw. Arbeitsplatz zu erlangen).In solchen *Gewichtun-
gen* ist eine weitere Dimension des gesellschaftlich-individuellen Zusammenhangs von Entwicklungsaufgaben zu erkennen.

Weiterhin ist anzumerken, daß die dargestellten Vergleiche von Altersgruppen und die auf einzelne Entwicklungsaufgaben bezogenen Ergebnisse
zwei wichtige Aspekte vernachlässigen: zum einen werden interindividuelle Unterchiede innerhalb der Altersgruppen nivelliert, zum anderen
bleiben Zusammenhänge zwischen verschiedenen Aufgaben sowie die Interdependenz von Bedeutsamkeit und Bewältigung außer Acht. Die bisherigen
Ergebnisse einer differenzierten Analyse - die korrelationsstatisti-
schen Auswertungen sind noch nicht abgeschlossen - weisen auf Zusammen-
hangsmuster zwischen einzelnen Aufgaben hin, die die Vernetzung verschiedener Regionen des Lebensraums abbilden und darauf bezogene, unterschiedliche Ebenen des Person-Umwelt-Bewußtseins erkennen lassen.
Aus der Interdependenz von Entwicklungsaufgaben folgt ferner, daß das
jeweilige, zur Lösung anstehende Problem die Bewältigung konträrer bzw.
sich ausschließender oder komplementärer Handlungsorientierung bedeuten
kann (z.B. Aufbau von Partnerbeziehungen/Ablösung von den Eltern).

Diese Annahme verweist auf eine notwendige Präzisierung der Fokaltheorie (COLEMAN, 1974); sie betrifft einmal die Differenzierung einzelner
Probleme hinsichtlich ihrer Reichweite und thematischen Zusammensetzung
(zeitlich begrenzte vs. wiederkehrende Entwicklungsaufgaben), zum anderen die Berücksichtigung von Bewältigungsmustern, die sowohl Kombina-
tionen von Lösungsniveaus wie auch Teillösungen und oszillierende Aus-
einandersetzungsprozesse zwischen verschiedenen Problemen beinhalten
können. Die Annahme der Fokaltheorie bezüglich des sukzessiven Abarbei-
tens einzelner Probleme bestätigt sich lediglich entwicklungslogisch im
Sinn eines Kontinuums von aktiver Auseinandersetzung mit unterschiedlichen Problemen.

70

Wandel der Geschlechtsrollen im Kontext
weiblicher Identitätsentwicklung in der Adoleszenz

Anita Nieder und Angelika Pezaro

Ausgangspunkt unserer Arbeit zur weiblichen Identitätsentwicklung ist
der vielzitierte Wandel der Geschlechterrollen. Wichtige Impulse für
das Infragestellen der weiblichen Rolle gingen von der Frauenbewegung
seit Beginn der siebziger Jahre aus. Wir stellten uns die Frage, inwieweit ein solcher Wandel bei weiblichen Jugendlichen überhaupt sichtbar
und handlungsrelevant ist und wie die Vielzahl unterschiedlicher und
zum Teil widersprüchlicher Rollennormen und Leitbilder für das "Frau-
sein" von ihnen subjektiv erlebt und verarbeitet wird. In der empirischen Untersuchung dieser Problematik verknüpften wir das Modell der
Identitätsentwicklung von HABERMAS (1973, 1976) mit zentralen Aussagen
über die weibliche Gechlechtsrolle (z.B. BECK-GERNSHEIM, 1980; NEUEN-
DORFF-BUB, 1977; PROKOP, 1977). Im Zentrum stand dabei die Frage, in
welche Beziehung sich ein bestimmter Verlauf der adoleszenten Entwicklung mit verschiedenen Formen der Identität auf der einen sowie einem
bestimmten Leitbild für die Zukunftsplanung auf der anderen Seite setzen läßt.

Wir verstehen unsere Untersuchung als Bestandteil einer Frauenforschung, die explizit die eigene Betroffenheit und eine bewußte Partei-
lichkeit für die Sache der Frauen zum methodischen Postulat erhebt
(GÖTTNER-ABENDROTH, 1979; MIES, 1978).

1. Zur weiblichen Gechlechtsrolle

Die geschlechtsspezifische Arbeitsteilung als soziale Basis der Geschlechterrollen legt den sozialen Rahmen für Identitätsentwicklung
fest. Traditionellerweise wird die Frauenrolle durch den Bereich Familie definiert (BECK-GERNSHEIM, 1980). Als positives Potential für die
weibliche Identitätsentwicklung beinhaltet die Bindung an diesen Le-
bensbereich das Eingehen auf die Bedürfnisse anderer, als Behinderung
eine mangelnde Eigenständigkeit (GILLIGAN, 1982; PROKOP, 1977).Die Einbeziehung des Berufs in die gesellschaftliche Definition von Weiblichkeit ist umstritten, wodurch er Probleme für das Selbstverständnis als
Frau aufwerfen kann, die möglicherweise verschärft werden durch die
unterschiedliche Struktur von Beruf und Familie (BECK-GERNSHEIM, 1980;
NEUENDORFF-BUB, 1977). Dennoch zeichnet sich in Erhebungen zu den Rol-
lenvorstellungen und der Zukunftsplanung weiblicher Jugendlicher (z.B.
HILLE, 1976; REITZ, 1974) eine - in Abhängigkeit von der Schulbildung
- zunehmend stärkere Gewichtung des Berufs in den Lebensplänen von
Frauen ab. Wir vermissen bei solchen Arbeiten zur Lebensplanung von
Mädchen den indviduellen Bezugsrahmen und den Kontext von Wertorientierungen, in dem ihre Rollenkonzeptionen stehen. Um diesem Zusammenhang
gerecht zu werden, halten wir einen theoretischen Ansatz für erforderlich, der in der Lage ist, kognitive Strukturen und ihre Entwicklung zu
beschreiben und zu erklären.

2. Identitätsentwicklung

Die Bildung von Wertorientierungen und Rollenkonzeptionen ist ein konstitutives Element der Identität eines Menschen.In der Theorietradition des symbolischen Interaktionismus (MEAD, 1978) wird Ich-Identität als dynamischer Prozeß verstanden, in dem in spezifischer Weise soziale Erwartungen und individuelle Einzigartigkeit miteinander verknüpft werden. Durch die Balancierung dieser Aspekte (GOFFMANN, 1977; KRAPPMANN, 1973) sichert ein Subjekt die Kontinuität und Konsistenz der eigenen Person angesichts divergierender Lebenssituationen, die durch unterschiedliche Rollenanforderungen geprägt sind. Richtlinie für den Balanceprozeß sind die Wertorientierungen eines Menschen, die er im Lauf seines Lebens entwickelt.

Diese Überlegungen gehen ein in das Identitätskonzept von HABERMAS (1973, 1976), dessen Theorie der Identitätsentwicklung auch die psychoanalytische These einer Weiterentwicklung durch Reifungskrisen und das organismische Entwicklungsmodell von PIAGET integriert.In diesem Modell wird Entwicklung als Entwicklung von Strukturen verstanden, die eine Sequenz sich qualitativ unterscheidender Stufen bilden.Sie folgen einer Entwicklungslogik und sind hierarchisch organisiert (vgl. auch ECKENSBERGER & REINSHAGEN, 1980).Auf den gleichen Grundannahmen über Entwicklung baut die Entwicklungssequenz des Moralischen Urteils sensu KOHLBERG auf (z. B. KOHLBERG, 1971), die HABERMAS als Bestandteil der Identität ansieht. Das Moraliche Urteil wird definiert als präskriptives Werturteil im Kontext von Konflikten (ECKENSBERGER & REINSHAGEN, 1980).

HABERMAS (1973, 1976) charakterisiert die Identitätsentwicklung durch drei Stufen:

- Die natürliche Identität, die leibgebundene Identität des Kleinkindes. Ihr ist das präkonventionelle Niveau des Moralischen Urteils zugeordnet: Orientierung an konkreten äußeren Handlungsfolgen.
- Die Rollenidentität, die mit dem Abschluß der ödipalen Phase erreicht wird. Sie bildet sich durch Orientierung an einer zentralen Rolle und beruht auf der Stabilität von Verhaltenserwartungen. Das Subjekt hat das konventionelle Niveau des Moralischen Urteils erreicht, dessen Begründungsform sich auf feststehende Normen stützt, zunächst auf einzelne Normen, dann den Normensatz einer Gesellschaft.
- Die Ich-Identität: sie beruht auf der prinzipiengeleiteten Organisation der Interaktionen eines Individuums zu einer einzigartigen Lebensgeschichte. Sie ist verbunden mit dem postkonventionellen Niveau des Moralischen Urteils, d.h. Orientierung an selbstgewählten allgemeinen Prinzipien. Ich-Identität gilt als die optimale, aber nicht zwangsläufige Form der Lösung der Adoleszenzkrise.

Ein erster Ansatz zur Operationalisierung und empirischen Konkretisierung der spekulativen Annahmen von HABERMAS über die Identitätsentwicklung findet sich in einer Untersuchung von DÖBERT & NUNNER-WINKLER (1979) zum Zusammenhang von Adoleszenzkrise und Identitätsbildung. Grundlage für die Einstufung der Identitätsformen ihrer ausschließlich männlichen Stichprobe ist das Moralische Urteil der Probanden. In der idealtypischen Zusammenfassung ihrer Ergebnisse unterscheiden sie die "Berufsrollenidentität", die "berufsorientierte Ich-Identität" und die "an moralischen Prinzipien orientierte Ich-Identität".Eine heftige Ado-

leszenzkrise ist nur charakteristisch für die letzte Gruppe, die sich
von den beiden anderen auch durch eine kritische Einstellung zu gesellschaftlichen Institutionen und Lebensformen unterscheidet.
Der Beruf nimmt eine zentrale Rolle ein in der Konretisierung der Identitätsstufen durch DÖBERT & NUNNER-WINKLER. Sie bezeichnen die Berufsrollenidentität als die modale Identitätsform unserer Gesellschaft. Wir
meinen, daß eine solche Sichtweise dem weiblichen Lebenszusammenhang
nicht gerecht wird, in dem der Bereich Familie im Vergleich zu Männern
einen höheren Stellenwert hat (BECK-GERNSHEIM, 1980). Zudem ist der Beruf als Basis der Identität für Frauen problematisch. Er stellt keine
stabile gesellschaftlich anerkannte Rollenerwartung für Frauen dar, die
wiederum Voraussetzung einer sich darauf stützenden Rollenidentität
ist. Die Konzeption der Rollen- und Ich-Identität von HABERMAS sowie
DÖBERT & NUNNER-WINKLER vernachlässigt somit einen für die Identität
von Frauen relevanten Aspekt.

3. Die Bedeutung der Adoleszenz für die Identitätsentwicklung

Eine bedeutsame Phase in der Identitätsentwicklung ist die Adoleszenz,
in der idealiter die Lösung von den Eltern und die Bildung eigener Lebensorientierungen erfolgen soll. HABERMAS(1976) nimmt an,daß der Übergang zu einer prinzipiengeleiteten Ich-Identität nur in Form eines kri-
senhaften Such- und Neuorientierungsprozesses möglich ist, in dessen
Verlauf die bisher selbstverständlichen Lebensvorstellungen hinterfragt
und grundlegend umstrukturiert werden. HABERMAS befindet sich damit in
Übereinstimmung mit zahlreichen psychoanalytischen Autoren (z.B. BLOS,
1977; ERIKSON, 1974), die ebenfalls davon ausgehen, daß ein konflikt-
reicher und turbulenter Verlauf der Adoleszenz für die Weiterentwicklung zu einer integrierten Persönlichkeit unerläßlich ist. Demgegenüber
behauptet zum Beispiel ZIEHE (1979), daß die gesellschaftlichen und
familiären Grundlagen für eine umfassende Adoleszenzkrise heute nicht
mehr gegeben seien. In ähnlicher Weise argumentiert SIEGERT (1979), der
einen Krisenprozeß zumindest für die notwendige Lösung von den Eltern
als überholt ansieht. Tatsächlich fanden DÖBERT & NUNNER-WINKLER (1979)
in ihrer Untersuchung zum Zusammenhang von Adoleszenzkrise und Identitätsbildung einen krisenfreien Entwicklungspfad zur Ich-Identität. Uns
erscheint es jedoch nicht selbstverständlich, solche theoretischen Aussagen und empirischen Befunde unhinterfragt auf die Identitätsentwicklung von Frauen zu übertragen. Zum einen unterscheiden sich die Ansichten darüber, was unter Krise zu verstehen ist, oft erheblich (vgl.ROLL,
1980), zum anderen bestehen bei Mädchen im Vergleich zu Jungen engere
Bindungen an das Elternhaus (vgl. NILES, 1979) deren Lösung nicht ohne
weiteres zu bewerkstelligen sein dürfte.

4. Fragestellung und Hypothesen

Die Untersuchung mit weiblichen Jugendlichen zielt darauf ab, Zusammenhänge aufzuklären zwischen dem Verlauf der Adoleszenz, der Herausbildung einer bestimmten Identitätsform und der Wahl eines Leitbildes für
die Ausgestaltung des Lebens als Frau. Der Verlauf der Adoleszenz gibt
einerseits Auskunft über Entwicklungswege; die Verknüpfung der Identitätsformationen sensu HABERMAS mit Leitbildern ermöglicht andererseits
eine Konkretisierung dieser Konstrukte für Frauen. In der Wahl von

Leitbildern kann sich ein Wandel der Geschlechterrolle ausdrücken.

Unsere wichtigsten Variablen sind:

- Intensität der Lösungskrise: stark/schwach
- Stadium des Lösungsprozesses: gelungene Lösung/teilweise Lösung/keine Lösung
- Intensität der Identitätskrise:stark/mittel/schwach
- Identitätsformation: Ich-Identität/Tendenz zur Ich-Identität/Rollenidentität
- Leitbild für die Zukunftsgestaltung: Familienrolle (Hausfrau und Mutter)/Berufstätigkeit ohne Kinder/Doppelrolle (Kombination von Beruf und Familie)/alternative Lebensformen

Die zentralen Hypothesen unserer Untersuchung lauten:

1) Ich-Identität setzt eine erfolgreiche Ablösung von den Eltern voraus.
2) Eine heftige Adoleszenzkrise fördert die Herausbildung einer Ich-Identität.Für die Rollenidentität ist ein krisenfreier Entwicklungsverlauf charakteristisch. Die beiden Teilphasen der Adoleszenzkrise (Lösungs- und Identitätskrise) stehen in einem engen Zusammenhang: eine heftige Identitätskrise setzt eine intensive Lösungskrise voraus.Jedoch muß nicht jede heftige Lösungskrise mit einer Identitätskrise verbunden sein (vgl. DÖBERT & NUNNER-WINKLER, 1979).
3) Wir erwarten, daß eine Rollenidentität vorwiegend mit dem Leitbild der Familienrolle und der Doppelrolle verbunden ist, Ich-Identität eher mit den Leitbildern alternative Lebensformen und Berufstätigkeit. Diese - unseres Wissens noch nicht untersuchte - Hypothese leiten wir ab aus der Annahme, daß für Frauen nur hinsichtlich des Leitbildes der Familien- und der Doppelrolle in unserer Gesellschaft stabile Verhaltenserwartungen und Rollennormen existieren, die eine Lebensgestaltung dieser Art nahelegen und Richtlinien für die Ausfüllung dieser Rollen geben. Das Leitbild der berufstätigen Frau ohne Kinder dagegen ist gesellschaftlich eher unüblich, da Frauen der freiwillige Verzicht auf Kinder tendenziell verübelt wird. Für Versuche, neue Organisationsformen für Beruf und/oder Privatleben zu finden, gibt es zwar eine geringe Zahl von Vorbildern - überwiegend subkultureller Art - jedoch unseres Erachtens keine Rollennormen, die allgemein anerkannt und verbindlich wären. Aus diesem Grund vermuten wir, daß Leitbilder dieser Art in stärkerem Maß durch individuelle Reflexion erarbeitet werden müssen als die gesellschaftlich anerkannten und vorgezeichneten Leitbilder. Wir erwarten daher, daß eine Lebensplanung, die von den gesellschaftlich vorgezeichneten Selbstdefinitionen für Frauen abweicht, eher mit einer Ich-Identität verbunden ist als mit einer Rollenidentität.

5. Methode

Das Entwicklungsmodell, das dem Identitätskonzept von HABERMAS zugrundeliegt, erfordert eine klinische Methode. Wir wählten daher als Erhebungsmethode das qualitative oder halbstrukturierte Interview, welches sich besonders für das Explorieren kognitiver Strukturen eignet(ECKENSBERGER, VILLENAVE-CREMER & REINSHAGEN, 1980).In einem Leitfaden legten wir die Themenbereiche fest(Beziehung zu den Eltern, Selbstwahrnehmung, Zukunftsplanung), zu denen wir unsere Probandinnen befragen wollten.

Wir konzipierten den Interviewteil zur Adoleszenzkrise analog zu DÖBERT & NUNNER-WINKLER (1979). Um Verlauf und Stadium der Ablösung zu erfassen, explorierten wir die emotionale Qualität der Beziehung zu den Eltern sowie Konflikte mit ihnen.Im Bereich der Selbstwahrnehmung fragten wir nach der allgemeinen Selbsteinschätzung, der Änderung von Einstellungen sowie der Beschäftigung mit Sinnfragen.Hierbei ging es um Anzeichen für eine Identitätskrise. Die Zukunftsvorstellungen der Probandinnen erfragten wir in den Bereichen:Beruf, Kinder, Ehe, Partizipation an gesellschaftspolitischen Vorgängen und utopische Lebensgestaltung. Die äußere Form der antizipierten Lebensgestaltung diente der Bestimmung eines Leitbildes. Aus den Begründungen für die gewählten Pläne schlossen wir auf die Identitätsformation.

Als Stichprobe wählten wir Abiturientinnen,weil bei ihnen der bevorstehende Schulabschluß eine Phase der Neuorientierung und Lebensveränderungen einleitet und damit Anreiz für eine Neudefinition der eigenen Person bieten kann. Außerdem hofften wir, bei Gymnasiastinnen ein relativ breites Spektrum an Leitbildern für die Lebensgestaltung vorzufinden.Wegen des sehr aufwendigen Verfahrens beschränkten wir die Zahl unserer Probandinnen auf zwanzig.

Die zwei- bis vierstündigen Interviews wurden auf Band aufgenommen und wörtlich transkribiert.

Unsere Auswertung basierte auf einer hermeneutisch-interpretativen Einstufung zusammenhängender Sinneinheiten in den Einzelindikatoren unserer theoretischen Konstrukte. Die Einstufung in den Einzelindikatoren wiederum bildete die Grundlage für die Bestimmung der Ausprägung der Adoleszenzkrise, der Identitätsformation und des Leitbildes.Alle Interviews wurden von den beiden Autorinnen unabhängig voneinander ausgewertet. Bei Diskrepanzen entschied das Ergebnis der Diskussion über die endgültige Einstufung.

6. Operationalisierung der Variablen

6.1 Adoleszenzverlauf

Die Operationalisierung (s. ausführlich Tabelle 1) orientiert sich an den Aufgaben der Adoleszenz und an der Untersuchung von DÖBERT & NUNNER-WINKLER (1979).

Das Stadium der Ablösung von den Eltern erfaßten wir mit drei Indikatoren: Die Bedeutung der Eltern als emotionale Bezugspersonen, die Differenziertheit der kognitiven Auseinandersetzung mit den Wertvorstellungen der Eltern und die Einschätzung der eigenen Fähigkeit, getrennt von den Eltern zu leben. Für die Einstufung einer gelungenen Lösung mußten folgende drei Kriterien erfüllt sein:

- In der emotionalen Beziehung zu den Eltern wird, unabhängig von deren positiver oder negativer Qualität, deutlich,daß die Eltern als Ratgeber und/oder emotionaler Rückhalt keine wesentliche Rolle mehr spie-

len.
- Abgrenzungen von bzw. Übereinstimmungen mit den Eltern sind differenziert und werden begründet.
- Es besteht der Wunsch bzw. die erklärte Absicht, das Elternhaus bald zu verlassen und "auf eigenen Füßen zu stehen".

Liegen nur zwei der genannten Kriterien vor, sprechen wir von teilweise gelungener Lösung. In allen übrigen Fällen bezeichnen wir die Ablösung als nicht gelungen.

Tabelle 1: Übersicht über die Operationalisierung der Variablen

Theoretisches Konstrukt	Dimensionen	Konflikte mit den Eltern
1. Intensität der Lösungskrise	heftig/schwach (+ / -)	
2. Stadium der Ablösung	gelungen/teilweise/nicht gelungen (+ / o / -)	a. Bedeutung der Eltern als Bezugsperson b. differenzierte/globale Abgrenzung/Übereinstimmung c. Einstellung zur Trennung
3. Intensität der Identitätskrise	heftig/mittel/schwach (+ / o / -)	a. Selbstwertprobleme b. Uniqueness c. inneres/äußeres Selbst d. Einstellungswandel e. Sinnprobleme
4. Identitätsformation	Ich-Identität/Tendenz zur Ich-Identität/Rollenidentität(I,T,R)	a. Berufliche Wertorientierungen b. Begründung der Entscheidung zur Ehe c. Gesellschaftskonzeption d. Wertorientierungen in anderen Lebensbereichen
5. Leitbild	Familienrolle, Doppelrolle/ Berufstätigkeit/alternative Lebensformen	konkrete Lebensplanung und Gewichtung der Bereiche Beruf/Familie

Als Indikator für die Intensität der Lösungskrise diente uns die geschilderte Häufigkeit und Heftigkeit von Konflikten mit den Eltern. Wurde die Beziehung zu den Eltern als überwiegend harmonisch und konfliktfrei dargestellt, so stuften wir das betreffende Interview in die Kategorie "schwache/keine Lösungskrise" ein. Starke Konflikte führten zu der Einstufung "heftige Lösungskrise".

Als Indikatoren für eine Identitätskrise wählten wir unter anderem das

relative Ausmaß von Selbstkritik und Selbstzweifeln, die Veränderung
von Einstellungen, die Beschäftigung mit Sinnproblemen und das Auftreten von Sinnlosigkeitsgefühlen.Von einer heftigen Identitätskrise sprechen wir, wenn mindestens die Hälfte der gewählten Indikatoren in einer
starken Ausprägung auftreten. Analog nahmen wir die Einstufungen "mittlere" und "schwache Identitätskrise" vor.

Durch Interviewbeispiele wollen wir die Konstrukte Ablösung sowie Lö-
sungs- und Identitätskrise veranschaulichen.

Das folgende Interviewbeispiel stuften wir als nicht gelungene Ablösung
hinsichtlich des Aspektes "Einstellung zur räumlichen Trennung" ein.

Pb: Ich glaub', momentan würde ich allein nicht zurechtkommen. Ich
    möchte das auch noch gar nicht. ...ich weiß gar nicht, was die mei-
    sten Leute haben, die wollen von daheim weg und alles. ...Ich glau-
    be, ich bin noch nicht so selbständig, daß ich jetzt schon allein
    leben könnte. Und ich möchte es auch irgendwie gar nicht.
    (Int. 18, S. 15)

Ein Beispiel für "heftige Lösungskrise" ist nachfolgende Interviewpassage.

Pb: ... meine Mutter hat so die Schwäche, immer sehr schnell die wunden
    Punkte herauszufinden und darauf rumzuhacken. Und das mach' ich
    auch gern. ... Das sind so kleine Sachen. Z. B., wenn ich irgend-
    eine Meinung vertrete, da sagt sie dann: "du spinnst". Das kann ich
    also absolut nicht haben, wenn jemand, statt meine Meinung zu
    akzeptieren, meint "du spinnst". ... Das trifft mich dann meistens
    doch ziemlich, und dann fang ich entweder an zu heulen, oder ich
    brüll zurück und geh raus. (Int. 14, S.1 und 2)

Heftige Stimmungsschwankungen als Indikator einer starken Identitätskrise kommen in dem folgenden Beispiel zum Ausdruck:

Pb: Für mich wird es immer nur schwierig, wenn ich mich so schlecht
    fühle, und ich weiß gar nicht, woher es kommt oder bzw. mir alles
    schrecklich vorkommt. Aber so einen direkten Anlaß, das weiß ich
    eigentlich nicht. ... Aber ich habe dann auch mal eine Zeit, dann
    heule ich die ganze Zeit. Das war mal zu einem Zeitpunkt ganz
    schlimm. Das war ja schon beinahe nicht mehr normal.
    (Int. 2, S. 37 und 40)

6.2 Identitätsformen

Die Operationalisierung der Identitätsstufen sensu HABERMAS stützt sich
auf das Moralische Urteil. Wir betrachten das Moralische Urteil in Anlehnung an DÖBERT & NUNNER-WINKLER (1979) als kognitive Struktur, welche die Wahl konkreter Lebensziele und Handlungsorientierungen mitbe-
stimmt. In Analogie zu der KOHLBERG'schen Entwicklungssequenz der Moral
(s. ECKENSBERGER & REINSHAGEN, 1980) legten wir Einstufungskriterien
für die verschiedenen Niveaus fest, die abgestimmt waren auf die Argumentation zu heterogenen Lebensbereichen. Eine Übersicht über die Einzelindikatoren der Identitätsformation gibt Tab. 2 (S. 9).

Tabelle 2: Übersicht über die Indikatoren der Identitätsformationen

Themenbereich	Indikatoren	Einstufungskriterien für die zum Moralischen Urteil analogen Kategorien
Beruf	berufliche Wertorientierung (NUNNER - WINKLER, 1981) Sinnstiftung, Eigeninitiative, Abwechselung, Kontakt, Instrumentalismus, Karrierismus	postkonventionell: Sinnstiftung und Eigeninitiative vorhanden
		postkonventionelle Tendenz: entweder Sinnstiftung oder Eigeninitiative vorhanden
		vor-postkonventionell: Sinnstiftung und Eigeninitiative fehlen
Ehe	Begründung der Entscheidung zur Ehe	Affinität mit den allgemeinen Stufen- und Niveaubeschreibungen von KOHLBERG. Eingestuft werden: - präkonventionelles Niveau - konventionelles Niveau - die Stufe 4 1/2 - postkonventionelles Niveau
Polititk	a. Konzeption der Veränderbarkeit sozialer Regeln bzw. sozialer Strukturen b. inhaltliche Ausrichtung der politischen Interessen oder des Engagements	Postkonventionell:soziale Regeln wer als veränderbar konzipiert und in den Inhalten der Interessen kommt eine nicht-restringierte Auffassung der Prinzipien Humanität,Gerechtigkeit oder Freiheit zum Ausdruck
		postkonventionelle Tendenz: - soziale Regeln werden als veränderbar konzipiert, die Prinzipienorientierung fehlt. - die Konzeption sozialer Regeln als veränderbar ist zweifelhaft, Prinzipienorientierung ist vorhanden
		vor-postkonventionell:soziale Regeln werden als unveränderbar konzipiert
Kinder, Familie Abtreibung, Wohnform, utopische Lebensgestaltung	Wertorientierung	postkonventionell:mehr als die Hälfte der moralischen Wertorientierungen wurde dem post-konventionellen Niveau des Moralischen Urteils zugeordnet
		postkonventionelle Tendenz:die Hälfte der moralischen Wertorientierungen wurde dem postkonventionellen Niveau zugeordnet
		vor-postkonventionell:weniger als die Hälfte der Orientierungen wurde dem postkonventionellen Niveau zugeordnet

In den zum Moralischen Urteil analogen Entwicklungsniveaus unterscheiden wir in der Regel zwischen vor-postkonventionellem Niveau, postkonventioneller Tendenz und postkonventionellem Niveau. Sie dienen als Indikatoren für Rollenidentität, Tendenz zur Ich-Identität und Ich-Identität.Mit "Tendenz zur Ich-Identität" bezeichnen wir ein Übergangsstadium zwischen Rollen- und Ich-Identität.

Die Definition des Identitätsindikators im Bereich Beruf beruht auf einer Studie von NUNNER-WINKLER (1981) zum Zusammenhang von beruflichen Wertorientierungen und Moralischem Urteil. Charakteristisch für das postkonventionelle Niveau ist nach ihren Ergebnissen die Begründung einer Berufswahl mit den Wertorientierungen Sinnstiftung (eine Berufstätigkeit wird über die bloße Strukturierung des Tagesablaufs hinaus als sinnstiftend für das eigene Leben begriffen) und Eigeninitiative (Wunsch nach beruflicher Eigenständigkeit und Unabhängigkeit sowie autonome Berufswahl).

Ein Beispiel für Sinnstiftung gibt folgende Interviewpassage.

Pb: Da habe ich mir vorgenommen, daß ich eine für mich sinnvolle Tätigkeit - sinnvoll ist es für mich, wenn es auch für andere sinnvoll ist - ausübe. Ich muß was haben, wo ich sehen kann, was ich mache ... Ich finde das ganz toll, wenn man jemanden gesund kriegen kann, weil ich das wirklich für eine der elementarsten Sachen halte.
(Int. 2, S. 58)

Die Auswertung der Begründungen für oder gegen eine Ehe orientierte sich direkt an den allgemeinen Niveaubeschreibungen von KOHLBERG. Diese Kriterienwahl stützt sich darauf, daß die Ehe die Verkörperung einer sozialen Norm des Zusammenlebens darstellt, und die Begründungsform gesellschaftlicher Normen ein wichtiger Bestandteil des Moralischen Urteilens ist.

Auch diesen Identitätsindikator verdeutlichen wir nochmals mit einem Interviewbeispiel. Die nachfolgende Begründung für eine Eheschließung stuften wir als konventionell ein.

Pb: Ich finde, warum soll man sich nicht einen äußeren Rahmen geben, der in den Augen anderer richtig ist. Man braucht ja nicht noch provokativ sich den nicht zu geben.
I: Was ist der Rahmen in deinen Augen?
Pb: Mir persönlich wäre es gleich viel wert, nur mit einem Freund zusammenzuwohnen oder verheiratet zu sein. Das wäre mir eigentlich egal. Aber es ist nun mal so, daß diese Institution Ehe existiert, und warum soll man dann nicht auch heiraten?

Ein spezifischer Aspekt des Moralischen Urteils "Veränderbarkeit sozialer Regeln" bildete die Richtlinie für die Bestimmung der Einstufungskategorien im Bereich "Partizipation an gesellschaftspolitischen Vorgängen". Erst auf dem postkonventionellen Niveau werden soziale Regeln als veränderbar konzipiert unter Zugrundelegung allgemeiner Prinzipien.

In den Themenbereichen "Kinder, Einstellung zur Abtreibung, Wohnform (allein, in Wohngemeinschaft, mit Partner) und utopische Lebensgestaltung" beruht die Operationalisierung ähnlich wie bei dem Beruf auf der

Annahme einer Affinität zwischen inhaltlichen Wertorientierungen und dem Moralischen Urteil. Der Indikator umfaßt nur diejenigen aus den Lebensplänen abstrahierten Wertorientierungen,deren spezifischer Zusammenhang mit dem Moralischen Urteil begründet werden kann. Als postkonventionell stuften wir z.B. "Selbstkonsistenz" und "Respekt vor dem Individuum" ein, als konventionell "Pflichterfüllung" und "soziale Anerkennung".

Die Gesamtheit der Einstufungen in den Einzelindikatoren bildete die Grundlage für die Bestimmung der Identitätsformation. Von Ich-Identität sprechen wir dann, wenn 75% der Indikatoren als postkonventionell eingestuft sind, von Rollenidentität, wenn 50% als vor-postkonventionell eingestuft sind. Tendenz zur Ich-Identität umfaßt die zwischen den genannten Kriterien liegenden Fälle und beinhaltet vor allem Einstufungen der Kategorie "postkonventionelle Tendenz".

6.3 Leitbilder

Die Leitbilder der Lebensgestaltung erschlossen wir aus der geplanten Organisation und Gewichtung von Beruf und Familie. Wurde der Beruf nur als Übergangsstadium bis zur Ehe konzipiert, so nennen wir das Leitbild "Familienrolle". Die Entscheidung für lebenslange Berufstätigkeit unter Verzicht auf Kinder fassen wir unter das Leitbild "Berufstätige". Eine geplante Kombination von Beruf und Familie (mit oder ohne vorübergehende Unterbrechung der Berufstätigkeit) nennen wir "Doppelrolle". Alle Versuche, Beruf und/oder Privatleben antizipierend anders als herkömmlich zu organisieren, bezeichnen wir als "alternative Lebensformen".

7. Ergebnisse

Die Einstufung der Interviews in allen Variablen ermöglichte die Auszählung von Häufigkeiten für die verschiedenen Kategorien. Zur Überprüfung der Hypothesen verwendeten wir den Fisher-Yates-Signifikanz-Test für unabhängige Stichproben. 1)

Die Hypothesenprüfung erbrachte folgende Resultate:

1. Zwischen dem Stadium der Ablösung und der Identitätsformation erhielten wir einen signfikanten Zusammenhang mit $p \leq 0.05$. Ich-Identität war so überwiegend mit gelungener Ablösung verbunden,Rollenidentität dagegen mit nicht gelungener Ablösung. (s. Tabelle 3).

Eine weitergehende Signifikanzprüfung des spezifischen Zusammenhangs zwischen den Einzelindikatoren der Ablösung und der Identität zeigte, daß die überzufällige Verbindung von Tendenz zu Ich-Identität und Ich-Identität mit zumindest teilweise gelungener Lösung nur für einen der drei Ablösungsindikatoren festzustellen ist, nämlich "differenzierte/globale Abgrenzung/ Übereinstimmung mit den Eltern".

In die inferenzstatistische Auswertung der Daten bezogen wir außer-

---

1) Bei einer Reihe von Hypothesen mußten wir Kategorien zusammenfassen, um eine 2x2 Kontingenztafel zu erhalten

dem mögliche Einflußfaktoren auf die Ablösung ein: den wahrgenommenen Erziehungsstil der Eltern in bezug auf die erlebte Kontrolle
(autoritär vs. liberal) und die Krisenintensität des Lösungsprozesses. Ein liberaler Erziehungsstil war überzufällig häufig verbunden
mit gelungener Lösung hinsichtlich des Indikators "differenzierte/
globale Abgrenzung oder Übereinstimmung". Ebenso gab es eine signifikante Verbindung zwischen einer heftigen Lösungskrise und Ablösung
im Bereich "Bedeutung der Eltern als emotionale Bezugspersonen".

2. Den Zusammenhang zwischen Krisenverlauf und Identitätsformation
   konnten wir nur teilweise bestätigen. Während wir zwischen der Stärke der Identitätskrise und der Identitätsformation einen Zusammenhang $p \leq 0.05$ fanden, erzielten wir keine signifikanten Ergebnisse
   hinsichtlich der Verknüpfung von Lösungskrise und Identitätsformation. Dagegen bestand zwischen der Intensität der beiden Teilkrisen
   eine signifikante Verbindung ($p \leq 0.05$) (s. Tab. 4, 5, 6).

3. Wir erzielten einen signifikanten Zusammenhang zwischen der Art des
   Leitbildes und der Identitätsformation ($p \leq 0.05$). Gemäß unserer
   Hypothese trat Ich-Identität überwiegend in Verbindung mit den Leitbildern "Berufstätigkeit" und "Alternative Lebensformen" auf, während eine Rollenidentität sich ausschließlich mit den beiden anderen
   Leitbildern verknüpfte. Die Übergangsform Tendenz zur Ich-Identität
   war vorwiegend mit dem Leitbild "Doppelrolle" gekoppelt (s. Tab. 7).

Tab.3: Zusammenhang zwischen
Ablösung und Identitäts-
formation(zusammengefaßt)

A	I/TI	R	Summe
	Id		
+/o	10	4	14
–	1	5	6
Summe	11	9	20

Tab.4: Zusammenhang zwischen
Lösungskrise und Iden-
titätskrise

LK	+/o	–	Summe
	IK		
+	9	2	11
–	3	6	9
Summe	12	8	20

Tab.5 Zusammenhang zwischen
Lösungskrise und Identi-
formation

LK	R	TI	I	Summe
		Id		
+	4	3	4	11
–		5	1	3	9
Summe	9	4	7	20

Tab.6 Zusammenhang zwischen
Identitätskrise und Iden-
titätsformation

IK	R	TI	I	Summe
		Id		
+/o	3	3	6	12
–	6	1	1	8
Summe	9	4	7	20

Tab.7 Zusammenhang zwischen Leitbild und Identitäts-formation 2)

Id			
Lb	I	TI	R	Summe
D	2	3	7	12
B	1	1	0	2
A	4	0	0	4
F	0	0	0	1
Summe	7	4	8	19

Zeichenerklärung zu den Tabellen 3 - 7

LK = Lösungskrise
IK = Identitätskrise
   +: heftige Krise
   o: mittlere Krise
   -: schwache/keine Krise
A = Ablösung
   +: gelungene Ablösung
   o: teilweise Ablösung
   -: keine Ablösung
Id = Identitätsformation
   I: Ich-Identität
   TI:Tendenz zur Ich-Identität
   R: Rollenidentität
Lb = Leitbild
   D: Doppelrolle
   F: Familienrolle
   B: Berufstätigkeit
   A: Alternative Lebensform

8. Diskussion

8.1 Entwicklungsverlauf der Identitätsformationen

Unsere Ergebnisse zeigen, daß die klassische Adoleszenzkrise für Gymna-siastinnen kein "überholtes Phänomen" (ZIEHE, 1979; SIEGBERT, 1979)ist. Bei mehr als der Hälfte unserer Abiturientinnen (11 bzw.12) stuften wir eine mindestens mittlere Intensität der Lösungs- und/oder Identitäts-krise ein.Dies könnte ein Hinweis sein für die in der Frauenrolle ange-legten besonderen Schwierigkeiten, eine eigenständige Identität zu ent-wickeln. Zwischen dem Adoleszenzverlauf und der Herausbildung einer be-stimmten Identitätsformation besteht ein komplexer Zusammenhang. Eine zentrale Bedingung für die Entwicklung einer Ich-Identität scheint der kognitive Aspekt der Ablösung zu sein, der charakterisiert ist durch die differenzierte Abgrenzung von bzw. Übereinstimmung mit der Lebens-form und den Wertorientierungen der Eltern. Förderlich für diese kogni-tive Auseinandersetzung ist ein liberaler Erziehungsstil. Die Intensi-tät der Lösungskrise beeinflußt in erster Linie die emotionale Lösung ("Bedeutung als emotionale Bezugsperson") und ist somit auch nicht von entscheidender Bedeutung für die Art der Identitätsformation. Erst wenn ein krisenhafter Adoleszenzverlauf die Selbstwahrnehmung und die Aus-einandersetzung mit gesellschaftlich angebotenen Deutungsmustern für den Sinn des Lebens und die Weltsicht (heftige Identitätskrise) ein-schließt, kommt es zur Überwindung der Rollenidentität.

Obwohl für die Ich-Identität im Unterschied zur Rollenidentität ein krisenhafter Adoleszenzverlauf sehr viel wahrscheinlicher ist, da vor-gegebene Lebensorientierungen nicht bruchlos übernommen werden und die eigene Person in einer kritischen Auseinandersetzung mit ihnen rekon-struiert wird, ist eine heftige Identitätskrise nicht notwendige Vor-aussetzung einer Ich-Identität (s. Tab. 6). Um die seltenen Fälle des

---

2) TI und I wurden für die Signifikanzprüfung zu einer Kategorie zusammengefaßt. Gleichermaßen B und A sowie F und D.

krisenfreien Entwicklungsweges zu erklären, müßten das intrafamiliale Erziehungsmilieu, wie DÖBERT & NUNNER-WINKLER (1979) meinen, herangezogen werden und zusätzlich affektive Prozesse.

8.2 Zum Zusammenhang von Leitbildern und Identitätsformationen

Wie wir erwartet hatten, bestand in unserer Stichprobe ein überzufälliger Zusammenhang zwischen der Entwicklungsstufe der Identität und der inhaltlichen Ausrichtung individueller Zukunftspläne. Dies läßt sich zwar nicht generalisieren, da es sich um eine hochselektive Stichprobe handelt, wir können aber einige vorläufige Schlußfolgerungen anstellen.

Die mit einer Ich-Identität verbundene Fähigkeit, gesellschaftliche Normen zu hinterfragen und an selbstgewählten universellen Prinzipien zu messen, wird - zumindest von unserer Stichprobe - auch auf die gesellschaftliche Definition der Geschlechterrollen angewendet. Dieses Reflektieren von Rollennormen führte bei unseren Interviewpartnerinnen dazu, daß sie bevorzugt eine von herkömmlichen weiblichen Rollenmustern abweichende Lebensweise anstreben, entweder in Form einer antizipierten lebenslangen Berufstätigkeit ohne Kinder (als direkter Gegensatz zur traditionellen Familienrolle) oder durch eine Umgestaltung des Berufs bzw. der Lebensform in Richtung auf stärkere Selbstbestimmung, Kooperation mit anderen und Integration von Arbeit und Privatleben. Bei der Rollenidentität, die auf der Orientierung an gesellschaftlichen Verhaltenserwartungen beruht, wird das gängige weibliche Rollenmuster nicht durchbrochen. Zwar entspricht die Verbindung von Beruf und Familie in Form einer Doppelrolle in der Lebensgestaltung von Frauen einer gewissen Ausweitung von Möglichkeiten im Vergleich zur traditionellen Weiblichkeitsnorm der Mittelschicht (Frau = Ehefrau und Mutter), sie ist aber heute gerade bei Frauen mit höherer Bildung schon eine weitgehend akzeptierte Art der Rollendefinition. In Verbindung mit einer Rollenidentität wird diese Art der Lebensplanung eher selbstverständlich und unhinterfragt übernommen.

Wichtig erscheint uns, daß die Ergebnisse unserer Untersuchung auf zwei Aspekte hinweisen:
Zum einen läßt sich folgern, daß das Entwicklungsniveau kognitiver Strukturen mit der Wahl bestimmter konkreter Lebensziele in Zusammenhang zu stehen scheint. Die Konzepte von Rollen- und Ich-Identität lassen sich dadurch mit Inhalt füllen. Bedeutsam ist zum Beispiel, daß sich unsere Vermutung, für Frauen sei eine Berufsrollenidentität nicht ohne weiteres denkbar, in unserer Stichprobe bestätigt fand.

Zum anderen lassen unsere Daten vermuten,daß ein Wandel von Geschlechterrollen in Form einer Ausweitung individueller Lebensmöglichkeiten mit der Stufe der Identitätsentwicklung in Verbindung steht:Rollenidentität impliziert eher ein rigides Festhalten an vorgegebenen Rollenmustern für Weiblichkeit, während Ich-Identität ein Experimentieren mit neuen Lebensformen und Selbstdefinitionen, auch im Bereich der Geschlechterrolle, zu erlauben scheint.

Einschränkend muß gesagt werden, daß die beschriebenen Zusammenhänge sich lediglich auf antizipierte Lebensformen beziehen. Folgerungen über die Verbindung realer Formen der Lebensgestaltung von Frauen mit bestimmten Idenitätsformen stehen damit noch aus.

Entwicklungsaufgaben als Bewältigungsprobleme von jugendlichen Migranten der zweiten Generation

Arne Stiksrud und Frauke Wobit

1. Die erste, zweite und dritte Migranten-Generation

Die ausländischen Jugendlichen in der Bundesrepublik Deutschland sind in verschiedener Hinsicht zum Gegenstand sozialwissenschaftlicher Forschung geworden. Speziell als *zweite* Generation werden sie von der *ersten* aufgrund bestimmter Merkmale abgehoben. Hinzu kommt schon die politische Diskussion über eine ungenau spezifizierte *dritte* Generation. Beispielsweise wird im Bericht über die Ausländerpolitik in Berlin (W) (Senator für Gesundheit, 1984, S.7) die erste Generation definiert als die als Arbeitnehmer angeworbene Eltern-Generation; die zweite Generation "betrifft die noch in Berlin (W) geborenen Jugendlichen"; die dritte Generation sind die in Berlin (W) geborenen Ausländer, womit jene Kinder gemeint sind, die die Heimat ihrer Eltern nicht mehr kennen und vom Kindergarten an im deutschen Bildungswesen aufwachsen.

Dieser Verwendung der Generationsbegriffe folgen wir nicht in jeder Hinsicht. Die erste Generation sind die im Heimatland Aufgewachsenen, die als Angehörige einer anderen Kultur immigriert sind und hier als Erwachsene gelten. Die zweite Generation sind die Kinder dieser ersten Generation - womit die im Immigrationsland geborenen als auch die noch im Herkunftsland geborenen und miteingewanderten bzw. nachgezogenen Kinder gemeint sind. Wenn diese Kinder (= II. Generation) der I. Generation selbst wieder Kinder haben, ist die Bezeichnung III. Generation angemessen.

Das Bezugssystem für unser Generationskonzept ist das der - generativen - Abfolge von Großeltern, Eltern und Kindern. Bei dieser Verwendung orientieren wir uns an den in der Bevölkerungswissenschaft und der Soziologie - sowie in der Alltagssprache - üblichen Bezeichnungen.

Die o.g. "Senatsdefinition" würde die noch im Herkunftsland geborenen Kinder der I. Generation von ihren im Immigrationsland geborenen Geschwistern (juristisch ?) als unterschiedliche Generationen(II vs. III) trennen.

Daß die so definierte II. Generation derzeit im (faktischen) Immigrationsland häufig Jugendliche sind, liegt an den epochal festmachbaren Zuzugswellen von relativ jungen Arbeitnehmen (I. Generation), die jetzt hier jugendliche bzw. schon erwachsene Kinder haben können; z.B. die Italiener, die im Jahre 1968 noch 30% aller Zuzüge von Ausländern ausmachten. Auf die Türken entfielen 1968 nur knapp 14% aller Zuzüge von Ausländern, die sich bis 1980 auf 34% steigerten, um 1982 wieder auf 13% zurückzufallen. Mit anderen Worten: Der Hauptanteil der II. Generation der Türken im Jugendalter ist aus epochaler Sicht für das Immigrationsland noch zu erwarten, sofern keine Abwanderungen größeren Ausmasses stattfinden (vgl. Statistissches Bundesamt -StaBu-, 1983, S.61).

Der Anteil der unter 18-jährigen an der Gesamtzahl der Zuzüge in die Bundesrepublik Deutschland stieg 1974 auf 36% - von nur 15% im Jahre

1968 über 23% im Jahre 1972. Im Jahre 1981 verringerte sich dieses Verhältnis von Erwachsenen zu Jugendlichen bzw. Kindern auf 25%. Bezüglich der Abwanderungen von Jugendlichen und Kindern läßt sich aus dem Bericht des StaBu folgendes zitieren :

"Von allen nach dem Ausland fortgezogenen Ausländern waren 1968 lediglich 14% unter 18 Jahre alt. Bis 1976 stieg dieser Anteil auf 30%.Seitdem kehren anteilmäßig mehr 18- bis unter 65jährige als unter 18jährige Ausländer in ihre Heimat zurück" (StaBu, 1983, S. 67).

Mit anderen Worten: Es bleiben Familien mit Kindern (Jugendlichen) hier und zeigen demnach eine geringere Mobilitäts- und Remigrationsbereitschaft. Daraus wäre zu folgern, daß die II.Generation der Migranten ein bedeutsamer Faktor für die Zukunft der Bundesrepublik bleiben wird, der neben politischen, pädagogischen, wirtschaftlichen und soziologischen auch psychologische Analysen erfordert, da das Erleben und Verhalten Jugendlicher der II. Migranten-Generation sowohl von der Kultur der I. Migranten-Generation als auch von der des Gastlandes beeinflußt wird.

Tabelle 1 zeigt die Verteilung der jugendlichen Nicht-Deutschen im Alter von 15-20 Jahren in Berlin (W) im Jahre 1982, wobei davon ausgegangen wird, daß diese zumeist mit ihren Eltern (I. Generation) aus dem Herkunftsland miteingewandert sind oder bereits hier geboren wurden.

Tabelle 1 : Verteilung der jugendlichen Nicht-Deutschen auf
Herkunfts-Nationalitäten
(Quelle : Statistisches Landesamt Berlin, StaLaBe, 1982)

Herkunfts-nation	Alter 15–16	16–17	17–18	18–19	19–20
Griechenland	121	90	89	100	102
Italien	63	82	103	114	109
Jugoslawien	360	352	314	272	262
Spanien	25	21	14	17	12
Türkei	2400	3353	3373	3155	2755
Marokko,Portugal,Tunesien	16	11	15	15	18
Übrige	684	681	754	878	1111
Insgesamt	3669	4590	4662	4551	4369

Die Daten zeigen das zahlenmäßige Übergewicht der jugendlichen Türken – verglichen mit den anderen gleichaltrigen ausländischen Jugendlichen – (ca. 69%) und rechtfertigt im folgenden den Versuch, sich hypothetisch in Beispielen auf die türkischen Jugendlichen in Berlin (W) als II. Migranten-Generation zu beziehen, wobei auf die anderen ausländischen Jugendlichen als II.Migranten-Generation –Jugoslawen, Polen, Griechen und Italiener- generalisiert werden kann; es sei denn, deren vergleichsweise statistisches Mindergewicht impliziert auch eine anders geartete sozialpsychologische Position im multikulturellen Nationalitäten- und Alters-Gefüge. Zum Vergleich: 1983 waren 121 892 deutsche Jugendliche im Alter von 15-20 Jahren und 20 903 ausländische Jugendliche melderechtlich in Berlin (W) registriert (StaLaBe, 1983), d.h. die ausländischen Jugendlichen machen insgesamt fast 15% aller Jugendlichen aus.

Wenn im folgenden ausländische Jugendliche als II. Generation in der Bundesrepublik Deutschland und Berlin (W) thematisiert werden, geht es um allgemeine Aspekte ihrer Selbst- und Fremddefinition aus sozial- und entwicklungspsychologischer Perspektive. Spekulativ sollen anhand von zentralen Thesen über Entwicklungsaufgaben Vergleiche zwischen deutschen und ausländischen Jugendlichen versucht werden, wobei man davon ausgeht, daß sowohl die Entwicklungsaufgaben selbst als auch die Lösungsmuster als Bewältigungsstrategien für die beiden jugendlichen Vergleichsgruppen notwendigerweise unterschiedlich ausfallen müssen.

Entwicklungsaufgaben sind altersspezifische normative Anforderungen,mit denen der Jugendliche als solcher konfrontiert ist und deren Akzeptanz und Lösung zur Ich-Identität führt, die -global ausgedrückt- das gelungene Resultat jugendspezifischer Person-Umwelt-Transaktion sein soll. Das Lösen von Problemen, die dem Jugendlichen im allgemeinen als Bewältiger eines Lebensabschnittes mit besonderer Entwicklungsmodalität zuzumuten sind, dürften vermehrt und erschwert sein durch zusätzlich abverlangte Leistungen, die sich aus dem Migrantenstatus in der II. Generation ergeben.Gelungene Bewältigung führt zu positiver Selbstbewertung und Selbsteinschätzung. Mißlungene Problemlösungen dürften ein negatives Selbstbild zur Folge haben.

2. Entwicklungsaufgaben Jugendlicher der II. Generation

HAVIGHURST (1953, S. 1) definiert Entwicklungsaufgaben wie folgt: "Es handelt sich um eine Aufgabe in oder während der individuellen Lebensperiode, deren erfolgreiches Erreichen zu Glücklichsein und Erfolg mit zukünftigen Aufgaben führt, wohingegen Versagen das Individuum unglücklich macht und zu gesellschaftlicher Mißbilligung und Schwierigkeiten mit zukünftigen Aufgaben führt" (Übersetzung aus: STIKSRUD & MARGRAF, 1982; S. 272).

Dieses Konzept der an Lebensalter gebundenen 'gelungenen' bzw. 'mißlungenen' Entwicklung stellt einen spekulativ-normativen Rahmen für "seelische Gesundheit" (vgl. BECKER & MINSEL, 1982) dar und verlangt eine jeweils epochale Ausfüllung mit spezifischen Unterzielen.

2.1 Theorie der Entwicklungsaufgaben

Die Theorie der Entwicklungsaufgaben nach HAVIGHURST wurde vor allem von OERTER (1978) und OLBRICH (1979, 1981, 1984) für die deutschsprachige Entwicklungspsychologie neuentdeckt, obgleich sie schon vor 20 Jahren von HAVIGHURST selbst in der Festschrift für CHARLOTTE BÜHLER (vgl. SCHENK-DANZINGER & THOMAE, 1963) vorgestellt wurde.

Die neuere Lebensspannen-Entwicklungspsychologie (vgl. BALTES & SCHAIE, 1979) führt die Theorie der Entwicklungsaufgaben nach HAVIGHURST vor allem deshalb an, da diese, ähnlich wie die Entwicklungstheorie von ERIKSON (1971), den gesamten Lebenslauf als Bezugssystem hat und darin allen Entwicklungsabschnitten entsprechende Entwicklungsaufgaben zuschreibt, d.h. auch: nicht eine einzige Lebensphase (z.B. die Jugend) für die ausschließlich den Lebenslauf determinierende hält.

In dem humorvoll mit "Fallgeschichte eines Konzeptes" titulierten Endkapitel des Buches von 1953 datiert HAVIGHURST (S. 328) die Entstehung dieses Begriffes bis 1930 zurück; bezeichnenderweise erschien es in einem der ersten Bücher zur seelischen Gesundheit in der Adoleszenz von WILLIAMS (1930). Die hier erstmals genannten Entwicklungsaufgaben des Jugendalters

- "to become emotionally independent of the family"
- "to achieve a good relationship with age-mates of the opposite sex"

haben für die 'seelische Gesundheit' jugendlicher Türken in Deutschland sicher einen anderen Stellenwert als für deutsche oder auch italienische Jugendliche (s.u.).

Vor allem bei dem Psychoanalytiker und Jugendtheoretiker P. BLOS entdeckt HAVIGHURST - noch nicht ausführlich abgehandelt - dieses Konzept, und ERIKSON bezieht es in seinem Frühwerk auf das Kleinkindalter:

"Using a biological analogy of the unique time and place for the development of the various organs in the human fetus, he suggested that there were equally crucial times for certain aspects of personality development in the first few years of life" (HAVIGHURST, 1953, S. 329).

Zentrale Thesen von HAVIGHURST (1953) sind, daß

(1) das Nicht-Bewältigen einer Entwicklungsaufgabe in der ihr eigenen Entwicklungsspanne zu partiellem oder totalem Versagen in der Erfüllung noch bevorstehender Aufgaben führt;

(2) die Entwicklungsaufgaben biologischen, kulturgesellschaftlichen sowie persönlichkeitsspezifischen Ursprungs sind;

(3) Entwicklungsaufgaben eine pädagogische Funktion insofern haben, als sie sowohl bei der Identifikation und Entdeckung von Erziehungs- und Curriculumzielen helfen als auch die Bestimmung des erzieherisch optimalen Moments (teachable moment) im individuellen Lebenslauf (timing) ermöglichen.

Weitere Systeme aus dem Problemkreis der Entwicklungsaufgaben haben ihren Ursprung in der Individualpsychologie von A. ADLER und der Entwicklungspsychologie von ERIKSON. MANASTER (1977) verbindet und vergleicht 'developmental tasks' und 'life tasks' (sensu ADLER): Fünf Lebensaufgaben, d.h. Probleme, mit denen sich jedes Individuum im Laufe seines Lebens auseinanderzusetzen hat und die seine Aufmerksamkeit für effektives Verhalten zu allen Lebenszeitpunkten erfordern, erfahren pro Entwicklungsabschnitt ihre spezifische inhaltliche Ausprägung. Entwicklungsaufgaben sind speziell zu lernende Aufgaben, damit man die folgenden fünf Lebensaufgaben meistert:

(1) soziales Verhalten
(2) Arbeitsleben
(3) Liebe

(4) Fertigwerden mit sich selbst
(5) Existenz ('Sinn des Lebens')

NEWMAN & NEWMAN (1979a, 1979b, 1980) verbinden die Systematik der 'psychosozialen Krisen' von ERIKSON mit einer der'Entwicklungsaufgaben' und
einer Systematik über 'zentrale Prozesse'. Die psychosoziale Krise(vgl.
ERIKSON, 1971, S. 241ff) wird allgemein von NEWMAN & NEWMAN wie folgt
definiert:

"A predictable life tension that arises as people experience some
conflict between their own competences and the expectations of their
society".

"Zentrale Prozesse sind die dominanten Kontexte oder Mechanismen, durch
die es zur Lösung einer psychosozialen Krise kommt" (NEWMAN & NEWMAN,
1979b, S. 508). Hier haben wir es wieder mit lebensalterbezogenen psychischen Faktoren zu tun, die rein schematisch zu den lebensalterbezogenen Entwicklungsaufgaben zeitlich parallel oder auch inhaltlich miteinander in Beziehung gesetzt werden können. Den altersspezifischen
Aufgaben, den Krisen und den zentralen Prozessen parallelisieren NEWMAN
& NEWMAN(1979b, S. 510) entwicklungsspezifische Bewältigungsmuster, die
als aktive Anstrengungen Reaktionsformen auf Stress darstellen und das
Sammeln von Informationen sowie die Aufrechterhaltung von Kontrolle
über die eigenen Emotionen und den Schutz des eigenen Bewegungsspiel-
raums (freedom of movement) beinhalten. Auf diesen drei Aspekten der
Stressbewältigung (WHITE, 1974) basiert diese Bewältigungstheorie,wobei
über das Konzept der Entwicklungsaufgaben zumindest theoretisch die
Person-Umwelt-Transaktion hergestellt wird.

Wenn mit HAVIGHURST (1953) Ursprünge der Entwicklungsaufgaben in die
Umwelt, in die Person sowie in den Organismus gelegt werden,dann müßten
zur Erfüllung jeder Entwicklungsaufgabe diese drei Faktoren interagieren. Nach DREHER & DREHER (1984) zeichnet sich die Adoleszenz dadurch
aus, daß in ihr der Jugendliche sowohl Normen-Vollzieher der Ansprüche
der Gesellschaft ist als auch Diskrepanzen zwischen Normerwartungen und
dem eigenen Verhalten zu entdecken in der Lage ist, als auch Setzer und
Erfinder von Normen ist, die den gesamten Lebensplan beeinflussen. Der
Jugendliche wird somit zum "Produzenten" der eigenen Entwicklung (LER-
NER, 1984) bzw. hat die kognitiven Voraussetzungen zur Organisation
seiner Entwicklungsprozesse (EWERT, 1983, S.94).

Entwicklungsaufgaben basieren in ihrem subjektiv-normativen Aspekt auf
einer Art Lebenslauf-Kalkül, d.h. die individuelle Biographie wird zum
Gegenstand eigener retrospektiver Bewertung und eigener prospektiver
Planung gemacht. In einem relativ stabilen sozialen Umfeld - z.B. als
Jugendlicher in Deutschland - wird die eigene Zukunft und ihre Planung
weniger explizit thematisiert. Wenn dieses kulturell-soziale Umfeld
keine oder wenig oder unklare Zukunftsperspektiven bietet, beispielsweise für einen Angehörigen der II. Migranten-Generation, der nicht
weiß, ob er in dieses Umfeld als "seinen Lebensraum" (vgl. LEWIN, 1963)
hineinplanen und investieren soll, - wenn man seine 'Unsicherheit über
den Verbleib in der Bundesrepublik', seinen 'unsicheren Rechtsstatus'
berücksichtigt (vgl. HORNSTEIN et al., 1982, S. 99) - ist persönliche
Unsicherheit, geringe kognitive Strukturiertheit und als Folge mögliche
Apathie als Ausdrucksform erlebter Hilflosigkeit zu erwarten. Der "ob-

jektiv in der Schwebe gehaltenen Zukunftsperspektive" (vgl. HAUSSER, 1983, S. 244) könnte eine subjektiv unstrukturierte Lebensplan-Perspektive entsprechen, die die Lösung und Inangriffnahme von vage definierten Entwicklungsaufgaben unmöglich macht.Wenn im 'Fünften Jugendbericht der Bundesregierung' von den Autoren behauptet wird, daß im Sozialisationsprozeß ausländischer Kinder "die Vermittlung von Überlebenstechniken" vorherrscht (HORNSTEIN et al., 1982, S. 99), dann ließe sich das vor dem Hintergrund unserer Thematik als reine Hic-et-nunc-Lebenseinstellung charakterisieren, der die Zukunftsperspektiven fehlen (SCHÖNPFLUG, 1984).

In einem von der Großfamilie geprägten Generationen-Gefüge (Mehr-Generationen-Familie) der Herkunftskultur ist das Lebensplanungskalkül im Sinne der Erwartung von Entwicklungsereignissen (z.B. ab wann man zum Unterhalt der Großfamilie beisteuert) in bestimmten Lebensalters-Abschnitten - Kindheit, Jugend, Erwachsenenalter - (unhinterfragt ?) vorgegeben und erfährt Brüche in diesen Lebenszeit-Achsen-Vorstellungen dann, wenn die Großfamilie als soziales Stützsystem im Sinne der Versorgung von Familienmitgliedern und als sozialpsychologisches "Support"-System (bei Krisen, bei Problemen) auseinanderfällt (vgl. KEUPP, 1982; QUAST & SCHWARZER, 1984). Das System 'Großfamilie' wird hier einerseits als sozialer Halt und sozialer Normvermittler gedeutet, andererseits gibt es Normen, z.B. für das Eintreten eines bestimmten Ereignisses (=Entwicklungsereignisses) in einem bestimmten Lebensalter.In einem Großfamilien-Verband ist das Denken in Aufgabenzuschreibungen bezüglich bestimmter zu erfüllender Lebensereignisse (life-events) wahrscheinlicher als in der separierten Klein-Familie, für die sichtliche Tradition im Generationen-Gefüge eher abstrakt als konkret sein dürfte.

Es sollte hier vorerst nur auf den Aspekt der Zukunftsplanung eingegangen werden, da er eine zentrale Bedingung für die Definition von Entwicklungsaufgaben darstellen dürfte. Im folgenden sollen anhand der Systematik von NEWMAN & NEWMAN die Entwicklungsaufgaben des Jugend- und jungen Erwachsenenalters aufgelistet werden, um dann anhand zentraler Entwicklungsaufgaben den Verleich der II.Migranten-Generation und deutscher Jugendgeneration herzustellen.

2.2 Bewältigungsaufgaben der Adoleszenz

Das Konzept der 'Adoleszenz' beinhaltet das gesamte Jugendalter (beginnend zwischen dem 12. und 14. Lebensjahr) sowie das (meist nur) juristisch definierte Alter des Heranwachsenden (18 bis 21 Jahre) und ist dafür nützlich, unter dem Begriff Post-Adoleszenz von einer verlängerten Adoleszenz auszugehen, deren zeitliches 'open-end' in das volle Erwachsenenalter im Sinne von neuen Status-Merkmalen mündet (vgl. HORNSTEIN, 1982; EWERT, 1983).

Im folgenden orientieren wir uns an der Systematik von NEWMAN & NEWMAN (1979b, S. 18ff), die Stadien der Entwicklung, Entwicklungsaufgaben, psychosoziale Krisen und zentrale Prozesse der Bewältigungsstrategien parallelisiert.

Der frühen Adoleszenz (= FA; early adolescence) wird die Altersspannne 13-17 Jahre (life stage) zugeordnet. An Entwicklungsaufgaben der frühen

Adoleszenz werden folgende genannt:

FA 1: Physische Reife (physical maturation)
FA 2: Formale Operationen (formal operations)
FA 3: Akzeptanz durch Alterskameraden (membership in the peer group)
FA 4: Heterosexuelle Beziehungen (heterosexual relationships)

Die diesem Lebensabsschnitt entsprechende psychosoziale Krise wird zwischen Gruppen-Identität versus Entfremdung (group identity versus alienation) thematisiert. Als zentraler Prozeß für die Lösung dieses psychosozialen Konfliktes wird der Druck seitens der Alterskameraden (peer pressure) benannt.

Die *späte Adoleszenz* (= SA; later adolescence) umfaßt die Altersspanne von 18-22 Jahren. Folgende Entwicklungsaufgaben werden genannt:

SA 1: Unabhängigkeit von den Eltern (autonomy from parents)
SA 2: Identität bezüglich der Geschlechtsrolle (sex role identity)
SA 3: Internalisierte Moral (internalized morality)
SA 4: Berufswahl (career choice)

Der psychosoziale Konflikt besteht in diesem Alter nach ERIKSON (1971, S. 255) zwischen persönlicher Identität und Rollenkonfusion (individual identity versus role diffusion) und wird prozessual gelöst durch Experimentieren mit Rollen (role experimentation).

Der *junge Erwachsene* (= EA; early adulthood) (23-30 Jahre) sieht sich folgenden Entwicklungsaufgaben konfrontiert:

EA 1: Heirat (marriage)
EA 2: Kinder bekommen (child bearing)
EA 3: Beruf/Arbeit (work)
EA 4: Lebensweise (life style)

und muß den Konflikt zwischen Intimität und Isolation lösen, wofür NEWMAN & NEWMAN die Gegenseitigkeit der Gleichaltrigen (mutuality among peers) als Grundlage des Bewältigungsprozesses angeben.

2.3 Bewältigungsaufgaben für die II. Migranten-Generation

Nahezu jede der Aufgaben aus der Liste von NEWMAN & NEWMAN wäre eine Erörterung wert,

- inwieweit sie für die Jugendlichen der II. Migranten- Generation zutreffen,

- inwieweit spezifische Bewältigungsmuster erforderlich sind und

- ob es aufgrund der Herkunftskultur oder der Gastlandkultur zu Konflikten und Problemen bei der Lösung dieser Aufgaben kommt.

Nur die Entwicklungsaufgaben FA 1 und FA 2 (physische Reife, formale Operationen) bieten - oberflächlich gesehen - keinen Diskussionsgegenstand. Für alle anderen Entwicklungsaufgaben lassen sich aus kultur-

vergleichenden Studien und Kasuistiken Hypothesen bezüglich problembe-
lasteterer Adoleszenz - etwa der II. Türken-Generation in Berlin (W) -
ableiten.

2.3.1 Bindung versus Flexibilität

Das Entwicklungsthema "Unabhängigkeit von den Eltern "wird von HAVIG-
HURST (1953, S. 123ff) weniger soziologisch und mehr psychologisch so
formuliert: "Erreichen emotionaler Unabhängigkeit von Eltern und anderen Erwachsenen".

Sicherlich existiert in jedem Kulturkreis diese Entwicklungsaufgabe. Es
dürften allerdings unterschiedliche qualitative und (lebens -) zeitliche Aspekte zu berücksichtigen sein. In Kulturen mit großfamiliärer
sozialer Organisation, z.B. der Türken, wird sicherlich eher räumliche
Nähe zwischen den Familienmitgliedern bestehen als im deutschen Fami-
liengefüge, wo der Fortzug aus und von der Familie in jungen Jahren
viel häufiger sein dürfte. Vermutlich besteht auch ein anderes familiä-
res Entscheidungsverhalten - etwa eher patriarchalischer Art -, wohingegen für viele deutsche Jugendliche z.B. die selbständige Berufs- und
Partnerwahl nicht nur gesetzlich fixierte Norm sein dürfte. Diesen be-
kannt klingenden äußeren Unterschieden müßten auch emotionale Einstel-
lungsunterschiede entsprechen, die beim jugendlichen Türken, der in
Deutschland aufgewachsen ist,extreme soziale Vergleichsprozesse hervorrufen müßten, sofern er einerseits über seine Elternfamilie den Normen
des familiären Großverbandes verpflichtet scheint, andererseits die
'normalen' Unabhängigkeiten der mit ihm in Schule und Freizeit sociali-
sierten deutschen Alterskameraden erlebt und teilweise auch schon sein
Eigen nennen dürfte. Dieser Konflikt müßte umso stärker sein, je mehr
der Jugendliche der II. Generation nicht nur staatsbürgerlich im Nie-
mandsland zwischen Herkunfts- und Gastland angesiedelt ("beheimatet")
ist und ihm als langfristige, auch emotionale Überlebensstrategie nur
das familiale soziale Gefüge der Herkunftskultur als emotionale Flucht-
und Rückzugsinsel bleibt. Dieser Konflikt dürfte umso stärker sein, je
früher im Lebenslauf die II. Generation im Gastland institutionell und
sprachlich 'integriert' wurde (Kindergarten, Schule) und je stärker die
kognitive Zukunftsperspektiven verhindernde Rechtsunsicherheit ist
(vgl. HAUSSER, 1983, S. 242).

Auch dieses emotionale Rückzugsterrain dürfte dem hier assimilierten
Jugendlichen nicht so verfügbar sein wie dem im Herkunftsland aufgewachsenen Jugendlichen, da einerseits der hier partiell anwesende Fami-
lienverband nur rudimentär soziale Stütze und soziales Reglement bieten
kann, andererseits die Familien-Regeln im Herkunftsland eine säkulare
Wandlung erfahren, an der die hier befindlichen Migranten nicht oder
vielleicht nur durch vermehrte (Ferien-) Kontakte partizipieren dürften.
Vielleicht dient der vermehrte Rückzug in das familiale Regelgefüge im
Gastland auch als emotionaler,intrafamilialer, kognitiver Stabilisator,
der dadurch umso rigider gehandhabt oder auch in der II. Generation erlebt wird.

Wenn gelegentlich auf die 'Tradition' der Bundesrepublik als vom Beginn
an existierendes Migrationsland - man denke an die Flüchtlingsströme am
Ende und nach dem 2. Weltkrieg mit "bindungsloser Jugend" (vgl. BONDY &

EYFERTH, 1952) bzw. "Niemandskindern" (vgl. MITSCHERLICH, 1946) - verwiesen wird und daraus auf die gegenwärtige "Bindungslosigkeit" der II.
Migranten-Generation extrapoliert würde, stehen wir vor einem diesen
Vergleich störenden Problem der 'doppelten' Bindungslosigkeit. Bindung
besagt zumeist die familiäre lebenszeitliche und emotionale Rückbindung
des Jugendlichen, die 'damals' für einen Großteil der Flüchtlingsjugend
wegen Väter- bzw. Eltern-Ausfall nicht oder nur teilweise gegeben war.
Der komplementäre Aspekt der Bindung an eine Zukunft wurde damals nicht
thematisiert. Er scheint uns aber für die jetzige II.Generation hier in
Deutschland für eine vollständigere Analyse emotionaler Bindungen bedeutsam zu sein. Eine vom positiven Modell der Immigranten-Väter abweichende Karriere-, Berufs- und Arbeitsmotivation der Söhne würde auch
dadurch erklärt, daß man schwerlich in eine kognitiv unstrukturierte
Zukunftsregion (vgl. LEWIN, 1963) motivational investieren kann. Man
weiß nicht, ob sich eine lange und mühsame Ausbildung, z.B. zum Nach-
richten-Techniker lohnt, wenn diese auf Notwendigkeiten eines temporären Gastlandes zugeschnitten ist und geringe Aussichten im (Re-?)Migra-
tionsland erwarten ließe. Letzteres hängt eng mit den Entwicklungsaufgaben SA 4 (career choice) und EA 3 (work) zusammen (vgl. TROMMSDORF,
1983).

2.3.2 Generativität

Die Identität bezüglich der Geschlechtsrolle (SA 2) scheint in der türkischen Lebenswelt weniger ein Jugendproblem darzustellen als bei deutschen Jugendlichen, wo die Hinweisreize bezüglich der Zugehörigkeit zu
einem bestimmten Geschlecht subtiler und somit auch mehrdeutiger sein
dürften. Dieser Vergleich ist vielleicht nicht adäquat, da hier möglicherweise schichtbezogene Merkmale konfundiert sind und den oft nur li-
terarischen Hinweisen auf geschlechtstypische Verhaltensunterschiede
zwischen den Kulturen die Bezugswelt des (akademischen ?) deutschen Au-
tors und die des (nicht akademischen ?) Arbeitsmigraten zugrunde liegt.
Wenn man Vergleiche zwischen türkischen und deutschen Mädchen anstellt
vergißt man vielfach, welchen auch funktionalen zukünftigen sozialen
Versicherungswert Kinder in der einen Kultur - verglichen mit der anderen - haben (z.B. SCHRADER et al., 1979, S. 98ff). Im Großfamilien-Ver-
bund hat die Nachkommenschaft auch die Funktion der Sicherung des Aus-
kommens der älter Werdenden, eine Aufgabe, die im sich modern nennenden
Industriestaat an Institutionen (Rentenversicherung) delegiert ist und
individueller Verantwortlichkeit entzogen scheint, und wo man meint,
allein durch psychologische Meinungsbeeinflussung das wieder ausglei-
chen zu können, was der 'Pillen- und Bildungsknick' langfristig zu be-
scheren droht (vgl. die Diskussion um die Rentenversicherung). Es sei
hier die Hypothese gewagt, daß ein - auch aus Sicherungsmotiven - auf
viele Kinder hin angelegtes soziales Gefüge (das der Großfamilie) schon
das Mädchen auf ein mit Geburt(en) und Kinderpflege zusammenhängendes
Rollenbild hin erziehen muß, was aus der auf die Selbstverwirklichung
('natürlich' im Beruf) hin angelegten Erziehung der Frau und auch des
Mannes in Deutschland höchst restriktiv erscheinen mag (vgl. die Auswahl der von türkischen Frauen verfaßten und von deutschen Herausgebern
selegierten 'Klagen') (Zeitschrift für Kulturaustausch, 1981, S. 339;
HORNSTEIN et al., 1982, S. 99; ADOLF- GRIMMME-Institut, 1983, Heft 2,
S. 1- 4).

Die subjektive Sicht der mit Geschlechtsrollen und Generativität zusammenhängenden Entwicklungsaufgaben (FA 4, SA 2, EA 1, EA 2) dürfte der entscheidende Faktor für das individuelle Lebensspannen-Kalkül sein da damit das Eintreten und der Zeitpunkt bestimmter Entwicklungsereignisse (hier z.B. erstes Kind) festgelegt sind.

3. Selbstkonzept und Streß in der Adoleszenz

Wenn man Entwicklungsaufgaben als Herausforderungen an Personen in dem Sinne betrachtet,daß zu bestimmten Lebenszeiten bestimmte Entwicklungsereignisse -in beobachtbarer, evaluativer und reaktiver Hinsicht- wahrzunehmen sind, dann kann man ein Person- Umwelt- Transaktions-Modell zur besseren theoretischen Strukturierung wie zur Vorhersage von Streß instrumentalisieren. SCHWARZER (1981, S. 41) spricht hier von einem Selbstmodell und einem Situationsmodell, die beide als Einschätzungsmuster "wie auf einer Waage" die Balance zwischen situativen Anforderungen und individuellen Ressourcen ermöglichen sollen. Von Streß geht SCHWARZER dann aus,wenn das Situationsmodell dominiert bzw. dem Selbstmodell äquivalent erscheint, "weil immer dann individuelle Gegenkräfte mobilisiert werden müssen".Man kann demnach von Streßbewältigung dann ausgehen, wenn das Selbstmodell das Situationsmodell dominiert. Die Balance zwischen situativen und personalen Anteilen von Entwicklungsaufgaben sowie der damit einhergehende Streß sollen im folgenden diskutiert werden.

3.1 COLEMAN's Focal-Theorie der Adoleszenz

Die von SCHWARZER (1981) wie auch von KROHNE & ROGNER (1981) betonten situativen Parameter der Streßbewältigung enthalten zumeist einen Zeitfaktor, der auf in Experimenten übliche Kurzzeiten (Minuten/Stunden) bezogen ist. Er läßt sich mit COLEMAN (1974; 1978; 1984) auch auf Lebenszeiten (in Jahren) beziehen und ist eine zentrale Größe in seiner Focal-Theorie der Adoleszenz.

Die Frage, wie unumgänglicher Streß in der Adoleszenz individuell bewältigt und dennoch - im Gegensatz zu den "Sturm-und-Drang" (storm-and-stress) -Theoretikern des Jugendalters- eine relativ ruhige Lebenszeit-Erstreckung darstellt, beantwortet COLEMAN, indem er für Kurvenverläufe unterschiedlicher Person- Umwelt- Auseinandersetzung parallel zum Altersanstieg auf diskret voneinander trennbare 'peak ages' (Höhepunkte) hinweist. D.h., das über die Jugendjahre verteilte Auftreten und damit Bewältigen von einzelnen Problemen führt zu gelungener Bewältigung des gesamten Jugendalters: "Different issues come into focus at different times" (COLEMAN, 1978, S. 8). Ähnlich der oben erwähnten Parallelisierung von Alter und Entwicklungsaufgaben erstellt er für Mädchen und Jungen ein Schema, in das er konstruktive und negative Adoleszenz-Themen gemäß der Häufigkeit ihres Auftretens dem entsprechenden Alter zuordnet. Themen: Beziehung zu den Eltern, Autorität in großen Gruppen, Freundschaft in kleinen Gruppen, Heterosexualität, Vereinzelung, Zurückweisung durch die große Gruppe, innere Konflikte bezüglich der zukünftigen Identität (COLEMAN, 1974, S. 137).

Die Ähnlichkeit zu entwicklungspsychologischen Stufentheorien sieht

COLEMAN schon, meint aber, daß mit der FOCAL-Theorie "eine weit flexi-
blere Sicht der Entwicklung" gegeben ist (1984, S. 65ff), die sich wie
folgt von Stufentheorien unterscheidet:

- Die Lösung e i n e s (Alters-) Problems setzt nicht die eines anderen voraus;
- Probleme hängen nicht notwendigerweise z.B. mit einem bestimmten Alter bzw. Entwicklungsniveau zusammen;
- Die Abfolge der Probleme entlang der Alterszunahme ist nicht unabän-
  derbar.

Von dieser eher empirisch orientierten Theorie unterscheidet sich sowohl das durchstrukturierte 'deterministische' Entwicklungssystem von
ERIKSON wie - wenn auch weniger explizit - der Entwicklungsaufgaben-
Katalog von HAVIGHURST. In den vergangenen Jahren wurde auf Änderungen
der Entwicklungsaufgaben im epochalen Wandel hingewiesen sowie die Veränderung dieser Aufgabenmuster durch Individuen eingeräumt (HAVIGHURST,
1982).

Die Focal-Theorie der Adoleszenz impliziert allerdings den logischen
Fehlschluß, daß von der Häufigkeit, mit der verschiedene Themen von Altersgruppen angesprochen werden, auf deren Intensität für diese Altersgruppe geschlossen werden könnte. Abb.1 aus COLEMAN (1984, S. 66) könnte diesen Fehlschluß suggerieren.

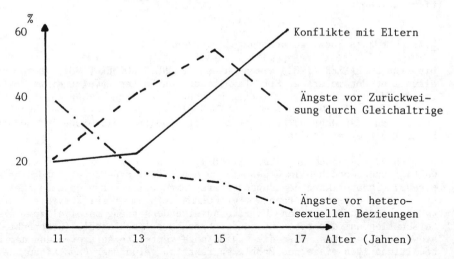

Abbildung 1: Häufigkeit, mit der unterschiedliche Themen von ver-
             schiedenen Altersgruppen angesprochen werden (nach
             COLEMAN, 1980, S.184)

An Vorteilen des Focal-Ansatzes für eine Theorie der Adoleszenz wird
aufgeführt:

- sie ist empirisch fundiert;
- sie überbrückt den Widerspruch zwischen dem Ausmaß an jugendspezifi-

scher Belastung insgesamt und der offensichtlichen Befähigung der meisten Jugendlichen zur Problembewältigung;
- sie hat mit 'coping' als normaler Auseinandersetzung der Jugend mit ihren wichtigsten Veränderungen zu tun.

Ohne für bestimmte Kulturen Voraussagen treffen zu wollen, ist COLEMAN der Ansicht, daß diese Focal-Theorie der Entwicklung kulturpsychologische Vergleiche fordert.

Aus den in 3.2 hypothetisch genannten Unterschieden in den Entwicklungsaufgaben zwischen Türken der II. Generation und deutschen Jugendlichen läßt sich focal-theoretisch folgern, daß eine Massierung von Entwicklungsaufgaben auf kürzere Jugendperioden bei Türken ein größeres Streß-Ausmaß mit sich bringt und mehr und intensivere Bewältigungsprozesse abruft und abverlangt.

Ein anderer Aspekt ist der, daß die türkischen Eltern der Jugendlichen hier in Deutschland ihren Kindern eine ähnlich kurze Adoleszenz zumuten, wie sie sie in ihrer Jugend hatten - und wie sie vielleicht für die derzeitige Jugend in der Türkei in dem Ausmaß gar nicht mehr gegeben ist.dies zeigt,daß Selbstkonzept-Inventare bei deutschen und türkischen Jugendlichen in Deutschland den Vergleich mit türkischen Jugendlichen in der Türkei erfordern; andererseits bedarf die diagnostische Erfassung von selbstberichteten Problemen Jugendlicher der II. Generation immer auch des Abhebens auf die Eltern-Kind-Beziehung als möglicher Streßfaktor. Vielleicht wäre auch ein Vergleich der elterlichen Aufgabenzuschreibungen an Jugendliche im Herkunftsland und im Gastland notwendig, da mangels des Mitvollzugs der epochalen Wandlungen in der Türkei die hier lebenden Eltern vielleicht zu oft aus ihrer Retrospektive bezüglich der eigenen Jugend die ihrer Kinder hier mitplanen oder ihnen nur ihre eigenen vielleicht früher adäquaten, jetzt inadäquaten Bewältigungsmuster anempfehlen.

3.2 Adoleszenz als Moratorium ?

In einer gerafften Typologie der Adoleszenz in modernen Industriegesellschaften zeichnet EWERT (1977) folgende Merkmale einer verlängerten Adoleszenz:

- verlängerte Schulzeit;
- insgesamt ausgedehnte Qualifikationswege;
- geschlechtliche Beziehungen ohne den Zwang,für eine Familie aufzukommen;
- "Die Verpflichtung, möglichst früh berufliche Selbständigkeit zu erlangen, um für die Eltern sorgen zu können oder ihnen wegen der jüngeren Geschwister nicht zur Last zu fallen, besteht nur noch in Ausnahmen oder wird nur noch in Ausnahmefällen so empfunden" (1977, S. 38).

Diese verlängerte Adoleszenz sieht, erlebt und erwartet vielleicht der Jugendliche der II. Generation im Gastland. Zu ihr konstrastieren Vorstellungen und Erfahrungen mit kurzer Adoleszenz zumindest bei den Eltern. Das hohe Ausmaß an familiärem Engagement, das auch hier in Deutschland den Jugendlichen der II. Generation mit ihren zahlreichen

Geschwistern (verglichen mit deutschen Familien) abverlangt sein dürfte, stellt ein konkretes Lernfeld für familiäre Verantwortungsübernahme dar, behindert aber sicherlich den sozialen Aufstieg.Sofern der jugendliche Türke die Verhaltensnormen des Gastlandes internalisiert, dürfte ein Generationenkonflikt vorprogrammiert sein, wenn von ihm frühe Verantwortungsübernahme verlangt wird.

Die verlängerte Adoleszenz wurde als "psychosoziales Moratorium" vor allem von ERIKSON (vgl. NEWMAN & NEWMAN, 1979a) vorformuliert und von MARCIA (vgl. HAUSSER, 1984) zu operationalisieren versucht. Während ERIKSON es als Periode freien Experimentierens - mit dem Selbst(?) - vor dem Erreichen einer endgültigen Identität auffaßt, in einer älteren deutschen Version heißt es 'psychosoziale Karenzzeit' (ERIKSON, 1956/57), ist es bei MARCIA mehr ein Stadium der Krise und des Aufschubs von Verpflichtungsübernahme (commitment). Bei WHITBOURNE & WEINSTOCK 1982, S. 180) bekommt 'Moratorium' nur die Bedeutung von Krise - während der zeitliche und vor allem lebenszeitliche Aufschub gar nicht mehr thematisiert erscheint (und sich von der lateinischen Ursprungsbedeutung ganz gelöst hat).

Die kurz dargestellte Focal-Theorie der Adoleszenz von COLEMAN läßt bei einem Moratorium in des Wortes ursprünglicher Bedeutung verringerte Problembelastung (= Krisen ?) erwarten. Vielleicht liegt der 20 Jahre später formulierten Focal-Theorie schon eine neue Sicht von faktisch verlängertem Jugendalter zugrunde. Die "storm-and-stress"-Adoleszenz-Theorie von Hall (1911) und anderen älteren Autoren wird möglicherweise von COLEMAN (1978, S. 2) zu unrecht als inadäquat gekennzeichnet, da für jene 'historischen' Zeiten die hier von EWERT (1977) aufgelisteten Merkmale noch nicht zutrafen und sich vielleicht Vergleiche zu den Kulturen der Emigrationsländer anbieten. Mit anderen Worten: Die kürzere Adoleszenz der türkischen Jugendlichen verlangt die Lösung von mehr Entwicklungsaufgaben in kürzerer Lebenszeit und bringt mit höherer Wahrscheinlichkeit belastenden Streß mit sich; die deutschen Jugendlichen haben vergleichsweise ein längeres Adoleszenz-Moratorium und schon deshalb weniger Streß zu bewältigen.

4. Generationsaufgaben der II. Generation

Noch vor der nach HAVIGHURST(1953) ersten expliziten Erwähnung des Konzeptes 'Entwicklungsaufgaben' (1930) erfolgte von dem deutschen Sozialphilosophen MANNHEIM (1928/29; 1965, S. 29) die Nennung des Konzeptes 'Generationsaufgaben'. Danach besteht die Einheit einer Epoche in der Verwandtschaft der Mittel, die dieselbe Zeit den verschiedenen Generationsaufgaben zur Verfügung stellt. - Vielleicht lassen sich für die II. Generation der Migranten hier in Deutschland folgende Generationsaufgaben - zusätzlich zu den davon schwerlich trennbaren Entwicklungsaufgaben - nennen:

- partielle Lösung von der Kultur der Elterngeneration
- partielle Assimilation der Kultur der Jugendgeneration des Gastlandes
- partielle Aufrechterhaltung der Bindungen an das Herkunftsland als Rückzugsmöglichkeit, sofern das Bleiben im Gastland verunmöglicht ist ("doppelte Option" nach PAPALEKAS, 1982)
- folglich:Leben und Überleben in zwei Sprachen sowie in zwei kulturel-

len Aufgabenzuschreibungsmustern
- nicht Lösen, sondern Aushalten des Konfliktes zwischen einer Adoleszenz mit Moratorium des Gastlandes und einer ohne Moratorium des Herkunftslandes.

Für eine theoriegeleitete Analyse der Probleme Jugendlicher der II. Generation in Deutschland bot sich das Konstrukt der Entwicklungsaufgaben an, da wir es hier mit einem (entwicklungs-) psychologischen, einem pädagogischen und einem soziologischen Phänomen zu tun haben.

Selbstkonzeptentwicklung von Kindern und Jugendlichen und der Einfluß perzipierten Lehrerverhaltens *)

Matthias Jerusalem

1. Die Bedeutung subjektiver Kompetenzvorstellungen

Die Selbstkonzeptentwicklung von Kindern und Jugendlichen gestaltet sich zu einem großen Teil auf dem Hintergrund schulischer Sozialisationsgegebenheiten. Von zentraler Bedeutung hierbei erweisen sich schulische Leistungshandlungen und Leistungsresultate. Schulische Leistungen stellen eine wichtige Grundlage für Selbsteinschätzungen und Selbstbewertungen von Schülern dar, die wiederum für die Auseinandersetzung mit weiteren Leistungsanforderungen von Bedeutung sind.

Die individuellen Erfolgs- und Mißerfolgswahrnehmungen haben entsprechende Konsequenzen für Fähigkeitsurteile und Leistungserwartungen, für die subjektive Befindlichkeit und die Art der Auseinandersetzung mit zukünftigen Leistungssituationen. Subjektive Kompetenz, Selbstwert und Selbstvertrauen werden beispielsweise durch Erfolgserlebnisse gefestigt. Demgemäß erscheinen neue Leistungssituationen im Lichte einer Herausforderung der eigenen Fähigkeiten, so daß sie mit produktiver Neugier und Erfolgszuversicht in Angriff genommen werden. Stehen hingegen Mißerfolgswahrnehmungen im Vordergrund des subjektiven Erlebens, wird in Anforderungssituationen eher deren Bedrohlichkeitscharakter thematisiert. Der aufgrund seiner persönlichen Versagenserlebnisse unsicher gewordene Schüler glaubt, daß er die gestellten Aufgaben nicht oder nur sehr schwer bewältigen kann. Dieser perzipierte Mangel an Kontrollierbarkeit der Lernumwelt trägt erheblich zu einer angstbeladenen Auseinandersetzung mit dem Leistungsgegenstand bei. Selbstwertzweifel, Wahrnehmungen eigener Hilflosigkeit und Leistungsängstlichkeit führen schließlich dazu, daß Leistungssituationen subjektiv selbstwertschädigenden Charakter erhalten und aus psychohygienischen Gründen vermieden werden (s. HECKHAUSEN, 1980; SCHWARZER, 1981; SELIGMAN, 1975).

Leistungsbereitschaft und Leistungsergebnisse tragen in unserer Gesellschaft in hohem Maße zu einer mehr oder weniger erfolgreichen Lebensgestaltung bei. Darüber hinaus sind sie mit einem hohen sozialen Wert versehen. Die Voraussetzungen für eine erfolgreiche und zufriedenstellende Auseinandersetzung mit den täglichen Leistungsanforderungen im Privat- und Berufsleben oder aber für eine durch subjektive Inkompetenz und Ängstlichkeit beeinträchtigte Leistungsmotivation und Leistungseffizienz werden im Rahmen der individuellen Lerngeschichte vor allem in der Schule geschaffen. Handlungsentscheidend und ergebnisrelevant sind in diesem Zusammenhang nicht so sehr die tatsächlichen, objektiven Leistungsmöglichkeiten wie z.B. die Intelligenz, sondern vielmehr *subjektive Kompetenzvorstellungen* - subjektive Interpretationen, die aus einer Fülle leistungsbezogener Informationen resultieren (s. BANDURA, 1977).

---

*) Dieser Beitrag entstand im Rahmen des von der Stiftung Volkswagenwerk finanzierten Forschungsprojekts "Entwicklung des Selbstkonzepts in schulischen Bezugsgruppen" unter der Leitung von Prof.Dr.Ralf Schwarzer

Die in diesem Zusammenhang ablaufenden Prozesse der Informationsverarbeitung sind neben individuellen Lernerfahrungen in Abhängigkeit von der *Vergleichsperspektive* zu beurteilen, die für die subjektiven Leistungseinschätzungen in Frage kommen. Unterschiedliche Beurteilungsperspektiven können zu unterschiedlichen Fähigkeitseindrücken führen. Ein schulisches Leistungsergebnis kann z.B. in bezug zu den Ergebnissen anderer Schüler, zu eigenen früheren Resultaten oder bezüglich eines festgesetzten Kriteriums (Lehrziel) beurteilt werden. In diesem Sinne spricht man auch von sozialen, individuellen und sachlichen bzw. kriterialen *Bezugsnormen* (HECKHAUSEN, 1974).

1.1 Unterschiedliche Bezugsnormen

Die Zugrundelegung einer *sozialen* Beurteilungsperspektive macht besonders deutlich, wer zu den Leistungsstärkeren und wer zu den Leistungsschwächeren zu zählen ist.Im Rahmen der Theorie sozialer Vergleichsprozesse (FESTINGER, 1954) ist diese Bewertungsgrundlage von zentraler Bedeutung. Der soziale Vergleich zeigt dem Schüler allerdings nur, ob er eine über-, unter- oder durchschnittliche Leistung erbracht hat. Inwieweit sich die Schulklasse insgesamt verbessert oder verschlechtert hat, wird dabei weniger berücksichtigt.Insbesondere treten hier individuelle Lernfortschritte und Leistungsverläufe völlig in den Hintergrund. Die auf dieser Vergleichsbasis vorgenommene Rangplatzzuweisung vernachlässigt demnach vor allem zeitliche Leistungsentwicklungen im Sinne längsschnittlicher Betrachtungsweise und bleibt im Bereich von Momentaufnahmen querschnittlicher Art.

Eine *individuelle* Bezugsnorm liegt vor, wenn Schüler ihre Leistungen mit eigenen, früher erzielten Resultaten vergleichen. Diese intraindividuelle Betrachtungsweise bringt in einer Art Längsschnittanalyse Verbesserungen oder Verschlechterungen eigener Leistungen besonders zum Vorschein. Zur Bewertung eigener Fähigkeiten und Möglichkeiten spielt es hier keine Rolle, ob andere Mitschüler schneller oder langsamer dazulernen. Für diesen Bereich der individuellen Bezugsnorm hat ALBERT (1977) die Bedeutung der zeitlichen Perspektive in den Vordergrund gerückt.

Kriteriale Bezugsnormen verankern die Leistungen an einem in der Natur der Sache liegenden Kriterium. Über Erfolg und Mißerfolg entscheidet demnach eine festgelegte Zielvorgabe. Wieviele Mitschüler das gesteckte Ziel erreichen oder ob der einzelne Schüler mehr oder weniger als sonst leisten mußte, ist hingegen bedeutungslos.

Die Wahl der Bezugsnorm hängt vermutlich ab vom Beurteilungsgegenstand, vom Beurteilungsanlaß sowie von Voreingenommenheiten des Beurteilers. Die Beurteilung schulischer Leistungen findet nun in erster Linie durch Lehrer statt. Als Lehrer ist man gegenüber der einen oder anderen Bezugsnorm besonders voreingenommen, das heißt, man tendiert dazu, immer wieder in vielen Situationen eine bestimmte Bezugsnorm anzuwenden, ohne daß dies zwingend erforderlich wäre. Eine solche persönliche Einstellungstendenz heißt *Bezugsnorm-Orientierung* und läßt sich als überdauernde Verhaltensdisposition ansehen, die in schulischen Situationen zum Tragen kommt (RHEINBERG, 1980, 1982).

1.2 Unterschiede zwischen Lehrern

Lehrerunterschiede in der Bezugsnorm-Orientierung hat RHEINBERG (1980) empirisch ermittelt und ihre Bedeutung für Erziehung und Unterricht nachgewiesen. Im schulischen Bereich erwies sich hierbei hauptsächlich die Unterscheidung zwischen individuellem und sozialem Bezugssystem von Wichtigkeit für qualitative Leistungsbeurteilungen. Lehrer, die im Unterricht eher *individuelle* Leistungsrückmeldungen bevorzugen,teilen dem Schüler vor allem persönliche Verbesserungen und Verschlechterungen mit.Die Aufgabenstellung, der Schwierigkeitsgrad und die Bewertung werden unter Berücksichtigung der momentanen Leistungsmöglichkeiten vorgenommen. Aufgrund einer damit verbundenen mittleren Erfolgswahrscheinlichkeit sind die individuellen Ergebnisse relativ variabel. Mit zunehmender Anstrengung wird ein Erfolg wahrscheinlicher. Da sie am aktuellen Kenntnisstand des Einzelnen orientiert sind, fallen die Erwartungen des Lehrers kurzfristig aus. Demgemäß führen sie Erfolg und Mißerfolg ihrer Schüler eher auf zeitvariable Ursachen wie die jeweilige Motivierung, Anstrengung und Unterrichtsgestaltung zurück. In Abhängigkeit davon wechselt ebenfalls die Verwendung von Lob und Tadel.

Lehrer mit *sozialer* Bezugsnorm-Orientierung sind hinsichtlich dieser Aspekte weniger flexibel. Ihre Rückmeldungen sind an der oft relativ stabilen Leistungsverteilung der Klasse orientiert. Entsprechend diesem Querschnittbezug bieten sie dann auch allen Schülern gleich schwierige Aufgaben an, so daß deren Leistungen direkt miteinander verglichen werden können. Demzufolge erhalten bessere Schüler oft zu leichte, schwächere Schüler oft zu schwierige Aufgaben, was Konsequenzen für die Verteilung von Erfolgen und Mißerfolgen hat: Gute Schüler haben sehr oft Erfolg, schwache erleben meist Mißerfolg. Zugleich führt der Lehrer die Leistungsresultate auf relativ zeitstabile und kaum beeinflußbare Faktoren wie Begabung, Arbeitshaltung oder häusliches Milieu zurück. Entsprechend stabil gestalten sich die Lehrererwartungen und Sanktionierungsstrategien, die der Schüler dann auch als wenig beeinflußbar wahrnimmt. Diese Beziehungen, die hier in idealtypischer Weise dargestellt sind (vgl. RHEINBERG, 1980, 123), konnten in ihrem wesentlichen Gehalt sowohl mit Hilfe verschiedener Fragebogen nachgewiesen als auch im Unterricht beobachtet werden.

Die Dominanz einer der beiden Urteilsperspektiven ist also kein isoliertes Phänomen, das sich lediglich auf den Vorgang der Leistungsbewertung beschränkt, sondern stellt einen Aspekt der Lehrerpersönlichkeit dar, welcher mit einer Reihe anderer Merkmale verbunden ist und daher eine erhebliche Bedeutung für die Lehrer-Schüler-Interaktion einnimmt. Dies leitet zu dem Problem über, welche *subjektive Bedeutung für die Schüler* unterschiedliche Bezugsnorm-Orientierungen ihrer Lehrer einnehmen. Oder besser: Wie verarbeiten Schüler derartig unterschiedlich vorstrukturierte Leistungsinformationen zu Eindrücken ihrer persönlichen Leistungsfähigkeit?

1.3 Auswirkungen für die Schüler

Die aufgezeigten Lehrerunterschiede lassen vermuten, daß individuell urteilende Lehrer für den Schüler günstigere *motivationale Lernbedingungen* schaffen als sozial urteilende. HECKHAUSEN (1980, 576) spricht in diesem Zusammenhang von einem "motivationspsychologischen Primat" der individuellen Bezugsnorm-Orientierung. Dieser motivationale Förderungsaspekt ist vor allem anhand des subjektiven Erlebens der Unterrichtsgestaltung durch den Schüler begründbar. Persönliche Erfolgserlebnisse sind z.B. nicht mehr nur an den Leistungsrangplatz innerhalb der Klasse gebunden. Vielmehr werden durch Anstrengung erreichte Lernfortschritte erlebnismäßig in den Vordergrund gerückt. Lob und Tadel nimmt der Schüler in Abhängigkeit von seinem eigenen Bemühen als beeinflußbar wahr. Leistungsfortschritte werden in überschaubaren Zeiträumen verlangt und entsprechend honoriert.

Diese Gegebenheiten sollten vor allem schlechteren Schülern zugute kommen. Denn gerade die relativ schlechten Schüler sind im Falle sozialer Bezugsnorm-Orientierung völlig überfordert, da ein Platz im unteren Bereich der Leistungsverteilung mit einem dauernd schlechten Abschneiden verbunden ist, auch wenn sie in Wirklichkeit dazulernen. Da die anderen Klassenmitglieder auch dazulernen, bleibt ihre schlechte Position weiterhin bestehen. Dies wird im sozialen Vergleich deutlich hervorgehoben und sanktioniert. Konsequenterweise sehen diese Schüler schließlich ihre Leistungen durch offenbar unabänderliche Fähigkeitsdefizite bedingt, was mit negativen Auswirkungen auf die Selbstbewertungen, die Leistungsmotivation und das schulisch Wohlbefinden einhergeht.

Es macht demnach für Schüler etwas aus, ob sie von einem Lehrer mit sozialer oder individueller Bezugsnorm-Orientierung unterrichtet werden. In verschiedenen empirischen Studien wurde die Bezugsnorm-Orientierung entweder mit einem von RHEINBERG (1980) entwickelten Verfahren ermittelt, oder die Lehrer wurden entsprechend instruiert und trainiert, ihren Unterricht nach sozialer bzw. individueller Ausrichtung zu gestalten. In Klassen mit individueller Lehrerperspektive konnten z.B. die Mitarbeit im Unterricht, der Lernerfolg und die Selbstbewertungen der Schüler verbessert werden. Darüber hinaus ergaben sich auch positive Effekte auf die Leistungsangst und die Leistungsmotivation.

Diese Ergebnisse legen nahe, daß die jeweilige Bezugsnorm-Orientierung des Lehrers entsprechende Vergleichskognitionen auf Seiten des Schülers aktualisiert, die er zur Bewertung seiner eigenen Leistung akzeptiert. Dies kann jedoch nur dann zutreffen, wenn die Schüler die Bezugsnorm-Orientierung des Lehrers auch wirklich wahrnehmen. Die Schüler müssen also irgendwie spüren oder sogar bewußt erfahren, daß ihre Leistungen einer sozialen oder individuellen Beurteilungsperspektive unterliegen. Die Frage ist, ob und wie die Perspektive des Lehrers im schulischen Interaktionsprozeß an die Schüler vermittelt wird.

1.4 Die vom Schüler wahrgenommene Lehrer-Bezugsnorm-Orientierung

Betrachtet man die Bezugsnorm des Lehrers aus der Sicht des Schülers, dann handelt es sich um ein *perzipiertes Lernumweltmerkmal*. Der Lehrer ist vielleicht die wichtigste Größe der Lernumwelt.Perzipiert der Schüler eine individuelle Bezugsnorm,so wird er davon profitieren. Er macht nämlich Erfahrungen mit dosierten Schwierigkeitsgraden, vorbereitbaren Aufgaben und durchschaubaren Anforderungen, weil der Lehrer aufgrund der persönlichen Lerngeschichte des Schülers diesen gezielt zu adaptiven Handlungen veranlassen kann. Leistungssituationen werden dann vom

Schüler eher als herausfordernd bewertet. Es muß demnach eine Transformation der Bezugsnorm in beobachtbare Verhaltensweisen erfolgen, die vom Schüler adäquat registriert und interpretiert werden. Hier stellt sich die Frage, wie aus der Sicht des Schülers die Urteilsperspektive des Lehrers empfunden wird. Im Zusammenhang mit dieser Fragestellung hat WAGNER (1982) Schülern Lehrerbeschreibungen vorgelegt, die jeweils eine der beiden Urteilsperspektiven thematisierten. Lehrer mit individueller Orientierung wurden z.B. charakterisiert als jung, weiblich, sympathisch, wenig rechthaberisch und selten ärgerlich. Zusätzlich wurden sie als "Fachmann", "Förderer der Schülerindividualität" oder auch als "ideales Vorbild" geschätzt. Bei sozialer Perspektive herrscht nach dem Urteil der Schüler strenge Disziplin im Unterricht. Der Lehrer wird unter anderem als "Amtsautorität" erlebt, bei der sie oft aufgeregt seien und "vor Klassenarbeiten schlechter schlafen" würden.

Es gibt also in verschiedenen Merkmalsbereichen durchaus *Erlebensunterschiede* bei Schülern aufgrund der jeweiligen Bezugsnorm-Orientierung des Lehrers. Entsprechend den bisher dargestellten Befunden erwies sich eine individuelle gegenüber einer sozialen Perspektive insofern als günstiger, als die Schüler hier eine überwiegend bessere Zuwendung des Lehrers erlebten. Wir haben an anderer Stelle (SCHWARZER, LANGE & JERUSALEM, 1982) einen kurzen Fragebogen vorgestellt, der es erlaubt, im Rahmen von Felduntersuchungen auf ökonomische Weise die Bezugsnorm-Orientierung des Lehrers zu erfassen, wie der Schüler sie wahrnimmt. Diese von uns entwickelte "Skala zur Erfassung der Schülerperzipierten Lehrer-Bezugsnorm-Orientierung (SPLB)" erwies sich im Sinne des theoretischen Konzepts als gültig. In einer Untersuchung an Schülern der achten Klassenstufe waren individuelle Lehrerstrategien gepaart mit der Wahrnehmung verminderter Anonymität, geringeren Kontrollverlustes, weniger Leistungsdruck sowie höherer Erfolgszuversicht und einem stärkeren Selbstwertgefühl der Schüler. Je stärker der Lehrer individualisiert, umso mehr fühlen sie sich auch persönlich angesprochen. So sind sie ebenfalls eher bereit, persönliche Verantwortung für Leistungsergebnisse zu übernehmen. Sie sind überzeugt, schulische Probleme unter ihre Kontrolle bringen zu können und von daher auch weniger ängstlich und weniger hilflos.

Die dargestellten Ergebnisse entsprechen den Untersuchungen, die ähnliche Befunde mit der Methode der direkten Erfassung der Lehrer-Bezugsnorm-Orientierung ermittelt haben. Der Zusammenhang zwischen der perzipierten Lehrerperspektive und der Ausprägung der aufgeführten psychosozialen Merkmale ist gemäß der Anlage dieser Untersuchung zunächst jedoch auf eine querschnittliche Sichtweise begrenzt. Die Frage ist, ob sich mittels der von uns entwickelten Skala auch *längsschnittliche Veränderungen* in den psychosozialen Merkmalen nachweisen lassen. Was geschieht beispielsweise, wenn die Lernumwelt des Schülers sich ändert, wenn er die Schule wechselt und mit anderen Lehrern konfrontiert wird? Ein solches Ereignis kommt im deutschen Schulwesen auf alle Schüler am Ende der Primarstufe zu, wenn der Unterricht in den unterschiedlichen weiterführenden Schularten Hauptschule, Realschule, Gymnasium oder Gesamtschule fortgesetzt wird. Ändern sich dann in der Folge die Selbsteinschätzungen der Schüler in Abhängigkeit von den *wahrgenommenen* Lehrerverhaltensweisen, denen sie sich nun in der Sekundarstufe ausgesetzt sehen? Nach den bisherigen Überlegungen ist dies zu erwarten. Schüler, die ihre neuen Lehrer eher als individualisierend einschätzen, sollten

auf längere Sicht entsprechend positivere Selbstwahrnehmungen und subjektive Befindlichkeiten entwickeln als Schüler,die in der neuen Unter-
richtsumgebung sozial verankerte Bezugssysteme perzipieren. Derartige
Veränderungen lassen sich nun sicherlich nicht kurzfristig, d.h. in un-
mittelbarer Folge des Schulwechsels konstatieren. Die Lehrer-Schüler-
Interaktion muß sich erst über einen längeren Zeitraum einspielen, ehe
die täglich erlebten Unterrichtsabläufe sich bei den Schülern zu subjektiven Schlußfolgerungen auf dispositionale Individualisierungstendenzen ihrer Lehrer verdichten. Dementsprechend sollte eine längsschnittliche Analyse der Veränderungen selbstbezogener Kognitionen und
Emotionen in Abhängigkeit von der perzipierten Lehrerperspektive unmittelbar an den Wechsel von der Primar- in die Sekundarstufe anschließen
und sich über einen längeren Zeitraum erstrecken. Eine solche empirische Studie wird im folgenden dargestellt.

2. Die Untersuchung

2.1 Stichprobe und Instrumentarium

Unmittelbar nach dem Übergang von der Grundschule auf die weiterführenden Schularten der Sekundarstufe begann im September 1980 eine Längsschnittstudie, bei der eine Reihe von Skalen zur Erfassung von Selbst-
konzept-Facetten wiederholt eingesetzt wurde. Insgesamt handelte es
sich um fünf Meßzeitpunkte über einen Zeitraum von knapp zwei Unterrichtsjahren in den vier Schularten der Sekundarstufe. Komplette Daten
zu allen Meßzeitpunkten liegen für insgesamt 510 Schüler vor. Die für
die vorliegende Fragestellung relevanten Selbstkonzeptangaben der Schüler beinhalteten einerseits fach- und situationsspezifische Kompetenzvorstellungen, andererseits mehr allgemeine Selbsteinschätzungen sowie
Aspekte der sozialen und der Leistungsängstlichkeit.

2.1.1 Fachspezifische Kompetenzeinschätzungen

Die Fragebogen zum *"Fähigkeitskonzept Mathematik"* (FKM) sowie zum *"Fähigkeitskonzept Deutsch"* (FKD) stellen modifizierte Formen der Skala
zur Erfassung des "Selbstkonzepts eigener Fähigkeit für die Mathematik"
(SKM von JOPT, 1978) dar. Die Fragebogenwerte sollen als Maße der Ausprägung der entsprechenden fachspezifischen Kompetenzvorstellungen gelten. Item-Beispiel:"Mathematik/Deutsch ist ein Fach, das ich gerne mache und das mir liegt".

2.1.2 Situationsspezifische Fähigkeitserwartungen

Die Skala *"Selbstwirksamkeit"*(WIRKSAM) thematisiert positive Kompetenz-
erwartungen bezüglich der subjektiven Kontrollierbarkeit von Leistungsanforderungen im Sinne von BANDURA (1977). Item-Beispiel:"Ich kann mir
meistens selbst helfen, wenn ein Problem für mich auftaucht".Diesen positiven Kontrollüberzeugungen stehen negative Kompetenzeindrücke gegenüber, die im Rahmen der Skala *"Hilflosigkeit"* (HILFLOS) operationalisiert wurden. Item-Beispiel:"Egal ob ich mich anstrenge oder nicht,
meine Noten werden davon auch nicht besser".

2.1.3 Allgemeine Selbsteinschätzungen

Zur Erfassung einer generellen Einschätzung eigener Fähigkeiten wurde die Unterskala SKB aus dem Fragebogen zum *"Selbstkonzept der Begabung"* von MEYER (1972) verwendet.Item-Beispiel:"Ich habe oft/selten das Gefühl, ein Versager zu sein". Die Fragen zur *"generalisierten Selbstbewertung"* (SELBST) stellen eine deutsche Version der "self-esteem-Skala" (ROSENBERG,1979) dar, die in veränderter Form von FEND u.a.(1976) übernommen wurde. Item-Beispiel:"Ich habe nicht viel Grund, auf mich stolz zu sein".

2.1.4 Ängstlichkeit

Dem "Angstfragebogen für Schüler" (AFS) von WIECZERKOWSKI u.a.(1974) wurde zur Ermittlung der Leistungsängstlichkeit die Subskala *"Prüfungsangst"(PA)* entnommen.Item-Beispiel:"Ich habe bei Prüfungen immer Angst, daß ich schlechte Zensuren bekomme". Der Aspekt der sozialen Ängstlichkeit wurde anhand der Unterskala *"Furcht vor sozialen Konsequenzen"* (FSK) aus dem bereits erwähnten Fragebogen zum "Selbstkonzept der Begabung" operationalisiert. Item-Beispiel:"Es macht mir oft Sorge, was andere über mich denken, wenn ich einen Fehler mache".

2.1.5 Die wahrgenommene Lehrer-Bezugsnorm-Orientierung

Die schülerseitige Wahrnehmung der Bezugsnorm-Orientierung des Lehrers wurde mit der oben angesprochenen Skala der *"Schülerperzipierten Lehrer-Bezugsnorm-Orientierung"* (SPLB) erfaßt. Hohe Werte bedeuten die Wahrnehmung einer individualisierenden Zuwendung seitens des Lehrers, niedrige Werte charakterisieren eine soziale Lehrerperspektive im Urteil des Schülers. Item-Beispiel:"Unser Lehrer bemerkt immer sofort, wenn sich meine Leistungen verbessern oder verschlechtern". Schließlich lagen uns für den Zeitpunkt der letzten Erhebung noch Informationen über die Zeugnisnoten in Mathematik und Deutsch vor.

2.2 Vorgehensweise

Zur Analyse bezugsnormspezifischer Veränderungen der aufgelisteten psychosozialen Schülermerkmale haben wir als unabhängige Variable die "Schülerperzipierte Lehrer-Bezugsnorm-Orientierung" zum letzten Meßzeitpunkt zugrundegelegt. Die Entwicklung bzw. Veränderung der unterschiedlichen Aspekte selbstbezogener Kognitionen und Emotionen wurde dann in einer retrospektiven Betrachtungsweise überprüft. Hierzu gingen diese abhängigen Variablen in Varianzanalysen mit Meßwiederholungen ein, in denen die medianhalbierten Werte der Skala SPLB einen zweistufigen Faktor bildeten. Unter Hinzuziehung weiterer Faktoren der Schulartzugehörigkeit, des Geschlechtes und der trichotomisierten schulischen Zeugnisnoten konnte zunächst aufgezeigt werden, daß keinerlei Interaktionen zwischen einem dieser Faktoren und dem Bezugsnorm-Faktor auf die abhängigen Variablen vorlagen. Die varianzanalytischen Designs enthalten somit zwei Faktoren: Bezugsnorm und Meßwiederholung. Moderierende Einflüsse der wahrgenommenen Bezugsnorm auf die psychosozialen Merkmale liegen im statistischen Sinne dann vor, wenn der Interaktions-

effekt dieser beiden Faktoren signifikant wird. Den theoretischen Überlegungen entsprechend sollten positive Veränderungswerte eher mit einer
individuellen, negative mehr mit einer sozialen Lehrerwahrnehmung verbunden sein. Betrachten wir diesbezüglich die empirischen Ergebnisse.

2.3 Ergebnisse

Die unterschiedlichen Verläufe selbstbezogener Kognitionen und Emotionen sind getrennt für die mehr "individuell" und die mehr "sozial"
wahrnehmenden Schülergruppen in den Abbildungen 1 bis 8 aufgeführt. Die
graphischen Darstellungen beziehen sich auf die beiden extremen Meßzeitpunkte. Zum Zwecke der sprachlichen Vereinfachung werden wir im
folgenden kurz von "individuellen" bzw. "sozialen" Schülern sprechen,
womit immer eine entsprechend unterschiedliche Ausprägung ihrer wahrgenommenen Lehrer-Bezugsnorm-Orientierung gemeint ist. Betrachten wir die
Abbildungen im einzelnen.

Hinsichtlich der *fachspezifischen Kompetenzeinschätzungen* der Schüler
erweist sich vor allem für das Fach Deutsch (Abb.1) die individuelle
der sozialen Perspektive überlegen. Während sich beide Gruppen zu Beginn nicht unterscheiden, tritt im Laufe der weiteren schulischen Entwicklung eine günstigere Wahrnehmung der individuellen Schüler ein, so
so daß ein signifikanter Interaktionseffekt resultiert (F=4.36, df=4,
p=.002). Im Fach Mathematik kommt es zu einer ähnlichen Auseinanderent-
wicklung der Selbsteinschätzungen (F=3.56, df=4, p=.007), wofür allerdings die ungünstiger werdenden Urteile der sozialen Schüler allein
verantwortlich zu machen sind (Abb.2). Zum Ende des Erhebungszeitraumes
unterscheiden beide Schülergruppen sich sowohl hinsichtlich des Fähig-
keitskonzeptes in Deutsch (F=16.8, df=1, p=.001) als auch in Mathematik
(F=10.0, df=1, p=.002) bedeutsam voneinander. Soziale Schüler geben
schlechtere fachspezifische Fähigkeitskognitionen an als individuelle
Schüler.

Bezüglich der *"Kontrollüberzeugungen"* zeigt sich, daß die Selbstwirsam-
keitserwartungen (Abb.3) der sozialen Schüler über die Zeit stark in
Mitleidenschaft gezogen werden, während die individuellen Schüler ihr
Niveau beibehalten können (F=6.84, df=4, p=.001). Beide Gruppen unter-
scheiden sich zum letzten Meßzeitpunkt schließlich bedeutsam voneinander
(F=20.1, df=1, p=.001). Betrachten wir die Hilflosigkeitskognitionen
(Abb.4), ergeben sich aufgrund der höheren Ausgangsdifferenz schwächere
Entwicklungsunterschiede (F=2.5, df=4, p=.042). Die größten Unterschie-
de werden auch hier gegen Ende des beobachteten zweijährigen Sozialisa-
tionszeitraumes erreicht (F=30.7, df=1, p=.001).

Bei der Analyse der mehr *allgemeinen Selbsteinschätzungen* ergibt sich
ein ähnliches Bild. Das Begabungskonzept der Schüler (Abb.5) läßt Ein-
schätzungsveränderungen erkennen, die für beide Gruppen unterschiedlich
verlaufen. Wie bei den negativen Kontrollerwartungen fällt der entsprechende Interaktionseffekt relativ schwächer aus (F=2.46, df=4, p=.044).
Dies gilt auch für den Haupteffekt zum letzten Meßzeitpunkt, anhand
sich wiederum die sozialen den individuellen Schülern leicht unterlegen
erweisen (F=8.5, df=1, p=.004). Bei der generalisierten Selbsteinschätzung ergeben sich im Prinzip die gleichen Verhältnisse (Abb.6). Allerdings fallen sowohl die Interaktion (F=5.56, df=4, p=.001) als auch die

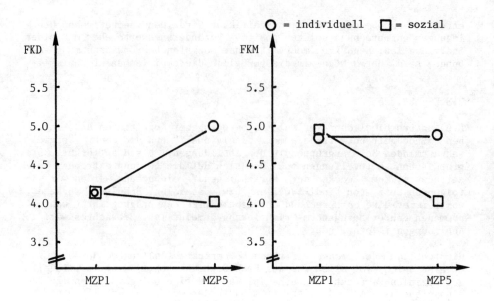

Abb. 1: Bezugsnormspezifische Entwicklung "Fähigkeitskon-
zept Deutsch"

Abb. 2: Bezugsnormspezifische Entwicklung "Fähigkeitskon-
zept Mathematik"

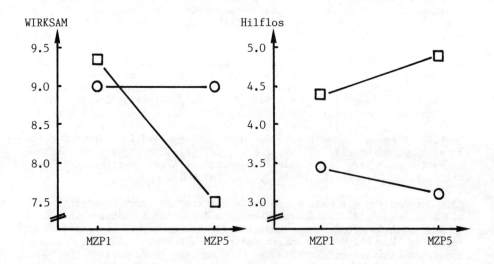

Abb. 3: Bezugsnormspezifische
Entwicklung
"Selbstwirksamkeit"

Abb. 4: Bezugsnomrspezifische
Entwicklung
"Hilflosigkeit"

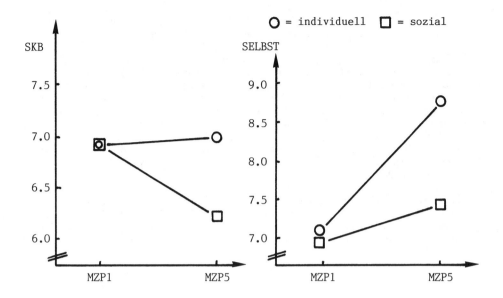

Abb. 5: Bezugsnormspezifische Entwicklung "Selbstkonzept
der Begabung"

Abb. 6: Bezugsnormspezifische Entwicklung "Generalisierte
Selbstbewertung"

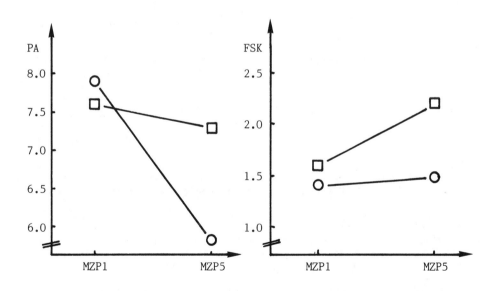

Abb. 7: Bezugsnormspezifische
Entwicklung
"Prüfungsangst"

Abb. 8: Bezugsnomrspezifische
Entwicklung "Furcht vor
sozialen Konsequenzen"

107

Differenz zwischen den beiden unabhängigen Gruppen erheblich stärker zum Vorteil der individuellen Gruppe aus (F=25.4, df=1, p=.001).

Die Ergebnisse zur *Ängstlichkeit"* lassen sich nahtlos an die bisherigen Resultate anfügen. Bezüglich der Leistungsangst (Abb.7) erfahren individuelle Schüler eine sehr viel stärkere Verminderung ihrer Werte als soziale (F=3.58, df=4, p=.007). Im 6. Schuljahr sind die individuellen Schüler schließlich eindeutig als die weniger leistungsängstlichen zu kennzeichnen (F=9.8, df=1, p=.002). Eine entsprechend differentielle Entwicklung finden wir auch hinsichtlich der sozialen Angst (F=3.10, df=4, p=.015). Zum Ende des Beobachtungszeitraumes erleben die sozialen Schüler eindeutig mehr soziale Angst als die individuellen (F=14.2, df=1, p=.001).

Insgesamt weisen die Ergebnisse in konsistenter Weise günstigere Veränderungswerte für die individuellen Schüler auf. Dies gilt analog für die Mittelwertunterschiede zwischen den beiden Gruppen nach einem Zeitraum von zwei Unterrichtsjahren in der Sekundarstufe.

3. Diskussion

Die aufgezeigte Befundstruktur liefert Bestätigung für die Annahme, daß die Bezugsnorm-Orientierung des Lehrers, wie sie der Schüler sieht, ein wichtiges Bestimmungsstück für die Entwicklung und Veränderung leistungsbezogener Selbsteinschätzungen und der emotionalen Befindlichkeit repräsentiert. Hierbei kommt es entscheidend darauf an, wie jeder einzelne Schüler im Laufe der Zeit und über verschiedene Unterrichtssituationen, Lehrer und Schulfächer hinweg die anteilige Gewichtung der unterschiedlichen Urteilsgrundlagen zu einem subjektiven Urteil verdichtet.

Mit der zunehmenden Perzeption von Individualisierungstendenzen werden auf lange Sicht - hier innerhalb eines Zeitraumes von knapp zwei Jahren - fachspezifische und allgemeine Selbsteinschätzungen, subjektive Kontrollerwartungen und die Ängstlichkeit vor und in schulischen Leistungssituationen begünstigt. In der Folge werden davon wahrscheinlich nicht nur schulische Leistungshandlungen, sondern auch die allgemeine Leistungsmotivation und das außerschulische Leistungsverhalten positiv beeinflußt. Die Grundlagen hierzu können in der Schulzeit gelegt werden durch Unterrichtsstrategien, die beispielsweise über motivational günstige Attributionsofferten bei Schülern angesichts einer Leistungssituation Einschätzungsprozesse der Herausforderung generieren. Hierdurch werden sinnvolle Bewältigungsprozesse mit guten Erfolgswahrscheinlichkeiten einsetzbar, die rückwirkend Selbsteinschätzungen und Wohlbefinden der Schüler verbessern. Soziale Urteilsperspektiven stabilisieren hingegen längerfristig Fähigkeitsunterschiede. Dies wirkt sich nicht nur für die im sozialen Vergleich schlechteren Schüler selbstwertmindernd aus. Auch die Selbsteinschätzungen und subjektiven Befindlichkeiten der guten Schüler zeigen bei einer derart verschärften Wettbewerbssituation ungünstige Entwicklungen, da sie dauernd gezwungen sind, ihre guten Leistungspositionen zu verteidigen.

Insgesamt treten die langfristigen motivationalen Vorteile der individuellen Perspektive für die Selbstwahrnehmung deutlich zutage. Die un-

terschiedlichen Auswirkungen beider von Schülern wahrgenommener Lehrerverhaltensweisen werden vermutlich noch dadurch verstärkt, daß Schüler
die Beurteilungsperspektive ihrer Lehrer für die eigene Selbsteinschätzung übernehmen. Auf diese Weise könnten Lehrer also eventuell Soziali-
sationsagenten für mehr oder weniger starke, dispositionsähnliche Urteilsgrundlagen ihrer Schüler darstellen.

In diesem Zusammenhang kann es nicht um eine Nivellierung vorhandener
Leistungsunterschiede oder die Leugnung der großen Bedeutung sozialer
Vergleichsprozesse für die Schüler selbst gehen. Selektionsentscheidun-
gen wie Versetzungen oder Schulartwechsel sollten und werden auch weiterhin sinnvollerweise auf sozialen Fähigkeitsvergleichen beruhen.Beab-
sichtigt ist vielmehr die Förderung motivational fruchtbarer Einstel-
lungsstrukturen hinsichtlich schulischer und außerschulischer Leistungsanforderungen, für die anhand der bisherigen Überlegungen auch
pädagogische Handlungsanweisungen zur Verfügung stehen. Das Lernziel
überhaupt erreichen zu wollen, ist auf seiten des Schülers die wichtigste Lernvoraussetzung. Dazu sollten mit einem potentiellen Erfolg nicht
nur subjektiv erstrebenswerte Folgen verknüpft werden, sondern auch die
persönliche Kompetenzerwartung positiv ausgeprägt sein. Persönliche Gespräche mit einzelnen Schülern, das Bemühen um individuelle Bewertungs-
strategien bzw. die Honorierung persönlicher Leistungsfortschritte in
konkreten Unterrichtssituationen stellen hierzu wünschenswerte und
effektive Lehrerverhaltensweisen dar.

Da Bewertungsprozeduren einen großen Teil der vom Schüler wahrgenomme-
nen Lehrerpersönlichkeit repräsentieren und überdies im schulischen
Alltag von zentraler Bedeutung sind, liegt es nahe, in der Bezugsnorm-
Orientierung ein wichtigeres Lehrermerkmal zu sehen als die "klassi-
schen" Variablen der Lehrerpersönlichkeit wie Enthusiasmus, Lenkung,
Wertschätzung etc., die letztlich in dieses Urteilsverhalten einfließen
(SCHWARZER,C., 1983).Die Umsetzung dieses objektiven Lernumweltmerkmals
in die subjektive Wahrnehmung des Schülers bildet einen bedeutsamen
Verankerungspunkt für die Qualität der Kognitionen, Emotionen und Ver-
haltensweisen im Kontext leistungsthematischer Situationen. Gelingt dem
Lehrer in den Augen der Schüler eine überwiegend individualisierende
Unterrichtsgestaltung, werden Selbstwertbedrohungen oder Selbstwertver-
luste von vornherein weniger wahrscheinlich sein.

Aspekte der Selbstkonzeptentwicklung bei Jugendlichen nach Abschluß des Gymnasiums

Hans-Jürgen Hörmann und Christiane Brunke

1. Einleitung

In unserer Arbeit werden Veränderungen von Selbsteinschätzungen Jugendlicher im Zusammenhang mit einem bedeutsamen Lebensereignis, der Beendigung der Schulzeit auf dem Gymnasium, analysiert. Dieser Lebensabschnitt kann als Übergangsphase in das Erwachsenenalter betrachtet werden, welcher die Jugendlichen vor eine Reihe charakteristischer Entwicklungsaufgaben stellt, wie z.B. Entscheidungen über die berufliche und persönliche Zukunft, Loslösung vom Elternhaus, Zunahme von Eigenverantwortlichkeit, Auseinandersetzung mit Geschlechtsrollenerwartungen und Aufnahme von Partnerbeziehungen (HAVIGHURST, 1972; DREHER & DREHER, in diesem Band). Die Konfrontation und Auseinandersetzung mit solchen Entwicklungsaufgaben macht es für die Jugendlichen erforderlich, individuelle Problemlöseressourcen und Coping-Strategien zu aktivieren. Dies kann mit Veränderungen auf der Verhaltensebene, Umstrukturierungen des sozialen Kontextes oder Rollenwechseln einhergehen. Durch diese vielschichtigen Vorgänge werden neue selbstbezogene Informationen generiert, die Veränderungen des Selbstkonzepts wahrscheinlich machen.

Angesichts fehlender begrifflich-definitorischer Übereinstimmungen in der Selbstkonzeptforschung greifen wir auf die Definition von SHAVELSON et al. (1976, 1982) zurück, die Gemeinsamkeiten verschiedener Ansätze zu integrieren versucht. Das Selbstkonzept wird danach als strukturiertes Kategoriensystem verstanden, dessen Funktion darin besteht, selbstbezogene Informationen aufzunehmen und zu verarbeiten. Es bildet und verändert sich aufgrund individueller Umwelterfahrungen (z.B. Bewertungen durch "significant others", Verstärkungs- und Attributionsprozesse). Nach dem hierarchischen Organisationsprinzip dieses Modells gliedert sich das generelle Selbstkonzept (auch Selbstwertgefühl) in vier "Facetten", die in zahlreichen Studien immer wieder identifiziert werden konnten: Selbsteinschätzungen hinsichtlich 1. intellektueller Fähigkeiten bzw. schulischer Leistungen ("academic self-concept"), 2. sozialer Beziehungen und interpersoneller Fertigkeiten ("social self-concept"), 3. emotionaler Zustände und Reaktionsweisen ("emotional self-concept"), 4. physischen Leistungsvermögens und Attraktivität ("physical self-concept") (z.B. JERSILD, 1952; SEARS, 1963; MUMMENDEY, 1981; FEND & HELMKE, 1983; MARSH, RELICH & SMITH, 1983; FLEMING & COURTNEY, 1984). Mit den Merkmalen Multidimensionalität, hierarchische Organisation und zunehmende Differenziertheit mit steigendem Lebensalter scheint das SHAVELSON-Modell für unsere Fragestellungen gut geeignet. Darüber hinaus nehmen wir an, daß die Entwicklung des Selbstkonzepts nur als Ergebnis einer permanenten Wechselbeziehung zwischen Person und Umwelt verstanden werden kann. Veränderungen in der Person gehen mit Veränderungen in der Umwelt einher und umgekehrt (ROSENBERG, 1979; FILIPP, 1980).

Vermutlich hat die Popularität der Annahme einer "Identitätskrise" im Jugendalter (ERIKSON, 1959) wesentlich dazu beigetragen, daß sich eine

Vielzahl von Untersuchungen zur Selbstkonzeptentwicklung gerade diesem Lebensabschnitt gewidmet haben. Die zahlreichen Ergebnisse sind recht unübersichtlich, deuten jedoch, vor allem im Längsschnitt, eher auf Kontinuität als auf krisenhafte Veränderungen in der Entwicklung hin (z.B. DUSEK & FLAHERTY, 1981; O'MALLEY & BACHMAN, 1983; SILBEREISEN & ZANK, 1984). MUMMENDEY & STURM (1982) versuchten in einer fünfjährigen Längsschnittstudie, einen Zusammenhang zwischen dem Eintreten kritischer Lebensereignisse und etwaigen Veränderungen im Selbstkonzept von Jugendlichen und Erwachsenen aufzuzeigen. Auch mit dieser gezielten Einbeziehung von i.d.S. "natürlichen Entwicklungsinterventionen" als unabhängige Variablen konnte kein systematischer Einfluß auf die Entwicklung des Selbstkonzepts nachgewiesen werden.

Unsere Fragestellungen lassen sich im wesentlichen zu drei Schwerpunkten zusammenfassen:

a) Ein erster Abschnitt gilt der Identifikation von Strukturkomponenten in dem hier eingesetzten Selbsteinschätzungsinventar sowie der Analyse qualitativer Veränderungen des Selbstkonzepts über den Untersuchungszeitraum.

b) Zweitens untersuchen wir, ob sich in den Durchschnittswerten einzelner Selbstkonzeptdimensionen quantitative Veränderungen als Funktion des Erhebungszeitpunkts ergeben.

c) Unter differentiellem Aspekt prüfen wir schließlich, ob die beobachteten Veränderungen im Selbstkonzept mit soziodemographischen Variablen in Wechselbeziehung stehen.

2. Methode

Unsere Analysen basieren auf Datenmaterial einer Längsschnittuntersuchung des Forschungsprojekts "Produktives Denken/Intelligentes Verhalten" der Freien Universität Berlin (s. JÄGER, 1982, 1984). Zu zwei Zeitpunkten (1975 und 1979) bearbeiteten 347 Berliner Gymnasiasten der Sekundarstufe II ein umfangreiches diagnostisches Instrumentarium von Intelligenz- und Persönlichkeitstests. Das Alter der Pbn variierte zum Zeitpunkt der Erstuntersuchung zwischen 15 und 21 Jahren, der Median lag 1975 bei 17 und 1979 bei 21 Jahren. Etwa in der Mitte des Untersuchungszeitraums fand für die Jugendlichen ein ökologischer Wechsel statt: Die Pbn beendeten die Schulzeit auf dem Gymnasium, nahmen anschließend eine berufliche Tätigkeit oder ein Studium auf bzw. begannen eine Berufsausbildung.

Zur Erfassung des Selbstkonzepts wurde 1975 und 1979 ein aus 34 Einzelitems bestehendes Selbsteinschätzungsinventar (SEI) appliziert. Die Pbn sollten sich darin auf siebenstufigen, verbal verankerten bipolaren Skalen beschreiben. Jedes Item ist durch eine Merkmalsbezeichnung sowie an den Skalenpolen jeweils durch mehrere alltagssprachlich formulierte synonyme Adjektive markiert (s. Abb. 1). Die Iteminhalte beziehen sich auf relativ generelle Merkmale intellektueller Leistungsfähigkeit und des Temperaments i.w.S., die orientiert an Konstrukten der Intelligenz- und Kreativitätsforschung und den Skalen des Freiburger Persönlichkeitsinventars (FPI) ausgewählt worden waren. Die Instruktion lautete, sich selbst in Relation zu einer definierten Bezugsgruppe einzuschätzen. Dabei bildeten die "Mitschüler der gleichen Klassenstufe" in der Erstuntersuchung 1975 (EU75) und die "Altersgefährten mit vergleichbarem Schulabschluß" in der Wiederholungsuntersuchung 1979 (WU79) den Bezugsmaßstab.

ERREG-BARKEIT	sehr ruhig, entspannt, selten aufbrausend	1	2	3	4	5	6	7	leicht reizbar, gespannt und erregbar

GESELLIG-KEIT	manchmal etwas zurückgezogen,eher schweigsam	1	2	3	4	5	6	7	äußerst kontaktfreudig, sehr mitteilsam

Abbildung 1: Zwei Itembeispiele aus dem Selbsteinschätzungsinventar (SEI)

In unsere Untersuchung beziehen wir außerdem objektive Testdaten intellektueller Fähigkeiten, das FPI zur Erfassung des Temperaments sowie ein Inventar zur Erhebung soziodemographischer Merkmale (Alter, Geschlecht, Partnerbeziehungen, Wohnsituation, Lebensunterhalt und Art des Schulabschlusses) und des zwischenzeitlichen beruflichen Werdegangs (freie Beschreibung aller seit 1976 mindestens drei Monate währenden Tätigkeiten) der Pbn mit ein. Die Leistungsdaten wurden nach dem bimodalen Klassifikationsmodell der Intelligenz von JÄGER (1984) ausgewertet und durch Summenbildung zu einer Skala "Allgemeine Intelligenz" als "Integral aller intellektuellen Fähigkeiten" (a.a.O., S. 30) zusammengefaßt.

3. Ergebnisse

zu a): Strukturanalysen des Selbsteinschätzungsinventars (SEI)

Auf der Basis exploratorischer Faktoren- und Clusteranalysen der Selbsteinschätzungsitems konnten wir übereinstimmend in der EU75 und der WU79 drei generelle Beschreibungsdimensionen ermitteln, die eine hohe Ähnlichkeit zu drei von SHAVELSON et al. (1976) genannten Inhaltsbereichen des Selbstkonzepts aufweisen. In erster Näherung übernehmen wir daher die Bezeichnungen "Fähigkeitsselbst", "Emotionales Selbst" und "Soziales Selbst" zur Etikettierung der drei SEI-Dimensionen.

Für die Konstruktion von Skalen wurde eine Variablenselektion vorgenommen, bei der neben inhaltlich-definitorischen Erwägungen sowie Reliabilitäts- und Validitätsschätzungen auch das Kriterium der zeitlichen Übereinstimmung der Itemkennwerte (Faktorladungen, Clusterzuordnungen, Trennschärfekoeffizienten) berücksichtigt wurde. Zeitpunktspezifische Strukturanteile wurden hier somit weniger gewichtet.

Die Skala *"Fähigkeitsselbst"* (FÄH75 und FÄH79 bezeichnen im weiteren Text die Skalenwerte in der EU75 und der WU79) besteht aus acht Selbsteinschätzungen von Qualitäten des Intellekts (Itembezeichnungen: Allgemeine Intelligenz, Geistige Aktivität, Allgemeinwissen, Gedächtnis, Auffassungsleichtigkeit) sowie auch von Merkmalen, die Denkprozesse beschreiben (Itembezeichnungen:Logisches Denken, Überblick, Geistige Differenziertheit). Hohe Skalenwerte weisen auf ein positives Fähigkeitskonzept hin.

Die fünf Selbsteinschätzungen der Skala *"Emotionales Selbst"* (EMO75 und EMO79)beziehen sich vor allem auf die psychische Reagibilität (Itembezeichnungen:Nervosität, Erregbarkeit, Aggressivität) und die Grundstimmung (Itembezeichnungen: Depressivität und mit negativer Polung Gelassenheit). Hohe Skalenwerte bedeuten, daß die jeweilige Person sich als emotional labil erlebt.

Der Skala *"Soziales Selbst"* (SOZ75 und SOZ79) ordneten wir sechs Items zu, die die Bereiche soziale Zugewandtheit (Itembezeichnungen:Geselligkeit und mit negativer Polung Gehemmtheit), Autonomie (Itembezeichnungen:Unabhängigkeit,Verantwortungsbereitschaft) sowie Kreativität (Itembezeichnungen: Einfallsreichtum und Originalität) ansprechen. Durch einen hohen Skalenwert beschreibt sich die betreffende Person in der Interaktion mit Sozialpartnern als kontaktfreudig, selbstbewußt und unkonventionell, d.h. als sozial kompetent i.w.S..

Auf der Grundlage korrelativer Beziehungen mit konstruktfernen und konstruktnahen Mermalen versuchen wir, die inhaltliche Interpretation der SEI-Skalen zu erhärten. Zu erwarten sind für das "Fähigkeitsselbst" ein positiver Zusammenhang mit Testdaten "Allgemeiner Intelligenz" und für das "Emotionale Selbst" und das "Soziale Selbst" entsprechend hohe Korrelationen mit den FPI-Skalen "Neurotizismus" und "Extraversion".

Tabelle 1: Korrelationen der SEI-Skalen mit intellektuellen Leistungen und zwei Persönlichkeitsmerkmalen in der EU75 und der WU79. In Klammern stehen über die Zeit gemittelte Koeffizienten (* = p ≤ .05, ** = p ≤ .01)

	FÄH75 / FÄH79	EMO75 / EMO79	SOZ75 / SOZ79
Allg. Intelligenz (Testdaten)	.39**/ .26** (.33)	−.04 /−.07 (−.06)	.07 /−.07 (.00)
Neurotizismus (FPI)	−.14**/−.12* (−.13)	.53**/ .58** (.56)	−.14**/−.18** (−.16)
Extraversion (FPI)	.20**/ .13* (.17)	.06 /−.08 (−.01)	.66**/ .68** (.67)

Die Korrelationsmuster fallen zu den beiden Zeitpunkten erwartungsgemäß aus und unterstreichen somit die konvergente und diskriminante Validität der SEI-Skalen (s. Tabelle 1). Vergleicht man die Koeffizienten der konvergenten Validität mit den Interkorrelationen der SEI-Skalen, so läßt sich allerdings auch ein gewisser Anteil an gemeinsamer Methodenvarianz für die Selbsteinschätzungen vermuten (s. Tabelle 2).

Tabelle 2: Interkorrelationen der SEI-Skalen in der EU75 und der WU79. In Klammern stehen die Werte der Reliabilitätsschätzungen durch Cronbach's Alpha, die Stabilitätskoeffizienten sind kursiv gesetzt
(* = p≤ .05, ** = p≤ .01)

	FÄH75	EMO75	SOZ75	FÄH79	EMO79	SOZ79
FÄH75	(.76)					
EMO75	-.19**	(.70)				
SOZ75	.38**	-.16**	(.76)			
FÄH79	*.56***	-.13*	.23**	(.70)		
EMO79	-.05	*.58***	-.11*	-.13*	(.76)	
SOZ79	.15**	-.06	*.63***	.24**	-.19**	(.76)

Insgesamt gesehen bestätigen die Korrelationsprofile und Stabilitätskoeffizienten u.E., daß das SEI zu beiden Erhebungszeitpunkten als valides und reliables Meßinstrument für die untersuchten Ausschnitte des Selbstkonzepts betrachtet werden kann. Als weiterer Beleg für die Äquivalenz der Messungen konnten wir in einer früheren Untersuchung (BRUNKE & HÖRMANN,1984) mittels konfirmatorischer Faktorenanalysen die zeitliche Invarianz der Meßmodelle, d.h. der Beziehungen zwischen den beobachteten Selbsteinschätzungen und den drei latenten Konstrukten "Fähigkeitsselbst", "Emotionales Selbst" und "Soziales Selbst" nachweisen.

In dieser Arbeit befinden wir uns auf einer höheren Generalitätsebene und prüfen nun analog die Stabilität der korrelativen Beziehungen zwischen den SEI-Skalen oder - anders ausgedrückt - qualitative Veränderungen im Selbstkonzept. Hierzu spezifizieren wir zunächst ein hypothetisches Modell der Entwicklung des Selbstkonzepts mit je einem Generalfaktor pro Zeitpunkt zur Erklärung der Korrelationsmatrix der sechs (2 x 3) SEI-Skalenwerte. Zwischen den Meßfehlern korrespondierender Indikatoren werden Autokorrelationen zugelassen. Die Generalfaktoren bilden gewissermaßen das Gesamt der hier erfaßten Selbsteinschätzungen zum jeweiligen Untersuchungszeitpunkt ab. Der Stabilitätspfad zwischen diesen beiden Konstrukten kann als Maß für die Stabilität der inter-individuellen Unterschiede im Selbstkonzept über den Untersuchungszeitraum interpretiert werden.

Abbildung 2 stellt die Ergebnisse einer LISREL-V-Analyse (JÖRESKOG & SÖRBOM, 1981) dar. Bei 5 Freiheitsgraden ergibt sich ein Chi-Quadrat-Wert von 7.0 (p=.21),was für eine ausgezeichnete Anpassungsgüte des Modells spricht. Alle angegebenen Ladungskoeffizienten der Indikatoren sind zu beiden Zeitpunkten signifikant. Die negative Ladung der Skala "Emotionales Selbst" spiegelt deren Polung im Sinne emotionaler Labilität wider, ein bezüglich des Selbst von den Pbn offenbar negativ bewerteter Aspekt.

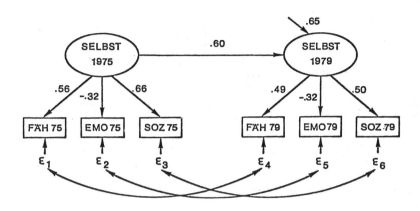

Abbildung 2: Ergebnisse einer LISREL-Analyse der Stabilität bzw. qualitativer Veränderungen in der Selbstkonzeptentwicklung

In einem zweiten Schritt führen wir in das obige Modell eine zusätzliche Restriktion ein: die Gleichheit der Ladungen korrespondierender SEI-Skalen über die Zeit. Der Effekt dieser Forderung kann über den Vergleich der Kennwerte für die Anpassungsgüte der beiden Alternativmodelle geprüft werden. Sollte sich bei einer neuerlichen Schätzung die Güte der Modellanpassung deutlich verschlechtern, so würde dies auf einen qualitativen Wandel des Selbstkonzepts hinweisen. Bei nunmehr 7 Freiheitsgraden ergibt sich ein Chi-Quadrat-Wert von 8.1 (p=.32). Angesichts der nicht signifikanten Differenz zum unrestringierten Modell (Differenz der Chi-Quadratwerte = 1.1,Differenz der Freiheitsgrade = 2, p=.50) kann die zeitliche Invarianz der Selbstkonzeptstruktur auch auf dieser Generalitätsebene als nachgewiesen angesehen werden.

zu b): Quantitative Veränderungen des Selbstkonzepts in der Gesamtstichprobe

Im vorangegangenen Abschnitt konnte gezeigt werden, daß das Selbstkonzept, wie es im SEI erfaßt wird, über den Untersuchungszeitraum keinen qualitativen Veränderungen unterliegt. Gemessen an den Test-Retest-Korrelationen scheinen auch die interindividuellen Differenzen in den drei Skalen relativ konstant geblieben zu sein. Unabhängig davon ist es möglich, daß die Mittelwerte über die Zeit signifikante Unterschiede aufweisen. Mit Hilfe von Varianzanalysen für Meßwiederholungsdesigns prüfen wir nun diesen quantitativen Aspekt der Selbstkonzeptentwicklung.

Wie Tabelle 3 zeigt, fallen die mittleren Einschätzungen der Pbn nach dem Schulabschluß in den Bereichen "Fähigkeitsselbst" und "Soziales Selbst" signifikant negativer aus. Die Pbn erleben sich 1979 weniger intellektuell leistungsfähig und sozial kompetent als 1975. Für das "Emotionale Selbst" zeichnet sich hingegen kein bedeutsamer Trend ab.

Tabelle 3: Mittelwertsvergleiche der SEI-Skalen über den Untersuchungs- zeitraum in der Gesamtstichprobe

	EU75	WU79	Diff.	F-Wert	p
Fähigkeitsselbst	35.1	34.1	-1.0	11.90	.001
Emotionales Selbst	11.4	11.8	0.4	2.46	.118
Soziales Selbst	19.6	18.4	-1.2	16.43	.000

Ob zwischen den beobachteten Veränderungen im Selbstkonzept und der Be- wältigung von Entwicklungsaufgaben im Zusammenhang mit dem Abschluß des Gymnasiums eine Kausalbeziehung besteht, kann an dieser Stelle aller- dings nicht beantwortet werden.Das Geschehen zwischen Prä- und Postmes- sung ist derart komplex, daß ohne die Berücksichtigung interindividuel- ler Unterschiede, z.B. durch Einbeziehung soziodemographischer Varia- blen, nur rein deskriptive Aussagen über die Entwicklung des Selbst- konzepts möglich sind.

zu c): Differentielle Veränderungen des Selbstkonzepts im Zusammenhang mit soziodemographischen Variablen

Die abschließende Frage nach differentiellen Veränderungen des Selbst- konzepts greift den letztgenannten Aspekt auf. Mit Hilfe zweifaktoriel- ler Varianzanalysen mit Meßwiederholung auf einem Faktor soll geprüft werden, ob Unterschiede in der Biographie oder den Lebensbedingungen der Pbn in Interaktion mit den beobachteten quantitativen Veränderun- gen im Selbstkonzept stehen. Anhand von neun soziodemographischen Merk- malen wurde dazu die Gesamtstichprobe in Subgruppen aufgeteilt (s. Ta- belle 4).

Insgesamt 27 Analysen mit den SEI-Skalen als abhängigen Variablen ergeben für die Personenfaktoren (soziodemographische Merkmale) acht signifikante Haupteffekte sowie fünf statistisch bedeutsame Interaktio- nen mit dem Zeitfaktor (EU75 vs. WU79). Die vollständigen Ergebnisse dieser Analysen wurden an anderer Stelle berichtet (BRUNKE & HÖRMANN, 1984). Hier möchten wir uns auf die für die Frage nach differentiellen Veränderungen des Selbstkonzepts interessanten Wechselwirkungen der Personenfaktoren mit dem Zeitfaktor konzentrieren. Vier der fünf signi- fikanten Interaktionseffekte führen zur Moderation der Veränderungen im Bereich der Fähigkeitseinschätzungen. Das Lebensalter der Pbn differen- ziert als einzige Variable zwischen Veränderungen im "Sozialen Selbst" ($F = 3.1, p \leq .05$). Die Gruppe der ältesten Pbn zeigt eine leichte Zunah- me, die der jüngsten eine deutliche Abnahme in den Einschätzungen ihrer sozialen Fertigkeiten. Für das "Emotionale Selbst" konnte keine statistisch bedeutsame Wechselbeziehung nachgewiesen werden.

Tabelle 4: Zusammenstellung der auf Interaktionseffekte mit den quantitativen Veränderungen des Selbstkonzepts geprüften soziodemographischen Merkmale

Merkmal	unterschiedene Personengruppen
- Geschlecht	männlich vs. weiblich
- Alter 1975	16 und jünger, 17, 18, 19 J. und älter
- Schulabschluß	Abitur bestanden vs. nicht bestanden
- gegenwärtige Tätigkeit	berufliche Tätigkeit bzw. Berufsausbildung vs. Studium
- Anzahl der Tätigkeitswechsel seit 1975	einen (d.h. der Schulabschluß) vs. mehrere (2 bis 4)
- Finanzierung des Lebensunterhalts	ohne eigene Erwerbstätigkeit vs. hauptsächlich durch eigene Erwerbstätk.
- Wohnsituation	bei Eltern/Verwandten vs. eigene Wohnung oder WG
- Partnerbeziehung	keinen festen Partner vs. festen Partner
- Dauer der Partnerbez.	bis zu 2 Jahren vs. länger als 2 Jahre

Tabelle 5: Zusammenstellung der signifikanten Interaktionen zwischen den Personenfaktoren und dem Zeitfaktor im Bereich "Fähigkeitsselbst" (* = $p \leq .05$, ** = $p \leq .01$)

Personenfaktor	Gruppengröße	Differenz FÄH79-FÄH75	Gruppenmittel über die Zeit	Signifikanz
Geschlecht:				Gruppe:
männlich	182	-1.56	35.67	F = 17.4***
weiblich	165	-0.41	33.43	Interaktion:
				F = 3.9*
Tätigkeit:				Gruppe:
berufl. Tk. /				F = 18.0**
Berufsausbldg.	147	-0.31	33.33	Interaktion:
Studium	185	-1.56	35.63	F = 4.3*
Tätigkeitswechsel:				Gruppe:
				F = 0.6
einer	259	-1.42	34.49	Interaktion:
mehrere	84	0.46	34.99	F = 7.8**
Lebensunterhalt:				Gruppe:
ohne eigenes				F = 1.9
Einkommen	100	-1.96	34.72	Interaktion:
mit eig. Eink.	117	-0.16	33.87	F = 5.7*

Tabelle 5 faßt die signifikanten Interaktionseffekte für das "Fähigkeitsselbst" zusammen. Neben den Personenfaktoren (Gruppe) und den
Gruppengrößen enthält die Tabelle die statistische Signifikanz für den
Haupteffekt "Gruppe" und den Interaktionsterm "Gruppe x Zeitpunkt". Die
Gruppenmittelwerte über die Zeit können als Maß für die Unterschied-
lichkeit der definierten Personengruppen – bezogen auf die Fähigkeitseinschätzungen – interpretiert werden. An den Differenzen FÄH79-FÄH75
lassen sich die durchschnittlichen Veränderungen des "Fähigkeitselbsts"
innerhalb der Gruppen ablesen.

Graphische Darstellungen der Gruppenmittelwerte würden zeigen, daß die
Verläufe der Fähigkeitseinschätzungen für die Stufen der Personenfaktoren "Geschlecht", "gegenwärtige Tätigkeit" und "Finanzierung des Le-
bensunterhalts" mit der Zeit konvergieren, d.h. die Unterschiede sind
1979 geringer. Eine Ausnahme bildet die Variable "Tätigkeitswechsel",
bei der ein klassischer "Schereneffekt" auftritt. Während 1975 die
Gruppe der "Nicht-Wechsler" die günstigeren Selbsteinschätzungen aufweist, erreichen die "Wechsler" am Ende des Untersuchungszeitraums höhere Werte.

4. Diskussion

Über konventionelle exploratorische Strukturanalysen lassen sich drei
inhaltlich unterscheidbare Dimensionen aus dem hier eingesetzten
Selbsteinschätzungsinventar extrahieren, die eine enge Affinität zu
drei "Facetten" des hierarchischen Modells von SHAVELSON et al.(1976)
aufweisen: das "Fähigkeitselbst", das "Emotionale Selbst" und das "Soziale Selbst". Die vierte von den Autoren benannte Komponente, das
"Physische Selbstkonzept", ist in unserem Fragebogen nicht repräsentiert. Wir betrachten dieses Ergebnis als weiteren Beleg für die Modellvorstellung eines mehrdimensionalen Selbstkonzepts.

BALTES & NESSELROADE (1970, 1973) folgend unterschieden wir in den Analysen zur Entwicklung des Selbstkonzepts qualitative (strukturelle) und
quantitative Veränderungen. In der untersuchten Lebensphase, die durch
den Schulabschluß gekennzeichnet ist, können hier keine qualitativen
Veränderungen in den Selbsteinschätzungen festgestellt werden. Die
Struktur des Selbstkonzepts erscheint demnach bereits im Übergang zum
Erwachsenenalter als weitgehend gefestigt und stabil, zumindest für die
mit unserem Erhebungsverfahren verbundene Generalitätsebene.

Davon unabhängig ergeben sich quantitative Veränderungen für die durchschnittlichen Skalenwerte des "Fähigkeitselbsts" und des "Sozialen
Selbsts". Die Pbn schätzen sich in diesen Aspekten nach dem Schulabschluß signifikant negativer ein als vorher. Bei einer etwa altersglei-
chen Stichprobe kamen MUMMENDEY & STURM (1982) zu ähnlichen Ergebnissen: Die Jugendlichen entfernen sich in Selbsteinschätzungen der sozialen Kompetenzen zunehmend von ihrem Idealbild. Man könnte vermuten, daß
sich im Zusammenhang mit einem ökologischen Wechsel, wie er hier in
Form des Abschlusses der Schulzeit auf dem Gymnasium vorlag, zahlreiche
neuartige Anforderungen an die sozialen und intellektuellen Fähigkeiten
der Jugendlichen ergeben, die bei der Mehrzahl der Betroffenen den
Eindruck eines "Neubeginns" entstehen lassen. Die Erfahrung, daß zuvor

118

erfolgreiche Bewältigungsmechanismen nicht mehr hinreichend effektiv sind, kann zur Abnahme des Vertrauens in die eigenen Möglichkeiten führen.

Diese Vermutung findet in den Analysen der differentiellen Veränderungen in mehrfacher Hinsicht Bestätigung. Zum einen konnte gezeigt werden, daß der Einfluß des Lebensalters auf die Entwicklung des Selbstkonzepts – für sich genommen – zu vernachlässigen ist. In Querschnittsvergleichen ergab sich kein signifikanter Haupteffekt für die definierten Altersgruppen, die insgesamt immerhin eine Spanne von sechs Jahren abdecken (BRUNKE & HÖRMANN, 1984). Auch die Interaktionen mit den Veränderungen der SEI-Skalen waren für das Lebensalter nur im Fall des "Sozialen Selbsts" statistisch bedeutsam.

Auf der anderen Seite finden wir deutliche Wechselbeziehungen zwischen Merkmalen des beruflichen Werdegangs und der Entwicklung fähigkeitsbezogener Selbsteinschätzungen. Die Interaktion mit dem Merkmal "Tätigkeit" könnte als Pendant zu den Bezugsgruppeneffekten angesehen werden, wie sie u.a. bei Schülern nach Sonderschulzuweisung (RHEINBERG, 1979) oder beim Übergang von der Primar- in die Sekundarstufe I(SCHWARZER & JERUSALEM, 1983) schon mehrfach aufgezeigt wurden. Es ist anzunehmen, daß Probanden, die zum Zeitpunkt der WU79 an einer Hochschule studieren, sich mit einer leistungsstärkeren Bezugsgruppe für soziale Vergleichsprozesse konfrontiert sehen als Personen, die eine ungelernte Tätigkeit ausüben oder eine Berufsausbildung absolvieren. Daraus resultiert ein Zustand "relativer Deprivation" (SCHWARZER, 1979), der die stärkere Abnahme der Fähigkeitseinschätzungen in der Gruppe der Studenten (-1.56) im Vergleich zu den Berufstätigen (-0.31) erklären könnte. Der Effekt könnte jedoch auch auf intraindividuelle Vergleichsprozesse zurückzuführen sein. Schüler, die die gymnasiale Oberstufe erfolgreich bewältigt haben, sehen sich mit Beginn eines Studiums vor eine Reihe neuer Anforderungen, insbesondere an die intellektuellen Fähigkeiten, gestellt, die Verunsicherungen bezüglich des eigenen Leistungsvermögens hervorrufen können.

Von großem Interesse ist für uns das Ergebnis eines höher ausgeprägten "Fähigkeitsselbsts" bei den Probanden, die ihre Tätigkeit nach dem Schulabschluß ein oder mehrere Male wechselten. Entgegen dem Trend in der Gesamtstichprobe zeigen die "Wechsler" (84 Pbn) als einzige Gruppe eine Zunahme in ihren fähigkeitsbezogenen Selbsteinschätzungen (+0.46). Es scheint, als wählten diese Pbn durch ihre Tätigkeitswechsel jeweils einen leistungsthematischen Kontext, der ihren wahrgenommenen Fähigkeiten und Interessen gerecht wird und somit selbstwertdienliche Attributionen ermöglicht (vgl. MEYER, 1983, 1984). Ein enger Zusammenhang zwischen der beruflichen und der Selbstkonzeptentwicklung wurde bereits in der Berufswahl-Theorie von SUPER (SUPER, 1957; SUPER et al., 1963) postuliert. Die Entwicklung und Verwirklichung des Selbstkonzepts gilt hiernach als das primäre Ziel der Berufsfindung. In der Phase der beruflichen Festlegung können Tätigkeitswechsel als Möglichkeit zur Herstellung stärkerer Kongruenz zwischen Selbstkonzept und Berufsrollenbild gesehen werden.

Angaben über die Kausalitätsrichtung im Zusammenwirken von bedeutsamen Lebensereignissen und Selbstkonzeptveränderungen sind an dieser Stelle nicht möglich. Die Anlage unserer Analysen sieht im wesentlichen Aussagen in eine Richtung vor, da das kritische Lebensereignis als unabhängige und die Selbsteinschätzungen als abhängige Variable vorgegeben wurden. Dies schließt jedoch nicht die Möglichkeit einer umgekehrten Beeinflussung aus, d.h. daß Selbstkonzepte auch als vorausgehende Bedingung für das Erleben und den Umgang mit kritischen Lebensereignissen verstanden werden können (s.a. FILIPP, 1983). An anderer Stelle haben wir bereits auf erste Anhaltspunkte für die Reziprozität des Beziehungsgefüges hingewiesen (BRUNKE & HÖRMANN, 1984). Das "Fähigkeitsselbst" ist offenbar ein signifikanter Prädiktor für das erfolgreiche Bestehen des Abiturs und das "Soziale Selbst" für den Aufbau einer festen Partnerbeziehung.

Wertbereichsbezogene Selbstschemata bei Jugendlichen im Alter zwischen 11 und 16 Jahren
— Ausgesuchte Befunde einer Längsschnittuntersuchung —

DON M. DeVol und Wolfgang Schweflinghaus *)

Die Ergebisse, über die hier berichtet werden soll, gehen auf eine Längsschnittuntersuchung zurück, die in den Jahren 1978 bis 1980 an drei Nordrhein-westfälischen Gesamtschulen stattfand.

Ausgangspunkt der Untersuchung, bei der es sich um ein von der DFG gefördertes Projekt handelte, bildeten Überlegungen zum Selbstwerterleben Jugendlicher.

1. Theoretischer Überblick

Im Zuge einer Forderung BEM & ALLENs (1974), Persönlichkeitsforschung idiographischer zu betreiben, hatte man Mitte der 70er Jahre auch in der Bundesrepublik begonnen, den Einfluß inhaltlich präzis umschriebener Selbstkonzepte in Form sogenannter Selbstschemata zu untersuchen. Als besonders fruchtbar für diesen Ansatz erwies sich dabei das Internationale Forschungsseminar für Entwicklungspsychologie (ISEP) 1977 in Trier (vgl. auch MONTADA, 1979). Unter Selbstschemata wollen wir dabei "kognitiv organisierte Erfahrungsniederschläge über bereichsspezifische Besonderheiten der eigenen Person" verstehen.

McCLELLAND (1951) hatte als erster den Begriff "Selbstschema" verwendet. Es waren traditionelle Vorstellungen der Gedächtnisforschung zu den Schemata, unter anderem die Annahmen BARTLETTs (1932), die er sich zu eigen machte. Für BARTLETT waren Schemata Strukturen zur Informationsverarbeitung. McCLELLAND sah die Selbstschemata aktiv beteiligt an der Verarbeitung von Informationen zur eigenen Person. Als vereinfachte Konzeptbildungen des früher mit sich selbst und über sich selbst Erfahrenen, dienen sie als bezugssystemartiger Rahmen für die momentane Wahrnehmung und Beurteilung eigenen Verhaltens.

Die theoretischen Vorstellungen McCLELLANDs hatten in der Folge jedoch keine experimentellen Forschungen angeregt. Erst MARKUS (1977) gelang es, in einer Untersuchung erste empirische Belege für ein Konstrukt "Selbstschema" beizubringen. So fand sie, daß Personen, die sich hinsichtlich vorgegebener Eigenschaftsdimensionen nach dem einen oder anderen Skalenende einstufen (sog. "schematics"), Informationen schneller und besser verarbeiten, vergangenes Verhalten leichter abrufen, sowie zukünftiges Verhalten besser vorhersagen können als Personen, die kein thematisch entsprechendes Schema besitzen. Außerdem sind diese "schematics" den Schemata widersprechenden Informationen gegenüber skeptischer.

---

*) Aus dem DFG-Projekt AE "Motivation und Entwicklung" unter Leitung von Prof.Dr.Dr.h.c.H. Heckhausen

Selbstschemata, wie sie McCLELLAND und MARKUS postulieren, stehen in engem Zusammenhang mit Wertbereichen. Mit dem Konzept "Wertbereich" und auf der individuellen Ebene "Selbstwertbereich" wollen wir jene Situationen inhaltlich beschreiben, die selbstbezogene Informationen liefern können. Diese Wertbereiche sind kulturell und sozial determinierte und häufig alterstypische Bereiche, die wir dann als Selbstwertbereiche bezeichnen wollen, wenn sie für eine Person zum individuell verbindlichen Bezugsrahmen werden.Selbstwertbereiche sind also Inhaltsklassen von Situationen. Wir nehmen an, daß in diesen Selbstwertbereichen Selbstschemata aufgebaut sind.

2. Fragestellung

Versuchspersonen waren 238 Schüler und Schülerinnen der Klassen 6, 7 und 9 (Alter 11 bis 16 Jahre).

Um einen großen Teil der Situationen inhaltlich abzudecken, in denen Jugendliche der untersuchten Altersklassen Erfahrungen mit und über sich selbst machen können, wurden die vier Wertbereiche "Beliebtheit", "Aussehen", "Sportliche Tüchtigkeit" und "Intellektuelle Leistungsfähigkeit" ausgewählt.

Zur Erfassung der jeweils individuellen Relevanz entwickelten und validierten wir mehrere sog. Wertbereichsinstrumente. Die mit ihnen erhobenen Angaben mündeten in vier Kennwerten, die über die Richtung und Stärke der jeweiligen Wertbereichsrelevanz Auskunft gaben: Der Positiv-Kennwert spiegelt den positiven Dominanzanteil des Wertbereichs wider, der Negativ-Kennwert den negativen Dominanzanteil, weiterhin gibt der Gesamt-Kennwert die ungerichtete Gesamtdominanz an, während der Netto-Kennwert jeweils den problemfreien bzw. problembehafteten Dominanzanteil des jeweiligen Wertbereiches verdeutlicht.

3. Wertbereichsdominanzen

Im folgenden soll zunächst kurz auf die Verteilung der Wertbereichsdominanzen in unserer Untersuchungsstichprobe für die vier Wertbereiche eingegangen werden.

Vergleichen wir die vier Wertbereiche im Hinblick auf die Höhe des Positivdominanzwertes, so läßt sich erkennen, daß Beliebtheit und intellektuelle Fähigkeit für die Gesamtstichprobe eine weitaus höhere Selbstwertrelevanz besitzen als die Wertbereiche Aussehen und Sport. Beliebtheit ist darüber hinaus auch durch den höchsten Negativdominanzwert gekennzeichnet, insgesamt aber sind die Unterschiede zwischen den Wertbereichen beim Negativ-Kennwert geringer als beim Positiv-Kennwert. Betrachten wir die Wertbereiche Aussehen und Sport, so läßt sich feststellen, daß Sport vergleichsweise hoch positiv selbstwertrelevant ist, während bei Aussehen stärker der negative Aspekt der Selbstwertrelevanz hervortritt.

Die II. Erhebung, die ein Jahr später erfolgte, zeigt weitgehend die gleichen Tendenzen. Die nachstehende Abbildung 1 gibt die unterschiedlichen Ausprägungen der Selbstwertrelevanz über die vier Wertbereiche für Positiv- und Negativdominanz der I. Erhebung wieder.

Mittlere
Kenwerte

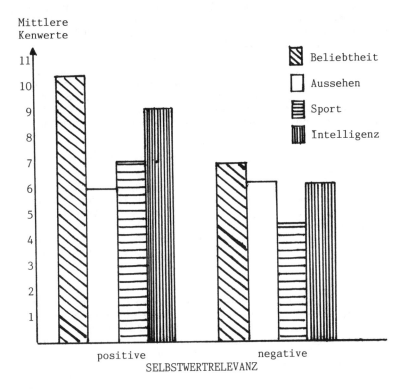

Abbildung 1: Mittelwerte in Prozent des Positiv- und Negativ-Kennwertes für die Wertbereiche Beliebtheit, Aussehen, Sport, Intelligenz

Unsere Stichprobe unterteilte sich bei der I. Erhebung zu genau 50% in männliche und weibliche Vpn (N = 238). Dieses Verhältnis blieb bei der II. Erhebung annähernd erhalten. Hier waren es noch 168 Schüler und Schülerinnen, die an der Untersuchung teilnahmen. Betrachten wir die Mittelwerte unserer Kennwerte nach Jungen und Mädchen getrennt, finden wir herkömmliche Voreingenommenheiten zur geschlechtstypischen Präferenz im großen und ganzen bestätigt. So sind Intelligenz und Sport eher für die Jungen und Beliebtheit und Aussehen eher für die Mädchen positiv dominante Wertbereiche.

Bei den Negativdominanzen kehrt sich dieses Bild für die Wertbereiche Beliebtheit und Aussehen um. Diese beiden Wertbereiche sind stärker für Jungen negativ selbstwertrelevant als für Mädchen. Eine ähnliche Umkehrungstendenz zeigt auch der Wertbereich Intelligenz. Hier erreichen Mädchen höhere Negativ-Kennwerte. Für den Wertbereich Sport zeigen sich keine Veränderungen.

Wenn wir den Gesamtdominanzwert betrachten, der sich aus der Positiv- und der Negativdominanz zusammensetzt, so läßt sich ganz allgemein festhalten, daß die zuvor angeführten Unterschiede zwischen Aussehen und Sport hier zurücktreten. Insgesamt bleibt jedoch die Rangfolge der Selbstwertrelevanz der vier Wertbereiche erhalten. Danach haben auch hier Beliebtheit und Intelligenz den höchsten Dominanz-Kennwert.

Mit Hilfe des Nettodominanzwertes läßt sich feststellen, ob ein Wertbereich eher problemfrei oder problembehaftet für die Vp ist. Vergleichen wir die Netto-Kennwerte der vier Wertbereiche miteinander, so zeigt sich, daß es im Wertbereich Aussehen die meisten Vpn gibt, für die dieser Bereich durch problembehaftete Selbstwertrelevanz gekennzeichnet ist.

4. Befunde

Als abhängige Variablen der Untersuchung fungierten Erinnerungsleistungen, die mit zwei ebenfalls neu entwickelten Instrumenten erhoben wurden: dem "Objektiven Gedächtnistest" und den "Selbstbiographischen Episoden". Über den "Objektiven Gedächtnistest" ist bereits an anderer Stelle berichtet worden (DeVOL & SCHWEFLINGHAUS, 1981; SCHWEFLINGHAUS, 1982).

Bei den Selbstbiographischen Episoden handelt es sich um besonders eindrückliche Erlebnisse unserer Vpn, die sie zu den einzelnen Wertbereichen Beliebtheit, Aussehen, Sport und Intelligenz schriftlich berichten wollten, und zwar wurden sowohl positiv getönte Erlebnisse als auch negativ getönte abgefragt. Der Vp ist es jedoch freigestellt, überhaupt etwas zu einem bestimmten Wertbereich zu berichten. Wir hatten postuliert, daß mit diesem Instrument Selbstschemata operational zu erfassen sind.

Zur Auswertung dieser Selbstbiographischen Episoden wurde ein Kategoriensystem erstellt. Dieses System umfaßte als Inhaltsklassen Selbstbewertungen und Fremdbewertungen, positive und negative Bewertungen, sozialen Vergleich, weiterhin positive und negative Affekte, internale und externale Kontrolle, sowie die Häufigkeit einmaliger bzw. wiederkehrender Erlebnisse.

Ganz allgemein waren wir davon ausgegangen, daß sich die in den einzelnen Selbstwertbereichen aufgebauten Selbstschemata darin zeigen, daß in den Episoden bestimmte Kategorien in Abhängigkeit von der Stärke und Richtung der Dominanz häufiger auftreten.

Dabei haben wir im Zuge unserer Thesen konkret postuliert, daß in hoch positiven Selbstwertbereichen mehr positive Affekte und positive Bewertungen auftreten. In Selbstwertbereichen, die negativ selbstwertrelevant sind, erwarten wir mehr negative Affekte und negative Bewertungen. Zugleich haben wir weiterhin angenommen, daß in hoch positiv dominanten Bereichen weniger negative Affekte und Bewertungen auftreten und in hoch negativen Selbstwertbereichen weniger positive Affekte und Bewertungen.

Diese Annahmen konnten für alle vier Wertbereiche signifikant nachgewiesen werden (siehe auch Abb. 2).

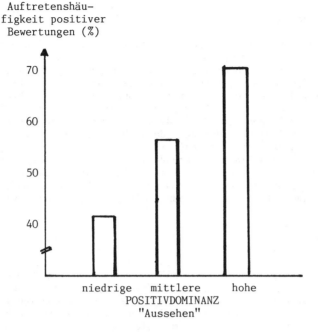

Auftretenshäu-
figkeit positiver
Bewertungen (%)

niedrige   mittlere   hohe
POSITIVDOMINANZ
"Aussehen"

Abbildung 2: Mittlere Häufigkeit positiver Bewertungen in Prozent bei
niedriger, mittlerer und hoher Positivdominanz des Wertbereichs "Aussehen".

Eine unserer Hypothesen war, daß sich die Wirksamkeit der Indikatoren
für aufgebaute Selbstschemata noch erhöht, wenn die betreffenden Personen hoch selbstaufmerksam sind(verwendet wurden die "private-items" der
Self-Consciousness Scale von FENIGSTEIN et al., 1975 in Anlehnung an
das theoretische Konzept von DUVAL & WICKLUND, 1972). Deutliche Ergebnisse in der erwarteten Richtung zeigten sich zumindest in den Wertbereichen Beliebtheit und Aussehen. Es weisen die Selbstbiographischen
Episoden bei hoch Selbstaufmerksamen signifikant mehr der postulierten
Kategorien auf, und das auch in Abhängigkeit von der Dominanz des Wertbereiches.

Schließlich ergeben sich auch sogenannte konvergierende Befunde, d.h.
für Jugendliche, bei denen nach dem Objektiven Gedächtnistest (s.o.)
in einem Wertbereich ein Selbstschema aufgezeigt werden konnte, ließ
sich dieses Selbstschema auch mit Hilfe der Selbstbiographischen Episoden nachweisen.

Im folgenden sollen nun noch einige entwicklungspsychologische Befunde
dargestellt werden. Dazu ist eine kurze Auseinandersetzung mit SCHAIEs
Entwicklungsmodell notwendig, von dem wir uns beim Aufbau der Untersu-

chung und der Auswertung der entwicklungspsychologischen Daten leiten
ließen.

5. Entwicklungsdaten

SCHAIE(1965) hat mit seinem Allgemeinen Entwicklungsmodell die entwicklungspsychologische Forschung maßgeblich beeinflußt. Er postuliert im
Rahmen dieses Modells die drei Entwicklungskomponenten Alter, Kohorte
und Zeitpunkt der Messung, denen er jeweils einen eigenen Erklärungs-
wert zubilligt. Der Versuch, die drei Komponenten zu entflechten, führte zu unterschiedlichen Erhebungs- und Auswertungsplänen (sequential
strategies). SCHAIE behauptet, daß diese drei Erhebungsmethoden Erklärungen von Entwicklungsveränderungen dadurch ermöglichen, da die einzelnen Entwicklungsparameter Alter, Kohorte und Zeitpunkt der Messung
gebunden sind an verschiedene zugrundeliegende Ursachen des Entwick-
lungsgeschehens. Alterseffekte sollten erklärt werden können mit Rei-
fungsfaktoren, Kohorteneffekte durch genetische Faktoren und/oder Um-
welteinflüsse und Effekte des Erhebungszeitpunktes mit soziokulturellen
Faktoren.

SCHAIE nimmt also an, daß diesen drei Parametern theoretische Erklä-
rungskonstrukte entsprechen. Besonders an diesem Punkt entzündete sich
in der Folge die meiste Kritik an seinem Entwicklungsmodell (u.a. BAL-
TES, 1968; als Überblick vgl. RUDINGER, 1981). In einem 1975 gemeinsam
veröffentlichten Artikel (SCHAIE & BALTES, 1975) einigten sich die beiden Autoren darüber, bei der Verwendung der drei Sequenzmodelle ihre
Funktionen als Daten-Sammlungsmethoden und Daten-Analysemethoden zu
unterscheiden. Einmal betrachtet man sie als Datenerhebungsstrategien
der deskriptiven Identifikation von Entwicklungsveränderungen, zum anderen sollen sie als Methoden der Kausalanalyse der Daten es gleichzeitig ermöglichen, die gefundenen Veränderungen zu erklären.

Das sicherlich geeignetste Sequenzmodell für entwicklungspsychologische
Untersuchungen ist das Kohortensequenzmodell ("Kohorte x Alter"). Die
Tatsache aber, daß dieser Erhebungsplan direkt an die Zeit gebunden
ist, hätte bei der Verwendung für die von uns gewählte Altersspanne (11
- 16 Jahre) zu einem Erhebungszeitraum von 7 Jahren geführt. Das Zeit-
sequenzmodell ("Testzeit x Alter") ist im Rahmen der varianzanalytischen Auswertung mit dem Problem abhängiger Stichproben belastet. Würde
man dieses dadurch zu umgehen versuchen, daß man zu jedem Meßzeitpunkt
aus den entsprechenden Kohorten neue Stichproben zieht, wird eine intraindividuelle Längsschnittverfolgung unmöglich.

Bei der Planung der vorliegenden Untersuchung waren zwei Zielvorstellungen maßgebend: zum einen sollte die Altersspanne 11-16 Jahre untersucht werden, da wir hier hinsichtlich unserer Fragestellungen am ehesten Entwicklungsveränderungen erwarteten; zum anderen sollte die Beob-
achtung intraindividueller Veränderungen innerhalb eines Jahres ermöglicht werden, wozu eine Längsschnittverfolgung erforderlich ist. Das
führte uns zu einem Erhebungsplan, nach dem jeweils fünf, ein Jahr aus-
einanderliegende,Kohorten im Abstand eines Jahres zweimal gemessen wurden (1978 und 1979). Dieses entspricht hinsichtlich der Datenmatrix dem
Quersequenzmodell von SCHAIE. Die varianzanalytische Auswertung dieser
Daten erfolgte nach einem 5 (Kohorten) x 2 (Erhebungszeitpunkte) Plan.

126

Tabelle 1: Das Alter der 5 untersuchten Kohorten zu den 2 Meßzeitpunkten

Alter

Meß-	1978	11	12 ◄--► 13	14	15	
zeit-			↑ ↓			
punkt	1979	12 ◄--► 13	14	15	16	

	1967	1966	1965	1964	1963

Kohorte

Legende: ◄—►   abhängige Stichproben (Längsschnitt)
          ◄—►   unabhängige Stichproben (Querschnitt)

Zunächst bleibt festzuhalten, daß bei der vorliegenden "Kohorte x Meßzeitpunkt - Analyse" sowohl auf den Kohortenstufen als auch bei den
aufeinanderfolgenden Meßzeitpunkten Alterseffekte miteingehen. Das über
die beiden Meßzeitpunkte gemittelte Alter steigt von der jüngsten zur
ältesten Kohorte jeweils um ein Jahr. Die älteste Kohorte (nach dem Ge-
burtsjahr) ist auch hinsichtlich des durchschnittlichen Alters die älteste Gruppe.Ebenso unterscheiden sich die Vpn von einem Erhebungszeitpunkt zum anderen bezogen auf das Alter insgesamt um ein Jahr. Hier
wird deutlich, daß erst bei der vergleichenden Betrachtung der Quer-
schnitt- und Längsschnittsequenzen Aussagen über Entwicklungsveränderungen gemacht werden können. Bei der Betrachtung der aufgetretenen Effekte erscheint uns also eine entwicklungspsychologisch sinnvolle Interpretation erst bei einer Gegenüberstellung von Querschnitt- und
Längsschnittsequenzen möglich (vgl. OERTER, 1979). Da wir, wie aus dem
vorangehenden Plan ersichtlich, nur über zwei Erhebungszeitpunkte verfügen, kann die Veränderung einer Altersgruppe von einem Jahr zum ande-
eren (abhängige Stichproben) mit Unterschieden zwischen zwei ein Jahr
auseinanderliegenden Kohorten (unabhängige Stichproben), die sowohl zum
ersten als auch zum zweiten Meßzeitpunkt gemessen wurden, verglichen
werden (vgl. Tab. 1: Längsschnitt = senkrechter Altersvergleich/Quer-
schnitt = waagerechte Altersvergleiche). Das gilt allerdings nicht für
den querschnittlichen Altersvergleich 11 - 12 und 15 - 16 Jahre.

Ein in der varianzanalytischen Datenauswertung auftretender Haupteffekt
des Meßzeitpunktes kann neben dem Alterseinfluß auch auf säkulare
Trends innerhalb des Erhebungszeitraumes und auf reine Testwiederho-
lungseffekte zurückgeführt werden. Da wir für den Erhebungszeitraum der
vorliegenden Untersuchung (1978 - 1979) keinen Grund zu einer Annahme
kultureller Veränderungen haben, die Unterschiede zwischen den beiden

Messungen hervorgerufen haben könnten, so ist bei einem alleinigen Haupteffekt Meßzeitpunkt anzunehmen, daß sich Retesteinflüsse mit Alterseffekten mischen.

Wenn wir also voraussetzen, daß im Erhebungszeitraum keine säkulare Wirkung kultureller Veränderungen stattfindet, kann ein Kohorteneffekt nur auf vorausgegangene Sozialisation zurückgeführt werden, wenn zugleich keine längsschnittlichen Veränderungen vorliegen, bzw. diese als Retesteinflüsse identifiziert werden können. Das Ausbleiben von Längsschnittveränderungen kann in diesem Falle als Entwicklungskonstanz (Merkmalsstabilität) interpretiert werden (vgl. OERTER, 1979).

Kommt ein Vergleich der Querschnitt- und Längsschnittsequenzen zu sich widersprechenden Ergebnissen, so bleiben die Befunde in entwicklungspsychologischer Hinsicht uninterpretierbar.

Finden wir schließlich eine Entsprechung von Quer- und Längsschnittverlauf der untersuchten Variablen, d.h. stimmen die Veränderungen der Altersgruppen von einem Jahr zum anderen (Längsschnitt) mit den Unterschieden zwischen den im Alter korrespondierenden, ein Jahr auseinanderliegenden Kohorten (Querschnitt), und zwar sowohl zum ersten als auch zum zweiten Meßzeitpunkt überein, so betrachten wir dies als Hinweis auf eine altersgebundene Entwicklung. Dieser Alterseinfluß kommt dann bei einem im Querschnitt nicht monotonen Verlauf der gemessenen Variable zu den beiden Meßzeitpunkten in einer Interaktion von "Kohorte" und "Meßzeitpunkt" zum Ausdruck. Bei einem im Querschnitt kontinuierlichen Anstieg oder Abfall der gemessenen Variable zu den beiden Meßzeitpunken schlägt er sich in einem Haupteffekt "Kohorte" nieder.

Alle von uns vorgefundenen Haupteffekte "Zeitpunkt der Messung" stehen im Verdacht, Retesteffekte zu sein. Da wir keine Kontrollgruppe vorliegen haben, können diese Befunde auch nicht weiter interpretiert werden. Der von uns theoretisch beschriebene Fall einer Entwicklungskonstanz (Haupteffekt "Kohorte" und keine längsschnittlichen Veränderungen) findet sich nicht unter unseren Daten. Die im folgenden dargestellten Ergebnisse zeigen die zuvor beschriebene weitgehende Entsprechung von Querschnitt- und Längsschnittverlauf. Bei einigen Befunden ergeben sich bei einem Vergleich der Querschnitt- und Längsschnittsequenzen widersprechende Ergebnisse, so daß diese in entwicklungspsychologischer Hinsicht uninterpretierbar werden.

Wir greifen zwei Befunde zu den Wertbereichen sportliche Tüchtigkeit und intellektuelle Leistungsfähigkeit heraus, die unseres Erachtens Entwicklungsverläufe recht deutlich machen. So läßt sich im Wertbereich "sportliche Tüchtigkeit" hier dargestellt an der Auftretenshäufigkeit der in den Episoden geäußerten Femdbewertungen aufzeigen, daß die Wahrnehmung einer Außenbewertung vom 11. bis zum 15. Lebensjahr kontinuierlich abnimmt.

Bei den zum ersten Meßzeitpunkt gemessenen 15jährigen Jugendlichen finden sich sogar überhaupt keine berichteten Fremdbewertungen zu diesem Wertbereich mehr. In Zusammenhang mit weiteren Befunden hierzu ließe sich dies als Ausdruck dafür interpretieren, daß zunehmend ein eigenes Bewertungssystem für sportliche Leistungen aufgebaut wird.

Mittlere Häufigkeit
        der   o = I. Meßzeitpunkt
Fremdbewertungen (%)   ● = II. Meßzeitpunkt

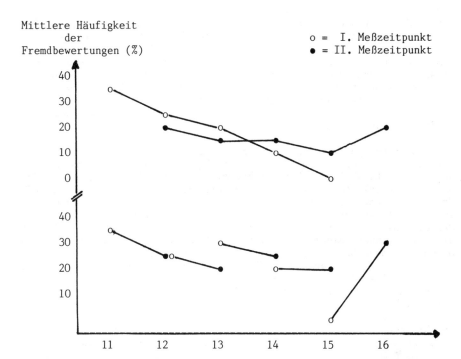

Abbildung 3: Mittlere Häufigkeit der Fremdbewertungen im Querschnitt-
             und Längsschnittvergleich für den Wertbereich SPORT
             (untere Darstellung Längsschnitt, obere Querschnitt)

Der erneute Anstieg bei den 16jährigen mag andeuten, daß Sport als
schulisches Unterrichtsfach, möglicherweise im Hinblick auf das Abitur,
unabhängig von jeder Selbstbewertung einer gewissen erzwungenen Fremdbewertung unterliegen kann.

Der Längsschnittverlauf ist in Abbildung 3 nicht eingezeichnet. Man erhält ihn für die angesprochenen Altersstufen 14 - 16 Jahre, wenn man
sich den I. Meßzeitpunkt der 14jährigen mit dem II. Meßzeitpunkt der
15jährigen usf. verbunden denkt.

In den Abbildungen zum Wertbereich "intellektuelle Leistungsfähigkeit"
(s. Abbildung 4a - 4c)sind drei signifikante Interaktionen dargestellt,
die zum II. Meßzeitpunkt einen weitgehend übereinstimmenden Kurvenver-
lauf zeigen. Die erste Querschnittsequenz gibt die mittlere Anzahl der
erinnerten Sätze im Objektiven Gedächtnistest*) wieder.Die beiden folgenden Querschnittverläufe sind Ergebnisse zweier Variablen der Selbstbiographischen Episoden. Betrachten wir zunächst die Anzahl erinnerter

----

*) Den Vpn wurden zu Beginn der Untersuchung wertbereichsneutrale Sät-
   ze zum Lernen vorgegeben. Im Laufe der Untersuchung bot man ihnen
   wertbereichsbezogene Sätze zur "Wiedererkennung" und zwar jeweils in
   Wertbereichspaaren. Nach den Vorannahmen sollten Sätze aus dominanten Wertbereichen häufiger "wiedererkannt" werden, was auch zutraf.

Sätze. Hier ist sowohl die Interaktion signifikant (F = 4.12, p≤ .003), als auch der Zeitpunkt der Messung (F = 10.10,p≤ .002). Dieser Meßzeitpunkteinfluß zeigt sich besonders stark bei den 14jährigen. Ziehen wir zum Vergleich die Längsschnittsequenz heran,so finden wir eine Übereinstimmung des steigenden und sinkenden Verlaufes beider Sequenzen bis auf die Gruppe der 14 - 15jährigen.Hier deutet sich im Längsschnitt ein leichter Abfall an. Es ließe sich vermuten, daß dies auf den starken Retesteffekt zurückzuführen ist, der jeweils zum II.Meßzeitpunkt zu niedrigeren Werten führt.

Zum Auftreten positiver Affekte im Wertbereich Intelligenz finden wir für den Gesamtverlauf keinen Meßzeitpunkteffekt mehr. Signifikant ist nur die Interaktion "Kohorte x Meßzeitpunkt" mit F = 3.14,p≤ .01. Der Querschnittverlauf zum II. Erhebungszeitpunkt zeigt eine weitgehende Übereinstimmung in seiner Ausprägung mit dem zuvor beschriebenen Verlauf der Anzahl erinnerter Sätze im Objektiven Gedächtnistest zum II. Meßzeitpunkt. Das ist allein insofern bemerkenswert, als es sich hier um völlig unterschiedliche Instrumente handelte, mit denen die Daten erhoben wurden. Der Längsschnittverlauf zur Auftretenshäufigkeit positiver Affekte zeigt auch hier Übereinstimmung mit dem Querschnitt bis auf die 12 - 13jährigen, für die sich ein leichter Anstieg findet im Gegensatz zum Querschnittverlauf der 12 - 13jährigen des II. Meßzeitpunktes.

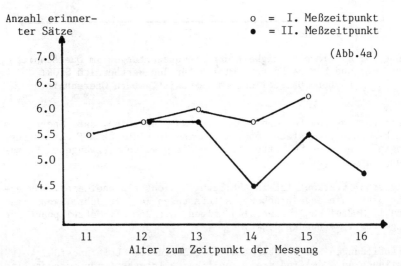

Schließlich deutet sich ein vergleichbarer Querschnittverlauf (II. Meßzeitpunkt) auch für die berichteten wiederkehrenden Ereignisse in diesem Wertbereich an. Hier zeigt sich ebenfalls ein hoch signifikanter Meßzeitpunkteffekt (F = 16.50, p≤ .000), sowie eine in der Tendenz signifikante Interaktion (F = 2.04,p≤ .09). Der Retesteinfluß besteht hier darin, daß zum II.Meßzeitpunkt wesentlich häufiger auf allen Altersstufen wiederkehrende Ereignisse berichtet werden. Hierbei ist aber zu berücksichtigen, daß es sich um einen Artefakt handeln kann. Es scheint nämlich so, daß die Variable "Wiederkehrendes Ereignis" Retesteffekte

130

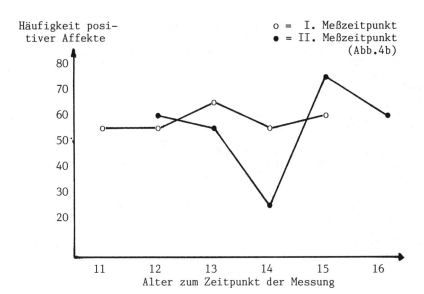

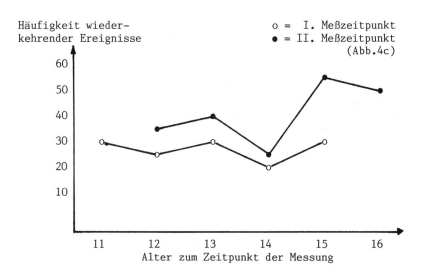

Abbildung 4a–c: Mittlere Anzahl erinnerter Sätze, mittlere Häufigkeit positiver Affekte und wiederkehrender Ereignisse in Prozent für die Altersstufen 11 – 16 im Wertbereich INTELLIGENZ

produzieren muß, wenn die Selbstwertrelevanz vom I. zum II.Meßzeitpunkt hoch geblieben ist. D.h., auch wenn die Vpn bei hoher Selbstwertrelevanz zum I. Meßzeitpunkt ein sogenanntes "einmaliges Ereignis" berichten, dürften sie zum II. Meßzeitpunkt bei weiterhin hoher Selbstwertrelevanz nur dann nicht von einem "wiederkehrenden Ereignis"sprechen, wenn sie dasselbe Erlebnis wie zum I. Meßzeitpunkt berichten. Übereinstimmung mit dem Längschnittverlauf finden wir bis auf die Altersgruppen 13 - 14 und 15 - 16 Jahre. In beiden Fällen dürfte dies auf die Resesteffekte zurückzuführen sein, die dem Entwicklungstrend hier entgegenwirken.

Auch auf intraindividueller Ebene lassen sich gerade für den Wertbereich "intellektuelle Leistungsfähigkeit" Zusammenhänge mit der Wertbereichsdominanz aufzeigen. So konnten wir in Abhängigkeit davon, ob der Wertbereich vom ersten zum zweiten Meßzeitpunkt in der Dominanz zunahm oder abnahm, entsprechende Veränderungen in den Selbstbiographischen Episoden bzw. im Objektiven Gedächtnistest nachweisen.

Ziehen wir eine Bilanz der hier referierten Längsschnittuntersuchung, so läßt sich feststellen, daß unsere Daten die Annahme sog. Selbstschemata für bestimmte Wertbereiche Jugendlicher der untersuchten Altersgruppen stützen. Deutlich lassen sich auch Entwicklungsverläufe aufzeigen. Hier jedoch dürften auch für die Zukunft die größten methodischen Probleme liegen.

Alltagsbelastungen und selbstbezogene Kognitionen bei Jugendlichen *)

Hans-Henning Quast

1. Theoretische Überlegungen

Die Analyse der Entwicklung und Veränderung verschiedener Aspekte des Selbstkonzeptes und selbstbezogener Kognitionen hat in den letzten Jahren ein zunehmendes Interesse gefunden (FILIPP,1979; SHAVELSON, BOLUS & KEESLING, 1980; SCHWARZER, 1981; MEYER, 1983; FREY & BENNING, 1983; JERUSALEM, 1984).Zahlreiche Untersuchungen haben dazu beigetragen,selbstbezogene Kognitionen und die Facetten des Selbstkonzeptes zunehmend differenzierter zu betrachten. Im Rahmen dieses Beitrages kann auf die verschiedenen konzeptuellen Vorstellungen zum Selbst im weiteren Sinne und den Determinanten der Veränderung nicht eingegangen werden. Einen ausführlichen Überblick über den aktuellen Stand der theoretischen Diskussion und neuerer empirischer Befunde wird von JERUSALEM (1984) gegeben.

Grundlage dieses Beitrages und der vorliegenden Untersuchung bildet ein Aspekt, der unserer Meinung nach in der Diskussion um die Entstehungs- und Veränderungsbedingungen von verschiedenen Aspekten des Selbstkonzeptes vernachlässigt wurde. Es geht um die Bedeutung von Alltagsbelastungen für diese Veränderungsprozesse. Alltagsbelastungen können als "natürliche Treatments des alltäglichen Lebens" verstanden werden. Die Auswirkungen dieser Alltagsbelastungen (daily hassles) sind in jüngster Zeit im Rahmen der Streßforschung untersucht und diskutiert worden (ILLFELD, 1976;1977; LEWINSOHN & TALKINGTON,1979; KANNER, COYNE, SCHAEFER & LAZARUS, 1981). Vor allem hat die Gruppe um Lazarus in Berkeley wesentliche Beiträge zu diesem neuen Gebiet der Streßforschung geliefert (LAZARUS, COHEN, FOLKMAN, KANNER & SCHAEFER, 1980;LAZARUS, COYNE & FOLKMAN, 1982; LAZARUS & FOLKMAN, 1984; KANNER, COYNE, SCHAEFER & LAZARUS, 1981; DeLONGIS, COYNE, DAKOF, FOLKMAN & LAZARUS, 1982). Die Erforschung der Auswirkungen von Alltagsanforderungen bzw. Alltagsbelastungen, im amerikanischen Sprachraum als "daily hassles" oder "current stressors" und "daily uplifts" bezeichnet, entwickelte sich aus der Überlegung, daß nicht nur die "großen kritischen Lebensereignisse" (critical life events) wie Tod des Ehepartners, Unfall, Arbeitslosigkeit,Heirat, Geburt eines Kindes etc. allein für die Entstehung psychischer Erkrankungen und Veränderung der seelischen Gesundheit verantwortlich zu machen sind. Besonders ILLFELD(1976) hat auf dieses Problem hingewiesen und in verschiedenen Untersuchungen die Brauchbarkeit dieser Überlegungen belegt (siehe dazu ILLFELD, 1983). In einer neueren Arbeit hat FILIPP (1983) die Rolle von Selbstkonzepten als "Antezedentien" und als "Folgevariablen" in der Konfrontation und Bewältigung von kritischen Lebensereignissen behandelt (vgl. auch FILIPP, 1981). Welche Bedeutung nun Alltagsanforderungen bzw. Alltagsbelastungen für die Veränderung von verschiedenen Facetten des Selbstkonzeptes zukommt, wurde

---

*) Dieser Beitrag entstand im Rahmen des von der Stiftung Volkswagenwerk finanzierten Forschungsprojekts "Entwicklung des Selbstkonzepts in schulischen Bezugsgruppen" unter der Leitung von Prof.Dr.Ralf Schwarzer

bislang kaum bearbeitet. Auch hier können unterschiedliche Ausschnitte des Selbstkonzeptes und selbstbezogener Kognitionen zum einen als "Antezedentien" und zum anderen als "Konsequenzen" der Auseinandersetzung mit Alltagsbelastungen gesehen werden. Somit können Alltagsbelastungen und Selbstkonzeptvariablen wechselseitig als unabhängige und als abhängige Komponenten eines Interaktionsprozesses über die Zeit konzeptualisiert werden. Dieser wechselseitige transaktionale Prozeß läßt sich im Rahmen des Streßmodelles von LAZARUS & LAUNIER (1978) betrachten. Wir gehen davon aus, daß die in unserer Studie untersuchten selbstbezogenen Kognitionen wie "Selbstwirksamkeit", "Hilflosigkeit", "Soziale Angst","Leistungsangst" und das "generalisierte Selbstkonzept" als adaptive Regulationsmechanismen oder subjektive Handlungsregulationen aufgefaßt werden können, die in der Konfrontation mit und in der Bewältigung von Alltagsbelastungen wirksam werden.

Im Alltagsleben müssen wir uns mit verschiedenen Anforderungen auseinandersetzen, wobei wir in subjektiven Einschätzungsprozessen unsere Handlungsmöglichkeiten und Ressourcen im Hinblick auf die Anforderungen der spezifischen Situation bzw. Umwelt evaluieren müssen. Erfahrungsbedingte selbstbezogene Kognitionen beinhalten subjektive Kompetenzen, die einen Einfluß darauf haben, ob in diesem Einschätzungsprozeß die Situation als streßreich empfunden wird. Wir erleben Streß, wenn die situativen Anforderungen gleich oder größer als die subjektiven Kompetenzen wahrgenommen werden. Geringe Diskrepanzen fordern uns heraus, wohingegen größere Diskrepanzen als bedrohlich wahrgenommem werden oder sogar einen Kontrollverlust antizipieren lassen, was mit einem Verlust an Selbstwert einhergeht. Diese kognitiven Prozesse münden in unterschiedliche kognitive, emotionale und handlungsorientierte Bewältigungsprozesse. Erfolg oder Mißerfolg in der Reduktion des erlebten Stresses bzw. die Bewältigung der Situationsanforderungen stellen neue Lernerfahrungen dar, die wiederum die Entwicklung und Veränderung von Aspekten des Selbstkonzeptes und selbstbezogener Kognitionen bestimmen. Diese erworbenen kognitiven Strukturen bilden wiederum Antezedentien der Wahrnehmung und Verarbeitung neuer Situationen und Anforderungen. In Abbildung 1 wird versucht, diesen Prozeß schematisch darzustellen.

Die eingezeichneten Pfade implizieren, daß wir spezifische Verbindungen zwischen selbstbezogenen Kognitionen, Alltagsbelastungen und Verarbeitungprozessen annehmen. Selbstbezogene Kognitionen zum Zeitpunkt T1 interagieren mit Alltagsbelastungen zum Zeitpunkt T1. Das Ergebnis der Bewältigung dieser Anforderungen sollte selbstbezogene Kognitionen zum Zeitpunkt T2 beeinflussen, z.B. in Form einer erhöhten Überzeugung der eigenen Selbstwirksamkeit einerseits oder eines vermehrten Erlebens von Hilflosigkeit auf der anderen Seite. Ebenso wirken sich erfolgreiche bzw. nicht erfolgreiche Bewältigungen auf Alltagsbelastungen zum Zeitpunkt T2 aus, weil durch sie zukünftige oder potentielle Streßquellen beseitigt werden könen, wie z.B. Änderung von Verhaltensgewohnheiten, um morgens nicht mehr zu spät zur Arbeit zu kommen (früher Aufstehen; früher zum Arbeitsplatz fahren, um den Verkehrsstau zu vermeiden; andere Verkehrsmittel oder Wege benutzen etc.).

Gestrichelt eingezeichnet sind direkte Einflußrichtungen von selbstbezogenen Kognitionen zum Zeitpunkt T1 auf selbstbezogene Kognitionen zum Zeitpunkt T2. Damit soll die transsituationale Stabilität von selbstbezogenen Kognitionen berücksichtigt werden, d.h. die Konfrontation und

134

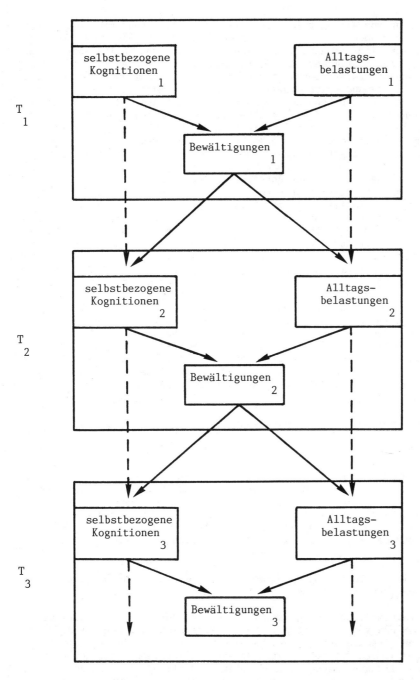

Abbildung 1: Schematische Darstellung des Zusammenwirkens von selbstbezogenen Kognitionen, Alltagsbelastungen und Bewältigungen über die Zeit

Bewältigung von Alltagsbelastungen verändern selbstbezogene Kognitionen nur zu einem noch näher zu bestimmenden Anteil. In ähnlicher Weise gehen wir von einer transsituationalen Stabilität von Alltagsbelastungen aus. Nur ein bestimmter Anteil von Alltagsbelastungen läßt sich durch Bewältigungsprozesse überhaupt und für einen bestimmten Zeitraum reduzieren. Hat jemand beispielsweise keine andere Möglichkeit, als morgens während der Hauptverkehrszeiten zur Arbeit zu fahren,was als streßreich empfunden wird, so wird er diese Belastungen permanent erleben, wenn er diese nicht durch "emotional coping" (LAZARUS & GOLDEN,1983) reduzieren kann.Insofern bestehen in unserem Modell auch direkte Verbindungslinien zwischen den Alltagsbelastungen zum Zeitpunkt T1, T2, T3 etc.

Eine Konzeptualisierung der Entwicklung und Veränderung von selbstbezogenen Kognitionen im Rahmen eines solchen Modelles, in dem das Zusammenwirken der Variablen Alltagsbelastungen, selbstbezogene Kognitionen und Verarbeitungsprozesse über die Zeit betrachtet wird, liegt zur Zeit noch nicht vor. In einer ersten Erfahrungsstudie haben wir versucht, einen Ausschnitt aus diesem Modell empirisch zu untersuchen. Wir erfaßten selbstbezogene Kognitionen zum Zeitpunkt T1 und erhoben wöchentlich über einen Zeitraum von 3 Monaten Alltagsbelastungen und subjektive Befindlichkeiten (T1 bis T12). Abschließend erhoben wir wieder selbstbezogene Kognitionen zum Zeitpunkt T2, um die Auswirkung der Alltagsbelastungen auf verschiedene Aspekte von selbstbezogenen Kognitionen bestimmen zu können. In dieser Phase des Forschungsprozesses konnten wir nicht zu jedem Zeitpunkt, zu dem wir Alltagsbelastungen erhoben haben, auch selbstbezogene Kognitionen erfassen, wie es in dem vorgeschlagene ne Modell skizziert wurde. Solche Untersuchungsstrategien sollen in weiteren Projekten eingesetzt werden. Weitere Einzelheiten zum Untersuchungsplan werden im folgenden Abschnitt gegeben.

2. Fragestellung und Untersuchungsplan

2.1 Hypothesen

In dem vorausgegangenen Teil haben wir bereits auf die uns interessierenden Fragestellungen hingewiesen. Ausgangspunkt unserer Überlegungen war die Frage, welche Bedeutung Alltagsbelastungen für die Veränderung von selbstbezogenen Kognitionen haben und inwieweit Aspekte des Selbstkonzeptes Antezedentien von Alltagserfahrungen darstellen. Folgende Kernhypothesen lagen unserem Untersuchungsplan zugrunde.

(a) Es gibt systematische Zusammenhänge zwischen Alltagsbelastungen und selbstbezogenen Kognitionen.

(b) Befragt man Menschen ausschließlich nach negativen Alltagsbelastungen im Sinne von "daily hassles", so wird sich dies negativ auf verschiedene Aspekte des Selbstkonzeptes und selbstbezogener Kognitionen auswirken. Umgekehrt sollte sich das ausschließliche Befragen nach positiven Alltagsbelastungen im Sinne von "daily uplifts" in umgekehrter Richtung, d.h. positiv auf Aspekte des Selbstkonzeptes und selbstbezogener Kognitionen auswirken. Das Befragen nach positiven oder nach negativen Alltagsbelastungen über einen Zeitraum von mehreren Wochen verstehen wir als systematischen Einsatz eines "treatments" im Rahmen eines quasi-experimentellen Vorgehens. Dieses "treatment" soll einen differentiellen Effekt auf die abhängigen Variablen (verschiedene Maße zum Selbstkonzept und selbstbezogenen Kognitionen) haben. Wir sind davon ausgegangen, daß es erforderlich ist, das "treatment" über einen Zeitraum von mindestens 10-12 Wochen einzusetzen, damit sich die postulierten Veränderungen manifestieren können.

2.2 Probanden

99 Auszubildende in der Berufsausbildung im Alter zwischen 17 und 22 Jahren nahmen an der Untersuchung teil. Das Durchschnittsalter lag bei 19 Jahren. Von den 99 Auszubildenden waren 3 weiblichen Geschlechts. 30 der Teilnehmer befanden sich zum Zeitpunkt der Untersuchung im ersten Lehrjahr, 40 im zweiten und 29 im dritten Lehrjahr. Es gab vier Ausbildungsgruppen in den Berufen Maler(32), Metaller(27), Maurer(11) und Tischler(29). Von den 99 Auszubildenden hatten 30 vor Beginn der Berufsausbildung die Hauptschule und 69 die Sonderschule besucht. Die einzelnen Ausbildungsgruppen unterschiedlicher Lehrjahre werden von vier Sozialpädagogen betreut, die als Versuchsleiter das Projekt unterstützten. *)

Zu Beginn der dreimonatigen Längsschnittstudie bearbeiteten alle Teilnehmer einen umfangreichen Fragebogen, der verschiedene Skalen zum Selbstkonzept und selbstbezogenen Kognitionen enthielt.Über einen Zeitraum von 12 Wochen hatten dann die Teilnehmer einmal wöchentlich einen Fragebogen zu den erlebten Alltagsbelastungen der vergangenen Woche und zur überwiegenden subjektiven Befindlichkeit in dieser Zeit am Ende einer Woche zu bearbeiten. Vier Ausbildungsgruppen bearbeiteten die "positiven" Alltagsbelastungen und subjektiven Befindlichkeiten, die anderen vier Gruppen bearbeiteten ausschließlich die "negativen" Alltagsbelastungen und subjektiven Befindlichkeiten konstant über einen Zeitraum von 12 Wochen.

2.3 Instrumentarium

Die Grundlagen der Skalen zur Erfassung selbstbezogener Kognitionen und von Aspekten des Selbstkonzeptes werden bei JERUSALEM(1984) ausführlich dargestellt. Die in der vorliegenden Untersuchung eingesetzten Skalen sind teilweise leicht modifiziert worden im Hinblick auf deren Verwendung in einer Stichprobe bei Jugendlichen in der Berufsausbildung. Bei JERUSALEM (1984) bildeten Schüler des 5. und 6. Schuljahres die Untersuchungspopulation.Folgende Skalen wurden eingesetzt,um Aspekte selbstbezogener Kognitionen zu erfassen:

1. Wirksamkeit(Wirk); 2. Hilflosigkeit(Help); 3.Generalisiertes Selbstkonzept(Selbst); 4.Schüchternheit(Shy); 5. Publikumsangst(Auda); 6.Aufgeregtheit(Emo/TAI); 7. Besorgtheit(Worry/TAI).

---

*) Ich danke der Handwerkskammer Trier für die Erlaubnis zur Durchführung dieser Studie. Mein besonderer Dank gilt Marianne Legrand, Ingrid Sauer, Almut Hölzenbein und Hans-Ullrich Schuh für ihre Unterstützung bei der Projektdurchführung.

Um Alltagsbelastungen und subjektives Befinden erfassen zu können, wurden von uns zwei Formen von Fragebogen entwickelt. Grundlage der Konstruktion bildeten die im theoretischen Teil dieses Beitrages erwähnten Konzepte, sowie die Arbeiten von FILIPP, AHAMMER, ANGLEITNER & OLBRICH (1980) und QUAST (1985). Bei der Entwicklung von Items zu positiven und negativen Alltagsanforderungen haben wir versucht, den wesentlichen Aspekten in zentralen Lebensbereichen eines Jugendlichen Rechnung zu tragen, die im folgenden kurz genannt werden. In Klammern ist die Anzahl der Items zu den einzelnen Bereichen angegeben. *)

1. Ausbildungs- und Arbeitsbereich, bezogen auf die theoretische und praktische Ausbildung im Betrieb und in der Schule einschließlich sozialer Beziehungen (20).

2. Privatbereich, bezogen auf Eltern, Freunde, Freundin bzw. Freund und Freizeitaktivitäten (21).

3. Ökologische Bedingungen, bezogen auf das Wohnen, die finanzielle Situation, das Fahrzeug (Auto oder Moped) und das Wetter (8).

4. Körperliche Bedingungen, bezogen auf Krankheit und Unwohlsein (4).

5. Sonstiges (3).

Anhand von 56 Items bzw. 57 Items wurden Alltagsbelastungen positiver und negativer Art operationalisiert. Die Skalen zur Erfassung der subjektiven Befindlichkeit enthielten jeweils 17 Items. In Anlehnung an das Konzept des psychischen Wohlbefindens von BRADBURNE & CAPLOVITZ (1965)betrachten wir die 17 Items zur Erfassung der subjektiven Befindlichkeit als Indikatoren gelungener oder nicht gelungener Bewältigung von Alltagsbelastungen. In verschiedenen Untersuchungen konnten BRADBURN & CAPLOVITZ (1965) und BRADBURN (1969) nachweisen, daß eine Reihe von Faktoren wie z.B. Kontakte mit Freunden und Verwandten, Ausflüge, Sportaktivitäten etc. in systematischem Zusammenhang mit der subjektiven Befindlichkeit bzw. dem psychischen Wohlbefinden standen (siehe dazu auch BECKER, 1982). In einer Reihe von Studien mit teilweise sehr großen Stichproben konnte die Brauchbarkeit des Ansatzes von BRADBURN & CAPLOVITZ (1965) belegt werden (BEISER, 1974; ANDREWS & WITHEY, 1976; CHERLIN & REEDER, 1975). Ähnlich wie BERKMAN (1971) waren wir bei der Erfassung der subjektiven Befindlichkeit nicht primär am momentanen bzw. aktuellen Zustand (zum Zeitpunkt des Bearbeitens der "hassles" und "uplifts" Items) interessiert, sondern vielmehr an dem "überwiegenden" subjektiven Befinden positiver (uplift-Gruppe) oder negativer (hassle-Gruppe) Art der vergangenen Woche.

Soweit es möglich war, wurde versucht, eine Korrespondenz zwischen den Items der einen Form (A=positive Alltagsbelastungen) und der anderen Form (B=negative Belastungen) herzustellen (z.B. "Das Fernsehprogramm ist gut gewesen" in Form A versus "Das Fernsehprogramm ist schlecht gewesen" in Form B oder "Mein Meister hat mich gelobt" versus "Mein Meister hat an mir etwas auszusetzen gehabt"). In ähnlicher Weise haben

---

*) Auf Anfrage können die von uns entwickelten Fragebögen zugesandt werden

138

wir versucht, korrespondierende Items zur subjektiven Befindlichkeit zu entwickeln, wie z.B. "Ich war selbstbewußt" in Form A versus "Ich habe an mir gezweifelt" in Form B. Bei der Entwicklung dieser Fragebogen wurde in Kauf genommen, daß die Konstruktion "gegensätzlicher" bzw. "korrespondierender Items" sowohl theoretisch als auch methodisch nicht unproblematisch ist. Da es sich bei der vorliegenden Studie um die erste Untersuchung dieser Art handelte, hielten wir ein solches Vorgehen im Rahmen diese Pilotprojektes für vertretbar.

Grundlegend für die Konstruktion der Items zu den Alltagsbelastungen, den subjektiven Befindlichkeiten und für die Wahl des Versuchsplanes waren zwei Annahmen: Zum einen gingen wir davon aus, daß man Alltagsbelastungen und subjektive Befindlickeiten am Ende einer Woche rückblickend und "summarisch" erfassen kann, und zum anderen, daß sich die Probanden an das Erlebte der vergangenen Woche erinnern.

2.4 Organisatorischer Ablauf der Untersuchung

Die Untersuchung erstreckte sich auf einen Zeitraum von 3 Monaten. Zu Beginn des Projektes bearbeiteten alle 99 Auszubildende den Fragebogen zur Erfassung der oben genannten Variablen des Selbstkonzeptes unter Anleitung der betreuenden Sozialpädagogen. In den folgenden 12 Wochen wurden dann gegen Ende der Woche die Fragebogen zu den Alltagsbelastungen positiver und negativer Art und den subjektiven Befindlichkeiten bearbeitet, was ebenfalls unter Anleitung der 4 Sozialpädagogen in ihren jeweiligen Ausbildungsgruppen geschah. Vier Gruppen bearbeiteten ausschließlich die positiven Belastungen und subjektiven Befindlichkeiten Form A, die anderen 4 Gruppen die Form B. Die als Versuchsleiter fungierenden Sozialpädagogen waren mit der Untersuchungshypothese nicht vertraut, d.h. es handelte sich um einen Doppelblindversuch. Zu den beiden Fragebogenformen wurde lediglich bemerkt, daß es sich hierbei um völlig gleichwertige Instrumente handelte, deren Items nur unterschiedlich formuliert worden seien. Gegenstand der Untersuchung sei die Frage, ob es irgendwelche Zusammenhänge zwischen Alltagserfahrungen und verschiedenen Aspekten des Selbstkonzeptes gäbe. Nach den 12 wöchentlichen Erhebungen wurde zum Abschluß noch einmal der Fragebogen zur Erfassung verschiedener Selbstkonzeptaspekte eingesetzt, um die postulierten Veränderungen zu bestimmen. 97 der 99 Auszubildenden nahmen an der letzten Erhebung teil, was einer drop-out Quote von nur 2% entspricht. Bei den jeweiligen wöchentlichen Erhebungen schwankte die gesamte Teilnehmerzahl zwischen 80 und 95 aufgrund von Krankheit oder sonstigen Umständen. Als Vergütung für ihre Teilnahme erhielten die Probanden am Ende der Untersuchung einen Geldbetrag von DM 20.00.

3. Ergebnisse

Im folgenden Teil werden erste Ergebnisse der Datenanalysen mitgeteilt. In der ersten Phase der Auswertung ging es um die Frage, inwieweit das von uns konzipierte "treatment" (Bearbeitung von "daily hassles" in der einen und "daily uplfits" in der anderen Untersuchungsgruppe über einen Zeitraum von 12 Wochen) die erwarteten Effekte zeigte. Zuvor wurden die Mittelwerte, Standardabweichungen und Reliabilitäten (Cronbach's alpha) geprüft. Tabelle 1 enthält diese Angaben für die eingesetzten Skalen für beide Meßzeitpunkte. Mit Ausnahme der Skalen "Aufgeregtheit" und "Besorgtheit" des TAI wurden die übrigen Skalen auf der Grundlage von Faktoren- und Reliabilitätsanalysen gebildet. Alle Skalen zeigen gute statistische Kennwerte zu beiden Meßzeitpunkten. Wie auch in anderen Untersuchungen (JERUSALEM, 1984) hatte die Skala "Besorgtheit" (WOR) eine schlechtere Reliabilität als die Skala "Aufgeregtheit" (EMO) des TAI. Die TAI-Gesamtskala zeigte zu beiden Meßzeitpunkten eine hohe Reliabilität. In einer neueren Arbeit hat JERUSALEM (1985) auf das Problem der Heterogenität der "Worry-Komponente" im TAI hingewiesen, die für die niedrige interne Konsistenz der Skala verantwortlich sein kann.

Im Anschluß führten wir acht Varianzanalysen mit Meßwiederholung durch (SPSS-Programm MANOVA), mit denen geprüft werden sollte, ob das Bearbeiten von negativen Alltagsbelastungen (hassles) versus positiven Alltagsbelastungen (uplifts) in einem Fragebogen über einen Zeitraum von 12 Wochen einen systematischen Einfluß auf verschiedene Aspekte von selbstbezogenen Kognitionen hat. Hierbei sollte die ausschließliche Konfrontation mit "hassles", selbstbezogene Kognitionen wie "Wirksamkeit", das "generalisierte Selbstkonzept" negativ beeinflussen, d.h. die Merkmalsausprägung in diesen Persönlichkeitsaspekten eher vermindern und andererseits die Werte in Aspekten der "sozialen Angst" und der "Leistungsangst" erhöhen.

Tabelle 1: Mittelwerte, Standardabweichungen und Reliabilitäten der
           Skalen zu beiden Meßzeitpunkten

Skala	Meßzeitpunkt 1				Meßzeitpunkt 2			
	M	s	N	alpha	M	s	N	alpha
WIRK	49.93	5.5	95	.813	49.60	6.0	94	.852
HELP	27.30	4.7	93	.721	26.73	4.3	95	.720
SELB	20.61	3.5	93	.711	20.06	3.3	86	.691
SHY	16.77	4.2	96	.731	16.52	3.9	97	.701
AUDA	14.11	3.6	98	.746	13.90	3.4	97	.735
EMO	21.17	5.5	95	.857	21.54	5.2	92	.858
WOR	29.63	3.6	95	.662	28.42	4.0	93	.716
TAI	50.64	7.9	91	.848	49.98	8.2	92	.872

Ebenso sollten sich die Kognitionen der Hilflosigkeit erhöhen. Umgekehrt sollte die ausschließliche Konfrontation mit "uplifts" über den gleichen Zeitraum einerseits Kognitionen der "Hilflosigkeit" und Komponenten der "sozialen Angst" und der "Leistungsangst" vermindern und andererseits die "Selbstwirksamkeit" und das "Selbstwertgefühl"(generalisiertes Selbstkonzept) erhöhen. Die Tabellen 2a und 2b enthalten die Mittelwerte, Standardabweichungen und Fallzahlen für beide Untersuchungsgruppen zu beiden Meßzeitpunkten für die acht Skalen.

Nur in einer der acht Skalen zeigt sich eine signifikante Veränderung in der erwarteten Richtung. Die Hilflosigkeitskognitionen verringern sich über einen Zeitraum von 12 Wochen in der Untersuchungsgruppe, die

Tabelle 2a. Mittelwerte, Standardabweichungen, Stichprobengröße
            der Versuchsgruppen für den ersten Meßzeitpunkt

	hassle-Gruppe			uplift-Gruppe		
Skala	M	s	N	M	s	N
HELP	27.4	4.6	40	27.5	4.5	49
WIRK	49.4	4.7	41	50.1	6.1	49
SELB	20.0	3.6	40	21.2	3.4	42
SHY	17.7	4.3	44	16.0	4.2	50
AUDA	14.7	4.0	44	13.7	3.2	52
EMO	22.7	5.3	38	20.3	5.5	50
WOR	30.0	3.2	39	29.2	3.6	50
TAI	52.5	7.4	35	49.6	7.7	49

Tabelle 2b: Mittelwerte, Standardabweichungen, Stichprobengröße
            der Versuchsgruppen für den zweiten Meßzeitpunkt

	hassle-Gruppe			uplift-Gruppe		
Skala	M	s	N	M	s	N
HELP	27.6	4.3	40	25.6	4.2	49
WIRK	49.1	5.2	41	50.1	6.7	49
SELB	19.7	3.2	40	20.5	3.4	42
SHY	17.3	4.1	44	16.0	3.6	50
AUDA	14.6	3.5	44	13.3	3.3	52
EMO	22.6	4.8	38	20.3	5.0	50
WOR	29.0	3.6	39	27.7	4.3	50
TAI	51.5	7.5	35	47.8	8.2	49

ausschließlich "uplifts", bzw. nur positive "Alltagsereignisse" zu bearbeiten hatte (F (1,87)=4.53; p≤ .05). In der "hassle-Gruppe" hingegen
waren keine Veränderungen zu beobachten (s. Abbildung 2). Das ausschließliche Bearbeiten von negativen Alltagserfahrungen scheint demnach das Erleben von Hilflosigkeit nicht zu erhöhen, wie es von uns
erwartet worden war.Das Gleiche gilt für alle anderen Skalen zu selbstbezogenen Kognitionen, die wir eingesetzt haben. Die Mittelwertsunterschiede zwischen beiden Meßzeitpunkten sind gering, bzw. die Mittelwerte sind nahezu identisch. Ebenso stabil, d.h. nichtbeeinflußbar durch
die Konfrontation mit positiven oder negativen Alltagsereignissen,zei-
gen sich die "Selbstwirksamkeit", das "generalisierte Selbstkonzept",
"Schüchternheit","Publikumsangst" und "Aufgeregtheit" (Emotionality) in
jener Gruppe, deren Aufgabe es war, ausschließlich positive Alltagser-
lebnisse (uplifts) über den Untersuchungszeitraum zu bearbeiten. In der
Skala "Besorgtheit" und in der TAI-Gesamtskala sind jedoch Mittelwertveränderungen in der uplift-Gruppe zu beobachten, die jedoch nicht mehr

signifikant werden. Allerdings entspricht die Richtung der Veränderungen unseren Erwartungen und gleicht der Veränderung, die wir für die "Hilflosigkeit" feststellen konnten. Die Kognitionen von Angst scheinen sich (zumindest tendenziell) durch die "Konzentration" auf positive Alltagsereignisse zu verringern. Betrachtet man die empirischen Befunde auf dem Hintergrund konzeptueller Überlegungen, so ist es durchaus plausibel, das "generalisierte Selbstkonzept" und die "soziale Angst" ("Schüchternheit" und "Publikumsangst") als eher stabile Persönlichkeitsmerkmale (trait-Aspekte) zu betrachten, die weniger "sensibel" für Alltagsbelastungen sind. Im Sinne unseres Modelles (Abbildung 1) zeichnen sich diese Aspekte der Persönlichkeit durch eine "transsituationale Stabilität", die in unserem Modell durch gestrichelte (direkte) Pfade gekennzeichnet ist, aus. Die von uns entwickelten und erhobenen positiven und negativen Alltagsbelastungen weisen in der Tat eine größere konzeptuelle Nähe zu jenen Aspekten der subjektiven Handlungs- und Regulationskompetenz wie "Hilflosigkeit", "Selbstwirksamkeit" und "Besorgtheit" auf. Überraschend war es deshalb festzustellen, daß sich auch tendenziell keine Veränderung in der Skala "Wirksamkeit" über die beiden Meßzeitpunkte zeigte.

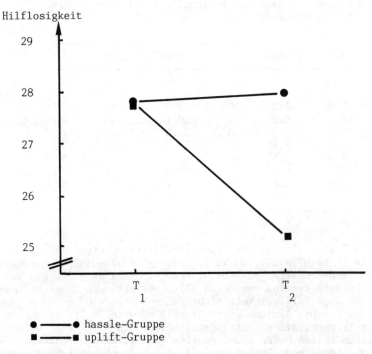

Abbildung 2: Mittelwertveränderungen für "Hilflosigkeit"

Die Varianzanalyse für die Skala "Besorgtheit" zeigt, daß sich eine signifikante Veränderung über die Zeit für diesen Aspekt selbstbezogener Kognitionen ergeben hat, die jedoch unabhängig vom treatment erfolgte. Die Mittelwertsunterschiede im TAI für beide Gruppen für die

Meßzeitpunkte 1 und 2, die nicht signifikant wurden, gehen möglicherweise zu Lasten der Differenzen zwischen den Gruppen, die vor der Untersuchung bereits bestanden. Aufgrund dieser ersten Analysen läßt sich
feststellen,daß die quasi-experimentelle Bedingung, sich nur mit positiven oder nur mit negativen Alltagsbelastungen über einen Zeitraum von
12 Wochen auseinanderzusetzen, nur begrenzte Auswirkungen auf die
selbstbezogenen Kognitionen der Jugendlichen hatte. Eine weitere Analyse gibt jedoch Hinweise, daß sich Veränderungen über den Zeitraum voll-
zogen haben, die durch die Varianzanalysen nicht aufgedeckt wurden und
mit differenzierteren Methoden untersucht werden müssen. Betrachtet man
die Interkorrelationsmatrix der Skalen zum ersten, zum zweiten Meßzeitpunkt und der beiden Meßzeitpunkte zusammen, so ergeben sich nur mittlere Retest-Korrelationen zwischen den gleichen Skalen zum ersten und
zum zweiten Meßzeitpunkt. Dies ist besonders deshalb interessant, weil
die internen Konsistenzen der Skalen über beide Meßzeitpunkte weitgehend stabil bleiben. So beträgt beispielsweise die Reliabilität für die
Skala "Wirksamkeit" $\alpha=.813$ zum ersten Meßzeitpunkt und $\alpha=.85$ zum zweiten Meßzeitpunkt. Die Retest-Korrelation dagegen beträgt jedoch nur
$r=.46$ für die beiden Meßzeitpunkte. Etwa gleich hohe Korrelationen(zwischen $r=.45$ und $r=.52$ liegend) finden sich auch für die übrigen Skalen
zwischen den Meßzeitpunkten. Die Retest-Korrelationen aller Skalen liegen somit deutlich unter deren Reliabilitäten. Ein solcher Befund gibt
zu der Vermutung Anlaß, daß sich die Gesamtwerte für die jeweiligen
Gruppen zwar insgesamt nicht verändert haben, intraindividuell jedoch
Positionsverschiebungen erfolgt sein müssen, die die Mittelwerte der
Gruppen jedoch nicht beeinflußten. NESSELROADE (1983) hat in einer neueren Arbeit erneut auf diese Art der Veränderung hingewiesen.In weiteren Analysen werden wir die intraindividuellen Positionsveränderungen
der Probanden im interindividuellen Vergleich genauer untersuchen
(siehe dazu auch BALTES, REESE & NESSELROADE, 1977).

Ein erster Schritt zu einer differenzierteren Analyse der Auswirkung
des treatments auf die Hilflosigkeitsentwicklung bestand darin, die
Veränderungen der Hilflosigkeit über die Zeit für Probanden mit hoher
versus niedriger Hilflosigkeit zu Beginn der Untersuchung in den Untersuchungsgruppen zu analysieren. Die Auswirkungen des treatments in der
"uplift-Gruppe" werden durch diese Analyse noch markanter. Diejenigen Probanden, die zu Beginn der Untersuchung "hoch hilflos" waren,
nahmen infolge des treatments in ihren Hilflosigkeitswerten signifikant
ab ($F(1,47)=12.90; p \leq .01$). Dagegen sind offensichtlich Jugendliche, die
größeres Vertrauen in ihre Fähigkeit haben, Lebenssituationen und auf-
tretende Probleme bewältigen zu können, weniger oder gar nicht sensitiv
für die wöchentliche Konfrontation mit positiven Alltagserlebnissen.
Anders als in der ersten Analyse fällt jedoch das Ergebnis für "hoch"
versus "niedrig hilflose" Probanden unter der "hassles-Bedingung" aus.
So zeigt sich hier, daß Probanden mit niedriger Hilflosigkeit zu Beginn
der Untersuchung durch die wöchentliche Konfrontation mit belastenden
Alltagserlebnissen über die Zeit signifikant (wenn auch nur schwach)
hilfloser werden ($F(1,37)=3.05; p \leq .10$). Dahingegen zeigen die Probanden, die hohe Hilflosigkeitswerte zu Beginn der Untersuchung hatten,
keine Veränderungen in diesem Aspekt selbstbezognener Kognitionen.
Möglicherweise handelt es sich hier um einen "Deckeneffekt" für diese
Gruppe. Umgekehrt, ist ein "Bodeneffekt" für die niedrig hilflosen Probanden in der "uplift-Bedingung" nicht auszuschließen. In Abbildung 3
sind die Ergebnisse dieser Analysen graphisch verdeutlicht. Interessant

ist noch zu erwähnen, daß sich die Hilflosigkeitswerte der Gruppe "hoch hilfloser" Probanden in der "uplift-Bedingung" (27.16) und der "niedrig hilflosen" Probanden in der "hassle-Bedingung" (24.71) am Ende des Untersuchungszeitraumes angenähert haben. Die Differenz wird nicht mehr signifikant. Da sich jedoch die beiden anderen Gruppen ("hoch hilflose"

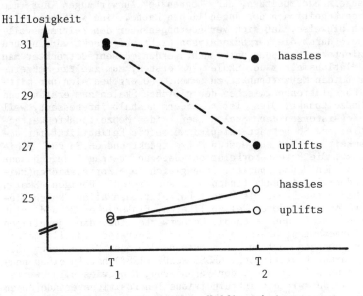

Abbildung 3: Veränderungen der "Hilflosigkeit" über die Zeit

Probanden in der "hassle-Bedingung" und "niedrig hilflose" Probanden in der "uplift-Bedingung") nicht gleichermaßen zu einem Mittelwert hin verändern, führen wir die beobachteten signifikanten Veränderung nicht auf eine "Regression zur Mitte" zurück.

Die Interkorrelationsmatrix für beide Meßzeitpunkte ist aber noch in anderer Hinsicht von Interesse, weil sie Hinweise zur Konstruktvalidität unserer Skalen liefert. Es bestehen signifikant hohe positive und signifikant negative Beziehungen zwischen genau jenen Skalen, für die wir es auf dem Hintergrund theoretischer und konzeptueller Überlegungen erwartet haben. Dies gilt gleichermaßen für beide Meßzeitpunkte. So steht "Hilflosigkeit" in negativer Beziehung zum "generalisierten Selbstkonzept" (r=-.49) und in positiver Beziehung zur "Schüchternheit" (r=.49), zur "Publikumsangst" (r=.44), zur "Aufgeregtheit" (r=.30), zur "Besorgtheit"(r=.25) und zum TAI-Gesamtwert (r=.32). Das "generalisierte Selbstkonzept" weist zu allen Aspekten der Angst signifikant negative Beziehungen auf ("Schüchternheit" r=-.58;"Publikumsangst" r=-.43; "Aufgeregtheit" r=-.19; "Besorgtheit" r=-.29; TAI-Gesamtwert r=-.28;bei $p \leq$ .05. r=.18). Die beiden Komponenten der sozialen Angst "Schüchternheit" und "Publikumsangst" stehen in hohem positiven Zusammenhang (r=.78), was mit anderen Befunden im Einklang steht (KORTE, JERUSALEM,

FAULHABER & SCHWARZER, 1984. Gleichsinnige signifikant positive und negative Zusammenhänge lassen sich auch für den zweiten Meßzeitpunkt finden. Einige Zusammenhänge werden sogar noch deutlicher,wie zum Beispiel
zwischen "Hilflosigkeit" und "Besorgtheit"(r=.34) und zwischen "Schüchternheit" und "Aufgeregtheit" (r=.59). In einzelnen Fällen werden die
Zusammenhänge auch schwächer, so beispielsweise zwischen "Wirksamkeit"
und "Schüchternheit" (r=.32). Auch hier wird zu prüfen sein, inwieweit
diese Unterschiede Indikatoren von Veränderungsprozessen darstellen.

4. Diskussion

Ziel dieser Arbeit war es, die Konfrontation mit positiven (uplifts)
und negativen (hassles) Alltagsbelastungen in ihren Auswirkungen auf
selbstbezogene Kognitionen über einen Zeitraum von mehreren Wochen zu
untersuchen. In der Diskussion um die Determinanten der Entwicklung und
Veränderung von Aspekten des Selbstkonzeptes wurde der Bedeutung von
Alltagsbelastungen bislang wenig Beachtung geschenkt. Positive und negative Ereignisse, die wir täglich erleben, erfordern von uns fortwährend neue Regulations- und Anpassungsprozesse um diese "permanenten
Stressoren" bewältigen zu können. In einer ersten quasi-experimentellen
Studie haben wir untersucht, ob die systematische Konfrontation mit
ausschließlich positiven (uplifts) oder negativen (hassles) Alltagsbelastungen die selbstbezogenen Kognitionen von Jugendlichen in der Berufsausbildung beeinflußt.Der Einsatz eines solchen "treatments" zeigte
nur im Bereich von Hilflosigkeitskognitionen systematische Effekte in
der erwarteten Richtung. In der uplift-Gruppe verminderte sich die
"Hilflosigkeit" in einem Zeitraum von 12 Wochen. Keine Veränderungen
zeigten sich zuerst in den Datenanalysen für die hassle-Gruppe. Erst
eine differenzierte Analyse ergab, daß "hoch versus niedrig" hilflose
Probanden unterschiedlich auf die Konfrontation mit negativen Alltagserlebnissen ("hassles") reagieren. Die relativ schwache Wirkung der
"hassle-Bedingung" hat möglicherweise eine andere Ursache. Es ist denkbar, daß die Vorgabe bzw. Abfrage ausschließlich negativer Alltagsbelastungen auch einen Effekt gegensätzlicher Art gehabt haben kann. Gingen
wir davon aus, daß ein wiederholtes Antworten auf Items wie "Die Arbeit
hat mir keinen Spaß gemacht" oder "Meine Eltern hatten oft an mir etwas
auszusetzen" mit "ja" bzw. "stimmt" eine "Kumulation" von Alltagsbelastungen induziert, so kommen wir nun zu der Überlegung, daß ein Antworten mit "nein" bzw. "stimmt nicht" ein "hassle-Item" in ein "uplift-
Item" umdrehen kann und somit genau die gegenteilige Wirkung haben
kann. Antwortete ein Jugendlicher mit "stimmt nicht" auf die obigen
Items, so kann dies bedeuten, daß ihm die Arbeit sogar Spaß gemacht hat
und, daß er mit seinen Eltern gut ausgekommen ist. In diesem Fall würden wir also keine "hassles" sondern eher "uplifts" erfassen.

Um die Konzentration auf negative oder positive Alltagsereignisse zu
erhöhen, ist auch eine andere "treatment-Strategie" möglich, die von
SARASON (mündliche Mitteilung) kürzlich erwähnt wurde und unseren konzeptuellen und methodischen Überlegungen nahekommt. SARASON forderte
eine Gruppe von Rekruten der Marine auf, sich abends die besonders
positiven Alltagsereignisse in Erinnerung zu rufen. Die andere Gruppe
sollte sich dagegen die besonders negativen Ereignisse des Tages am
Abend vergegenwärtigen. Ziel seiner Untersuchung war es, die Auswirkungen dieses "gelenkten self-monitoring" auf spezifische Aspekte der Per-

sönlichkeit zu untersuchen. Die Befunde zu dieser Studie liegen allerdings noch nicht vor. Die vornehmliche Fokussierung auf einzelne, zweifelsohne wichtige Alltagserfahrungen hat jedoch den Nachteil, andere
Alltagsstressoren, die momentan aufgrund einer bestimmten Stimmungslage
nicht erinnert werden (siehe dazu BOWER, 1981), außer Acht zu lassen.
Auf dem Hintergrund eines Konzeptes des "kumulierten Alltagsstresses"
(cumulative current stressors/concerns), an dem wir zur Zeit arbeiten,
sind diese, momentan nicht erinnerten, Stressoren aber ebenso von Bedeutung im Hinblick auf deren "Gesamteffekt" auf die subjektiven Hand-
lungs- und Bewältigungskompetenzen und das subjektive Wohlbefinden.Die-
se Überlegungen werden gestützt durch Beobachtungen, die LAZARUS(1983)
in seinem Laboratorium machen konnte. Forderte er Probanden auf, ihre
positiven und negativen Alltagsereignisse (daily uplifts und daily
hassles) zu berichten, so konnten sich die Befragten meist nur an einige wenige Dinge erinnern, die sie im Laufe des Tages erlebt hatten.Leg-
te man ihnen jedoch eine Liste mit "daily hassles" und "daily uplifts"
vor, anhand derer sie ihre Alltagsereignisse ankreuzen konnten, so erhielt er ein weitaus differenzierteres Bild von Alltagsbelastungen. Die
Probanden gaben viel mehr erlebte positive und negative Alltagsereignisse an. Um Alltagsbelastungen in ihrer Gesamtheit erfassen zu können,
empfiehlt LAZARUS (1983) deshalb, potentielle Stressoren über Listen
bzw. Fragebogen zu erfassen. Im Unterschied zu unserer Untersuchung
setzte LAZARUS jedoch "uplifts" und "hassles" nicht als gezielte
"treatments" ein.

Zur Zeit analysieren wir die Angaben der 99 Jugendlichen zu ihren erlebten "hassles" und "uplifts" und ihren subjektiven Befindlichkeiten
in einem Zeitraum von drei Monaten. In ersten Datenanalysen zeichnen
sich inhaltlich sinnvolle Gruppierungen von positiven und negativen
Alltagsbelastungen in verschiedenen Lebensbereichen der Jugendlichen
ab. So wird beispielsweise ein Faktor die "hassles" und "uplifts" im
Leistungsbereich im Betrieb und in der Schule umfassen, ein anderer das
Auskommen mit den Eltern zu Hause. Das Ziel weiterer Analysen wird es
sein, "Belastungsmaße" für einzelne Lebensbereiche zu entwickeln, um
deren "singuläre" als auch "kombinierte" Effekte bzw. Auswirkungen über
die Zeit bestimmen zu können. Die gewonnenen Belastungsmaße und -werte
sollen Eingang in weitere geplante Untersuchungen finden.

Auf dem Hintergrund der ersten Befunde und weiterer konzeptueller und
methodischer Überlegungen gehen wir davon aus, daß die Untersuchung von
Alltagsbelastungen in ihren Auswirkungen auf selbstbezogene Kognitionen
eine wichtige Erweiterung der Untersuchungsstrategien zur Erforschung
der Determinanten der Entwicklung und Veränderung von zentralen Aspekten des Selbstkonzeptes und selbstbezogener Kognitionen darstellt.

Zur Frage der Interaktion von Leistungsmotivation und Schulangst bei Berufsschülern

Detlev Liepmann, Claudia Herrmann und Matthias Jerusalem

Im Mittelpunkt dieses Beitrages steht die kausale Verknüpfung von Testangst, sozialer Angst und Leistungsmotivation. Auf der Basis von 1100 männlichen Berufsschülern wird ein lineares Strukturmodell entwickelt, das erste Hinweise über die Richtung des kausalen Einflusses zwischen diesen Variablen geben soll.

1. Theoretische Überlegungen zur Frage der Komplexität und Dimensionalität von Angst und Motivation

Angst (speziell Prüfungs- und Schulangst) und Leistungsmotivation stellen theoretische Konstrukte dar,die unabhängig voneinander in verschiedenen Bereichen psychologischer Forschung elaboriert worden sind. Erst in den letzten Jahren haben sich konkrete Berührungspunkte ergeben. In Folge der heute überwiegend kognitiven Intepretation der Angst und der damit verbundenen Mehrdimensionalität des Konstruktes werden zunehmend auch motivationale Aspekte der Leistungsangst diskutiert. Auch im Bereich der Motivationsforschung ergaben Analysen der Leistungsmotivation eine ähnlich komplexe Struktur, in der auch angstbesetzte Kognitionsinhalte eine wichtige Rolle spielen (HECKHAUSEN, 1980; SPIELBERGER, 1980; VAN DER PLOEG, SCHWARZER & SPIELBERGER, 1983).

Die Trennung der Prüfungsangst in eine Besorgheits- und eine Aufgeregtheitskomponente und die Differenzierung der Leistungsmotivation nach 'Hoffnung auf Erfolg' und 'Furcht vor Mißerfolg' repräsentieren diese Entwicklung auf eindrucksvolle Weise. In letzter Zeit werden vor allem der motivationale Aspekt der 'Furcht vor Mißerfolg' und die kognitive Angstkomponente der 'Besorgtheit' von zahlreichen Autoren als inhaltlich vergleichbare oder sogar identische Konzeptionen angesehen (HECKHAUSEN, 1980; SCHWARZER, 1981). Zweifel an der eigenen Kompetenz, Besorgnis über die Güte des Leistungsergebnisses und die Antizipation der negativen Konsequenzen eines Mißerfolgs stellen beispielsweise kognitve Korrelate dar, die den gemeinsamen Anteil der Angst und der auf Mißerfolg bezogenen Motivationskomponente widerspiegeln.

In diesem Zusammehang weist SCHMALT(1982) darauf hin, daß 'Furcht vor Mißerfolg' nicht als eindimensionale Größe betrachtet werden kann. Vielmehr lassen sich zwei Dimensionen untescheiden:die eine ist psychologisch charakterisierbar anhand niedriger Selbsteinschätzungen und Besorgtheitsgedanken hinsichtlich der Güte des Leistungsresultats; die andere läßt sich eher durch eine emotional getönte Mißerfolgsfurcht bestimmen. Beide Dimensionen stehen nach HECKHAUSEN(1980) in weitgehender Übereinstimmung mit der Aufspaltung der Prüfungsangst in kognitive und emotionale Komponenten. Die Komplexität des Mißerfolgsmotivs wird auch durch Befunde von HAGVET (1983) verdeutlicht. Im Rahmen einer quasiexperimentellen Vorgehensweise konnte der Autor mit Hilfe faktorieller Analysen ein Beziehungsgepflecht auffinden, das eine dreidimensionale Struktur der Leistungsängstlichkeit nahelegt. 'Furcht vor Mißerfolg' zeigte sich als Faktor zweiter Ordnung bzw. als Generalfaktor, Besorgt-

heit und Aufgeregtheit waren als Faktoren erster Ordnung wiederzufinden. Allerdings erwiesen sich die Interkorrelationen und Faktorladungen
über verschiedene Situationen hinweg als nicht stabil.

Die Komplexität solcher Ereignisse ist nicht zuletzt auf dem Hintergrund der ursprünglichen Konzeption von Leistungsmotivation zu sehen
(McCLELLAND et al., 1955; ATKINSON, 1964). In diesen Konzeptionen werden verschiedene motivationale Facetten zugrundegelegt: die subjektive
Erfolgs-/Mißerfolgswahrscheinlichkeit, die Valenz des Leistungszieles,
eine motivationale Disposition der Mißerfolgsmeidung oder Erfolgssuche
und schließlich -aus diesen Punkten resultierend- eine aktuelle Verhal-
tenstendenz. Diese unteschiedlichen Facetten und ihre unterschiedlich
starke inhaltliche Überlappung mit entsprechenden Facetten des Konstruktes der Leistungsangst tragen sicherlich in hohem Maße zur Heterogenität des Problembereichs bei. Diese Heterogenität wird zusätzlich
dadurch vermehrt, daß heutzutage auch eine differenzierte Einteilung
der Besorgtheitskomponente in der Leistungsangst notwendig erscheint
(STEPHAN, FISCHER & STEIN, 1983; SARASON, 1984; SCHWARZER, 1985).

2. Hoffnung auf Erfolg und Soziale Angst

Menschen besitzen neben einem Mißerfolgsmotiv auch immer zugleich ein
gewisses Ausmaß einer erfolgsgerichteten motivationalen Komponente.
Dieses Erfolgsmotiv ist im Rahmen von Untersuchungen zu Angst-Motiva-
tions-Zusammenhängen bisher vernachlässigt worden. In der Motivationsforschung wird 'Hoffnung auf Erfolg' als prinzipiell unabhängig von
'Furcht vor Mißerfolg' angesehen. Beide Motivationstendenzen schließen
sich also gegenseitig aus; entsprechend fallen die Interkorrelationen
in der Regel nur schwach und negativ aus. Die beiden Konzepte repräsentieren vermutlich unterschiedliche motivationale Qualitäten. Im Gegensatz zu 'Furcht vor Mißerfolg' hat sich erfolgsbezogene Motivation
überdies stets als einheitliche Dimension herausgestellt (HECKHAUSEN,
1980). Erfolgszuversicht und aufsuchende Verhaltenstendenzen sind demnach weniger komplex als Mißerfolgsfurcht und Ängstlichkeit. Dies könnte u.a. daran liegen, daß im Falle der Erfolgstendenz die Valenz des
Leistungszieles stärker in den subjektiven Vordergrund tritt.

Sofern Erfolgsmotivation nicht einfach das Gegenteil von Mißerfolgsmo-
tivation bedeutet, tritt die Frage in den Vordergrund, wie sich die Beziehung zwischen diesem positiv getönten Anteil der Leistungsmotivation und der Prüfungsangst gestaltet. Angesichts der inhaltlichen Überschneidungen von Mißerfolgsmotiv und Angst sowie der schwachen Zusammenhänge zwischen beiden Motivationsanteilen lassen sich moderate negative Beziehungen erwarten. Zur Analyse dieser Beziehungen scheint es
allerdings sinnvoll, beide Konstrukte folgendermaßen zu erweitern:
Neben einer eher allgemeinen Leistungsmotivation gilt es, eine stärker
schulleistungsbezogene motivationale Komponente hinzuzuziehen. Schulische bzw. Prüfungskontexte i.e.S. liefern in unserer Gesellschaft einen
wesentlichen Hintergrund für Leistungsverhalten. Leistungsangst wird
zudem konkret an Anforderungen in solchen Lernumwelten verankert. Im
Bereich der Angst sollte neben der Leistungsangst auch die soziale
Ängstlichkeit berücksichtigt werden, eine Variable, die in den bisherigen Untersuchungen zu Angst-Motivations-Beziehungen vernachlässigt
worden ist.

Individuelle Leistungen werden meist in sozialen Situationen öffentlich erbracht, so daß Leistungsangst und soziale Angst miteinander verbunden sind. Das auslösende Moment stellt in beiden Fällen eine mögliche Selbstwertbedrohung dar. Das Leistungsergebnis wird zum einen Gegenstand einer öffentlichen Fremdbewertung. Dies gilt vor allem in den oben erwähnten schulischen oder Prüfungskontexten. Die Schule stellt eine soziale Umgebung dar, in der ständig die Leistungen des Schülers aus der Sicht der Mitschüler und des Lehrers beurteilt werden. Die Leistungsrückmeldungen des Lehrers laufen oft auf dem Hintergrund sozialer Vergleichsprozesse ab. Soziale Leistungsvergleiche nehmen auch die Schüler ständig untereinander vor. Erfolg und Versagen sind in Abhängigkeit von solchen Vergleichprozessen bestimmbar, die somit eine entscheidende Grundlage für subjektive Leistungsbeurteilungen darstellen. Entsprechend dem Leistungsniveau der jeweiligen Vergleichsgruppe kann es dann zu entsprechenden positiven oder negativen Selbsteinschätzungen kommen. Derartige Bezugsgruppeneffekte sind zuletzt von JERUSALEM(1984) für den Bereich des deutschen Schulwesens demonstriert worden.

Die Bedeutung der sozialen Angst für leistungsthematische Situationen läßt sich auch anhand individueller Kodierungen selbstbezogener Informationen aufweisen. WINE (1980) weist darauf hin, daß ängstliche Menschen besonders sensibel für sozial bewertende Informationen sind. Der ängstliche Schüler bezieht schulische und damit soziale Bewertungsmöglichkeiten vor allem auf sich selbst. Leistungsergebnisse stellen für ihn sozial bewertende Reize dar, die die eigene Person betreffen. Nicht das Leistungsresultat, sondern der Schüler selbst und seine Fähigkeit sind Gegenstand dieser Bewertung. Für niedrig ängstliche Schüler stellen Leistungsrückmeldungen eher aufgabenrelevante Informationen dar; Erfolg und Mißerfolg werden in erster Linie als durch eigene Anstrengung determiniert gesehen. Die Verbundenheit von Leistungs- und sozialer Angst äußert sich in empirischen Untersuchungen folgendermaßen: Hochängstliche Schüler wenden ihre Aufmerksamkeit oft von der Aufgabe ab und richten sie auf den Lehrer, den Versuchsleiter oder eine andere Urteilsperson. Diese Schüler widmen ihre Aufmerksamkeit demzufolge eher sozial-evaluativen Reizen.

3. Determinanten von Angst und Motivation

Aus den bisherigen Erläuterungen wird deutlich, daß für die Ausprägungen und den Zusammenhang von Angst und Erfolgsmotivation ganz unterschiedliche Gesichtspunkte eine Rolle spielen können. Individuelle Besorgtheitsgedanken oder Antizipationen negativer Erlebnisse lassen sich in erheblichem Maße durch die Qualität der sozialen Situation beeinflussen, in der die Leistung erbracht werden muß. Die Beurteilung durch andere Personen, die öffentliche Bekundung eines Versagens oder Erfolges sowie der jeweils erreichte Leistungsrang im sozialen Vergleich sind entsprechende Faktoren, die die subjektive Angst erhöhen können. Solche sozial verankerten Kriterien spielen auch im Hinblick auf die Erfolgsmotivation eine gewisse Rolle. Subjektive Anreize können beispielsweise im Streben nach der besten Leistung oder allgemeiner öffentlicher Anerkennung bestehen. Erfolgsbezogene motivationale Verhaltensweisen lassen sich darüber hinaus jedoch auch an weitergehenden, weniger sozial determinierten Zielen verankern. Die Überreichung des Führerscheins nach anstrengenden und angstbesetzten Versuchen ist si-

cherlich im positivem Sinn affektwirksam.Eine bestandene Prüfung stellt
einen erfolgreichen Abschluß dar, auch wenn andere eine bessere Note
erhalten haben. Führerschein und Bestehen der Prüfung sind zusätzlich
insofern besonders positiv besetzte Ziele, als sie über die konkrete
Leistungssituation hinaus als Leistungsnachweise erhalten und wichtig
bleiben. Diese Zukunftsperspektive ist in erster Linie gekennzeichnet
durch die positiven Folgeerscheinungen der Zielerreichung. In unserem
Fall werden beispielsweise die individuelle Mobilität oder Berufsaus-
sichten auf lange Sicht verbessert.

In diesem Zusammenhang ist auch die Erfolgszuversicht im Sinne einer
subjektiven Erfolgswahrscheinlichkeit zu beachten.Manche Ziele erscheinen dem einzelnen Individuum von so hohem Wert, daß trotz geringer subjektiver Erfolgswahrscheinlichkeit immer wieder Versuche unternommen
werden, diese Ziele zu erreichen. Mit zunehmender subjektiver Unsicherheit hinsichtlich der Aufgabenbewältigung ist vermutlich auch eine Zunahme von Ängstlichkeit zu beobachten. Wird die Unerreichbarkeit des
Zieles nach einer bestimmten Anzahl vergeblicher Versuche subjektiv
sicher, tritt also Kontrollverlust ein, so geht dies oft einher mit
Niedergeschlagenheit und Passivität.Die eintretende Hoffnungslosigkeit
läßt schließlich die Angst abklingen (SCHWARZER, JERUSALEM & STIKSRUD,
1984). Diese Modellvorstellung greift das Problem der wechselseitigen
Beziehung zwischen Angst und Erfolgsmotivation über die Zeit auf. Welche Kausalbeziehungen sind zwischen diesen Variablen zu erwarten? Einerseits könnte man vermuten, daß Leistungs- und soziale Angst die Entwicklung der Erfolgszuversicht eher ungünstig beeinflussen. Angst wäre
somit Vorläufer einer gering ausgeprägten subjektiven Erfolgswahrscheinlichkeit. Dies entspräche der oben dargestellten Betrachtungsweise. Andererseits ist es auch möglich, daß erfolgsbezogene Anreizwerte
eine so starke Gewichtung erfahren, daß sie die Angst subjektiv in den
Hintergrund treten lassen. Geringe Motivation würde dann umgekehrt zu
vermehrter Angst führen. Hierbei ergibt sich allerdings das Problem,
daß bei sehr niedrigem Anreiz keine Veranlassung mehr gegeben scheint,
sich um ein bedeutungsloses Resultat Sorgen zu machen. Möglicherweise
sind aber Valenzen denkbar, die nicht so leicht auf den Nullpunkt gebracht werden können, beispielsweise öffentliche Fremdbewertungen in
sozialen Kontexten. Vielleicht ist dies auch eine zu berücksichtigende
Überlegung bei der Beurteilung von Befunden, nach denen der motivationale Zustand der Depression dem Erleben von Angst vorausgeht.

In leistungsthematischen Bereichen sind beide Kausalhypothesen wahrscheinlich mit unterschiedlicher Gewichtung vorzufinden. Insgesamt
scheint uns die erstgenannte Wirkungsrichtung - Angst als kausale De-
termination der Motivation - bedeutsamer zu sein.Im Rahmen einer
Längsschnittuntersuchung haben wir dies in einem ersten Schritt auf der
"Trait-Ebene" zu klären versucht. Von besonderem Interesse erschienen
uns dabei mögliche Hinweise auf Interventionsstrategien zur Verbesserung individueller Leistungshandlungen. So macht es einen Unterschied
für die Empfehlung diesbezüglicher Maßnahmen, ob Angst die Erfolgsmotivation determiniert oder die umgekehrte Wirkungsrichtung eher zutrifft.
Läßt sich durch Schaffung motivationaler Anreize eine Verringerung der
Leistungs- und sozialen Angst erreichen? Oder sind primär Strategien
zur Angstbeseitigung sinnvoller, da somit nachfolgend die Motivation
verbessert wird? Dieses Problem soll anhand der empirischen Untersu-

150

chung analysiert und diskutiert werden.

Zusätzlich zu den bisher herausgehobenen Aspekten muß ein zusätzlicher Bereich an Einfußgrößen Berücksichtigung finden. Selbsteinschätzungen lassen sich u.a. auf dem Hintergrund persönlichkeitsspezifischer Einstellungstrukturen beschreiben. Im Rahmen dieser Sichtweise wird beispielsweise Konservatismus als eine Dimension aufgefaßt, die dem gesamten Bereich sozialer Einstellungen zugrunde liegt. Mit WILSON (1973) können niedrige Selbsteinschätzungen als wichtige Vermittlungsbedingungen eines konservativen Einstellungssyndroms verstanden werden. Auf dem Hintergrund einer "Dynamischen Theorie des Konservatismus" geht der Autor in seinem Konzept der psychologischen Antezedenz-Bedingungen davon aus, daß sowohl genetische (z.B. Alter) als auch Umweltfaktoren (beispielsweise Rigidität), Gefühle der Unsicherheit und Geringwertigkeit (geringe Selbsteinschätzung) begünstigen. Das Erleben (Gefühle) der eigenen Unsicherheit und Geringwertigkeit wird mit hoher Wahrscheinlichkeit zu einer generalisierten Furcht gegenüber Unbestimmtheit führen, bei der die unsichere Person "Unbestimmtheit der Reizsituation" fürchtet, weil sie die Umgebung als komplex, veränderlich und trügerisch wahrnimmt.zusätzlich zeigen Personen mit geringer Selbsteinschätzung Verhaltensunsicherheit, weil es ihnen an Vertrauen in die eigene Fähigkeit mangelt, Ereignisse ihrer Umwelt zu kontrollieren oder autonome Entscheidungen zu treffen (s. ausführlich WILSON, a.a.O. S.261).

Aus diesen theoretischen Überlegungen läßt sich folgern, daß Alter und Rigidität prognostische Bedeutung für selbstbezogene Kognitionen besitzen. Beide Variablen stehen in negativem Zusammenhang zu Zweifeln an der eigenen Kompetenz und subjektiven Bedrohlichkeitswahrnehmungen in Anforderungssituationen. Hiermit sind zugleich selbstwertrelevante Einschätzungsvorgänge angesprochen, die gleichermaßen bei leistungsängstlichen Menschen mit defizitärer Leistungsmotivation anzutreffen sind. Aufgrund dieser übereinstimmenden kognitiven Inhalte läßt sich erwarten, daß die Ausprägung der Leistungsmotivation und der Ängstlichkeit durch das jeweilige Alter und den Grad der Rigidität mitdeterminiert werden.

4. Hypothesen

Die obigen Ausführungen geben noch keinen Aufschluß darüber, wie sich Angst und Leistungsmotivation gegenseitig bedingen können. Welche Beeinflussungsrichtung ist zu erwarten ? Eine erste Annahme geht dahin, daß ein hohes Ausmaß an Testangst sowie sozialer Angst, die Entwicklung von Leistungsmotivation ungünstig beeinflußt oder sogar verhindert. Angst ist dann einer der Faktoren, die beim Individuum zu der Annahme führen, daß die Wahrscheinlichkeit, mit einer bestimmten Handlung die gewünschten Ergebnisse zu erzielen, gering ist. Die alternative Annahme bedeutet, daß Leistungsmotivation Angst beeinflußt. Es scheint denkbar, daß erfolgsbezogene Valenzen ein derartig hohes Gewicht bekommen, daß Angstaspekte nicht entstehen können. Allerdings müßte nach dieser Annahme ein geringes Ausmaß an Leistungsmotivation zu erhöhter Angst führen. Diese Annahme erscheint aber problematisch, da sie gleichzeitig beinhaltet, daß man auch dann Angst entwickelt, wenn es um Leistungsresultate geht, denen man keine hohe Valenz zuordnet (d.h. Situationen, in denen der motivatioale Anreiz gegen Null konvergiert).

Die Frage, welche der beiden Annahmen – Angst bedingt Leistungsmotivation oder Leistungsmotivation bedingt Angst – zum Tragen kommt, ist nicht nur von akademischem Interesse. Vielmehr hängt von ihrer Beantwortung ab, welche Art von Interventionsstrategien für die Erhöhung von Leistungsmotivation und die Beseitigung von Angst eingeschlagen werden können. Sollten sich Lehrer z.B. in erster Linie darum bemühen, bei ihren Schülern die Angst zu beseitigen, weil niedrige Angst zu höherer Leistungsmotivation führt, oder ist es ratsamer, als vorrangiges Ziel die Bereitstellung möglichst vieler motivationaler Anreize im Auge zu haben, weil eine erhöhte (Leistungs-)Motivation der Schüler eine Verminderung des individuellen Angstniveaus zur Folge haben kann ?

Da sich die kognitiven Komponenten des konservativen Einstellungssyndroms, Angst sowie Leistungsmotivation partiell inhaltlich überschneiden, nehmen wir weiterhin an, daß das Ausmaß an Angst und Leistungsmotivation teilweise durch die Variablen Alter und Rigidität determiniert wird.

5. Methode

5.1 Stichprobe und Untersuchungsdesign

Die Stichprobe setzte sich aus N=1131 männlichen Berufsschülern (die als regional-repräsentativ für das gesamte Bundesgebiet gelten darf) zusammen. Es handelt sich um die Reanalyse von Daten einer bedeutend umfangreicheren Stichprobe (HOLLING und LIEPMANN, 1979). Im Rahmen einer umfangreichen (psychologischen) Testbatterie sollte einerseits der Einfluß von Persönlichkeitsvariablen auf die Effektivität didaktischer Maßnahmen kontrolliert werden, andererseits mögliche Rückwirkungen längerfristiger Veränderungen in bezug auf psychologische Merkmale erfaßt werden. Das Alter der Probanden betrug durchschnittlich 17.3 (bei einem Range von 15 - 23) Jahre. Der reduzierte Stichprobenumfang (N=1131 gegenüber annähernd N=5800 der ursprünglichen Stichprobe) ergibt sich aufgrund des fallweisen Ausschlusses von fehlenden Werten. Die Stichprobe enthält somit nur Schüler mit einem vollständigen Datensatz für beide Meßzeitpunkte. Dabei ist anzumerken, daß die ursprüngliche Festlegung des Stichprobenumfangs sich nicht, wie üblicherweise wünschenswert, an den Prinzipien der Versuchsplanung, Versuchsökonomie und Signifikanzgesichtspunkten (z.B. unter Verwendung der von COHEN (1977) angegeben Strategien) orientieren konnte, sondern der innovative Aspekt von Unterrichtsversuchen und übergreifenden bildungsökonomischen Argumenten entscheidend war. Das Zeitintervall zwischen beiden Meßzeitpunkten betrug 6 Monate.

In Anlehnung an die oben ausgeführten Überlegungen wurde von uns ein Strukturmodell spezifiziert, in dem die Variablen "Alter" und "Rigidität" als verursachende Größen für "Angst" und "Motivation" angenommen werden (s. Abbildung 1). Zusätzlich wird der Einfluß der beiden letzten Größen aufeinander zu zwei Zeitpunkten, im Rahmen eines "Cross-lagged Panel Designs" kontrolliert.

5.2 Untersuchungsinstrumente

"Soziale Angst"(SA) wurde mit Hilfe des Fragebogens zur Angst in sozialen Situationen(SAP) nach LÜCK (1971) erfaßt. Aussagen wie: "Ich würde lieber eine schriftliche Ausarbeitung machen, als einen Vortrag halten" oder "Wenn ich mit mehreren Menschen zusammen bin, halte ich mich meist im Hintergrund auf" sind kennzeichnend für dieses Erhebungsinstrument. Typische Aussagen für die Skala "Schulische Testangst" (SA) (s. LIEP-MANN und HOPPE, 1975) lauten:"Vor lauter Aufregung bringe ich im Unterricht kaum ein Wort heraus" bzw. "Weil ich Angst habe, vergesse ich im Unterricht die wichtigsten Dinge". "Allgemeine Leistungsmotivation"(AM) wurde mit einer Skala nach EHLERS und MERZ (1966) erhoben und ist durch Aussagen wie: "Ich fühle mich nicht wohl, wenn ich nichts zu tun habe" oder "Ich bin einsatzfreudiger als andere" gekennzeichnet. Mit einem vierten Instrument wurde die "Schulische Leistungsmotivation" (SM) nach LIEPMANN und HOPPE (1975) erhoben. Typische Aussagen lauten: "Wenn ich auf Erfolg hoffen kann, spornt mich das zu größerem Einsatz an" oder "Es ist wichtig für mich, ein gutes Zeugnis zu bekommen".

6. Ergebnisse

Die den Analysen zugrundegelegten Daten bzw. Ergebnisse sind aus der Korrelationsmatrix der 10 Indikatoren (s.Tabelle 1) ersichtlich. Dabei ist zu berücksichtigen, daß für die latenten Größen "Angst" und "Motivation", zu beiden Meßzeitpunkten jeweils zwei Indikatoren, für die Größe "Rigidität" jeweils nur ein Indikator in die Analyse eingeht.

Tabelle 1: R-Matrix für 10 Indikatoren

	ALT	RIG	SA1	TA1	AM1	SM1	SA2	TA2	AM2	SM2
ALT	1.00									
RIG	-.34	1.00								
SA1	-.04	.13	1.00							
TA1	-.16	.23	.38	1.00						
AM1	-.02	-.11	.04	-.15	1.00					
SM1	-.10	.25	.24	.28	-.36	1.00				
SA2	-.06	.11	.60	.36	-.01	.16	1.00			
TA2	-.16	.29	.31	.72	-.12	.23	.34	1.00		
AM2	-.01	-.09	-.04	-.11	.52	-.31	-.02	-.13	1.00	
SM2	-.13	.24	.17	.24	-.29	.67	.15	.28	-.35	1.00

ALT = Alter der Probanden (in Jahren)
RIG = Rigidität
SA1 = Soziale Angst (1.Meßzeitpunkt)
TA1 = Schulische Testangst (1.Meßzeitpunkt)
AM1 = Allgemeine Leistungsmotivation (1.Meßzeitpunkt)
SM1 = Schulische Leistungsmotivation (1.Meßzeitpunkt)
SA2 = Soziale Angst (2.Meßzeitpunkt)
TA2 = Schulische Testangst (2.Meßzeitpunkt)
AM2 = Allgemeine Leistungsmotivation (2.Meßzeitpunkt)
SM2 = Schulische Leistungsmotivation (2.Meßzeitpunkt)

Die durchzuführenden linearen Strukturanalysen erfolgten mit Hilfe von LISREL V (JÖRESKOG und SÖRBOM, 1981). Die resultierenden Faktorladungen und Pfadkoeffizienten sind aus Abbildung 1 ersichtlich.Der Chi-Quadrat-Wert beträgt bei 27 Freiheitsgraden 99.95, bei einer Irrtumswahrscheinlichkeit von p≤ 0.00. Der "Adjusted Goodness of Fit-Index" beträgt .95 und weist wie die mittlere Abweichung zwischen der ursprünglichen und der geschätzten Korrelationsmatrix mit .03 auf einen ausgezeichneten "Modell-Fit" hin. Reliabilitätsschätzungen nach BENTLER (1980) sowie TUCKER und LEWIS (1973) erbringen mit .96 bzw. .97 gleichermaßen befriedigende Werte.

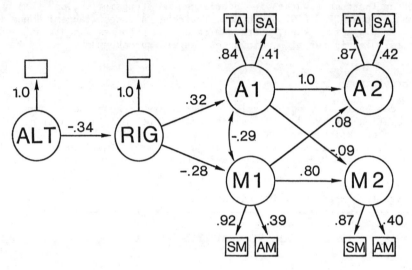

Abbildung 1: Ergebnisse der linearen Strukturanalyse

Eine differenzierte Betrachtung der Faktorladungen zeigt, daß die latente Größe "Angst" mit .84 (1.Meßzeitpunkt) bzw. .87 (2.Meßzeitpunkt) jeweils hohe Ladungen auf dem Indikator "Schulische Testangst"(TA) aufweist. Die entsprechenden Ladungen auf dem Indikator "Soziale Angst" (SA)liegen mit .41 und .42 beträchtlich niedriger. Ähnliches ist für die latente Größe "Motivation" zu beobachten. Hier sind hohe Ladungen (-.92 und -.87) auf dem Indikator "Schulische Leistungsmotivation"(SM), niedrige (.39 und .40) auf dem Indikator "Allgemeine Leistungsmotivation"(AM) zu registrieren.

Aufgrund der Strukturkoeffizienten läßt sich zeigen, daß die Größen Alter und Rigidität einen Einfluß auf die Dimensionen Angst und Motivation (zu beiden Zeitpunkten) haben. Hohes Alter und ein starkes Ausmaß an Rigidität kovariieren mit hohen Ausprägungen auf der Dimension Angst bzw. niedrigen auf der Dimension Motivation und vice versa. Betrachtet man die Beziehungen zwischen Angst und Motivation über die 2 Meßzeitpunkte hinweg, so fällt auf, das Angst einen stärkeren Effekt auf die Motivation (der Totaleffekt beträgt .32) ausübt, als Motivation auf die Angst (der Totaleffekt beträgt in diesem Fall -.21).

Eine zusätzliche Absicherung erhalten die Ergebnisse durch die Überprüfung des Modells anhand zweier Zufallsstichproben (odd/even), deren Korrelationsmatrizen aus Tabelle 2 ersichtlich sind. In beiden Fällen erhalten wir gleichermaßen befriedigende Schätzungen. Der Chi-Quadrat-Wert für das "Odd-Modell" beträgt 77.02 ("Even-Modell" = 99.60) bei 27 Freiheitsgraden und einer Irrtumswahrscheinlichkeit von $p \leqq$ .00). Der "Adjusted Goodness of Fit-Index" liegt mit .97 bzw. .95 in der gleichen Größenordnung, die wir für das Gesamtmodell beobachten konnten. Die mittleren Abweichungen sind mit .03 und .04 im gleichen Bereich anzusiedeln und auch die Reliabilitätsschätzungen nach BENTLER (1980) weichen mit .96 (.95) bzw. TUCKER und LEWIS (1973) mit .97 (.96) nur unbedeutend von denen des Gesamtmodells ab.

Tabelle 2: R-Matrix für 10 Indikatoren bei zwei Zufallsstichproben (odd/even). Untere Dreiecksmatrix Stichprobe "odd", obere Dreiecksmatrix Stichprobe "even".

	ALT	RIG	SA1	TA1	AM1	SM1	SA2	TA2	AM2	SM2
ALT	--	-.33	-.06	-.19	-.03	-.14	-.07	-.16	-.02	-.19
RIG	-.36	--	.18	.26	-.08	.27	.13	.30	-.04	.26
SA1	-.02	.07	--	.40	-.04	.28	.63	.36	-.04	.22
TA1	-.14	.19	.36	--	-.18	.30	.45	.71	-.13	.26
AM1	-.01	-.13	-.05	-.13	--	-.37	-.02	-.13	.52	-.28
SM1	-.06	.23	.18	.26	-.36	--	.24	.23	-.27	.66
SA2	-.06	.09	.56	.26	.01	.06	--	.43	-.03	.24
TA2	-.17	.27	.24	.72	-.11	.24	.23	--	-.12	.30
AM2	-.00	-.19	-.04	-.10	.52	-.35	-.01	-.15	--	-.32
SM2	-.09	.21	.11	.23	-.31	.69	.06	.26	-.39	--

Aus den dargestellten Ergebnissen läßt sich zunächst schließen, daß entsprechend der Theorie von WILSON (1973) die Faktoren Alter und Rigidität sich ungünstig auf angstbesetzte Kognitionen und das Erfolgsmotiv auswirken können. Rigide Verhaltensweisen gehen offenbar einher mit verstärkten Bedrohlichkeitswahrnehmungen angesichts leistungsthematischer Anforderungssituationen. Dies beruht vermutlich darauf, daß die Bevorzugung alteingefahrener Problemlösungsstrategien und Leistungshandlungen sich bei neuen Aufgaben oft als weniger erfolgreich erweisen. Mißerfolge und entsprechende Selbstwertbeeinträchtigungen treten folglich mit größerer Wahrscheinlichkeit auf. Dies wiederum trägt zu Unsicherheit und Zweifeln an der eigenen Fähigkeit bei. Subjektive Unsicherheit hinsichtlich der Kontrollierbarkeit von Leistungs- und sozialen Anforderungsgehalten begünstigt zum einen angstbesetzte Situationskodierungen. Als Folge davon wird zum anderen die Konfrontation mit solchen selbstwertschädigenden Situationen zu vermeiden gesucht. In diesem Zusammenhang spielt auch das Alter eine wichtige Rolle. Menschen greifen mit zunehmendem Alter öfter auf ihre Erfahrungen und gewohnten bzw. bekannten Lösungsstrategien zur Bewältigung von Problemen zurück. Dies scheint auch bereits für den hier betrachteten relativ engen Altersbereich gültig zu sein. Rigide Verhaltensweisen treten mit steigendem Alter öfter auf, Rigidität wiederum geht einher mit verstärkten Angstwahrnehmungen und einem niedrigeren Erfolgsmotiv. Diese Zusammenhänge sind zwar nur von mittelstarker Ausprägung, erhalten jedoch zusätzliche Bedeutung angesichts der Größe und Repräsentativität der Stichprobe.

Dies gilt auch für die Resultate zur Interdependenz von Ängstlichkeit und Erfolgsmotiv in quer- und längsschnittlicher Betrachtungsweise. Der Querschnittsbefund macht deutlich, daß beide Aspekte bis zu einem gewissen Grade als sich gegenseitig hemmende Faktoren anzusehen sind. Jedoch läßt sich der hier erfaßte Aspekt der Leistungsmotivation nicht als einfaches Gegenteil einer "Furcht vor Mißerfolg" verstehen. Das heißt; Angst und Erfolgsmotiv repräsentieren unterschiedliche Konstrukte, während zwischen "Furcht vor Mißerfolg"und "Test-Angst" stärkere Überschneidungen zu existieren scheinen."Test-Angst" stellt sich darüberhinaus als ein Konstrukt dar, daß in starkem Maße von sozialen Bewertungsaspekten mitgeprägt wird. Angst vor Leistungssituationen bzw. Antizipationen negativer Leistungsresultate und Selbstbewertungen sind – besonders im schulischen Alltag – untrennbar verbunden mit der Angst vor der öffentlichen Anforderung oder Antizipationen selbstwertschädigender Fremdbewertungen im sozialen Kontext. Bei der Analyse von angstbesetzten selbstbezogenen Kognitionen und Emotionen sollte demnach die Existenz dieser sozialen Komponente immer berücksichtigt werden.

Soziale Angst und Erfolgsmotiv sind in der wissenschaftlichen Erörterung von Zusammenhängen zwischen Angst und Motivation bisher vernachlässigt worden. Ziel unserer Untersuchung war es, diesbezüglich auf die Relevanz dieser Konstrukte hinzuweisen. Unabhängig davon stellt sich jedoch auch unser querschnittlicher Befund als bei weitem nicht differenziert genug dar, das gesamte Netzwerk von Angst-Motivations-Verknüpfungen aufzuklären. Der Gegenstand erweist sich im Gegenteil als noch komplexer als er bisher betrachtet worden ist. Der Reichtum an unterschiedlichen Facetten innerhalb dieses Problembereiches erfordert für zukünftige Forschung Untersuchungsstrategien, die möglichst viele der beteiligten Konzepte gleichzeitig erfassen und miteinander in Beziehung setzen. Zunächst ist es sinnvoll, die Leistungsangst-Komponente hinsichtlich kognitiver und emotionaler Anteile zu differenzieren. Nach neueren Erkenntnissen reicht allerdings eine Differenzierung nach "worry und emotionality",wie sie in der Angstforschung zur Zeit vorgenommen wird (MORRIS & LIEBHARDT, 1967, SPIELBERGER, 1980) nicht aus. Besonders die "worry-Komponente" scheint inhaltlich sehr heterogene Kognitionen zu betreffen. So stellen beispielsweise Antizipationen von Mißerfolg, aufgabenirrelevante Gedanken oder Zweifel an der Fähigkeit unterschiedliche Kognitionsinhalte dar, die in unterschiedlicher Weise operationalisiert und erfaßt werden müßten (HELMKE, 1983, STEPHAN et al., 1983). Zusätzlich ist der Aspekt der sozialen Angst einzubeziehen. Auch innerhalb dieses Bereiches lassen sich unterschiedliche Arten von Angstwahrnehmungen unterscheiden. So differenziert BUSS (1980) beispielsweise die soziale Angst in Schüchternheit, Verlegenheit, Schuld und Publikumsangst. Zusätzlich weist er auf die Bedeutung der öffentlichen Selbstaufmerksamkeit als Voraussetzung für das Auftreten sozialer Angst hin. Derartige Unterteilungen werden in letzter Zeit stark diskutiert und theoretisch vorangetrieben (ASENDORPF, 1984; BUSS, 1984; SCHLENKER & LEARY, 1982). SARASON (1984) schlägt vor, bei Leistungs- und sozialer Angst vier Faktoren zu unterscheiden: "worry","irrelevant thinking", "tension" und "perceived bodily reactions". Diese Überlegungen machen deutlich, daß eine breitere Konzeptualisierung von Angst mit differenzierten sozialen und leistungsbezogenen Anteilen angebracht erscheint. Diese detailliertere Betrachtungsweise ist auch hinsichtlich der Evaluation von Angst-Motivations-Verbindungen anzuraten. Bezüglich der Leistungsmotivation ist die alleinige Berücksichtigung von "Furcht vor Mißerfolg" zu ersetzen durch die zusätzliche Einbeziehung der Komponente des Erfolgsmotivs. Darüberhinaus sind beide Aspekte zu unterscheiden in Hinsicht auf subjektive Erfolgs- und Mißerfolgswahrscheinlichkeiten, dem zielbezogenen Anreizwert oder weiterführenden Folgen der Zielerreichung. Hier lassen sich im Bereich der Motivationspsychologie weitere wichtige Differenzierungsgesichtspunkte finden. Die Integration der Variablenvielfalt im Angst- und Motivationsbereich läßt sich vielleicht erfolgreich angehen unter Zuhilfenahme von Modellen, die für Situation-Handlung-Ergebnis-Folge-Ketten die Wirksamkeit subjektiver Erwartungshierarchien annehmen (BOWERMAN, 1980; SCHWARZER et al., 1980; HECKHAUSEN, 1980). Innerhalb solcher Hierarchien wären beispielsweise dann subjektive Erfolgswahrscheinlichkeiten, Besorgtheitskognitionen oder auch Valenzgesichtspunkte von Handlungszielen zu verankern. Theoretische Analysen und wertvolle Forschungsanregungen in dieser Richtung finden sich vor allem bei HECKHAUSEN (1980).

Es bleibt noch eine detaillierte Bewertung der Ergebnisse bezüglich der Kausalbeziehungen zwischen Angst und Erfolgsmotiv durchzuführen. Entsprechend unserer Annahme hat sich die kausale Prädetermination des motivationalen Aspektes durch die Angst als stärker erwiesen als die umgekehrte Wirkungsrichtung. Diese Prädetermination ist allerdings an der Ausprägung und Differenz der entsprechenden totalen Effekte zu relativieren. Bezüglich einer möglichen Verbesserung des Leistungsverhaltens bzw. einer Verminderung der subjektiven Bedrohlichkeit von Leistungssituationen lassen sich nach diesen Resultaten eher Interventionsstrategien empfehlen, die primär auf die Beseitigung der sozialen und Leistungsängstlichkeit abzielen. Die bloße Vorgabe motivationaler Anreize ist hingegen weniger erfolgsversprechend.

Im Bereich schulischer Leistungssituationen ist eine Reihe sich gegenseitig unterstützender Maßnahmen denkbar, die zu einer wünschenswerten Angstmilderung beitragen können. Aus attributionstheoretischer Sicht sollte vor allem Wert auf die kognitve Evaluation von Erfolgen und Mißerfolgen gelegt werden (DIENER und DWECK, 1978). So ist es beispielsweise ratsam, bei erfolgreicher Aufgabenbewältigung Erklärungsmöglichkeiten der eigenen Fähigkeit oder Anstrengung nahezulegen bzw. Fähigkeitsattributionen nach Mißerfolg zu vermeiden. Nach Erfolg können zusätzlich Hinweise auf die zeitliche und situationale Generalisierbarkeit der erbrachten Leistung gegeben werden. Auch individuell dosierte mittlere Schwierigkeiten stellen beispielsweise gute Anregungsbedingungen dar, die sich als besonders fruchtbar in Kombination mit weiteren individualisierenden und proaktiven Unterrichtsstrategien erwiesen haben (HECKHAUSEN und RHEINBERG, 1980).

Hiermit wird zugleich der Aspekt der sozialen Angst mit einbezogen. Die Vorgabe individuell erreichbarer Nahziele und die positive Beachtung intraindividueller Leistungsfortschritte ist verbunden mit einer geringeren Bedeutung sozialer Fähigkeitsvergleiche und der Stabilisierung von Fähigkeitsunterschieden. Dies betrifft den Aspekt unterschiedlicher Bezugsnorm-Orientierungen (RHEINBERG, 1980). Man unterscheidet zwischen einer individuellen und einer sozialen Bezugsnorm, die Grundlagen für

Leistungsrückmeldungen darstellen können. Hier steht der soziale Vergleich und damit die soziale Angst im bedeutungsmäßigen Vordergrund. Demgegenüber wird die Wahrnehmung einer individualisierenden Rückmeldung vom Schüler eher als Unterstützung und Ermutigung aufgenommen. Durch den längsschnittlichen Vergleich seiner jetzigen mit seinen früheren Leistungen wird der Aspekt der persönlichen Anstrengung stärker betont und belohnt. Das Leistungsresultat wird nicht mehr länger nur in Abhängigkeit von den Leistungen der anderen Schüler als Erfolg oder Mißerfolg eingestuft, wichtiger ist die individuelle Leistungsentwicklung. Soziale Bezugsnormen hingegen stellen soziale Vergleichsprozesse in den Vordergrund der Leistungsbewertung. Hierdurch entstehen soziale Standards, die zu verstärktem Wettbewerb, Leistungsdruck und Anonymität in der Schule führen.

Leistungsdruck und Anonymität stellen subjektive Lernumweltwahrnehmungen dar, die für das Auftreten von Leistungs- und sozialer Angst von großer Bedeutung sind (JERUSALEM, 1984; SCHWARZER et al., 1984). Unter perzipiertem Leistungsdruck verstehen wir die subjektive Einschätzung der schulischen Leistungsanforderungen durch den Schüler selbst. Dies geschieht unter Berücksichtigung seiner eigenen Fähigkeiten und Bewältigungsstrategien. Diejenigen, die glauben, daß in der Schule viel verlangt wird und daß sie hart arbeiten müssen um mitzukommen,erleben Leistungsdruck. Wahrgenommene Anonymität bezieht sich auf die Enge der Sozialbeziehungen und somit auch auf das Ausmaß und die Güte der zur Verfügung stehenden sozialen Unterstützung (QUAST und SCHWARZER, 1984).Sie läßt sich auch als Orientierungslosigkeit oder fehlende soziale Sicherheit in der Schule charakterisieren. Leistungsdruck und Anonymität lassen sich unter dem Begriff des subjektiven Klassenklimas zusammenfassen. Angstbesetzte Situationskodierungen haben dann schlechtere Entfaltungsmöglichkeiten, wenn es gelingt, das Klassenklima nicht zu kompetitiv zu gestalten und kooperatives soziales Lernen zu ermöglichen. So ist beispielsweise im deutschen Schulsystem der Verzicht auf Noten in den ersten beiden Schuljahren eine in diesem Sinne positive Maßnahme. Auf lange Sicht werden solche Maßnahmen nur dann erfolgreich sein, wenn sie gleichzeitig mit den bereits erwähnten individualisierenden Unterrichtsstrategien verknüpft werden. Die erforderliche Kombination unterschiedlicher Interventionsstrategien spiegelt nicht zuletzt wiederum die Komplexität und Differenziertheit der ins Auge gefaßten kognitiven und emotionalen Prozesse der Leistungs- und sozialen Ängstlichkeit wider.

Leistungsmotivation bei Jugendlichen:
Methodische Probleme und empirische Befunde

Ernst   Plaum

1. Einführung

Die allgemeine Anerkennung und Hochschätzung bestimmter Werte ist abhängig vom "Zeitgeist" bzw. kulturepochalen Einflüssen. Hauptsächlich
Ende der sechziger Jahre wurden von maßgeblichen Persönlichkeiten die
Ideale einer "Leistungsgesellschaft" massiv angegriffen und damit Tüchtigkeit und Leistungsbereitschaft als Werte sehr in Frage gestellt. Jugendliche, die immer dann besonders hellhörig sind, wenn Maßstäbe der
Elterngeneration problematisiert werden, haben diese gesellschaftspoli-
tische Kritik -wie zu erwarten- gerne aufgegriffen und für sich selbst
entsprechende Konsequenzen gezogen. Heute wird von Lehrern verschiedener Schulgattungen über Lustlosigkeit und geringes Engagement geklagt
und die Tatsache, daß es sogar eine "Null-Bock-Partei" geben konnte,
dürfte vielleicht nicht sehr bedeutsam, aber doch symptomatisch sein.
Die Frage, wie es in der gegenwärtigen Situation um die Leistung als
Wert -oder genauer, die Leistungsmotivation- der Jugendlichen bestellt
sein mag, ist aber keineswegs leicht zu beantworten. Abgesehen davon,
daß es eine generelle Antwort, die für sämtliche Individuen und unter
allen Bedingungen Gültigkeit hat, natürlich nicht geben kann, sind
Motivationsvariablen vor allem außerordentlich schwer zu erfassen. Daran ändert auch die Tatsache nichts, daß es Leistungsmotivationsfragebögen gibt - die ganz besonders mit den durch bewußte und unbewußte
Verfälschungstendenzen entstehenden Problemen behaftet sind (vgl.PLAUM,
1979, 1981) - und die herkömmliche TAT-Methode, deren Mängel z.B. WASNA
(1972) herausgestellt hat(vgl. auch PLAUM, 1979). Obgleich im Zusammenhang mit gängigen Methoden zur Untersuchung der Leistungsmotivation
häufig deren Eigenschaft als überdauerndes Persönlichkeitsmerkmal postuliert wurde, ist schon sehr früh auf das Problem der Situationsspezifität auch derartiger Variablen hingewiesen worden (hierzu etwa KUHL,
1977). Es wäre also denkbar, daß unsere Jugendlichen keineswegs generell weniger leistungsmotiviert sind als die Generation ihrer Eltern
und Großeltern, wohl aber in bestimmten Situationen und unter gewissen
Bedingungen. Der vorliegende Beitrag kann hierzu keine voll befriedi-
genden Antworten, vielleicht aber einige wichtige Hinweise geben.

Die Untersuchungen, von denen zunächst berichtet werden soll, basieren
auf einem handlungsorientierten Vorgehen. Im Prinzip wurde dabei eine
Weiterentwicklung und Standardisierung der Berliner Erfolgs-Mißerfolgs-
Versuche (EMV) vorgenommen, die wiederum auf die Anspruchsniveau- (AN-)
Experimente der LEWIN-Schule zurückgehen. Die Einzelheiten dieser sehr
komplizierten und hohe Ansprüche an den Diagnostiker stellenden Methode
können hier nicht behandelt werden. (Eine detaillierte Beschreibung,
auch der Auswertung und der Ergebnisse findet man bei PLAUM, 1982 und
1983.)

Zusammenfassend kann gesagt werden, daß es dabei um eine kombinierte
Ausdauer- und AN-Untersuchung geht, wobei der Proband konkrete Aufgaben
durchführen muß und zu den verschiedenen Durchgängen jeweils sein Anspruchsniveau für den nächsten Versuch (in quantifizierter Form) an-

gibt. Durch fiktive Feedbacks, die über die einzelnen Versuchspersonen hinweg vergleichbar sind, lassen sich Erfolgs- und Mißerfolgserlebnisse induzieren. Neben der Ausdauer als übergeordneter Variable (wer nicht eine gewisse Zeit lang arbeitet, kann keine sinnvollen ANs entwickeln) wird, wie schon bei den klassischen Versuchen des LEWIN-Schülers HOPPE (1930), die Diskrepanz zwischen erlebtem Leistungsniveau (Feedback) und dem darauffolgenden AN als Indikator für Leistungsmotivation genommen. Es sei hier nur am Rande erwähnt, daß das Anspruchsniveau innerhalb der McCLELLAND-ATKINSONschen Forschungstradition (die in Deutschland von HECKHAUSEN vertreten wird, fast nur noch als abhängige Variable Verwendung fand bzw. als Außenkriterium, um die eigenen Untersuchugsmethoden zu validieren. Dabei wird von der Annahme ausgegangen, das AN sei kein "reines" Maß der Leistungsmotivation, was sicherlich nicht widerlegt werden kann, doch gilt dies - wie wir heute wissen - für andere Testmerkmale ebenso (vgl.KUHL, 1977). Zudem wäre es unsinnig, ein Außenkriterium über einen Umweg in Form von anderen Variablen "vorhersagen" zu wollen, wenn dieses Kriterium unmittelbar zu erfassen ist. Weshalb aus prinzipiellen Gründen außerdem einem konkret handlungsorientierten Vorgehen der Vorzug gegeben wurde, soll hier nicht weiter erläutert werden (siehe PLAUM, 1983).

Um der Situationsspezifität gerecht zu werden, wurden folgende vier völlig verschiedene Aufgabenarten verwendet:
- Gewichtsschätzungen als einfache sensorische Leistungen,
- die quantitative Bestimmung des Fingertremors (eine einfache motorische Aufgabe, der Proband erhielt dabei die Instruktion, sich so zu "beherrschen", daß die Registrierung möglichst niedrige Werte ergeben möge),
- eine komplexe nichtverbale Leistung, wobei innerhalb einer bestimmten Zeit Chips mit Zahlenaufdrucken in die mit den gleichen Zahlen gekennzeichneten Fächer eines Kastens einsortiert werden müssen (Untersuchungsmaterial und allgemeine Aufgabenstellung entsprechend dem Sortiertest von COUVE),
- eine komplexe verbale Augabe. Hierbei wurden auf Tonband gesprochene Geschichten abgespielt und die Versuchsperson sollte die Aktivität desjenigen einschätzen, der die jeweilige Geschichte geschrieben hat. (Der Proband sollte also intuitiv etwas ähnliches abschätzen wie den alten "Aktionsquotienten" nach BUSEMANN).

Da die Auswertungen dieser Untertests vergleichbar waren, konnten auch über diese hinweg Testwerte als Summenscores zusammengefaßt werden.

2. Einige Ergebnisse der Ausdauer- und AN-Versuche

Bei der Validierung dieser neuen handlungsorientierten Methode wurde zunächst mit erwachsenen hirngeschädigten und endogen-depressiven Patienten gearbeitet, die sich zur Zeit der Untersuchung in Kliniken befanden:als psychisch unauffällige Kontrollgruppe sollte eine Stichprobe orthopädisch Kranker (ebenfalls in einer Klinik) dienen (N = 24). Daß diese Stichprobe keineswegs so ungestört erschien, wie erwartet worden war, braucht in unserem Zusammenhang nicht zu interessieren. Jedenfalls fiel schon bei der Untersuchung dieser Gruppe orthopädischer Patienten - bereits ohne jede statistische Auswertung, mit nur einer einzigen Ausnahme - beim ersten Subtest eine größere Ausdauer der älteren männ-

lichen und der jüngeren weiblichen Probanden auf (d.h.,sie führten diesen Test bis zu Ende durch, während jüngere männliche und ältere weibliche vorher abbrachen). Die Trennung zwischen den "jüngeren" und "älteren" Versuchsteilnehmern lag bei einem Lebensalter von 30 Jahren;
Männer, die älter als 30 Jahre und Frauen, die jünger als 30 Jahre waren, hielten bis zum Ende durch, während die übrigen Probanden vorher
abbrachen (also Männer unter 30 und Frauen über 30 Jahre).

Diese Interaktion von Alter und Geschlecht, wobei merkwürdigerweise gerade mit etwa 30 Jahren Veränderungen auftraten, läßt zunächst eine
recht plausible Erklärung zu: Da die Untersuchung im Jahre 1980 durchgeführt wurde, hatten die damals Dreißigjährigen Ende der Sechziger
Jahre in ihrer Jugend die "Bekämpfung des Leistungsdrucks" in unserer
Gesellschaft miterlebt. Nun hatte man in früheren Zeiten mit anderen
Methoden schon vielfach Hinweise auf eine geringere Leistungsmotivation
bei Frauen festgestellt (vgl. PLAUM, 1982). Es erscheint daher nahelie-
gend, daß diese Abwertung der Leistung hauptsächlich die Motivation der
Männer beeinflußte.

Wieso erweisen sich aber die jüngeren Frauen als besonders ausdauernd?
Mit der Abkehr vom Leistungsdruck der "Männergesellschaft" ging die
Frauenemanzipationsbewegung einher. Für Frauen wurden jetzt Berufstä-
tigkeit, Gleichberechtigung und der Nachweis angestrebt, ebensoviel
leisten zu können wie Männer. Leistungsehrgeiz - ehedem vorwiegend eine
Domäne des männlichen Geschlechts - wurde paradoxerweise gerade zu die-
sem Zeitpunkt für Frauen attraktiv. Es scheint so, als würden unsere
Daten genau diese zeitgeschichtliche Entwicklung widerspiegeln! Frühere
Befunde der Leistungsmotivationsforschung haben sich bei den jüngeren
Probanden demnach ins Gegenteil verkehrt: Frauen wirken nun motivierter
als Männer.

Wie sieht dies nun im Jahre 1980 bei Jugendlichen (im Alter deutlich
unter 30 Jahren) aus? Der Verfasser wollte mit der gleichen Methode
Probanden im Alter von 15 bis 20 Jahren untersuchen. Zu diesem Zweck
wurde ein Rundschreiben an Jugendliche dieser Altersstufe verteilt
(sowohl Schüler weiterführender Schulen und Studenten als auch Hauptschüler bzw. Auszubildende mit Hauptschulabschluß) und um freiwillige
Teilnahme gebeten. Es meldeten sich nur wenige weibliche Probanden, die
keine weiterführende Schule begonnen oder abgeschlossen hatten und überhaupt keine männlichen Versuchspersonen dieser Bildungsstufe. Natürlich
kann man nicht genau sagen, was diese Jugendlichen bewogen hat, der
Untersuchung fern zu bleiben. Doch nach Informationen, die der Verfasser von Versuchsteilnehmern erhalten hat, dürfte dabei die Angst vor
einer "Blamage" ausschlaggebend gewesen sein, also eher "Furcht vor
Mißerfolg" als zu geringe Motivation. (Die Tests wurden als Leistungs-
verfahren angekündigt, von Motivation war nicht die Rede.) Für diese
Vermutung spricht auch die Tatsache, da die Ablehnung trotz eines Ver-
suchspersonenhonorars von DM 7,50 pro Stunde erfolgte.

Die Untersuchung konnte sich überwiegend nur auf Schüler weiterführender Schulen (fast ausschließlich Gymnasiasten und Studenten N = 28)
stützen, eine Gruppe, die wohl zumindest nicht weniger auf Zeitströmungen ansprechen dürfte als die ferngebliebenen Personen. Hinsichtlich
des erfolgten oder nicht erfolgten Abbruchs beim ersten Subtest waren
hier zwar keine Geschlechtsunterschiede feststellbar, dagegen ließen

161

die männlichen Probanden bei diesem Untertest und in der gesamten Testreihe dennoch eine signifikant größere Ausdauer (p≤ .01, U-Test) erkennen als die weiblichen(d.h., sie hielten insgesamt länger durch).Außer-
dem brachen Versuchspersonen, deren Vater einen akademischen Beruf hatte, den ersten Subtest - im Vergleich zu den übrigen Probanden - eher
nicht ab (p≤ .02, exakter Vierfeldertest). Schließlich wiesen die männlichen Jugendlichen bei dieser Aufgabenstellung und in der Testreihe
insgesamt deutlich positivere Zieldiskrepanzen auf (p≤ .01, U-Test);
betrachtet man nur das Überwiegen positiver Vorzeichen der Zieldiskrepanzen (unabhängig von deren Höhe), so ist dieser Unterschied sogar mit
p≤ .001 signifikant (exakter Vierfeldertest; ein positives Vorzeichen
der Zieldiskrepanz bedeutet, daß das AN für den nächsten Duchgang höher
angesetzt wird als es dem letzten Feedback entspricht)!

Interessant sind die Resultate einer weiteren Stichprobe (N = 26) von
Fachschülerinnen, ebenfalls alle unter 30 Jahre alt (mit mindestens
mittlerer Reife): Hier zeigt sich insgesamt (auch bei allen Untertests)
eine hochsignifikant geringere Ausdauer im Vergleich zu den männlichen
Jugendlichen (p≤ .001, U-Test), wobei allerdings die Zieldiskrepanzen
der Fachschülerinnen nicht sehr negativ ausfallen.

Abgesehen von dem in diesem Punkt und im Vergleich mit der bisherigen
Literatur relativ günstigen Abschneiden der letztgenannten Gruppe sind
also bei den beiden Stichproben junger Probanden nur Anzeichen einer
s t ä r k e r e n Leistungsmotiviertheit der jungen Männer im Vergleich mit gleichaltrigen Frauen feststellbar. Von einer Umkehrung früherer Befunde zur Leistungsmotivation kann hier nicht mehr die Rede
sein; es zeigen sich vielmehr sogar andere, aufgrund der Literatur zu
erwartende Unterschiede, nämlich hinsichtlich der sozialen Schicht.

3. Mögliche Bedeutung dieser Ergebnisse und weitere Resultate

Es sind verschiedene Gründe denkbar, die bei den Stichproben der Jugendlichen und Fachschülerinnen nicht zu Resultaten geführt haben wie
in der Gruppe der orthopädischen Patienten. Zunächst könnten Bildungs-
stand und sozialer Status von Bedeutung sein. Zwar haben sich auch die
wenigen orthopädischen Patienten mit höherer Schulbildung entsprechend
dem Trend ihrer Alters- und Geschlechtssubgruppen verhalten, doch waren
diese Versuchspersonen alle über 30 Jahre alt; es sind von daher also
keine weiteren Hinweise möglich(abgesehen von der ohnehin sehr geringen
Probandenzahl). Oder sollten die geschilderten gesellschaftskritischen
Zeitströmungen doch nur einen so kurzfristigen Effekt gehabt haben, daß
deren Wirkung bereits vor drei Jahren bei 15- bis 20jährigen Jugendlichen nicht mehr feststellbar war? Jedenfalls wäre eine Generalisierung
der Resultate der orthopädischen Patienten sehr voreilig, offenbar
könnte man allenfalls unter spezifischen Bedingungen - die vorerst
nicht genauer zu umreißen sind - derartige Ergebnisse finden.

Eine genauere Datenanalyse läßt aber ein differenzierteres Bild erkennen: Die gefundenen Subgruppenunterschiede betreffen bei den orthopädischen Patienten nur den ersten Untertest, bezüglich der Statusdifferen-
zen (akademischer Beruf des Vaters) innerhalb der Jugendlichenstichpro-
be gilt dies ebenfalls.Lediglich die Geschlechtunterschiede der letztgenannten Gruppen sind über die gesamte Testreihe hinweg feststellbar.

Dies könnte generell darauf hinweisen, daß Einflüsse auf die Leistungsmotivation, die von sozialen Rollen her zu verstehen wären (etwa bezogen auf Alters- und Geschlechtsgruppen und den sozialen Status) bevorzugt beim ersten Untertest auftreten. Für die Wichtigkeit der sozialen
Rolle spricht auch das völlige Fehlen bedeutsamer Subgruppendifferenzen
hinsichtlich Alter, Geschlecht und Status innerhalb der untersuchten
Hirngeschädigten (N = 28) und Depressiven (N = 20), d.h. Personen, die
durch eine stigmatisierende Behinderung zu Randgruppen wurden und bei
denen dann die genannten demographischen Merkmale zwangsläufig nicht
mehr die entscheidende Bedeutung für Rollenzuschreibungen und -verhal-
ten besitzen. Es erscheint durchaus einleuchtend, daß gerade das Verhalten im ersten Untertest in besonderer Weie durch soziale Rollen beeinflußt wird. Rollenerwartungen sind definitionsgemäß Verhaltensnormen, die an einzelne Individuen herangetragen werden;sie erzeugen einen
Druck in Richtung Konformität. Wenn sich also eine Versuchsperon mit
einer für sie neuen Situation und einem unbekannten Versuchsleiter konfrontiert sieht, so dürften ihre einzigen Orientierungsrichtlinien bezüglich der Erwartungen desselben (im Hinblick auf ihr Verhalten) in
ihrer sozialen Rolle zu finden sein. In der Tat wurde zu Beginn des
Versuches nach Alter, Schulbildung und Beruf der Eltern gefragt, und es
lag auch von daher nahe, daß sich der Proband zunächst so verhielt, wie
"man" es aufgrund dieser Informationen vielleicht erwarten würde, etwa
in der Rolle als Gymnasiast aus einer Akademikerfamilie. Erst die Erfahrungen mit dem ersten Subtest, die damit verbundenen Feedbacks zur
eigenen Leistung und die Interaktion mit dem Untersucher ermöglichen
andere Orientierungsgesichtspunkte für das weitere aktuelle individuelle Verhalten.

Dies würde jedoch bedeuten, daß die Komponenten der Leistungsmotivation
nicht statisch zu verstehen sind, sondern prozeßhaft-dynamisch. Die
bisher vorliegenden zahlreichen Ergebnisse, die mit dieser Testreihe
gewonnen wurden, lassen in der Tat deutlich verschiedene Resultate zu
den einzelnen Subtests erkennen.

Besondere Korrelationen mit Außenkriterien, die bei den Fachschülerinnen berechnet wurden, fallen oft recht unterschiedlich aus; während
beispielsweise der eine Untertest konsistente Beziehungen zu bestimmten
Schulleistungen oder Lehrer-Ratings zur Motivation aufweist, verschwin-
den diese Zusammenhänge beim nächsten völlig und stattdessen tauchen
andere auf. Dies scheint nicht nur auf die verschiedenen Aufgabenstel-
lungen, sondern vor allem auch den Verlauf innerhalb der gesamten Testreihe zurückführbar zu sein, denn der erste und der letzte Untertest
weisen öfters geradezu gegensätzliche Ergebnisse auf. Die Unterschiede
zwischen den Subtests dürften somit nicht als ein Mangel der Testkon-
struktion zu interpretieren sein, wie Kritiker dieser Methode gemeint
haben, sondern den komplexen Gegebenheiten der Realität entsprechen.
Mit anderen Verfahren, die nur eine einzige Aufgabenstellung und kurze
Untersuchungszeit beinhalten (wie in bisherigen Arbeiten üblich), kann
man derartige Resultate natürlich nicht erzielen. Wenn dabei, wie anzunehmen, sozialen Rollen eine ausschlaggebende Bedeutung zukommt, werden
unter diesen Bedingungen auch Ergebnisse auftreten, die sich zwanglos
im Sinne situationsüberdauernder Persönlichkeitsmerkmale interpretieren
lassen, da Rollenerwartungen eben keine kurzfristigen Veränderungen erfahren. Möglicherweise sind derart vordergründige Reaktionstendenzen
auch bei Fragebögen von erheblichem Einfluß, so daß eventuell gewisse

Zusammenhänge zwischen Leistungsmotivationsfragebögen und den Scores unseres ersten Subtests bestehen könnten. Eine unveröffentlichte Untersuchung von STORCH scheint diese Vermutung in etwa zu bestätigen.

Somit ist Leistungsmotivation unter verschiedenen Aspekten als dynamisch und daher veränderbar anzusehen: Einmal scheint sie von variablen Situationsbedingungen (etwa spezifischen Anforderungen) abhängig zu sein, aber auch kurzfristige Verlaufscharakteristika dürften eine Rolle spielen, zum anderen sind offenbar kulturepochale, d.h. langfristige Entwicklungen und soziale Bedingungen von Bedeutung.Diese Gesichtspunkte mögen einander überlagern und so das individuelle Verhalten beeinflussen. Vielleicht ist ein Befund aus der Leistungsmotivationsforschung, wonach verschiedene Individuen unterschiedlichen Gesetzmäßigkeiten zu folgen scheinen (vgl. SCHNEIDER, 1976), zum Teil auf die genannten Gegebenheiten zurückzuführen. Forschungsansätze, die diese Bedingungen unberücksichtigt lassen (etwa Querschnittsuntersuchungen mit nur einer einzigen Aufgabenstellung), könnten daher zu falschen Schlußfolgerungen führen.Solche Schwierigkeiten ergeben sich nicht nur in der Entwicklungspsychologie, sondern auch für die allgemeine Motivationsforschung. Das Problem der steten Veränderungen ist allerdings im Zusammenhang mit Fragen der Entwicklung besonders offensichtlich und auch vom generellen methodischen Ansatz her - etwa im Zusammenhang mit der sogenannten "dialektischen Psychologie" - lebhaft diskutiert worden (siehe etwa LERNER, SKINNER & SORELL, 1980). Man wird sich allgemein in der Psychologie daran gewöhnen müssen, daß die Annahme statisch zu verstehender, "reiner" Dimensionen (bzw. Variablen), die unabhängig voneinander existieren und allenfalls in "Interaktion" treten können (etwa nach dem varianzanalytischen Modell) der Realität nicht entspricht.

4. Verschiedene Aspekte der Leistungsmotivation

Über "die" Leistungsmotivation bei Jugendlichen läßt sich generell nicht viel aussagen. Zumindest sollten mehr vordergründige, von sozialen Rollen her zu verstehende Reaktionen von einer längerfristigen Wirkung unterschieden werden. Aber auch unterschiedliche Aspekte der Leistungsmotivation selbst verdienen eine gesonderte Betrachtung.

Bei den orthopädischen Patienten fanden wir mutmaßliche kulturepochale Einflüsse im Hinblick auf die Ausdauer im ersten Subtest. Was jedoch die Zieldiskrepanzen betrifft, so ließen hier die Männer (jüngere und ältere zusammengenommen) Anzeichen einer höheren Leistungsmotivation erkennen (Unterschied zu den Frauen $p \leq .05$, U-Test; auch die jüngeren Männer hatten positivere Zieldiskrepanzen als die jüngeren Frauen, wegen der geringen Versuchspersonenzahl allerdings nicht signifikant). Einen Gegensatz zu Ergebnissen der Leistungsmotivationsforschung kann man dabei also ebenfalls nicht feststellen. Es scheint so, als sei die Ausdauer nicht nur eine übergeordnete Variable, sondern auch eine, die durch verschiedene Bedingungen besonders leicht zu beeinflussen ist. Dem entspricht die Tatsache, daß stärkere Behinderungen (Hirnschädigungen, schwere Depressionen) sich am deutlichsten gerade bei der Ausdauer auswirkten.

Die Versuche, von denen bisher die Rede war, sind kombinierte Ausdauer- und Anspruchsniveau-Experimente. ANs beziehen sich auf Zielvorstellungen des Individuums, in Abhängigkeit von Erfolgs- und Mißerfolgserlebnissen. Diese wiederum setzen ein Minimum an persönlichem Engagement (einschließlich einer gewissen Ausdauer) bereits voraus, können also kaum von der e x t r i n s i s c h e n Motivation her gesehen werden. Die Ausdauer hingegen stellt auch insofern eine übergeordnete Variable dar, als sich hierbei sowohl extrinsische als auch intrinsische Komponenten auswirken können. Wenn die letzteren fehlen,dürfte ein Abbrechen wahrscheinlicher sein. Man darf nun annehmen, daß die Polemik gegen den Leistungsdruck in unserer Gesellschaft sich auf den extrinsischen Aspekt der Leistungsmotivation ausgewirkt hat, da ja im wesentlichen nicht das eigene Interesse, sondern der Druck von seiten verschiedener Autoritäten kritisiert wurde. Möglicherweise haben also die jüngeren orthopädischen Patienten rasch die Lust an der geforderten Tätigkeit verloren und infolgedessen abgebrochen, und zwar ohne Hemmungen gegenüber einem Versuchsleiter mit akademischem Titel, der die Aufgabe gestellt hatte. Die Gymnasiasten ließen hingegen alle ein großes Interesse an psychologischen Experimenten erkennen, so daß bei dieser Gruppe vielleicht die intrinsische Motivationskomponente einem Abbruch entgegenstand. Es wäre daher zu überprüfen, inwieweit sich eine geringere Leistungsmotivation heutiger Jugendlicher eventuell nur auf uninteressante, von außen aufgedrängte Tätigkeiten bezieht.

Direkt zu dieser Fragestellung wurden keine Untersuchungen duchgeführt, doch liegen Ergebnisse vor, die indirekte Hinweise liefern. Ebenfalls auf die LEWIN-Schule gehen weitere Untersuchungen zur Leistungsmotivation zurück, nämlich Versuche zur sogenannten psychischen Sättigung (KARSTEN, 1928). Die Handlungsstruktur dieser Experimente unterscheidet sich von solchen zum Anspruchsniveau durch das Fehlen der Erfolgs-Mißerfolgserlebnisse, da hierbei sehr einfache und "langweilige" Tätigkeiten durchgeführt werden sollen, und zwar "so lange wie man möchte"; Abbruchsversuchen wird hier allerdings ebenfalls ein gewisser Druck von seiten des Untersuchers in Richtung einer Fortführung der Aufgabe entgegengesetzt. Man kann sagen, daß es sich hierbei im Grunde um reine Ausdauerversuche handelt, wobei die intrinsische Motivation minimal sein dürfte.

Solche Sättigungsversuche wurden vom Verfasser zu verschiedenen Zeiten durchgeführt bzw. betreut, und zwar einmal vor 17 Jahren (Mitte der sechziger Jahre; Untersuchung I), zum anderen im Winter 1979/80 (Untersuchung II). Versuchspersonen waren in beiden Fällen männliche Jugendliche, Auszubildende und Schüler weiterführender Schulen (im Alter von 14 bis 20 Jahren);N = 36 (Untersuchung I) bzw. 30 (Untersuchung II).Als Methode fand die sogenannte akustische Sättigung Verwendung, d.h. der Proband sollte das gleich Gedicht immer wieder hintereinander vorlesen. Die Ergebnisse sind bislang noch nicht publiziert worden.

Obwohl es sich um eine andere Stichprobe handelte und ein Zeitraum von annähernd 40 Jahren dazwischen lag, erbrachte die Untersuchung I kaum Unterschiede zur KARSTENschen Arbeit von 1928, allenfalls eine geringfügige Tendenz zu schnellerem Abbrechen. Die Untersuchung II hingegen ergab äußerst beeindruckende Differenzen; die Ausdauer war in geradezu dramatischer Weise geringer geworden:Unterhalb des Medians der Untersuchung I liegt nur ein einziger Wert der in Untersuchung II erzielten Resultate! In keinem Falle unterschieden sich die Schüler weiterführender Schulen bedeutsam von den Auszubildenden (s. Abbildung 1).

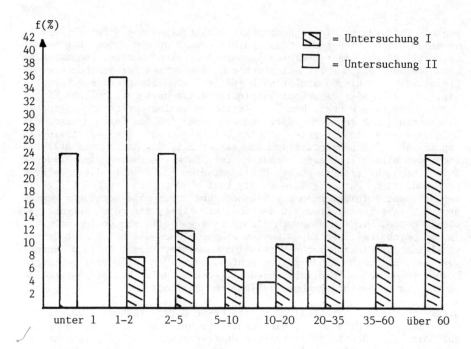

Abbildung 1:Häufigkeiten des Abbruchs der Sättigungsversuche innerhalb
bestimmter Zeitgrenzen in der ersten und zweiten Untersuchung (Angaben in Minuten)

Es scheint in der Tat die Ausdauer zu sein, soweit sie extrinsisch determiniert ist, die in den letzten zwei Jahrzehnten erheblichen Veränderungen unterworfen war. Diesen Eindruck kann man auch in Lehrveranstaltungen mit Studenten gewinnen, bei denen Sättigungsexperimente
durchgeführt werden*).

In heutigen Veranstaltungen geben fast alle Versuchspersonen sehr
schnell auf.In Vorversuchen zu der hier skizzierten Untersuchung I wurde - ähnlich wie bei KARSTEN - mit "Stricheln" als Aufgabe gearbeitet;
Studenten im ersten Semester Psychologie malten nach Stunden noch immer unentwegt Striche - ohne Anzeichen der von KARSTEN beschriebenen
charakteristischen Sättigungsphänomene!

5. Zusammenfassender Überblick

Die Differenzen zwischen den Resultaten der beiden Sättigungsversuche
dürften als Kohortenunterschiede zu interpretieren sein. Sie stehen in
Übereinstimmung mit den Ergebnissen der Querschnittsuntersuchung zur
Ausdauer. Demnach hat sich die Leistungsmotivation vor allem der männ-
----
*)Der Verfasser kann sich noch gut an ein Seminar von Anitra KARSTEN
erinnern; die meisten Teilnehmer brauchten recht lange, bis sie die
dort durchzuführenden Sättigungsversuche abbrachen.

lichen Jugendlichen in den letzten 20 Jahren verändert, allerdings kaum im Hinblick auf das Zielsetzungsverhalten und die intrinsische Motivation. Dagegen scheinen extrinsische Komponenten beeinflußt worden zu sein; Leistung nur aufgrund einer Aufforderung durch Autoritäten wird offenbar weitgehend abgelehnt.Die Resultate, von denen berichtet wurde, lassen den Schluß zu, daß heutige Jugendliche bei Tätigkeiten, die sie interessant finden, ebenso ausdauernd und ehrgeizig sind wie ihre Altersgenossen in früheren Zeiten; Hoffnung auf Erfolg und Furcht vor Mißerfolg bestimmen in ähnlicher Weise die Zielsetzungen.

Leistung würde somit dann nach wie vor als Wert erachtet, wenn es gelingt, eher intrinsische als extrinsische Komponenten der Motivation anzuregen. Diese Feststellung ist im Hinblick auf die "heutige Jugend" gewiß nicht neu, detailliertere Hinweise auf anscheinend unverändert gebliebene Ausdauer,Ehrgeiz und Erfolgshoffnungen - unter der genannten Bedingung - mögen aber weniger pessimistische Zukunftsperspektiven eröffnen als vielfach befürchtet worden war. Dies gilt wahrscheinlich gerade dann, wenn über längere Zeit hinweg verschiedenartige Anforderungen gestellt werden. Eine einmalige, von außen herangetragene Aufgabenstellung wird hingegen offenbar in einer eher vordergründigen Weise beantwortet, wobei soziale Rollenerwartungen von Bedeutung sind. Nur unter diesen Bedingungen scheinen sich kulturepochale Wandlungen im Hinblick auf die Leistungsmotivation überhaupt auszuwirken.

Normative Orientierungen Jugendlicher
in leistungsbezogenen Situationen (Konkurrenz versus Solidarität)

Ralf U. Briechle

1. Einleitung

Die Schule ist für Adoleszente eine wichtige Institution zur Vermittlung sozialer Normen. Dies gilt nicht nur für formelle Normen der
staatlichen Bildungseinrichtungen, sondern auch für informelle Normen
unter Schülern, welche sich teilweise auch gegen die formellen Regeln
des Schulsystems richten.

Für die Institution Schule ist zumindest in unserer Gesellschaft, trotz
alternativer Schulmodelle, die Leistungsnorm immanent und damit ist
auch eine Konkurrenzsituation unter Schülern zumindest latent immer gegeben. Andererseits erhält gerade durch die Leistungsnorm der Schule
die Solidarität unter Schülern eine wichtige Sozialisationsfunktion:
gemeinsames Handeln der Schüler sowie Hilfsbereitschaft bieten den
Schülern eine Chance, die Leistungsanforderungen der Schule gemeinsam
zu bewältigen.

Man kann wohl davon ausgehen, daß die Leistugsnorm (und damit zusammenhängend die Konkurrenzsituation unter Schülern) einerseits und die
Solidaritätsnorm andererseits zu den zentralen Normen für Schüler in
unserer Gesellschaft gehören. Dabei wird institutionell die Leistungsnorm abgestützt, während die Solidaritätsnorm durch die objektiven Beziehungsstrukturen unter Mitschülern entsteht und nicht notwendig einer
institutionellen Absicherung bedarf. Solidarität in der Schulklasse
gewinnt darüber hinaus eine zentrale Sozialisationsfunktion, weil innerhalb von Gruppen gleichaltriger Jugendlicher das moralische Gerech-
tigkeitsprinzip etabliert wird (PIAGET, 1973; KOHLBERG, 1974).

Allgemeiner formuliert stehen die Normen der Leistung und Solidarität
in Relationen, welche sich teils ergänzen, teils einander widersprechen, abhängig von der jeweils entstehenden konkreten Situation in der
Beziehung zwischen Lehrern und Schülern innerhalb einer bestimmten
Schule.

GRIESINGER & LIVINGSTON (1973) entwickelten ein Modell konkurrierender
Normorientierungen, in dem der Widerspruch sozialer (solidarischer) und
individualistischer Normen deutlich wird.

Eine Präferenz sozialer Normen impliziert geringere Aggression und
geringeres Konkurrenzverhalten, umgekehrt reduziert individualistisch-
konkurrenzorientierte Normorientierung die Möglichkeiten zu Altruismus
und Kooperation.

Wie in klassischen ökonomischen Nutzenmodellen wird von den Autoren
Nutzenmaximierung unterstellt; eine rein altruistische Normorientierung
stellt dabei eine ausschließliche Ausrichtung an dem Nutzen anderer
dar, Individualismus bedeutet dagegen eine eigene Nutzenoptimierung.

Die individuelle Auseinandersetzung mit diesen miteinander in Beziehung stehenden Normen gehört zu einer der zentralen Entwicklungsaufgaben Adoleszenter (HAVIGHURST, 1972).

Unter diesem Blickwinkel haben wir im vorliegenden Projekt die Hilfsbereitschaft Jugendlicher im Rahmen einer leistungsbezogenen schulischen Situation zu erfassen versucht. Hilfsbereitschaft bedeutet für uns ein tendenzieller Verzicht auf selbstbezogene Zielsetzungen einer Handlung, das Hauptmotiv des Hilfsbereiten ist auf die Verbesserung der Notlage des anderen gerichtet; abhängig von der Stufe der moralischen Entwicklung werden hedonistische Hilfemotive zunehmend durch gerechtigkeitsorientierte Motive ersetzt (vgl. hierzu die Beschreibung von Entwicklungsstufen der Hilfsbereitschaft bei BAR-TAL et al., 1982). Das moralisch entwickelte Individuum im Sinne von KOHLBERG (1974) hilft nicht, weil es selbst davon profitiert, sondern weil dem Hilfebedürftigen ein Anspruch auf Hilfeleistung zusteht und das Subjekt sich aus seiner Orientierung an Prinzipien der Gerechtigkeit verpflichtet fühlt zu helfen. Anders ausgedrückt: mit wachsender moralischer Urteilskompetenz können immer mehr Gründe für einen Verzicht auf Hilfeleistung nicht mehr als moralisch legitimiert akzeptiert werden; dabei geht die Begründung für solidarisches Handeln über die Verwendung konventioneller tradierter Normen und Werte hinaus.

Dem Handlungsmodell KOHLBERGs wird gelegentlich vorgeworfen, es führe zu einer Überbewertung kognitiver Leistungen und damit auch zu inadäquaten Prognosen über das tatsächliche Verhalten von Individuen. So sei ein Schüler mit hohen soziokognitiven Kompetenzen nicht von vornherein ein Individuum, welches von seiner Umwelt als besonders hilfsbereit wahrgenommen wird. Es gibt ja viele Bedingungen (auch in der Schule), die es als eher unklug erscheinen lassen, einem anderen zu helfen.

In der Schulklasse ist nicht selten gerade der Schüler, welcher aufgrund seiner soziokognitiven Kompetenzen am ehesten helfen könnte, derjenige, der am seltensten de facto hilft. So sind etwa Schüler, welche bei unserer Untersuchung in der 7. Klassenstufe in Leistungsfächern lauter "Einsen" erreichen, besonders wenig hilfsbereit.

Hilfsbereitschaft hat vermutlich viel mit Persönlichkeitsmerkmalen wie "moralischer Verläßlichkeit" (DÖBERT & NUNNER-WINKLER, 1981) zu tun. Dagegen garantiert intellektuelle Flexibilität (welche unter anderem für KOHLBERGs Stufe 5 vorausgesetzt wird) nicht von vornherein Zuverlässigkeit im konkreten Handeln.

Es kann nicht ausgeschlossen werden, daß Individuen mit Stufe 4 moralisch zuverlässiger in dem Sinne sind, daß sie aufgrund einer uneingeschränkten Anerkennung religiöser Gebote (ungeachtet der besonderen Motive und Umstände) eher helfen als Individuen mit Stufe 5; die Entwicklung von Stufe 4 zu Stufe 5 führt nämlich auch zu einer Relativierung der Geltung von Normen und Geboten, die möglicherweise auch einen *individuellen Ermessensspielraum* erhöht, in der gegebenen Situation nicht zu helfen.

Die Kenntnis des Moralischen Urteilsniveaus allein ist schon aus theorieimmanenten Gründen ein eher schwacher Prädiktor für die Hilfsbereitschaft eines Jugendlichen; es reicht nicht einzusehen, daß man helfen sollte und könnte, man bedarf auch der Motivation, helfen zu wollen. Nun hat aber unsere Gesellschaft zunehmend Bedingungen geschaffen, die zu einem Verlust an solchen Vorbildern und Leitfiguren führte, welche Hilfsbereitschaft motivational fördern. Hinzu kommt, daß die zunehmende Anonymität der Massengesellschaft eine wichtige Voraussetzung für eine Hilfeleistung verringert: das Gefühl persönlicher Verantwortlichkeit, eine hinreichende Kenntnis des Hilfebedürftigen.

Neuere psychoanalytische Ansätze sprechen u.a. von einer zunehmenden narzißtischen Tendenz Jugendlicher (ZIEHE, 1975). Ein Grund dafür könnte auch in veränderten Lebensauffassungen Jugendlicher zu sehen sein, die weniger an religiösen, ideologischen oder philosophischen Positionen orientiert sind, welche eine Zurückstellung eigener Bedürfnisse zugunsten anderer (etwa Hilfebedürftiger) nahelegen.

Es soll die These formuliert werden, daß unter Jugendlichen individualistisch begründete Handlungsformen zunehmen, nachdem allgemein akzeptierte Normen und Prinzipien des Zusammenlebens an subjektiver Überzeugungskraft und Relevanz bei vielen Jugendlichen verloren haben.

Gelang noch dem Sozialismus oder Kommunismus eine nichtreligiöse Begründung für solidarisches Handeln, so führte offenbar der Niedergang nicht-individualistischer Glaubens- und Überzeugungssysteme zu verstärkt individualistischen lustorientierten Lebensformen, in denen Hilfsbereitschaft ohne die potentielle Chance von Gegenleistung zu einer Form eher irrationalen Verhaltens gerät.

REYKOWSKI (1982) spricht in diesem Zusammenhang von einerseits "utilitaristischen", andererseits "normativen" Werten für prosoziales Verhalten. Nach meinen Überlegungen verlieren gerade die normativen Werte an Relevanz bei Jugendlichen, dagegen nehmen instrumentell-individualistische Wertorientierungen zu. Für die Entwicklung der Hilfsbereitschaft bedeutet dies, daß Motive zu einer Hilfeleistung verstärkt von situativen Bedingungen abhängig werden und damit auch für den Hilfebedürftigen weniger kalkulierbar werden.

Dieser Wandel der Wertorientierung muß nicht zu einer Abnahme der Häufigkeit von Hilfeleistungen führen, dagegen ändern sich aber vielfach die Motive für eine Hilfeleistung; so dürften auch zweckrationale Überlegungen zunehmen, welche an Austausch und Reziprozität orientiert sind und für den Bereich des moralischen Urteils die Stufe 2 von KOHLBERG repräsentieren.

In den folgenden empirischen Analysen wird versucht, *individuelle und schulische* Bedingungen für eine Orientierung an Normen der Solidarität unter Schülern zu erfassen; aus Gründen der begrifflichen Anschaulichkeit wird dabei - etwas unpräzise - der Begriff "Hilfsbereitschaft" für eine Orientierung an Solidaritätsnormen verwendet.

2. Ergebnisse

Das Forschungsprojekt "Entwicklung im Jugendalter", welches von der Deutschen Forschungsgemeinschaft finanziert wird, hat die soziale Entwicklung 12-16jähriger Jugendlicher anhand einer Stichprobe von ca. 2000 Jugendlichen zu erfassen versucht; eingesetzt wurden überwiegend geschlossene Fragebogeninstrumente zur Messung sozialer und selbstbezogener Kompetenzen sowie ein umfangreiches Instrumentarium zur Erfassung familiärer und schulischer Umweltbedingungen.

Zur Messung der Hilfsbereitschaft von Schülern wird eine von FEND & VÄTH-SZUSDZIARA (1977)entwickelte Kurzskala ("Prosoziale Orientierung") verwendet.1) Zurückgegriffen wird auf eine Situation aus dem schulischen Alltag:

Ein Mitschüler (bzw. eine Mitschülerin schreibt bei einer Klassenarbeit ab, bekommt dennoch eine bessere Note als sonst und wird für seine Leistung besonders gelobt.

Die Situation thematisiert den grundlegenden Konflikt zwischen individueller Leistungs- und Konkurrenzorientierung 2) einerseits und der Solidarität unter Gleichaltrigen andererseits. Der befragte Schüler soll aufgrund dieser vorgegebenen Situation angeben, wie er sich dem Mitschüler gegenüber verhalten würde, der von ihm abgechrieben hat.

Die Items beziehen sich auf die möglichen, insbesondere prosozialen Einstellungen bzw. Reaktionen des Befragten in dieser Situation. Ein Beispiel für eine prosoziale Einstellung ist das folgende Item: "Ich finde es gut, daß meine Hilfe ihm genützt hat". Ein Beispiel für Leistungsorientierung stellt folgendes Item dar: "Ich würde ihm sagen, daß es ungerecht ist, mit der Leistung anderer zu glänzen".

Die Trennschärfe der Items ist gut, der Konsistenzkoeffizient für die Skala mit 8 Items beträgt .78. Die Langzeitreliabilität für den Zeitraum eines Jahres beträgt r = .49.

3. Interpersonale Kompetenzen und Hilfsbereitschaft

In Anlehnung an HOFFMAN (1976), KOHLBERG (1974) sowie MUSSEN (1977) erwarten wir, daß insbesondere die Fähigkeit, sich in die Denk- und Empfindensprozesse anderer hineinzuversetzen (Rollenübernahme und Empathie) sowie die moralische Urteilskompetenz mit der gemessenen Hilfsbereitschaft in Zusammenhang stehen sollten.

Durch Rollenübernahme erhält der Jugendliche die notwendigen Informationen über die Situation des Hilfebedürftigen, insbesondere dessen Erwartungen; durch Empathie ist die Fähigkeit zum Mitempfinden der Notlage des anderen gegeben.

---

1) Die Kurzskala "Prosoziale Orientierung" ist Bestandteil eines umfangreichen Instrumentariums zur Messung prosozialer und antisozialer Orientierungen von Schülern der 6. - 9. Klassenstufe, welches verschiedene Situationen innerhalb des schulischen Alltags berücksichtigt. Die Langversion dieser Skala wurde 1977 von FEND in einem Gesamtschulprojekt erfolgreich eingesetzt.
2) Mit "Leistungsorientierung" meinen wir hier auch die individuelle Erwartung, daß objektiv bestehende Leistungsunterschiede zu entsprechend unterschiedlichen Bewertungen führen sollten.

Mit einer entwickelten moralischen Urteilskompetenz ist der Jugendliche in der Lage, moralische Prinzipien und Normen in der Beziehung zwischen Hilfebedürftigen und Mitmenschen zu erkennen und zu verwenden. Dabei ist zu berücksichtigen, daß die genannten interpersonalen Kompetenzen eine theoretisch notwendige, aber keine hinreichende Voraussetzung für altruistisches Handeln darstellen, da situationsbedingte Umstände, Persönlichkeitseigenschaften und anderes mehr das konkrete Handeln mitbestimmen. Solche Bedingungen werden in den vergangenen Jahren zunehmend gerade unter handlungstheoretischer Perspektive analysiert (SCHWARTZ & HOWARD, 1982; PLATZKÖSTER, 1983).

Unsere eigenen Ergebnisse zeigen, daß Rollenübernahme und Empathie in einem signifikanten Zusammenhang zur Hilfsbereitschaft stehen (s. Abbildung 1).

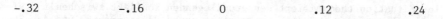

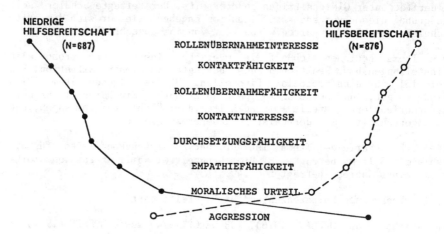

Abbildung 1: Interpersonale Fähigkeiten von Schülern mit niedriger und hoher Hilfsbereitschaft gegenüber Mitschülern. Einfaktorielle Varianzanalyse. Schüler der 9. Klassenstufe aus allgemeinbildenden Schulen (N = 1563).

Auch die moralische Urteilskompetenz steht in einem Zusammenhang zur Hilfsbereitschaft, wenngleich die gemessenen Zusammenhänge schwächer als erwartet ausfallen.

Der vergleichsweise geringe Zusammenhang zwischen Moralischem Urteilsniveau und Hilfsbereitschaft hat zwei besondere Ursachen: 1. sind Schüler mit Stufe 4 in unserer Dilemmasituation stärker leistungsorientiert als Jugendliche mit der moralischen Urteilsstufe 3 und zweitens differenziert die Hilfsbereitschaft in Abhängigkeit vom moralischen Urteilsniveau nur bei Jugendlichen mit Stufe 1, 2 oder 3.

Unser interpersonales Altruismus-Dilemma verlangt möglicherweise nicht höhere moralische Urteilskompetenz als Stufe 3 und differenziert dann auch nicht mehr zwischen Jugendlichen mit Stufe 3, 4 oder 5.

Dagegen korrelieren die Skalen Rollenübenahmeinteresse und Kontaktfä-
higgkeit (beide operationalisiert als Selbstbeschreibungsskalen) deutlich stärker mit Hilfsbereitschaft.

Offenbar spielen motivationale Dimensionen eine bedeutsame Rolle für
eine Hilfeleistung: Jugendliche, welche sich durch ausgeprägtes Interesse an Mitmenschen auszeichnen, kontaktfreudig sind und Zuvertrauen in
ihre eigenen Kontaktfähigkeiten haben, sind stärker hilfsbereit als
sozial isolierte Jugendliche, auch dann, wenn dabei für einen selbst

Tabelle 1: Die Hilfsbereitschaft gegenüber Mitschülern in Abhängigkeit
von der Stufe des Moralischen Urteils im "MUP". Schüler der
9. Klassenstufe aus allgemeinbildenden Schulen in Hessen.
(N = 1651)

	Hilfsbereitschaft
MU-Stufe 1	12.70
MU-Stufe 2	13.86
MU-Stufe 3	14.13
MU-Stufe 4	13.76
MU-Stufe 5	14.23

Nachteile gegenüber dem Lehrer entstehen könnten.

Dieses Ergebnis entspricht unseren Erwartungen, da wir davon ausgehen
können, daß ein Jugendlicher, für den sein Ansehen bei anderen wichtig
ist, auch mehr dazu beitragen wird, dieses Ansehen durch prosoziale
Verhaltensweisen zu bestärken (vgl. REYKOWSKI, 1982).

Hilfsbereite Jugendliche zeichnen sich darüber hinaus durch stärkere
Durchsetzungsfähigkeit aus: Hilfeleistungen bzw. Hilfsbereitschaft sind
eher zu erwarten, wenn der Jugendliche Zuvertrauen zu seinen eigenen
Handlungskompetenzen hat, gerade dann, wenn die Hilfeleistung mit möglichen Risiken bzw. Kosten verbunden ist. Die Altruismusforschung hat
wiederholt nachgewiesen, daß die Attribuierung eigener Hilfekompetenzen
eine wichtige Voraussetzung für die Bereitschaft zu einer Hilfeleistung
ist (vgl. ICKES & KIDD, 1976)

Unsere eigenen Ergebnisse bestätigen diese Erfahrung in folgender Hinsicht: hilfsbereite Jugendliche bechreiben sich selbst als durchset-
zungsfähiger, und sie zeigen ein höheres Kompetenzbewußtsein, ihr eigenes Handeln kontrollieren zu können. Anders ausgedrückt, sie erleben
sich selbst als willensstark und zielstrebig in ihrem Handeln.

Überhaupt zeichnet sich der Hilfsbereite durch sozial angepaßtes Verhalten aus; er fühlt sich bei seinen Mitschülern anerkannt, ist selten
alleine, verfügt über feste Freundschaften und ist weniger aggressiv
gegenüber Mitschülern und Lehrern.

4. Leistungsdruck und Hilfsbereitschaft

Unsere anfangs skizzierten theoretischen Vorüberlegungen ergaben einen
Zusammmenhang zwischen Leistungsnorm und Solidaritätsnorm bei Schülern.
Die Gültigkeit dieser Annahme könnte dann bestärkt werden, wenn wir
zeigen können, daß zunehmender Leistungsdruck bei Schülern längerfristig zu einer veränderten Hilfsbereitschaft führt.

Theoretisch wären zwei Alternativhypothesen denkbar: 1. könnte eine
längerfristige Verstärkung des Leistungsdrucks durch Lehrer zu einer
verstärkt solidarischen Einstellung unter den Schülern führen, um gemeinsam dem Druck widerstehen zu können. Wahrscheinlicher erscheint allerdings die Gegenthese, daß zunehmender Leistungsdruck zu einer Abnahme der Hilfsbereitschaft führt, weil die individuellen Risiken solidarischen Verhaltens zunehmen und zugleich das normative Relevanzsystem
zugunsten einer stärkeren Leistungsorientierung verschoben wird. Umgekehrt erwarten wir auch eher, daß bei einer längerfristigen Abnahme des
Leistungsdrucks die Hilfsbereitschaft steigt.

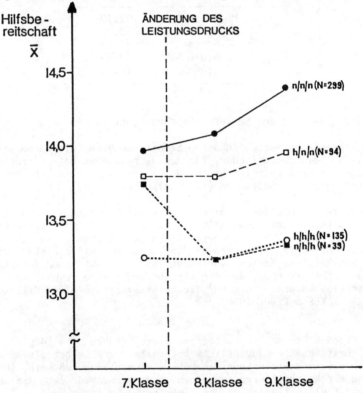

Abbildung 2: Die Entwicklung der Hilfsbereitschaft gegenüber Mitschülern in Abhängigkeit vom wahrgenommenen Leistungdruck bei
Schülern der 7. bis 9. Klassenstufe. N = 567
h/h/h = hoher Leistungsdruck 7. – 9. Klassenstufe
n/n/n = niedriger Leistungsdruck 7. – 9. Klassenstufe

174

Abbildung 2 zeigt, daß Schüler, welche über drei Jahre hinweg in der
Schule einen niedrigen Leistungsdruck erfahren, gegenüber ihren Klassenkameraden deutlich hilfsbereiter werden. Dagegen zeigen Schüler mit
hohem Leistungsdruck bereits in der 7. Klassenstufe wesentlich weniger
Hilfsbereitschaft; dieser Unterschied zwischen den beiden Gruppen von
Schülern verstärkt sich noch über die nächsten Jahre hinweg kontinuierlich.

5. Quasiexperimentelle Gruppen:

1. Wie entwickeln sich Jugendliche, welche in der 7. Klassenstufe einen niedrigen Leistungsdruck erfahren, dann aber über zwei Jahre hinweg
einen hohen Leistungsdruck erleben? Gemäß unserer Vorüberlegungen müßten diese Jugendlichen eine Abnahme ihrer Hilfsbereitschaft aufweisen.
Betrachtet man Abb. 2, so zeigt sich tatsächlich bei diesen Schülern
nach der 7. Klassenstufe eine deutliche Abnahme der Hilfsbereitschaft
und dieser Effekt zeigt sich noch in der 9. Klassenstufe bei denselben
Schülern.

2. Ganz anders verläuft die Entwicklung bei solchen Schülern, die zunächst einen hohen Leistungsdruck erfahren und dann in der 8. und 9.
Klassenstufe einen deutlich niedrigeren Leistungsdruck erleben. Diese
Experimentalgruppe ähnelt in Bezug auf Hilfsbereitschaft am stärksten
der Gruppe, welche über drei Jahre hinweg einen niedrigen Leistungsdruck feststellten.

Diese Ergebnisse bestärken die Annahme, daß der erfahrene Leistungsdruck in der Schule für die Hilfsbereitschaft gegenüber Mitschülern ein
wichtiger Prädiktor ist.

Dabei können wir aber nicht ausschließen, daß eine dritte Variable,
welche mit Leistungsdruck und Hilfsbereitschaft zusammenhängt, für die
gemessenen Effekte kausal verantwortlich ist.

6. Ein Modell zur Prognose von Hilfsbereitschaft (Soziale Orientierung)

In unserer Längsschnittstudie ist eine spezielle Form der Pfadanalse
möglich: wir können als Prädiktoren für Hilfsbereitschaft Variable berücksichtigen, die ein oder mehrere Jahre vor der Messung der Hilfsbereitschaft ermittelt wurden; durch dieses Verfahren kann sichergestellt
werden, daß eine umgekehrte Richtung der unterstellten Kausalstruktur
(welche sonst nur selten zwingend auszuschließen ist) aus logischen
Gründen unplausibel wird.

So kann der Besuch einer bestimmten Schulform (etwa eines Gymnasiums)
im Jahre 1980 wohl eine (eher) günstige Bedingung für die Höhe der
Hilfsbereitschaft im Jahre 1981 und 1982 darstellen, umgekehrt kann
aber nicht die Hilfsbereitschaft im Jahre 1982 Einfluß auf die Wahl der
Schulform im Jahre 1980 haben. Ergebnisse zu diesem Verfahren werden in
Abbildung 3 dargestellt.

Nach unseren Vorüberlegungen spielen sowohl *individuelle Sozialkompe-
tenzen* als auch relevante *Umweltbedingungen* eine wichtige Rolle für die

Hilfsbereitschaft von Schülern.

Auf individueller Ebene sind dies nach unseren Erfahrungen insbesondere die Fähigkeit, sich in Denkprozesse anderer hineinzuversetzen *(Rollen-übernahmefähigkeit)* und die Fähigkeit, leicht und ohne Unsicherheiten Kontakte zu anderen herzustellen *(Kontaktfähigkeit)*. Die Bedeutung der Rollenübernahme für die Hilfsbereitschaft Jugendlicher wurde unter anderem von HOFFMAN (1976), KOHLBERG (1974) und MUSSEN (1977) herausgearbeitet. Dagegen wurden Zusammenhänge zwischen Kontaktfähigkeit und

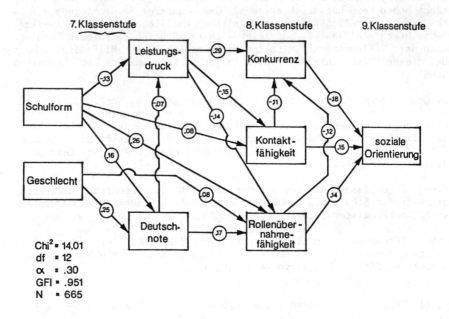

Abbildung 3: LISREL-Längsschnitt-Pfadmodell (mit standardisierten Regressionskoeffizienten)

Hilfsbereitschaft meines Wissens bisher kaum analysiert.

Bedingt durch unser Untersuchungsdesign erschien es uns am ehesten möglich, Rollenübernahmekompetenzen von Jugendlichen in der Form eines

176

Verständnisses zu operationalisieren. Ein solcher Test sollte naturgemäß auch mit Variablen zusammenhängen, die kognitive Fähigkeiten indizieren, dazu gehören wohl auch die Variablen *Schulform, verbale Intelligenz und Schulnote in Deutsch.*

Schulnoten in Deutsch sind wiederum von unterschiedlichen Variablen abhängig; es wurde die *Geschlechtsvariable* als Prädiktor für die Deutschnote berücksichtigt, u.a. weil Ergebnisse verschiedener Leistungsstudien geschlechtsspezifische Unterschiede in Hinsicht auf Schulnoten in Leistungsfächern zeigen (vgl. HAENISCH & LUKESCH, 1978). Da denkbar ist, daß in Gymnasien andere Durchschnittsnoten als in Hauptschulen gegeben werden, wurde als weiterer Prädiktor für die Deutschnote die Schulform berücksichtigt.

Für die Hilfsbereitschaft gegenüber Mitschülern spielen darüber hinaus schulische Umweltbedingungen eine besondere Rolle. Bei einem Konflikt zwischen Leistungs- und Solidaritätsnorm sind insbesondere solche Variable zu berücksichtigen, die in einem unmittelbaren Zusammenhang zu Leistungsnormen stehen, dies sind insbesondere *Schulform, Leistungsdruck und Konkurrenzverhalten* unter Schülern. Die Schulform dürfte nach Ergebnissen von SPECHT (1982) insofern bedeutsam sein, als an Gymnasien unter günstigen Bedingungen ein besonders enger Klassenzusammenhalt gegenüber Lehrern besteht. Dies dürfte für die Hilfsbereitschaft gegenüber Mitschülern von Bedeutung sein.

Darüber hinaus ist damit zu rechnen, daß der Leistungsdruck von Schulform zu Schulform variiert. Die Konkurrenz unter Schülern ist sicher insbesondere auch eine Folge des erlebten Leistungsdrucks in der Schule; Konkurrenzverhalten unter Schülern ist ein Ausdruck eines leistungsorientierten Klassenklimas und müßte somit in einem deutlichen negativen Zusammenhang zur Höhe der sozialen Orientierung stehen.

7. Ergebnisse:

Unser Pfadmodell erweist sich als akzeptabel, betrachtet man die Höhe der gemessenen Beta-Koeffizienten in Relation zu den ausgeführten Vorüberlegungen.

1. Die Konkurrenz unter Schülern einer Klasse ist insbesondere von dem schulischen Leistungsdruck abhängig, wobei wir ergänzen können, daß dies auch für den Leistungsdruck ein Jahr zuvor gilt. Konkurrenz differiert auch schulformspezifisch, überraschender Weise ist die wahrgenommene Konkurrenz sowie der Leistungdruck bei Hauptschülern höher als bei Gymnasiasten. Die Konkurrenzbedingung in der Schulklasse ist nach unseren Daten insgesamt der bedeutsamste Hinderungsfaktor für eine überdurchschnittliche Hilfsbereitschaft.

2. Die Fähigkeit zur Rollenübernahme (operationalisiert als Verständnistest) weist den stärksten Zusammenhang zur Schulform (Beta = .26) und zur Schulnote in Deutsch (Beta = .17) auf. Auch das Geschlecht - zugunsten von Mädchen - spielt eine Rolle (Betal = .08). Mit diesen Prädiktoren werden bereits 17 % der Varianz im Rollenübernahmeverständnistest erklärt (R = .408, R-Quadrat = .167). Für die Prognose

der Hilfsbereitschaft im nächsten Schuljahr ist die Rollenübernahmefähigkeit aber weniger bedeutsam als die erlebte Konkurrenz unter
Schülern (Beta(RÜ) = .14).

3. Die Kontaktfähigkeit, die besonders stark mit Kontaktinteresse zusammenhängt, ist in unserem Modell der zweitwichtigste Prädiktor für
Hilfsbereitschaft (wobei wir in unserem Modell hierfür wiederum die
entsprechenden Ergebnisse des vorangegangenen Schuljahres berücksichtigt haben) (Beta(KTF) = .15).

4. Überraschend ist die Höhe der Hilfsbereitschaft von Bedeutung, welche *Schulform* der Jugendliche besucht. Dagegen konnten *Schulsystem-
effekte* in derselben Höhe nicht festgestellt werden. *) Schüler in
Gymnasien weisen hochsignifikant höhere Altruismuswerte (1%-Niveau)
als Realschüler auf, und diese wiederum erreichen höhere Werte als
Hauptschüler; die gemessenen Unterschiede hängen aber *nicht* mit In-
telligenz- oder Sprachkompetenzunterschieden zusammen, sie scheinen
viel eher immanenten Bedingungen der entsprechenden Schulform zu
unterliegen.

5. Wir konnten feststellen, daß auch die *Geschlechtsvariable* für die
Prognose der Hilfsbereitschaft eine Rolle spielt. Mädchen sind in
der 8. und 9. Klassenstufe signifikant (bzw. hochsignifikant) häufiger bereit, Mitschülern in einer schulleistungsrelevanten Situation
zu helfen und leistungsorientierte Einstellungen entsprechend eher
abzulehnen. Wichtig erscheint darüber hinaus, daß die ermittelten
geschlechtsspezifischen Unterschiede zwischen der 7. und 9. Klassenstufe *zunehmen*.

8. Zusammenfassung

Wir konnten anhand von Daten einer Längsschnittsurvey-Studie zeigen,
daß sowohl interpersonale Kompetenzen, interpersonale Interessen sowie
spezifische schulische Umweltbedingungen, nämlich Leistungsdruck und
Konkurrenzverhalten, gemeinsam das Ausmaß an Hilfsbereitschaft bzw. individueller Leistungsorientierung beeinflussen.

Als Längsschnittanalysemethoden wurden verwendet: Kausalmodelle (Längs-
schnittpfadanalyse) sowie quasiexperimentelles Design.

Insgesamt zeigten sich folgende Variable im Rahmen einer multivariaten
Regressionsanalyse (sowohl in der 7. wie 9. Klassenstufe) als beste
Prädiktoren für Hilfsbereitschaft:

- hohe Kontaktfähigkeit
- geringes Konkurrenzverhalten in der Schulklasse
- hohes Rollenübernahmeinteresse
- hohe Rollenübernahmefähigkeit

----
*) Gleichwohl bestehen zwischen dreigliedrigem Schulsystem und inte-
grierten Gesamtschulen Unterschiede zuungunsten der Gesamtschule.
Diese Unterschiede sind in der 8. Klassenstufe am größten (signifikant auf dem 1%-Niveau), verringern sich aber dann wieder.

Dabei nimmt die Bedeutung der Kontaktfähigkeit für die Prognose der Hilfsbereitschaft zwichen der 7. und 9. Klasse noch zu. Dagegen spielen Empathiefähigkeit und Moralisches Urteilsniveau nach unseren Daten eine vergleichsweise untergeordnete Rolle bei 12-15jährigen Schülern, wobei jedoch alters- und schulformspezifische Unterschiede zu beachten sind.

Insgesamt nimmt die Hilfsbereitschaft bei Schülern der 7. bis 9. Klassenstufe nur noch schwach zu, hierbei sind jedoch erhebliche individuelle Abweichungen zu beachten, die von uns auch im Rahmen von Einzelfallanalysen geprüft werden.

Zur Vorhersage der beruflichen und allgemeinen Zukunftsorientierung bei jugendlichen Auszubildenden

Detlev Liepmann, Dieter Zapf und Heiner Dunckel

1. Einleitung

Im Folgenden wird über eine Untersuchung zum Zusammenhang von individuellen Zukunftserwartungen und objektiven Merkmalen der Ausbildung,
sowie der Ausbildungszufriedenheit als subjektivem Resultat der Verarbeitung der Ausbildungsbedingungen berichtet.

Diese Untersuchung ist Bestandteil einer auf drei Jahre konzipierten
Längsschnittuntersuchung zur "Beruflichen Sozialisation", die seit 1983
im Institut für Psychologie der Freien Universität Berlin vorbereitet
und durchgeführt wird. Ziel dieser Untersuchung ist es aufzuzeigen, inwieweit die Wahrnehmung, Interpretation und Verarbeitung der Ausbildungssituation durch jugendliche Arbeitnehmer von objektiven Ausbildungsbedingungen abhängen und inwieweit die Ausbildungssituation und
ihre subjektive Repräsentanz einen Einfluß auf berufliche und gesellschaftliche Zukunftserwartungen, politische und gesellschaftliche Orientierungen und das Freizeitverhalten der Jugendlichen aufweist.

Die Anlage bzw. Zielstellung des Projektes lassen es inhaltlich dem
Themenkreis "Berufliche Sozialisation" zurechnen.

2. Theoretische Überlegungen

Der theoretische Hintergrund des Projektes kann hier nur schlaglichtar-
tig skizziert werden. In einem ersten Abschnitt sollen einige Überlegungen zur Zukunftsorientierung ausgeführt werden. Die Zukunftsorientierung jugendlicher Auszubildender wird in Abhängigkeit ihrer Ausbildungssituation - dies wird in einem zweiten Abschnitt kurz dargestellt
- sowie deren subjektiver Verarbeitung als Arbeits- oder Ausbildungszufriedenheit gesehen. Letzteres folgt in einem dritten Abschnitt.

2.1 Zukunftsorientierung

Fragen der allgemeinen Zukunftsorientierung sind in den letzten Jahren
forschungsmäßig wieder stark in den Mittelpunkt des Interesses gerückt
(TROMMSDORFF, BURGER & FÜCHSLE, 1982). Das Jugendalter als Abschnitt
der Persönlichkeitsentwicklung zwischen Kindheit und Erwachsenwerden
ist durch soziale und psychische Probleme charakterisiert, die eng verbunden sind mit entscheidenden biologischen Veränderungen, Umstrukturierungen der sozialen Erwartungen und veränderten Lebensraumbedingun-
gen. Derartige Veränderungen werden durch neue kognitiv-motivationale,
emotionale und Verhaltenserfahrungen begleitet.

Brandtstädter (in diesem Band) unterscheidet in diesem Zusammenhang
vier Problemkategorien: Diskrepanz-, Konflikt-, Verständigungs- und
Sinngebungsprobleme. Insgesamt weist er auf eine Orientierungskrise
hin, die durch die Problematisierung und Destabilisierung bisheriger

180

Handlungsorientierungen einerseits und durch die Aufgabe der Wiedergewinnung bzw. des Neuaufbaus stabiler Handlungsorientierungen andererseits gekennzeichnet ist. Für Brandtstädter sind Handlungsorientierungen zunächst kognitive und evaluative Orientierungen. Der kognitive
Aspekt umfaßt handlungsleitende deskriptive Erwartungen, Überzeugungen,
Hypothesenbildungen oder Erfahrungsbestände, die der Jugendliche über
sich selbst und seine Handlungsbereiche aufgebaut hat. Hingegen sind
unter evaluativen Aspekten eher Werthaltungen, Zielsetzungen und "Sollsätze" zu verstehen.

Einer der Hauptaspekte in dieser Phase ist zweifelsohne der Neuaufbau
bzw. die Veränderung von Selbstkonzepten bezüglich der Gegenwart, aber
in noch stärkerem Maße der Zukunft. Die Herauskristallisierung eines
entsprechenden Selbstkonzepts spiegelt nicht nur die aktuellen Ziele,
Hoffnungen und Ängste, sondern in stärkerem Maße Erwartungen an die
Zukunft wider. In dem Konzept der Zukunftsorientierung ist damit auch
angesprochen, wie und in welcher Weise Individuen zukünftige Ziele und
Handlungen planen, wie sie deren Erreichbarkeit einschätzen etc.(vgl.
OESTERREICH, 1981).

Folgt man LEWIN (1948), so ist die Zukunftsorientierung ein Aspekt der
zeitlichen Perspektive, der Ziele, Erwartungen, Hoffnungen und Befürch-
tungen für die nähere und ferne Zukunft einschließt. In der Vergangen-
heit wurde das Konstrukt der Zukunftsorientierung unter divergierenden
theoretischen und methodischen Gesichtspunkten diskutiert (u.a. psychoanalytischen, lerntheoretischen wie auch kognitiven Ansätzen). Dementsprechend sind die empirischen Befunde inkonsistent und nur in
wenigen Fällen miteinander zu vergleichen (s. dazu WINNUBST, 1975;
DeVOLDER, 1978). Schon in den zur Anwendung gelangten Methoden spiegelt
sich die Vielfalt der theoretischen Konstrukte wider. So stehen einerseits ausgewählte kognitive Aspekte, andererseits wiederum motionale
le Komponenten der Zukunftsorientierung im Vordergrund. Eine umfassende
Orientierung liefert TROMMSDORFF (1983), die den komplexen kognitiv-
motivationalen Charakter der Zukunftsorientierung hervorhebt. Der kognitive Aspekt der Zukunftsorientierung ist gewissermaßen die Struktur,
das Zusammenwirken der Antizipationen, unabhängig ob sie als kurz-,
mittel- oder langfristig, differenziert, zusammenhängend, isoliert,
realistisch oder als unrealistisch zu interpretieren sind. Die je individuelle Überzeugung hinsichtlich der Kontrolle über gegenwärtige und
zukünftige Ereignisse muß differenziert werden unter Berücksichtigung
der Handlungsergebnisse und den daraus resultierenden Konsequenzen.
Steht im ersten Fall die Beurteilung der eigenen Kompetenz zur Diskussion, so wird im zweiten Fall die Erwartung an das Selbst und die Verantwortung bzw. Verursachung der Umwelt in den Mittelpunkt des Interesses gerückt.

Kognitionen und Verhaltensaspekte werden damit zu Prädiktoren individueller Zukunftsplanung bzw. Zukunftsorientierung. Das Zusammenwirken
der Antizipationen muß in Abhängigkeit des jeweiligen Inhalts und der
damit verbundenen subjektiven Werte gesehen werden. Zahlreiche Konzepte
sehen in Abhängigkeit der motivationalen und affektiven Qualität dieses
Konstrukts eine Grundtendenz zu pessimistischen vs. optimistischen Verhalten (MÜLLER, 1973; TROMSSDORFF & LAMM,1976; LIEPMANN & PONTZ, 1982;
DUNCKEL & LIEPMANN, 1985), das sich in Annäherungs- und Vermeidensten-
denzen ausdrücken kann(BECK, WEISSMAN, LESTER & TREXLER, 1974; TROMMSS-

DORFF, BURGER & FÜCHSLE, 1982).

Die kognitive Struktur der Zukunftsorientierung sowie die motivationalen und affektiven Aspekte sind zweifelsohne in komplexer Art und Weise miteinander vernetzt. Dabei spielen nicht nur individuelle Ziele und Werte eine Rolle, sondern gleichermaßen der situationale Kontext und der thematische Inhalt der Antizipationen.

Man kann festhalten, daß die individuelle Zukunftsorientierung Hinweise zur Entwicklung des Selbst im Jugendalter geben kann. Dies sind Meinungen zum idealen Selbst, Ziele die es zu erreichen gilt, Überzeugungen hinsichtlich der angemessenen Mittel-Ziel-Verknüpfungen sowie langfristige Konsequenzen eigener Aktivitäten. Dabei gilt die Interaktion zwischen den eigenen Fähigkeiten und Fertigkeiten sowie der Verantwortung bzw. dem Einfluß von Umgebungsfaktoren zur Erreichung der individuellen Ziele.

In diesem Kontext lassen sich beispielsweise instrumentelle Aktivitäten zur Zielerreichung beobachten, sofern dies auf einer optimistischen "Basis" passiert. Hindernisse und inadäquate (nichterfolgreiche) Handlungsstrategien werden dabei in Kauf genommen. Andererseits wird man bei einer eher pessimistischen Orientierung, angesichts von antizipierten Schwierigkeiten und Fehlerfolgen dazu tendieren, individuelle Zielhierarchien derart umzustrukturieren, daß daraus eine erhöhte Erfolgswahrscheinlichkeit resultiert. Gleichermaßen können resignative Verhaltensweisen resultieren, die letztlich in einer völligen Abkehr von subjektiven Zukunftsorientierungen münden.

Wie schon erwähnt ist es mangels einheitlicher Konzeptualisierung schwierig Zusammenhänge zwischen Zukunftsorientierung und anderen Personenvariablen (i.w.S.) hinsichtlich ihres Zustandekommens zu interpretieren. So lassen sich Zusammenhänge mit Angstvariablen (KRAUSS et al., 1967), Selbstkonzepten (PLATT & TAYLOR, 1966), Dogmatismus (ZURCHER et al., 1967), Leistungsmotivation (GJESME, 1979; DeVOLDER, 1978; LIEPMANN & PONTZ, 1982), Bedürfnis nach Weiterbildung (LIEPMANN & PONTZ, 1982) u.v.m. aufzeigen. Der Hinweis von SPIVACK & LEVINE (1963), daß es sich beim Konzept der Zukunftsorientierung um ein multidimensionales Konstrukt handelt, dessen Facetten bei verschiedenen Populationen unterschiedliche Zusammenhänge aufweisen, fand zu wenig Beachtung.

Bezogen auf die Situation jugendlicher Auszubildender kann man festhalten, daß nicht generell von d e r Zukunftsorientierung gesprochen werden kann, sondern von spezifischen Aspekten der Zukunftsorientierung. In Zusammenhang mit der Beruflichen Sozialisation jugendlicher Auszubildender stellt sich die Frage nach deren Beruflichen Zukunftserwartungen. Diese sind abhängig von der Ausbildungssituation der Jugendlichen und zu unterscheiden von generellen gesellschaftlichen Zukunftserwartungen im Sinne von optimistischer vs. pessimistischer Zukunftsorientierung.

2.2. Die Ausbildungssituation

Im Vordergrund der beruflichen Sozialisationsforschung steht die Frage, wie (und in welchem Ausmaß) Arbeitsbedingungen, Arbeitsinhalte und betriebliche Organisationsmerkmale die Persönlichkeit bestimmen (vgl. FRESE, 1982; FRESE & VOLPERT, 1980; GROSKURTH, 1979; GROSKURTH & VOLPERT, 1975; VOLPERT, 1979). Dabei interessiert insbesondere der Aspekt, wie Auszubildende durch die Ausbildung sozialisiert werden und weniger, wie sie für die Ausbildung sozialisiert werden.

Auch wenn in der neueren Sozialisationsforschung (vgl. VOLPERT, 1979; BAETHGE et al., 1983; MAYER et al., 1981; KRUSE et al., 1981; LEMPERT, 1984) unter beruflicher Sozialisation sowohl die Aneignung berufsspezifischer Qualifikationen als auch die Aneignung von Normen, Werten, Einstellungen gefaßt wird, legen wir hier einen Schwerpunkt auf den zweiten Aspekt.

Im Rahmen des Projektes wurden Variablen, die sich in anderen Untersuchungen als Determinanten von Arbeitszufriedenheit erwiesen hatten (vgl. BRUGGEMANN et al., 1975; WEINERT, 1981), ausgewählt. Komplexität, Variabilität und Entscheidungsspielraum bei der Arbeit wurden als Arbeitsinhalte zusammengefaßt (KARASEK 1979). SEMMER (1984) schlägt vor, diese Aspekte differenziert zu betrachten. Die Höhe der Korrelationen, der von ihm entwickelten Skalen, läßt aber auch eine Zusammenfassung gerechtfertigt erscheinen (vgl.auch GREIF et al., 1983). Weiterhin wurden die materielle Ausstattung als organisationale Rahmenbedingung, Zeitdruck als ein ausgewählter Belastungsaspekt sowie auf der sozialen Ebene das Ausbilderverhalten erfaßt.

Da mittels Fragebogen objektive Ausbildungsbedingungen im weiteren Sinne erfaßt werden sollen handelt es sich hier sensu GABLENZ-KOLAKOVIC et al. (1981) um subjektive Erhebungsmethoden eines objektiven Instrumentariums. Dazu muß einschränkend festgestellt werden, daß neben den subjektiven Methoden keine anderen zur Anwendung kommen konnten, wie es wünschenswert und von den Autoren vorgeschlagen wird (vgl. dazu auch SEMMER & GREIF, 1981).

2.3 Überlegungen zur Arbeits bzw. Ausbildungszufriedenheit

BRUGGEMANN et al. (1975) geben einen Überblick über empirische Grundlagen bezüglich verschiedener Determinanten der Arbeitszufriedenheit. So weisen sie beispielsweise auf Merkmale der Arbeitssituation wie Arbeitsteilung oder Machtstrukturen im Betrieb sowie konkrete Determinanten der Arbeitszufriedenheit am Arbeitsplatz wie Arbeitstätigkeit oder Arbeitsbedingungen hin. Hinzu kommen Determinanten, die der Arbeitende mitbringt (subjektive Determinanten), wie: Arbeitsorientierung, Schulbildung etc.

Allgemein kann davon ausgegangen werden, daß die Bedürfnisse und Erwartungen eines Arbeitenden durch seine berufliche Praxis modifiziert werden, beispielsweise durch Verstärkung (mit resultierender Anspruchserhöhung)oder durch Frustration (Anspruchsreduktion). Entsprechend definieren BRUGGEMANN et al. (a.a.O.) Arbeitszufriedenheit als eine Einstellung zu einem gegebenen Arbeitsverhältnis, die positiv ansteigt, je je mehr positive und je weniger negative Erwartungen des Arbeitenden hinsichtlich seiner Arbeitstätigkeit bestätigt werden. Diese Erwartungen hat der Arbeitende aus eigenen Erfahrungen und aus sozialem Vergleich mit anderen entwickelt.

Die Befriedigung von Bedürfnissen wirkt sich unmittelbar entspannend und entlastend aus und hat Auswirkungen auf die Orientierungs- und Verhaltenssicherheit des Arbeitenden (man findet seine Einschätzungen und Vorgehensweisen bestätigt). Außerdem erlaubt diese Situation eine Ausweitung des eigenen Anspruchsniveaus im Sinne der Erweiterung von Bedürfnissen und Interessen und führt schließlich zu einer Verbesserung der sozialen Position.

Die Nichterfüllung von Bedürfnissen hat gegenteilige Folgen: Bedürfnisse und die damit gegebenen Spannungen und Belastungen bestehen fort, Entscheidungen und Vorgehensweisen finden keine Erfolgsbestätigung und werden eventuell in Frage gestellt. Das Anspruchsniveau bleibt gleich oder reduziert sich eventuell sogar, und es erfolgt keine Verbesserung der sozialen Position.

Erscheint es dem Einzelnen aussichtslos, in einer Situation seine Bedürfnisse zu befriedigen, liegt eine Frustrationssituation vor. Auf eine derartige Frustrationssituation kann jedoch mit einer nachträglichen Senkung des eigenen Anspruchsniveaus reagiert werden, so daß auch bei Nichterfüllung der Bedürfnisse eine "positive" Arbeitszufriedenheit entstehen kann.

Aus den Überlegungen zu Ist - Sollwertvergleichen, Anspruchsniveausetzung und Problemlösestrategien bezogen auf die Arbeitssituation folgern BRUGGEMANN et al., daß es d i e Arbeitszufriedenheit nicht gibt, sondern qualitativ unterschiedliche Formen, die sich als Resultanten der Übereinstimmung der objektiven Arbeitssituation und der eigenen Bedürfnisse, sowie Variationen des Anspruchsniveaus darstellen lassen.

Einerseits verweisen die Überlegungen von BRUGGEMANN et al. drauf, daß man nicht einfach von der Arbeitszufriedenheit als einen Reflex auf die jeweiligen Arbeitsbedingungen sprechen kann sondern kognitive Prozesse wie Anspruchsniveausetzung und Problemlösestrategien zu berücksichtigen sind. BRUGGEMANN hat versucht, daß AZ - Modell empirisch zu realisieren (1976), allerdings nur mit teilweisen Erfolg (vgl. FELLMANN, 1980; NEUBERGER & ALLERBECK, 1978; BÜSSING; 1983). Diese Untersuchungen legen es nahe, Bewältigungsstrategien bezogen auf die Ausbildungssituation zu erfassen. In der vorliegenden Untersuchung haben wir uns dabei an, in der Stressforschung gebräuchliche, Copingfragebögen angelehnt, (siehe z.B. FRESE in ZAPF et al., 1983). Stressituationen können mit den von BRUGGEMANN et al. (1975) beschriebenen Problemlösesituationen verglichen werden (vgl. dazu SCHÖNPLFUG, 1979, 1983; DUNCKEL, 1985). Eine Anwendung des LAZARUSschen Streßkonzepts(LAZARUS, 1976;LAZARUS & LAUNIER, 1978) auf Arbeitszufriedenheit findet sich bei GEBERT & ROSENSTIEL (1981).

Aus der Konfrontation mit der Realität ändern sich die Erwartungen an die Arbeit, also der Sollzustand. Das BRUGGEMANN - Modell legt es nahe diesen Sollzustand zu erfassen. Dabei ist allerdings nicht die Schwierigkeit zu übersehen, wie diese Sollwerte letztlich zu erfassen sind. NEUBERGER & ALLERBECK (1978, S.176) argumentieren, daß der Sollzustand nicht erfaßt zu werden braucht, da er neben einer Einschätzung des Istzustands als gut oder schlecht keine zusätzliche Information erbringt.

Neben der Betonung kognitiver Prozesse verweisen aber andererseits insbesondere die Untersuchungen von NEUBERGER (NEUBERGER & ALLERBECK, 1978) darauf, daß es bedeutende Zusammenhänge zwischen Arbeitsbedingungen und Arbeitszufriedenheit gibt. Arbeitsbedingungen werden vom Arbeitenden nicht "beliebig" uminterpretiert, sondern: wer bessere Arbeitsbedingungen hat, ist in der Regel auch zufriedener.

3. Fragestellungen

Auf dem bisher skizzierten Hintergrund sollen folgende Fragestellungen diskutiert und einer ersten empirischen Überprüfung zugeführt werden:

1. Wir nehmen an, daß die Einstellung zur Arbeit und die Zufriedenheit mit der Arbeit abhängig sind von objektiven Merkmalen der Ausbildung und Personenfaktoren, hier insbesondere Strategien des Problemlösens.

2. Weiterhin erwarten wir, daß die Ausbildungszufriedenheit einen Einfluß auf die Zukunftsorientierung derart hat, daß die in einer "zufriedenen und positiven" Einstellung zur Arbeit oder Ausbildung gebündelten Erfahrungen mit der Ausbildung eine tendenziell optimistische Zukunftsorientierung in bezug auf Beruf und Gesellschaft erwarten lassen.

3. Schließlich nehmen wir noch die direkten Pfade zwischen Merkmalen der Ausbildung und den Zukunftsorientierungen und den Strategien des Problemlösens und den Zukunftsorientierungen an.

Die Umsetzung in ein entsprechendes Strukturmodell ist Abbildung 1 zu entnehmen.

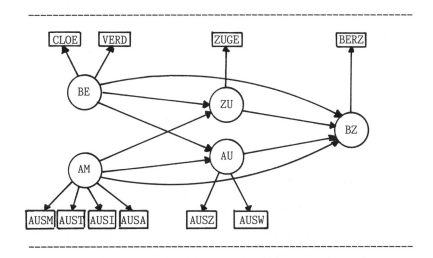

Abbildung 1: Strukturmodell über den Zusamenhang von "Bewältigungsstrategien"(BE), "Ausbildungsmerkmale"(AM),"Ausbildungszufriedenheit"(AU),"Gesellschaftlicher und beruflicher Zukunftserwartung"(ZU und BZ)

4. Stichprobe, Variablen, Befunde

Im Rahmen der oben beschriebenen Langzeitstudie wurden 175 Auszubildende untersucht. Je zur Hälfte erfolgte die Ausbildung in metallverarbei-
tenden und elektrotechnischen Berufen. Das Alter der Auszubildenden
betrug bei einer Spannbreite von 16-28 Jahren im Durchschnitt annähernd
19 Jahre; dabei waren 1/5 weiblichen Geschlechts. Zusätzliche Informationen ergeben sich aus weiteren biographischen Daten.
- 2/3 der Probanden waren deutscher Nationalität; 43% befanden sich im
  ersten, 30% im zweiten und 27% im dritten Ausbildungsjahr.
- Der Schulabschluß der Auszubildenden sowie der Eltern ist aus Tabelle 1 ersichtlich.

Tabelle 1: Schulabschluß der Auszubildenden,
des Vaters und der Mutter (in %)

	Auszub.	Vater	Mutter
Kein Abschluß	1	15	21
Hauptschule	22	32	27
Realschule	69	36	42
Gymnasium	8	17	10

20% der Väter bzw. 5% der Mütter arbeiten im gleichen Betrieb wie die
Auszubildenden. 53% geben an schon einmal zum Beitritt in eine Gewerkschaft aufgefordert worden zu sein, während 30% in einer Gewerkschaft
organisiert sind. Festzuhalten ist zusätzlich, daß ca 70% angeben, sie
würden in ihrem Wunschberuf ausgebildet werden.

Die hier referierten Analysen basieren auf 10 Skalen wobei die Reliabilitätsschätzungen überwiegend als befriedigend angesehen werden müssen
(s. Tabelle 2).

Tabelle 2: Reliabilitätsschätzungen für 10
Skalen

Skala		Alpha
Strategien aktiven Problemlösen	(CLOE)	.65
Problemabwehr und -verdrängung	(VERD)	.66
Arbeitsmaterialien	(AUSM)	.78
Arbeitszeitaspekte	(AUST)	.62
Ausbildungsinhalte	(AUSI)	.77
Ausbilderverhalten	(AUSA)	.79
Zufriedenheit mit den A.beding.	(AUSZ)	.74
Ind.Wichtigkeit der A.beding.	(AUSW)	.88
Gesell.Zukunftserw.(opt./pess.)	(ZUGE)	.71
Berufliche Zukunftserwartung	(BERZ)	.78

Typische Items für die Skalen lauten:

(CLOE): "Wenn ich Ärger mit meinem Ausbilder habe, versuche ich, daß Problem sofort aus der Welt zu schaffen" oder "Wenn ich Ärger mit meinem Ausbilder habe, unternehme ich sofort die nötigen Schritte".

(VERD): "Wenn ich Ärger mit meinem Ausbilder habe, versuche ich, den Ärger hinunterzuschlucken" oder "versuche ich mich abzulenken".

(AUSM): Meine Ausbildungsstätte bzw. die Abteilungen, in denen ich ausgebildet werde, sind gut ausgestattet".

(AUST): "Für meine Aufgaben habe ich nicht genug Zeit" oder "ich fühle mich bei meiner Arbeit durch Zeitdruck belastet".

(AUSI): Meine Arbeit ist abwechslungsreich" oder "während der Arbeit muß ich immer dasselbe tun".

(AUSA): "Der Ausbilder ist autoritär" oder "mein Ausbilder gibt mir unklare Anweisungen".

(AUSZ): Zufriedenheit bzw. Unzufriedenheit mit "Verhalten der Ausbilder", "der Bezahlung", "Arbeitsplatzbedingungen".

(AUSW): Wichtigkeit dieser Aspekte

(BERZ): "Ich bin sicher, daß ich nach meiner Ausbildung irgendwo eine Stelle bekomme" oder "nach meiner Ausbildung kann ich hier im Betrieb weiterarbeiten".

(ZUGE): "das politische Klima in unserem Staat wird in Zukunft besser sein" oder "die wirtschaftliche Lage wird sich in den nächsten Jahren verschlechtern".

Die beiden ersten Skalen (CLOE und VERD) bilden individuelle Bewältigungsstrategien ab und wurden aufgrund explorativer bzw. konfirmatorischer Faktorenanalysen herausgearbeitet, die sich u.E. vorläufig als "Strategie aktiven Problemlösens" bzw. "Problemabwehr- und verleugnung"

Tabelle 3: R-Matrix für 10 Indikatoren

	CLOE	VERD	AUSM	AUST	AUSI	AUSA	AUSZ	AUSW	ZUGE	BERZ
CLOE	1.00									
VERD	-.42	1.00								
AUSM	-.07	.02	1.00							
AUST	.10	.02	-.42	1.00						
AUSI	-.08	.06	.57	-.39	1.00					
AUSA	.09	-.07	.36	-.40	.35	1.00				
AUSZ	-.01	-.05	.43	-.48	.41	.53	1.00			
AUSW	.02	.17	.19	-.10	.29	.22	.36	1.00		
ZUGE	-.03	.11	.01	-.19	.13	.05	.09	.07	1.00	
BERZ	.24	-.29	.05	-.00	-.02	-.04	.04	-.02	.18	1.00

kennzeichnen lassen. Die mit LISREL V (Jöreskog und Sörbom 1981) durch-
geführte konfirmatorische Faktorenanalyse erbrachte mit einem Adjusted
Goodness of Fit Index von .95 (Chi-Quadrat=18.58, df=20, p=.55) befriedigende Werte.(Für die restlichen Skalen s. LIEPMANN, ZAPF und DUNCKEL,
1985).

Die dem Strukturmodell(s.Abbildung 1) zugrunde gelegte Korrelationsmatrix ist aus Tabelle 3 ersichtlich.

Entsprechend den Annahmen, läßt sich für das Strukturmodell mit allen
LISREL-Schätzungen für die Pfadkoeffizienten folgende Darstellung geben
(AGF-Index=.88; Chi-Quadrat= 57.27; df=29,p=.01 s. Abbildung 2):

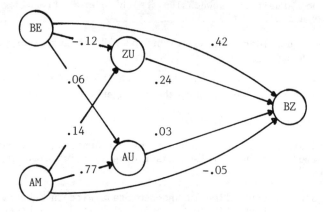

Abbildung 2: Ergebnisse der LISREL-ANALYSE

5. Diskussion

1. Gemäß den Koeffizienten in Abbildung 2 muß festgestellt werden, daß
die Ausbildungszufriedenheit wesentlich von den Ausbildungsmerkmalen
und tendenziell auch von Strategien der Problemlösung abhängt. Der Pfad
zwischen Ausbildungsbedingungen und Arbeitszufriedenheit entspricht damit den Erwartungen, kann aber in seiner Höhe zum Teil methodisch begründet sein. Der Pfad von .14 zwischen den Ausbildungsbedingungen und
Zukunftsorientierung verweist auf einen vorhandenen wenn auch nicht
sehr hohen Zusammenhang. Wenn die These richtig ist, daß sich Bewältigungsstrategien in der Arbeit erst in der Auseinandersetzung mit der
Arbeitssituation entwickeln, sich nur bestimmte Strategien bewähren und
diese eine gewisse Situationsunabhängigkeit gewinnen, müßten sich im
Laufe der Beruflichen Sozialisation die Zusammenhänge erhöhen. Dies
kann sich allerdings erst in einer (von uns geplanten) Längsschnittanalyse zeigen. Analog zu den verschiedenen AZ - Typen von BRUGGEMANN et
al. dürften die Zusammenhänge allerdings komplexerer Natur sein.

Im Rahmen des BRUGGEMANN - Modells dürfte weiterhin interessant sein, wie sich die Erwartungen von unterschiedlichen Gruppen von Jugendlichen an die Arbeit im Laufe der Zeit entwickeln. So kann erwartet werden, daß in der Berufseingangsphase bei gegebenem Istzustand (Ausbildungsbedingungen) die Arbeits- (oder Ausbildungs-) zufriedenheit bei Hauptschülern höher ist, als bei Realschülern oder Gymnasiasten. Dies dürfte damit zusammenhängen daß Hauptschüler generell weniger von der Gesellschaft erwarten. Entsprechend wäre dann die Arbeitszufriedenheit der Hauptschüler im Schnitt höher. Extremere Formen "präventiver Reduktion des Anspruchsniveaus" dürften sich hingegen bei weiblichen und ausländischen Jugendlichen feststellen lassen.

2. Es läßt sich kein Zusammenhang zwischen der Ausbildungssituation, sowohl den objektiven Merkmalen als auch ihrer subjektiven Repräsentanz, und den beruflichen Zukunftserwartungen feststellen. Dieses von uns in der Form nicht erwartete Ergebnis könnte dadurch zustandekommen, daß die Skala Berufliche Zukunftserwartung, wie die Beispielitems verdeutlichen, empirisch so operationalisert ist, daß sie die Erwartung erfaßt, ob man später nach der Ausbildung eine Arbeitsstelle bekommen wird. Die Qualität der Arbeit, die man dann verrichtet ist dabei ausgeklammert. Die Erwartung, eine Arbeitsstelle zu bekommen, wird offensichtlich davon abhängig gemacht, welche Arbeitsmarktchancen ein bestimmter Beruf hat, und wie der Betrieb oder die Ausbildungsinstitution angesehen ist, nicht jedoch von den Arbeitsinhalten, die man erlernt. Eine qualitativ gute Ausbildung mit positiven Arbeitsinhalten wie hohe Komplexität und Variabilität sowie Möglichkeiten zu eigenen Entscheidungen usw. sollte sich dagegen auf eine zukünftige Berufsorientierung auswirken: ob jemand glaubt, nicht nur eine Arbeitsstelle zu bekommen, sondern auch, ob er erwartet, eine Tätigkeit auszuüben, die seinen Vorstellungen entspricht und bei der er seine Fähigkeiten einsetzen kann etc. Das Gegenteil wäre, ob jemand für sich künftig nur ein instrumentelles Verhältnis zur Arbeit sieht und Arbeit lediglich als Mittel zum Gelderwerb begreift. Es liegt allerdings nahe, daß auch diese inhaltliche berufliche Zukunftsorientierung erheblich von Arbeitsmarktchancen abhängt. Denn wer kaum die Hoffnung hegt, überhaupt einen Arbeitsplatz zu bekommen, wird sich auch keine Illusionen über Selbstverwirklichung in der Arbeit machen.

3. In dem Modell zeigen sich bedeutsame Pfade zwischen den gesellschaftlichen Zukunftserwartungen und der beruflichen Zukunftserwartung und insbesondere ein Pfad zwischen den Strategien der Problemlösung und beruflichen Zukunftserwartungen. Eine Erklärungsmöglichkeit kann darin gesehen werden, daß die von uns erfaßten Problemlösungsstile noch wesentlich Resultat vorberuflicher Sozialisation sind und als solche zwar die beruflichen Zukunftserwartungen beeinflussen nicht jedoch die Arbeitszufriedenheit. Die Ausbildungsmerkmale wirken nur schwach vermittelt über die gesellschaftlichen Zukunftserwartungen.

Insgesamt verweisen diese Ergebnisse darauf, daß die gesellschaftlichen und betrieblichen Gegebenheiten sich auch in den Einschätzungen der Jugendlichen niederschlagen. Eine positive Ausbildung - und so wird diese von den von uns untersuchten Jugendlichen eingeschätzt - gibt nicht mehr die Gewähr nach der Ausbildung einen Arbeitsplatz zu erhalten oder seine Zukunft halbwegs sicher zu planen.In diesem Betrieb werden höchstens 50% der Jugendlichen in ein Arbeitsverhältnis übernommen.

'Gestreckte' versus 'verkürzte' Adoleszenz in Abhängigkeit vom Bildungsstatus: Normative Entwicklungsvorstellungen von Jugendlichen

Herbert Backes und Arne Stiksrud

1. Einleitung

Die Frage nach der Beendigung des Jugendalters und damit die Frage nach dem Beginn des Erwachsenenalters ist durch die Neuschöpfung des Konzeptes der 'Post-Adoleszenz' (vgl. HUBER, 1980; WIT & GEER, 1982) auch zu einem Thema der Entwicklungspsychologie geworden, das aber seine historischen, scheinbar schon vergessenen Vorläufer hat.

Zur Charakterisierung des Jugendlichen in der Arbeitswelt hat LAZARS-FELD (1931) den Begriff der 'verkürzten Pubertät' geprägt: "..die Pubertät des Proletariers ist relativ verkürzt und dadurch entgeht ihm ein Teil jener Quellen an Energien, Umwelterweiterungen und Zielsetzungen, die zu speisen die biologische Funktion der Pubertät in der freien Entwicklung ist" (S.54). LAZARSFELD erarbeitete dieses Konzept polar zu dem der 'gestreckten Pubertät' BERNFELDs (1923, S.175), worunter er "Jugend im kulturellen Sinne" versteht: so z.B. "... wenn man von der Jugend einer Partei, von der Jugend einer Kunstbewegung, in der Revolution u. dgl. handelt".

Über die durchschnittliche Dauer dieser Lebenszyklen gibt es keine Angaben. Diese sucht man auch vergeblich bei ERIKSONs (1966, 1977) Konzept des 'psychosozialen Moratoriums':" ... währenddessen der Mensch durch freies Rollenexperimentieren sich in irgendeinem der Sektoren der Gesellschaft seinen Platz sucht, eine Nische, die fest umrissen und doch einzig für ihn gemacht ist." An anderer Stelle: "Die einzelnen Kulturen gestatten und die einzelnen jungen Menschen brauchen eine mehr oder weniger anerkannte Karenzzeit zwischen Kindheit und Erwachsenenleben, institutionalisierte p s y c h o - s o z i a l e M o r a - t o r i e n , während welcher ein nunmehr endgültiger Rahmen für die 'innere Identität' vorgezeichnet wird."

Die frühen Lebenszyklus-Beschreibungen ERIKSONs (1966) schieben das M o r a t o r i u m zwischen Kindheit und Erwachsenenalter, wohingegen in einer neueren (1977, S.206) Fassung das M o r a t o r i u m als Einschub zwischen Adoleszenz und Erwachsenenalter fungiert. Diesen Einschub könnte man zu dem modischen Konzept der 'Post-Adoleszenz' parallelisieren. Nach EWERT (1983, S.126) ist das junge Erwachsenenalter ein der Revision offenstehender Entwicklungsabschnitt: "Es gibt, dank der relativ langen Ausbildungszeiten und der Möglichkeit, einmal getroffene Entscheidungen wenigstens in Grenzen während des Jugendalters noch zu korrigieren, eine Art von Entwicklungs- und Identitätsaufschub."

Während ERIKSON sowohl das Konzept M o r a t o r i u m , als kulturell eingeräumte Institution, als auch dessen adoleszenzspezifische Ausfüllung als Entwicklungsprozeß betont, läßt sich Entwicklung mit LERNER & BUSCH-ROSSNAGEL (1981), speziell mit Beginn der Adoleszenz und noch mehr für das Übergangsstadium in das Erwachsenenalter, als eigengesteuerter Prozeß begreifen: das Individuum wird zum Produzenten seiner eigenen Entwicklung.

Die Allgemeinheit dieser These bedarf einer inhaltlichen Präzisierung: mit EWERT (1983, S.94) wird der Jugendliche zum Organisator seiner Entwicklungsprozesse", insbesondere dann, wenn die kognitive Funktion der Selbstreflektion ausgeprägt ist. Inhaltliche Aspekte dieses reflexiven Selbst müßten explizit auch altersbezogene Kognitionen enthalten; der Jugendliche gewinnt Kriterien sich selbst von anderen Altersgruppen, das heißt von Erwachsenen beziehungsweise von Kindern, zu unterscheiden und somit sich selbst als Jugendlichen zu definieren.

Über die Selbst- und Fremdwahrnehmung Gleichaltriger und die Abhebung dieser Altersgruppe (als Figur) von Verschiedenaltrigen (als Grund) entwickelt der Jugendliche altersspezifische Normen. Was jugendentwicklungs-angemessen ist, wäre demnach nicht nur eine Frage der Fremdzuschreibung von Merkmalen auf die Jugend durch Ältere, sondern in erster Linie eine Eigenzuschreibung von Merkmalen - vielleicht sogar in Abhebung von als fremd erlebten Zuschreibungen (zu verschiedenen Bedeutungen des Begriffs 'entwicklungsangemessen' vgl. WEINERT, 1979; 181ff.).

Die gegenseitige Wahrnehmung von drei unterschiedlichen Altersgruppen (Durchschnittsalter: 15-18 Jahre = Jugendliche; 34-40 Jahre = Erwachsene; 64-74 Jahre = Ältere) ist Gegenstand einer Untersuchung von AHAMMER & BALTES (1972). Die Probanden hatten bezüglich erwünschter beziehungsweise unerwünschter Verhaltensweisen Urteile abzugeben: für sich selbst (personal desirability), für die eigene Altersgruppe (cohort desirability) und für die jeweils anderen Altersgruppen (age desirability). Die zu beurteilenden Verhaltensweisen wurden einem Fragebogen (Personality Research Form) entnommen und beinhalteten Items zur Affiliation, zum Leistungsverhalten, zur Autonomie und zur Erziehung. Die Zugehörigkeit zur jeweiligen Altersgruppe kennzeichnet in dieser Untersuchung die unabhängige Variable. Die abhängigen Variablen sind die Verhaltensattributionen bezüglich eigener und fremder Altersgruppen.

Das Alter als abhängige Variable wird in entwicklungspsychologischen Studien selten thematisiert. Implizite Entwicklungsnormen beziehungsweise soziale Normen als Determinanten des Verhaltens (vgl. KOSSAKOWSKI, 1974) werden methodisch meist so gefragt, daß bezüglich des Auftretens bestimmter Verhaltensweisen (z.B. selbstständiger Einkauf eigener Kleidung) von bestimmten Personengruppen Altersangaben erfragt werden. Auffällig daran ist, daß die hier vollzogene Altersnormierung von Verhaltensweisen von Angehörigen bestimmter Altersgruppen erfolgt.

KEMMLER & HECKHAUSEN (1959) befragten Eltern bezüglich des optimalen Entwicklungszeitpunktes entwicklungsrelevanter Lebensereignisse bei Kindern und Jugendlichen (z.B. Zeitpunkt der Verfügung über eigenes Taschengeld; Zeitpunkt des Aussuchens eigener Freunde). WESLEY & KARR (1968) eruierten mit dem Instrumentarium von KEMMLER & HECKHAUSEN (bei Eltern bezüglich ihrer Kinder) altersmäßige Verhaltensnormen. NEUGARTEN et al. (1965) fragten nach dem als angemessen angesehenen Altersbereich für qualitative Altersnormen im Erwachsenenalter: z.B. wer die meiste Verantwortung trägt; wann das beste Heiratsalter für Männer/Frauen ist. Hierbei ging es vor allem um wechselseitige geschlechtstypische Alterszuschreibungen.

Nach KOSSAKOWSKI (1974) hängen schnelle Veränderungen im Verhalten Jugendlicher, extreme Einstellungen, Konflikte zwischen Jugendlichen und Erwachsenen sowie erhöhte Selbstreflexion von alterspezifischen Normen des Verhaltens, die er 'age-norms' nennt, ab. Letztere gewinnt er durch die Befragung von Eltern und Lehrern zu Altersaufgaben über die Angemessenheit von Entwicklungsaufgaben in der Adoleszenz.

Die Auffassung vom Jugendlichen als Produzenten seiner Entwicklung, der für sich auch Altersnormen produziert und nicht nur Vollzugsorgan von außen gesetzter Imperative ist, findet sich ansatzweise bei KOSSAKOWS-KY, wonach "... das reifende Individuum seinen Einfluß auf äußere Verhaltensmuster zum Tragen bringt, und die Persönlichkeitsentwicklung als eine dialektische Interaktion zwischen Interiorisierung und Exteriorisierung anzusehen ist, wobei letzteres Umweltveränderungen mit sich bringt" (1974, S.81; Übersetzung durch die Autoren). Zielsetzung dieses Beitrages soll es sein, den Jugendlichen als Normensetzer darzustellen.

In der Shell-Studie "Jugend '81" (Jugendwerk der Deutschen Shell, 1981, S.28ff.) wird nach Ereignissen und Entwicklungen im Leben gefragt "..an denen man merkt, daß man älter wird". Es wird gefragt, ob der Jugendliche bestimmte adoleszenzspezifische altersgebundene 'Fixpunkte' für bestimmte Ereignisse nennen kann, z.B. wann man Hausfrau/Hausmann ist: die Probanden konnten angeben, ob sie diesen 'Fixpunkt' "schon erreicht haben", "noch erreichen werden", "sich dies nicht in Jahresangaben ausdrücken läßt", ob "sie es nicht erreichen können" oder ob "sie es nicht erreichen wollen"; bezüglich der Altersangaben hatten sie die Möglichkeiten: "habe ich schon erreicht" beziehungsweise "werde ich noch erreichen", wobei sie sich altersmäßig eingruppieren konnten (bis 14 Jahre; 15-17 Jahre; 18-20 Jahre; 21-24 Jahre).

Bei dieser Studie ging es um die Nennung faktischer oder vorauszusehender altersgebundener Lebensereignisse, wohingegen es in unserer folgenden empirischen Studie um normativ- altersgebundene Setzungen von Entwicklungsereignissen durch Jugendliche geht. Wie das Beispiel-Item zeigt, kann es Unterschiede zwischen der Erfassung modisch-altersspezifischer Trends und der Erfassung entwicklungsspezifischer Normen geben.

2. Problemstellung

Ob sich die These von der 'verkürzten' versus 'gestreckten' Adoleszenz im normativen Lebensplanungskalkül Jugendlicher, die durch verschiedenen (Aus-)Bildungsstatus unterscheidbar sind, aufrechterhalten läßt, ist die allgemeine Fragestellung dieser Untersuchung. Es liegt dem die Überlegung zugrunde, ob das Ausmaß des Aufschubs von Erwachsenenalter - "junge Erwachsene" (EWERT, 1977), "Post-Adoleszenz" (WIT & GEER, 1982) - auch wie schon früher, von der Zugehörigkeit zu einem bestimmten (Aus-)Bildungsstatus abhängig ist.

Nach EWERT (1977, S.37f.) sind in allen modernen Industriegesellschaften folgende Einflußgrößen für diesen Aufschub zu nennen:
- die verlängerte Schulzeit, sowie die verlängerte Ausbildungs- und

Qualifikationswege führen zu späterer beruflicher Selbstständigkeit als Charakteristikum für das Erwachsenenalter;
- die Aufnahme geschlechtlicher Beziehungen ist nicht mehr "unbedingt mit dem Zwang verbunden für eine Familie aufzukommen" (S.38).
- die Versorgungspflicht (und damit früherer Gelderwerb von Jüngeren) gegenüber den Eltern beziehungsweise jüngeren Geschwistern besteht nur noch selten "oder wird nur noch in Ausnahmefällen so empfunden". (S.38).

Ausgehend von diesen Einflußgrößen, die universeller Art sein müßten, wäre zu vermuten, daß sich Unterschiede zwischen Angehörigen verschiedener (Aus-)Bildungsmodi bezüglich der Streckung von Adoleszenz auffinden lassen (Ausgangshypothese: Abhängigkeit der Altersnormen von der Zugehörigkeit zu statusmäßig differenzierten Bildungsgruppen). Da es schwer sein dürfte diese pauschale Frage so allgemein zu beantworten, ist es notwendig vom Adoleszenten inhaltliche Merkmale zu erfragen, mit denen er sich dann selbst zu den Jugendlichen beziehungsweise Erwachsenen eingruppiert. Da der Jugendliche hier verstanden wird als 'Entwickler seiner selbst', müssen von ihm Norminhalte (qualitativer Aspekt) und die dazu gehörigen Altersnormen (quantitativer Aspekt) erfragt werden. Da es ein weites Spektrum von erwachsenen- beziehungsweise jugendspezifischen Merkmalen geben müßte, für die die unterschiedlichen Statusgruppen ihre eigenen Altersnormen angeben, ist ein differenziertes Bild bezüglich der Entwicklungsereignisse und des Zeitpunktes ihres Eintretens zu erwarten. Der Vergleich von drei Gruppen mit unterschiedlichem (Aus-)Bildungsstatus, das heißt Berufsschüler, Fachschüler und Gymnasiasten, dient der Überprüfung einer Kontinuitätshypothese: wenn es zu Unterschieden in Entwicklungsthemen kommen sollte, die sich mit Lebensunterhalt, Berufsfestlegung bzw. -ausbildung und Arbeit befassen, ist zu erwarten, daß jugendliche Berufsschüler frühere Lebenszeitpunkte als 'Soll-Werte' für diese speziellen Entwicklungsereignisse angeben, als jugendliche Gymnasiasten, wobei zu vermuten ist, daß der Fachschüler eine mittlere Position einnehmen. Für andere Themenbereiche der Adoleszenz ist es schwieriger Voraussagen bezüglich der Kontinuität beziehungsweise Diskontinuität der Abstufungen der Altersnormen zwischen den Gruppen zu treffen.

3. Methode

Erhebungsinstrument:
Ein Fragebogen mit 37 Items zu hypothetischen Entwicklungsereignissen der Adoleszenz und des jungen Erwachsenenalters wurde aus folgenden Quellen erstellt:
- HAVIGHURSTs (1953) Systematik bezüglich der Entwicklungsaufgaben im Übergangsbereich Jugendlicher - Erwachsener;
- die Befragungen von Eltern bezüglich spezieller Altersnormen im Jugendalter bei KEMMLER & HECKHAUSEN (1959).

Die aus diesen Quellen zusammengesetzten 37 Items wurden sowohl von Studenten der Sozialwissenschaften als auch von Berufsschülern einer inhaltlichen Revision in folgender Hinsicht unterzogen: einzelne Items wurden sprachlich 'modernisiert', andere wurden, da sie zu allgemein formuliert waren, so daß eine präzise Altersangabe nicht möglich war, aus dem Fragebogen eliminiert. In einer Vorstudie wurden 40 Studenten und 60 Berufsschüler mit diesem Probefragebogen exploriert.

Beispiel-Item: "An sich sollte ich mit .... (Lebensjahren) für meinen Lebensunterhalt selbst sorgen können".

In der Hauptstudie wurden von dem Fragebogen aus 32 Items zum normativen Lebensplanungskalkül (LPK-A) in der Adoleszenz schließlich nur 17 Items für den Gruppenvergleich instrumentalisiert. Diese Reduktion ergab sich aus der hohen Anzahl der Antwortverweigerungen (pro Item wurde den Vpn die Möglichkeit gegeben ein Feld anzukreuzen, dessen Ankreuzung eine Antwortverweigerung bedeutete) bei einzelnen Items. Da Diskriminanzanalysen als Methode des Gruppenvergleich Verwendung fanden, konnten nur vollständige Fälle (in unserem Design 17 Antworten pro Vpn) in die Auswertung einbezogen werde. Die in den einzelnen Items abgefragten Entwicklungsinhalte sind aus Tabelle 1. ersichtlich.

Tabelle 1: Iteminhalte, Itemkennwerte und Ergebnisse der Einweg-Varianzanalyse

Item	Gruppe 1		Gruppe 2		Gruppe 3		F-Wert	p	Kontrast
	$\overline{X}$	s	$\overline{X}$	s	$\overline{X}$	s			
1 Abends ausgehen	15.2	.86	15.5	1.13	14.9	1.00	2.39	.097	1 3/2
2 Eltern/pers.Angelegenheiten	15.7	1.50	16.2	1.28	16.0	1.91	1.03	.360	1 3/2
9 Schule fertig	18.9	2.84	18.5	2.42	18.9	.82	.30	.739	1/2/3
7 Sachen zum Anziehen	14.8	1.28	15.5	1.76	14.7	1.56	2.02	.139	1 3/2
8 Lebensunterhalt	20.1	2.13	19.9	1.84	21.0	2.33	2.29	.106	1 2/3
9 eigenes Zimmer	9.5	4.31	12.3	5.05	10.8	4.68	2.78	.067	1 3/2
10 Freund/Freun- in Urlaub	16.8	1.06	17.6	1.85	18.2	2.21	5.58	.005	1/2/3
11 Rat geben	15.8	.98	16.5	1.81	16.8	3190	1.80	.171	1/2 3
13 Eltern/Freund (Freundin)	15.7	1.13	16.1	1.31	16.2	1.26	1.0	.279	1/2 3
15 Beruf/Ausbldg.	16.9	1.62	15.5	1.04	17.5	1.64	14.47	.000	1/2/3
18 Führerschein	18.0	.79	17.9	.88	18.2	1.20	.60	.550	1 2 3
22 pers.Zukunft	15.9	1.37	15.8	1.66	15.9	1.38	.48	.952	1 2 3
24 eigener Haushalt	19.0	1.85	19.6	2.47	19.2	1.47	.59	.553	1 2 3
25 feste Arbeitsstelle	19.3	2.28	17.3	1.56	21.7	2.90	25.94	.000	1/2/3
26 Urlaub alleine	16.9	1.27	17.4	1.61	17.0	2.01	.77	.465	1 2 3
28 größere Anschaffung	16.7	1.55	17.6	3.05	16.5	2.13	1.73	.182	1 3/2
31 Eltern/keine Vorschriften	16.6	.97	17.1	1.23	17.2	1.06	3.17	.047	1/2 3

Befragungsgruppen:
Folgende drei Gruppen wurden für den Vergleich bezüglich des normativen Lebensplanungskalküls herangezogen:
- 56 Berufsschüler (30 m / 26 w), die nur e i n m a l höchstens

z w e i m a l in der Woche die Berufsschule besuchen und sich in den unterschiedlichsten Betrieben auf die Berufe des Verfahrensmechanikers, des Verkäufers/der Verkäuferin etc, vorbereiten (Durchschnittsalter: 18.6 Jahre, s= 1.6).
- 61 Fachschüler (16 m / 45 w), die t ä g l i c h die Schule besuchen, waren Schüler für Sozialpflege und Handel (höherer Handel, Industriekaufmann/-kauffrau) (Durchschnittsalter: 17.4 Jahre,s= 1.4).
- 65 Gymnasiaten (41 m / 24 w) der Jahrgangsstufen 10 und 11 (Durchschnittsalter: 16.3, s= 0.6).

Trotz relativ geringer Altersdiskrepanzen zwischen den Gruppen und unterschiedlicher Geschlechtsverteilung gehen wir davon aus, daß das wesentliche Unterscheidungsmerkmal zwischen den Vergleichsgruppen der (Aus-)Bildungsstatus ist, der im Sinn der Fragestellung als Schichtungsmerkmal dient. Über eine Diskriminanzanalyse zeigte sich, daß das unterschiedliche Lebensalter der befragten Gruppen auf die Beantwortung der 17 Items des LPK-A keinen bedeutsamen Einfluß hatte (vgl. BACKES, 1985).

4. Auswertung

Da zwischen den drei Vergleichsgruppen höchstens ordinale Abstufung bezüglich des (Aus-)Bildungsstatus möglich ist (unabhängige Variable), für die Beantwortungsform aber Verhältnisskalenniveau ('in Jahren') gegeben ist, bietet sich als Verfahren die Diskriminanzanalyse an. "Die Diskriminanzanalyse ermöglicht einen Schluß, in welche Gruppe eine bestimmte Wertekombination der quantitativen Variablen am ehesten klassifiziert werden kann" (MOOSBRUGGER, 1983, S.21). Der Vorteil dieses Vorgehens liegt darin, daß bei minimalem Informationsverlust, das heißt bei Berücksichtigung aller in die Analyse eingehenden durchschnittlichen Itembeantwortungen ein simultaner Vergleich der drei Abstufungsgruppen möglich ist.

Das Verfahren der Diskriminanzanalyse wird in zwei Prozesse zerlegt; der erste ist die Analysephase, das heißt an einer Zufallsstichprobe, in unserem Fall 60% der Probanden, wird ein diskriminanzanalytisches Modell entwickelt, mit dem jeder Fall (=Proband) aufgrund seiner Werte in die Ausgangsgruppen rückklassifiziert werden könnte; in der zweiten Phase, der Zuordnungsphase, wird aufgrund der in der Analyse erhaltenen Klassifikationswerte das Modell an den restlichen 40% der Probanden getestet (validiert). Die zweite Phase testet also unter restriktiveren Konditionen die in der Analysephase erhaltenen Ergebnisse (vgl. SPSS 8, 1980).

5. Ergebnisse

Zur Beantwortung der Ausgangshypothese, wonach Altersnormen unabhängig von der Zugehörigkeit zu statusmäßig differenzierten Bildungsgruppen sind, erfolgte eine Diskriminanzanalyse mit drei Abstufungen über die verhältnisskalierten Reaktionen der Probanden auf Altersnormen.

Tabelle 1 enthält die Auflistung der Entwicklungsereignisse mit den durchschnittlichen Altersangaben pro Untersuchungsgruppe. Der Vergleich der Alterssummenwerte zwischen den drei Untersuchungsgruppen zeigt, daß die Untersuchungsgruppen der Berufs- und Fachschüler über alle Items ein durchschnittlich kürzeres Lebensplanungskalkül (16.8 Jahre) angeben als die Vergleichsgruppe der Gymnasiasten (17.1 Jahre).

Die Klassifizierungsergebnisse der Diskriminanzanlyse sind aus Tabelle 2 ersichtlich, das heißt aufgrund der Beantwortung der 17 Items zu Entwicklungsereigissen lassen sich alle drei Untersuchungsgruppen voneinander unterscheiden – diskriminanzanalytisch formuliert in die Ausgangsgruppen rückklassifizieren.

60% aller Probanden wurden zur Erstellung der 'Diskriminanzanalyse' (Tab. 2a) herangezogen. Der Prozentsatz der korrekt klassifizierten Fälle von 72.32% ist nahezu doppelt so groß, wie eine rein nach Zufall erfolgende Klassifizierung (35.7%) wäre.

Aus der Validierungsmatrix (Tab. 2b) – sie wurde mit 40% der Fälle erstellt – wird ersichtlich, daß vor allem zwischen den Gruppen der Berufsschüler und der Fachschüler Fehlklassifikationen möglich sind; am geringsten sind die Fehlklassifikationen zwischen den Gymnasiasten und den anderen beiden Gruppen. Das Gesamtergebnis der Validierungsmatrix (61.43% korrekt klassifizierter Fälle) ist immer noch, gemessen an der Zufallswahrscheinlichkeit von etwa 36%, zufriedenstellend hoch.

Insgesamt hat also jede Gruppe ein für sich typisches Antwortverhalten bezüglich der Altersangaben zu Entwicklungsnormen, was auch die Kennwerte der Diskriminanzanalyse (Tab. 2c) bestätigen

Die Darstellung der Ergebnisse zur kontinuierlichen Abstufung (vgl. Einwegvarianzanalyse in Tab. 1) der durchschnittlichen Altersangaben zwischen den drei (Aus-) Bildungsgruppen soll zunächst bezüglich der Ergebnisse erfolgen, in denen ein Altersanstieg mit dem Bildungsniveauanstieg parallel verläuft.

Tabelle 2a: Analysematrix

tatsächliche Gruppenzugehörigkeit	Anzahl der Fälle	vorhergesagte Gruppenzugehörigkeit		
		1	2	3
Gruppe 1	38	26 68.4%	6 15.8%	6 15.8%
Gruppe 2	36	6 16.7%	28 77.8%	2 5.6%
Gruppe 3	38	7 18.4%	4 10.5%	27 71.1%

Prozentsatz der richtig klassifizierten Fälle: 72.32%

196

Tabelle 2b: Klassifikationsmatrix

tatsächliche Gruppenzugehörigkeit	Anzahl der Fälle	vorhergesagte Gruppenzugehörigkeit		
		1	2	3
Gruppe 1	23	13 56.5%	7 30.4%	3 13.0%
Gruppe 2	20	6 30.0%	13 65.0%	1 5.0%
Gruppe 3	27	7 25.9%	3 11.1%	17 63.0%

Prozentsatz der richtig klassifizierten Fälle: 61.43%

Tabelle 2c: Kennwerte und angrenzende Ergebnisse zur
Diskriminanzanalyse

Funktion	Eigenwert	Prozent der Varianz	kanonische Korrelation	WILKS Lambda	Signifikanz
1	.93778	72.11	.6956618	.3786852	.0000
2	.36275	27.89	.5159376	.7338084	.0686

Bei Item 25 (erste feste Arbeitstelle) sind die Altersdiskrepanzen zwischen allen drei Gruppen am deutlichsten. Item 15 (Festlegung auf Ausbildung/Beruf) zeigt ebenfalls einen deutlichen Anstieg parallel zu den drei (Aus-)Bildungsstufen. In Item 8 (Lebensunterhalt) unterscheiden sich die Gymnasiasten von den beiden Ausbildungsgruppen auch dadurch, daß sie ein relativ spätes Durchschnittsalter für diese Entwicklungsereignis angeben. Die gleiche Tendenz läßt sich für Item 10(mit Freund/ Freundin in Urlaub fahren) konstatieren.

Gegenläufig zu den Bildungsabstufungen sind die Altersangaben bei folgenden Items: Bei Item 1 (abends alleine ausgehen) geben die Gymnasiasten den frühesten Zeitpunkt an, während die Berufsschüler den spätesten wählen. Vergleichbar ist das Resultat bei Item 2 (Eltern/persönliche Angelegenheiten). Bei Item Nr. 7 (Sachen zum Anziehen) und bei Item 22 (persönliche Zukunft)ist dieser Trend nur noch schwach ersichtlich: die Gymnasiasten geben das früheste, die Berufsschüler das späteste Alter an und die Altersangaben der Fachschüler liegen dazwischen. Schon aufgrund der teilweise fehlenden Signifikanzwerte ist zu ersehen, daß die Altersmargen hier nicht weit auseinanderliegen.

Im Sinne, wenn auch nur partiell, der Kontinuitätsannahme lassen sich die Ergebnisse darstellen, bei denen die Alterdifferenz zwischen Berufs- und Fachschülern (das heißt höhere durchschnittliche Altersangaben bei Berufsschülern, niedrigere bei Fachschülern) abfallend ist: die

Berufsschüler geben für die Lösung von den Eltern durchschnittlich spätere Zeitpunkte an als die Fachschüler (und damit auch die Gymnasiasten). Vergleichbar sind Item 31 (Eltern/keine Vorschriften), Item 28 (größere Anschaffungen), Item 13 (Eltern/Freund(in) und Item 11 (Rat geben). In dem Item mit den niedrigsten Altersangaben (Item 9: eigenes Zimmer)gibt es auch einen Unterschied zwischen Berufsschülern und Fachschülern.

Keine signifikanten Altersdiskrepanzen zwischen den drei Gruppen finden sich bei den folgenden Items: Item 6 (fertig mit der Schule), Item 18 (Führerschein), Item 22 (persönliche Zukunft) und Item Nr. 26 (Urlaubsreise allein).

6. Interpretation

Die These einer 'verkürzten' versus 'gestreckten' Adoleszenz in Abhängigkeit vom (Aus-)Bildungsstatus läßt sich in dieser Allgemeinheit nicht aufrechterhalten: eine inhaltliche Spezifizierung von Themen der Adoleszenz und dem Zeitpunkt ihres Eintretens zeigt, daß bereichsspezifisch von 'verkürzter' oder 'gestreckter' Adoleszenz ausgegangen werden kann, diese aber nicht in dem Sinne mit dem (Aus-) Bildungsstatus kovariieren muß, wie es BERNFELD (1923) beziehungsweise LAZARSFELD (1931) bei Angehörigen bestimmter Schichten festmachen wollten.

Abhängig von den erfragten Entwicklungsereignissen werden bestimmte normative Lebensplanungsmomente eher in die frühere oder in die spätere Adoleszenz verlagert. Das Experimentierstadium 'Adoleszenz' beziehungsweise 'junges Erwachsenenalter' muß im Sinne eines Moratoriums (ERIKSON, 1966, 1977) auch auf bestimmte adoleszenzspezifische Bereiche bezogen werden und bedeutet nicht mehr nur für 'höher'-gebildete ein Stadium prolongierter Persönlichkeitsentfaltung.

Der Adoleszente als 'Organisator seiner Entwicklung'(EWERT, 1983, S.94) entwirft ein Lebensplanungskalkül nicht unabhängig von den institutionellen Vorgegebenheiten: beispielsweise ist die Altersangabe für den Führerschein bei allen Gruppen eine Wiederholung des gesetzlich hierfür vorgegebenen Alters. Die Wiederholung 'objektiver' Normen spiegelt in diesem Fall vielleicht den Mangel an reflexivem Infragestellen dieser Altersnorm wider. Das Normative des faktisch Vorgegebenen als 'entwicklungsangemessen' - im Sinne der Fragestellung "sollte ich erreichen" zu akzeptieren - ist hier für alle drei Bildungsschichtgruppen im selben Ausmaß vorhanden. Ähnliches ließe sich für den Abschluß der Schulausbildung konstatieren: die Altersangabe für den 'sollte'-Abschluß entspricht für die meisten dem faktischen Schulabschluß.

Gleiche Altersangaben bei der Frage, wann man zum ersten Mal eine Urlaubsreise auf eigene Faust machen sollte, zeigen eine Meinungskonkordanz zwischen den Angehörigen der Bildungsschichten, die keineswegs belegt, daß diese Art des Experimentierens mit sich selbst auf eine Bildungsschicht eingeschränkt ist.

Von einer einzigen normativen Trennungslinie zwischen Jugend- und Erwachsenenalter kann nicht ausgegangen werden. Auch das subjektiv-normative Lebensplanungskalkül des Einzelnen operiert mit verschiedenen

Zeiten für jeweils verschiedene Entwicklungsereignisse. Die spätesten Altersangaben im Fragenkatalog stammen zwar von Gymnasiasten, spiegeln allerdings nur ein realitätsnahes Zukunftskalkül wieder, da Sorge für den eigenen Lebensunterhalt (Item 8) und die erste feste Arbeitsstelle (Item 25) erst nach Abschluß der 'höheren' Bildung erreichbar ist.

Daß Berufsschüler viereinhalb Jahre früher mit einer festen Arbeitstelle als Soll-Vorstellung operieren, zeigt deren relativ frühe berufliche Festlegung, die nicht mit einer Einschränkung der Freiheitsgrade in der Entwicklung gleichgesetzt werden kann, da auch der Beruf selbst epochalem Wandel ausgesetzt ist und fortwährend dem Berufsschüler Entwicklung abverlangt. Die frühe Festlegung auf einen Beruf beziehungsweise eine Ausbildung (Item 15) ist vom Berufsschüler und Fachschüler früher verlangt, aber dennoch vergleichbar der vielleicht noch früheren Festlegung des Gymnasiasten auf 'seine' Bildungsschicht.

Die verlängerte sozio-ökonomische Abhängigkeit des Gymnasiasten von den elterlichen Ressourcen bedeutet nicht gleichzeitig eine verlängerte sozio-emotionale Abhängigkeit des Gymnasiasten vom Elternhaus. Die der Kontinuitätshypothese gegenläufigen Ergebnisse in Sachen Selbstständigkeit zeigen eher, daß bei Berufsschülern und Fachschülern den Eltern eine längere Mitsprachemöglichkeit eingeräumt wird als bei den Gymnasiasten. Die Entwicklung scheint bei Berufsschülern und Fachschülern nicht in dem Ausmaß eigengesteuert, wie dies bei Gymnasiasten der Fall zu sein scheint (vergleiche hierzu die Items 1, 2 und 7).

Unterschiede in den normativen Entwicklungsvorstellungen lassen sich nicht nur an den beiden Extremgruppen der Berufsschüler und Gymnasiasten festmachen; bei bestimmten Items zeigt sich dieser Bruch bereits zwischen Fachschülern und Berufsschülern: größere Eigenständigkeit - bei Anschaffungen (Item 28), Rat geben (Item 11), Einspruchmöglichkeiten der Eltern (Items 13 und 30) - räumen sich hier die Angehörigen der 'höheren' Berufsausbildungsschicht ein und unterscheiden sich kaum von den Gymnasiasten.

7. Zusammenfassende Diskussion

Wie eingangs hypothetisch vermutet, gibt es Entwicklungsbereiche, für die unterschiedliche normative Entwicklungsvorstellungen vorhanden sind. Diese lassen sich entlang der Abstufung zwischen Berufsausbildung und Gymnasialbildung ansiedeln.

Wo institutionell vorgegebene Altersmarkierungen vorhanden sind, werden für diese analoge Entwicklungsnormen akzeptiert. Bei der Festlegung auf die Ausbildungsrichtung und damit einhergehende Verdienstmöglichkeit führt dies zu Differenzierungen gemäß den unterschiedlichen Statusbedingungen.

Themen, die institutionsunabhängiger, dafür aber mehr auf entwicklungspsychologische Themen abzuheben scheinen (sozio-emotionale Unabhängigkeit in der Adoleszenz), rufen normative Entwicklungsvorstellungen hervor, die der Kontinuitätshypothese zuwiderlaufen und geradezu die Gegenthese rechtfertigen, wonach die normativen Vorstellungen bezüglich der Adoleszenz eine längere Adoleszenz bei Berufsschülern und eine kürzere Adoleszenz bei Gymnasiasten indizieren.

Während im Konzept des Moratoriums von ERIKSON (1966, 1977) vorausgesetzt wird, daß bei gleichzeitigem Einsatz der frühen Adoleszenz sich die verlängerte (=späte) Adoleszenz nur bei bestimmten Gruppen zeigt, ist hier davon auszugehen, daß schon der Beginn der Adoleszenz, zum Beispiel im Bereich psycho-emotionaler Unabhängigkeit, bei bestimmten Gruppen altersmäßig früher anzusetzen ist - es sei denn, man interpretiert die normativen Vorstellungen der Gymnasiasten als reaktiv gegenüber den Eltern, von denen sie faktisch in sozio-ökonomischer Hinsicht abhängiger sind, als die altermäßig gleichen Berufsschüler.

Da die Thesen von BERNFELD (1923) und LAZARSFELD (1931) ihrerseits epochale Zustände spiegeln können und schon fast eine 60-jährige Geschichte haben, ist jetzt nicht mehr überprüfbar, ob sie damals adäquat schichtspezifische Adoleszenzentwicklung charakterisierten. Wenn sie heutzutage nicht mehr zutreffen, kann dies auch an dem historischen Wandel der Berufsaus- und Gymnasialbildung liegen, die für die Jetzt-Zeit nicht mehr an streng separierten Schichtungs- bzw. Klassenmerkmalen festgemacht werden kann.

Der Jugendliche als 'Entwickler seiner Selbst' (EWERT, 1983) wurde hier als Altersnormensetzer exploriert. Wenngleich die Entwicklungsinhalte verschiedenartig sein mußten, wurde darauf geachtet, daß sie so konkret formuliert waren, daß darauf mit einer konkreten Altersangabe geantwortet werden konnte, Dies führte sicherlich zu einem Ausschluß der Nennung inhaltlich breiterer Entwicklungsaufgaben und -normen (vgl. HAVIGHURST, 1953), für die es schwer sein dürfte jugendspezifisch Altersangaben zu machen.

Um drei verschiedene Gruppen unterschiedlicher Bildungsschichtzugehörigkeit miteinander vergleichen zu können hinsichtlich ihrer normativen Entwicklungsvorstellungen, mußte darauf geachtet werden, daß sie vergleichbaren Jahrgangsgruppen angehörten. Es lohnte sich eine Anschlußstudie über subjektive Vorstellungen bezüglich des Erwachsenenstatus bei gleichaltrigen Berufstätigen und Studenten, da erst damit Erkenntnisse über das psychosoziale Moratorium zu gewinnen wären.

Literaturverzeichnis

ADAMS; J. F.: Adolescents in an age of acceleration. In: ADAMS, J. F. (Ed.): Understanding adolescence. Current developments in adolescent psychology. Boston: Allyn Bacon, 1976(3), p. 1-27.

ADOLF-GRIMME-INSTITUT (Hrsg.): Ausländer-Inländer. Medienverbund. Deutscher Volkshochschul-Verbund e.V.: Unionsverlag, Heft 2, 1983.

AEBLI, H.: Denken: Das Ordnen des Tuns. Bd. I: Kognitive Aspekte der Handlungstheorie. Stuttgart, 1980.

AHAMMER, I. M. & BALTES, P. B.: Objective vs. perceived age-differences in personality. Journal of Gerontology, 27, 1, 1972, 46-51.

ALBERT, S.: Temporal comparison theory. Psychological Review, 1977, 84, 485-503.

ALBERT, R. & HABER, R.N.: Anxiety in academic achievement situations. J. abnorm. soc. psychol. 1960, 61, 2, 207-215.

ALEXANDER, S. & HUSEK, Th. R.: The anxiety differential: initial steps in the development of a measure of situational anxiety. Educational and psychological measurement 1962, 12, 2. 325-438.

ANDREWS, F. M. & WITHEY, S. B.: Social indicators of well-being. Americans' perceptions of life quality. New York: Plenum Press, 1976.

ASENDORPF, J.: Shyness, embarrassment, and self-presentation: A control theory approach. In: SCHWARZER, R. (Ed.): The self in anxiety, stress, and depression. Amsterdam: North Holland Publ. Co., 1984.

ATKINSON, J. W.: An introduction to motivation. Princeton, N. J.: Van Nostrand, 1964.

BACKES, H.: Entwicklungsaufgaben und Entwicklungsereignisse in der Adoleszenz. Empirische Erhebungen bei Gymnasiasten, Berufsschülern und Studenten. Unveröffentlichte Diplomarbeit. Institut für Psychologie - FU Berlin 1985.

BAETHGE, M., SCHOMBURGH, H., VOSKAMP, U.: Jugend und Krise - Krise aktueller Jugendforschung. Frankfurt a. M./New York, 1983.

BALTES, P. B.: Longitudinal and cross-sectional sequences in the study of age and generation effects. Human Development 11, 1968, 145-171.

BALTES, P. B. (Hrsg.): Entwicklungspsychologie der Lebensspanne. Stuttgart: 1979.

BALTES, P. B. & BRIM, O. G. jr. (Eds.): Life-Span Development and Behavior. Vol. 4. New York, 1981.

BALTES, P. B. & NESSELROADE, J. R.:Multivariate longitudinal and cross-sectional sequences for analyzing ontogenetic and generational change: A methodological note. Developmental Psychology, 2, 1970, 163-168.

BALTES, P. B. & NESSELROADE, J. R.: The developmental analysis of individual differences on multiple measures. In: J. R. NESSELROADE & H. W. REESE (Eds.), Life-span developmental psychology: Methodological issues. New York: Academic Press, 1973.

BALTES, P. B., REESE, H. W. & NESSELROADE, J. R.: Life-span development psychology: Introduction to research methods. Monterey, California: Brooks/Cole, 1977.

BALTES, P. B. & SCHAIE, W.: Die Forschungsparadigmen einer Entwicklungspsychologie der Lebensspanne: Rückblick und Ausblick. In: BALTES, P. B. & ECKENSBERGER, L. H. (Hrsg.) Entwicklungspsychologie der Lebensspanne. Stuttgart: Klett-Cotta, 1979, 87-109.

BALTES, P. B. & SOWARKA, D.: Entwicklungspsychologie und Entwicklungsbegriff. In: R. K. SILBEREISEN & L. MONTADA (Hrsg.), Entwicklungspsychologie. Ein Handbuch in Schlüsselbegriffen (S. 11-20). München: Urban & Schwarzenberg, 1983.

BALTES, P. B. & WILLIS, S. L.: Toward psychological theories of aging and development. In: BIRREN, J. E. & SCHAIE, K. W. (Ed.): Handbook of the psychology of aging. New York: Van Nostrand Reinhold, 1977.

BANDURA, A.: Self-efficacy: Toward a unifying theory of behavioral change. Psychological Review, 1977, 84, 191-215.

BAR-TAL, D., SHARABANY, R., & RAVIV, A.: Cognitive basis of the development of altruistic behavior. In: V. J. DERLEGA & J. GRZELAK (Eds.): Cooperation and helping behavior. Theories and research. New York: Academic Press, 1982, 357-376.

BARTLETT,F. C.: Remembering. Cambridge: 1932.

BECK, A. T., WEISSMAN, A., LESTER, D. & TREXLER, L.: The measurement of pessimism: The hopelessness scale. Journal of Consulting and Clinical Psychology, 1974, 42, 861-865.

BECKER, P.: Psychologie der seelischen Gesundheit. Band 1: Theorien, Modelle, Diagnostik. Göttingen: Hogrefe, 1982.

BECKER, P. & MINSEL, W.-R.: Psychologie der seelischen Gesundheit. Band 1. Theorien, Modelle, Diagnostik. Göttingen: Hogrefe, 1982.

BECK-GERNSHEIM, E.: Das halbierte Leben. Männerwelt Beruf, Frauenwelt Familie. Frankfurt: Fischer, 1980.

BEISER, M.: Components and correlates of mental well-being. Journal of Health and Social Behavior, 15, 1974, 320-327.

BELSCHNER, W.: Behandlungsmodelle. Kap. 2. In: BELSCHNER, W., HOFFMANN, M., SCHOTT, F. & SCHULZE, C. (Hrsg.): Verhaltenstherapie in Erziehung und Unterricht. Stuttgart: Kohlhammer, 1974(2), 36-59.

BEM, D. J. & ALLEN, A.: On predicting some of the people some of the time: The search for cross-situational consistencies in behavior. Psych. Rev. 81, 1974, 506-520.

BENDIT, R. & HEIMBUCHER, A.: Von Paolo FREIRE lernen. Ein neuer Ansatz für Pädagogik und Sozialarbeit. München: Juventa, 1977.

BENTLER, P. M.: Multivariate analysis with latent variables. Causal modeling. Annual Review of Psychology, 31, 1980, 419-456.

BERKMAN, P. L.: Life stress and psychological well-being: a replication of Langner's analysis in the Midtown Manhattan Study. Journal of Health and Social Behavior, 12, 1971, 35-45.

BERNDT, T. J.: Relations Between Social Cognition, Non-Social Cognition, and Social Behavior: The Case of Friendship. In: FLAVELL, J. H. and ROSS, L. (Eds.): Social Cognitive Development. Cambridge: Cambridge University Press, 1981.

BERNFELD, S.: Über eine typische Form der männlichen Pubertät. Imago, 1923, 167-188.

BERRY, J. W.: Acculturation as Varieties of Adaptation. In: PADILLA, A. M. (Hrsg.): Acculturation, theory, models and some new findings, Colorado, 1980, S. 9-26.

BERTRAM, H.: Moralerziehung - Erziehung zur Kooperation. Zur Bedeutung von Theorien moralischer Entwicklung für Bildungsprozesse. Zeitschrift für Pädagogik,1979, 25, 529-546.

BLOS, P.: Der zweite Individuierungsprozeß der Adoleszenz. In: R. DÖBERT; J. HABERMAS & G. NUNNER-WINKLER (Hrsg.): Einwicklung des Ichs. Köln: Kiepenheuer & Witsch, 1977, 179-195.

BOESCH, E.: Psychopathologie des Alltags, Zur Ökopsychologie des Handelns und seiner Störungen. Bern: Huber, 1976.

BONDY, C. & EYFERTH, K.: Bindungslose Jugend. Eine sozialpädagogische Studie über Arbeits- und Heimatlosigkeit. München: Steinebach, 1952.

BOWER, G. H.: Mood and memory. American Psychologist, 36, 1981, 129-148.

BOWERMAN, W. R.: Subjective competence theory applied to cognitive dissonance phenomena: Reactions to negative self-refer causal attributions. Unpublished manuscript. Netherlands Institute for Advanced Study, Wassenaar: 1980.

BRADBURN, N. M.: The structure of psychological well-being. Chicago: Aldine, 1969.

BRADBURN, N. M. & CAPLOVITZ, D.: Reports on happiness. A pilot study of behavior related to mental health. Chicago: Aldine, 1965.

BRANDTSTÄDTER, J.:Bedürfnisse, Werte und das Problem optimaler Entwicklung. In: KLAGES, H. & KMIECIAK, P. (Ed.): Wertwandel und gesellschaftlicher Wandel. Frankfurt a.M.: Campus. 1979, 556–572.

BRANDTSTÄDTER, J.:Entwicklungsberatung unter dem Aspekt der Lebensspanne: Zum Aufbau eines entwicklungspsychologischen Anwendungskonzepts. In: BRANDTSTÄDTER, J. & GRÄSER, H. (Ed.): Entwicklungsberatung unter dem Aspekt der Lebensspanne. Göttingen: Hogrefe (im Druck).

BRIECHLE, R.: Moralisches Urteilsniveau, Moralische Entscheidung und Politische Einstellungen Jugendlicher. In: D. ALBERT (Hrsg.), Kongreßbericht zum 34. Kongreß der DGfPs in Wien 1984. Basel: Huber, 1985.

BRIECHLE, R.: Untersuchungen zur Rollenübernahme bei Jugendlichen. Eine Übersicht über Forschungsergebnisse der letzten Jahre. Zeitschrift für Sozialisationsforschung und Erziehungssoziologie. Im Druck.

BRIECHLE, R. & VÄTH-SZUSDZIARA, R. (Hrsg.): Interpersonale und politische Kompetenz. Theorie, Methoden und Ergebnisse. Zentrum für Bildungsforschung/Sonderforschungsbereich 23, Forschungsbericht 40. Konstanz: Universität Konstanz, 1981.

BRONFENBRENNER, U.: Die Ökologie der menschlichen Entwicklung. Stuttgart: 1980.

BRUGGEMANN, A.: Zur empirischen Untersuchung verschiedener Formen von Arbeitszufriedenheit. In: Zeitschrift für Arbeitswissenschaft, Jg. 30, 1976, 71–74.

BRUGGEMANN, A., GROSKURTH, P. & ULICH, E.: Arbeitszufriedenheit. Bern. 1975.

BRUNKE, C. & HÖRMANN, H.-J.: Veränderung des Selbstkonzepts bei Jugendlichen nach Abschluß der gymnasialen Oberstufe. In A. STIKSRUD (Ed.), Dokumentation über den fünften Workshop "Politische Psychologie" (BDP-IAPP) November 1983. Berlin: 1984

BÜHLER, C.: Psychologie im Leben unserer Zeit. München: Droemer-Knaur, 1962.

BÜSSING, A.: Arbeitssituation und Arbeitszufriedenheit. In: Kölner Zeitschrift für Soziologie und Sozialpsychologie, J. 35, 1983, 680–708.

BULL, N. J.: Moral judgment from childhood to adolescecne. London:Routledge & Kegan, 1969.

BUSS, A.: Self-consciousness and Social Anxiety. Oxford: Freeman, 1980.

BUSS, A.: Two kinds of shyness. In: R. SCHWARZER (Ed.), Self-Related Cognitions in Anxiety and Motivation. Hillsdale: Erlbaum, 1984.

CHERLIN, A. & REEDER, L. G.: The dimensions of psychological well-being: a critical review. Sociological Methods and Research, 4, 1975, 189–214.

COHEN, J.: Statistical power analysis for the behavioral sciences. 2. revid. Auflage, New York: Academic Press, 1977.

COLEMAN, J. C.: Relationship in Adolescence. London: Routledge & Kegan Paul, 1974.

COLEMAN, J. C.: Current Contradictions in Adolescent Theory. Journal of Youth and Adolescence Vol. 7, No. 1, 1978, 1–11.

COLEMAN, J. C.: The nature of adolescence. London: Methuen, 1980.

COLEMAN, J. C.: Eine neue Theorie der Adoleszenz. In: OLBRICH, E. & TODT, E. (Hrsg.) Probleme des Jugendalters. Neuere Sichtweisen. Berlin: Springer, 1984, 49–67.

DeLONGIS, A., COYNE, J. C., DAKOF, G., FOLKMAN, S. & LAZARUS, R. S.: Relationship of daily hassles, uplifts, and major life events to health status. Health Psychology, 1, 1982, 119–136.

DER SENATOR FÜR GESUNDHEIT, SOZIALES UND FAMILIE – Ausländerbeauftragter (Hrsg.): Miteinander leben. Ausländerpolitik in Berlin. Berlin (W): Senatsdrucksache. 1984(3).

DERLAGA, V. J., & GRZELAK, J.: Cooperation and helping behavior. New York: Academic Press, 1982.

DeVOL, D. M. & SCHWEFLINGHAUS, W.: Selbstschemata und Selbstbezogene Kognitionen in: OERTER, R. (Hrsg.): Bericht über die 5. Tagung Entwicklungspsychologie. Augsburg, 1981.

DeVOLDER, M.: Time orientation: A review. Psychological Report No. 9, University of Leuven, 1978.

DIENER, C. I. & DWECK, C. S.: An analysis of learned helplessness: Continuous changes in performance, strategy and achievement cognitions following failure. Journal of Personality and Social Psychology, 36, 1978, 451–462.

DITTMANN-KOHLI, F., SCHREIBER, N. und MÖLLER, F.:Lebenswelt und Lebensbewältigung. Konstanz: Universität Konstanz, Sonderforschungsbereich 23, Forschungsbericht 36, 1982.

DÖBERT, R. & NUNNER-WINKLER, G.: Adoleszenzkrise und Identitätsbildung. Frankfurt: Suhrkamp, 1979 (2. A.).

DÖBERT, R. & NUNNER-WINKLER, G.: Intrafamiliale Bedingungen von Kognition und motivationalen Aspekten des moralischen Bewußtseins. In J. MATTHES (Hrsg.): Lebenswelt und soziale Probleme. Frankfurt: Campus, 1981, 469–479.

DÖBERT, R. & NUNNER-WINKLER, G.: Moralisches Urteilsniveau und Verläß-lichkeit. In: G. LIND (Hrsg.): Moralisches Urteilen und soziale Umwelt. Weinheim: Beltz, 1983, 95-122.

DÖRNER, D.: Problemlösen als Informationsverarbeitung. Stuttgart: Kohl-hammer, 1976.

DOLLARD, J., DOOB, L. W., MILLER, N. E., MOWRER, O.H. & SEARS; R. R.: Frustration and aggression. New Haven, Conn.: Yale University Press, 1939.

DREHER, E. & DREHER, M.:Entwicklungsaufgaben im Jugendalter: Wertorien-tierung und Bewältigungsstrategien. In: STIKSRUD, A. (Hrsg.) Jugend und Werte. Dokumentation über den fünften Workshop Politische Psy-chologie" (BDP-IAPP) November 1983. Berlin: Freie Universität, Bei-trag Nr. 11, 1984.

DREHER, E. & DREHER, M.: Wahrnehmung und Bewältigung von Entwicklungs-aufgaben im Jugendalter. In: R. OERTER (Hrsg.): Lebensbewältigung im Jugendalter. Weinheim, 1984.

DUNCKEL, H.: Mehrfachbelastungen am Arbeitsplatz und psychosoziale Gesundheit. Psychologische Überlegungen und aktuarische Analysen. Europäische Hochschulschriften, Reihe VI Psychologie, Bd. 152. Frankfurt a. M., Bern, New York: Peter Lang, 1985.

DUNCKEL, H. & LIEPMANN, D.: Kontrolle und aktives Handeln bei jugend-lichen Auszubildenden. In: STIKSRUD, A. & WOBIT, F.: Adoleszenz und Postadoleszenz. Beiträge zur angewandten Jugendpsychologie. Frank-furt/M.: Fachbuchhandlung für Psychologie, 1985.

DUSEK, J. B. & FLAHERTY, J. F. : The development of the self-concept during the adolescent years. Monographs of the Society of Research in Child Development. Serial No. 191, 46, 1981.

DUVAL, S. & WICKLUND, R. A.: A theory of objective self-awareness. New York: 1972.

D'ZURILLA, T. & GOLDFRIED, M. R.: Problem solving and behavior modifi-cation. Journal of Abnormal Psychology 1971, 78, 107-126.

ECKENSBERGER, L. H. & REINSHAGEN, H.: KOHLBERGs Stufentheroie des Mora-lischen Urteils: Ein Versuch ihrer Reinterpretation im Bezugsrahmen handlungstheoretischer Konzepte. In: L. H. ECKENSBERGER & R. K. SIL-BEREISEN (Hrsg.): Entwicklung sozialer Kognitionen. Stuttgart: Klett, 1980, 65-132.

ECKENSBERGER, H. und SILBEREISEN, R.: Einleitung: Handlungstheoretische Perspektive für die Entwicklungspsychologie Sozialer Kognitionen. In: ECKENSBERGER, R. und SILBEREISEN, H. (Hrsg.): Entwicklung Sozia-ler Kognitionen, Stuttgart: Klett-Cotta, 1980, 11-45.

ECKENSBERGER, L. H., VILLENAVE-CREMER, S. & REINSHAGEN, H.: Kritische Darstellung von Methode zur Erfassung des Moralischen Urteils. In:

L. H. ECKENSBERGER & R. SILBEREISEN (Hrsg.): Entwicklung sozialer Kognitionen. Stuttgart: Klett, 1980, 335–380.

EHLERS, F. & MERZ, F.: Erfahrungen mit einem Fragebogen zur Erfassung der Leistungsmotiviertheit. Bericht aus dem Fachbereich Psychologie. Marburg: Philipps-Universität, 1966

ELDER, G. H. Jr.: Adolescence in historical perspective. In: ADELSON, J. (Ed.): Handbook of adolescent psychology. New York: Wiley, 1980, 3–46.

ELKIND, D.: Egocentrism in Adolescence. In: Child Development, 1967,38, 4, 1025–1034.

EPSTEIN, R. (Ed.): Notebooks B. F. SKINNER. Englewood Cliffs, N. J.: Prentice-Hall, 1980.

ERIKSON, E. H.: Das Problem der Identität. Psyche 10, 1956/57, 114–176.

ERIKSON, E. H.: Identity and the life cycle. Psychological Issues, 1, 1959, 1–171.

ERIKSON, E. H.: Identität und Lebenszyklus. Frankfurt/Main: Suhrkamp Verlag, 1966.

ERIKSON, E. H.: Kindheit und Gesellschaft. Stuttgart: Klett, 1971(4).

ERIKSON, E. H.: Jugend und Krise. Die Psychodynamik im sozialen Wandel. Stuttgart: Klett, 1974 (2. A.).

ERIKSON, E. H.: Identity, youth and crisis. New York: Norton, 1968 (deutsch: 1974(2). Jugend und Krise. Stuttgart: Klett).

ERIKSON, E. H.: Lebensgeschichte und historischer Augenblick. Frankfurt/Main: Suhrkamp, 1977.

EWERT, O.: Persönlichkeitsfindung in der Adoleszenzkrise. In: Landeszentrale für politische Bildung Rheinland- Pfalz (Hrsg.) Selbstverwirklichung und Verantwortung in einer Demokratischen Gesellschaft. Mainz: 1977, 37–44.

EWERT, O.: Entwicklungspsychologie des Jugendalters. Stuttgart:Kohlhammer, 1983.

FAHRENBERG, J., SELG, H. & HAMPEL, R.: Freiburger Persönlichkeitsinventar FPI. Göttingen: Hogrefe, 1978.

FEATHER, N. T. (Ed.): Expectations and actions: expectancy-value models in psychology. Hillsdale, N. Y.: Erlbaum, 1982.

FELLMANN, U.: Zur Differenzierung qualitativ unterschiedlicher Formen der Arbeitszufriedenheit (Validierungsstudie zum Arbeitszufriedenheitskonzept von BRUGGEMANN). Lizentiatsarbeit am Psychologischen Institut der Universität Zürich. 1980.

FEND, H.: Theorie der Schule. München: Urban & Schwarzenberg, 1980.

FEND, H.: Gesamtschule im Vergleich. Weinheim: Beltz, 1982.

FEND, H., BRIECHLE, R., HELMKE, A., NAGL, W. & SPECHT, W.: Bericht des Teilprojekts K "Sozialisation von Selbstkompetenz und Sozialkompetenz".Universität Konstanz, Sonderforschungsbereich 23:Wissenschaftlicher Arbeits- und Ergebnisbericht 1979-1982. Konstanz, 1982, 101-199.

FEND, H., KNÖRZER, W., NAGL, W., SPECHT, W., STIKSRUD, A. & VÄTH, R.: Sozialisationseffekte der Schule. Weinheim: Beltz, 1976.

FEND, H. & HELMKE, A.: Selbstkonzepte und Selbstvertrauen. 10 Jahre Selbstkonzept-Forschung in den Konstanzer pädagogisch-psychologischen Wirkungsstudien. Zeitschrift für personenzentrierte und Psychotherapie, 2, 1983, 67-78.

FENIGSTEIN, A., SCHEIER, A. F. & BUSS, A. H.: Public and private self-consciousness: Assessment and theory. J. of Consulting and clin. Psych. 43, 1975, 522-527.

FESTINGER, L.: A theory of social comparison processes. Human Relations, 1954, 7, 117-140.

FILIPP, S. H.: Entwurf eines heuristischen Bezugsrahmens für Selbstkonzept-Forschung: Menschliche Informationsverarbeitung und naive Handlungstheorie. In: FILIPP, S. H. (Ed.): Selbstkonzeptforschung, Probleme, Befunde, Perspektiven. Stuttgart: Klett-Cotta, 1979, 129-152.

FILIPP, S. H.:Entwicklung von Selbstkonzepten. Zeitschrift für Entwicklungspsychologie und Pädagogische Psychologie, 12, 1980, 105-120.

FILIPP, S. H.:Ein allgemeines Modell für die Analyse kritischer Lebensereignisse. In: S. H. FILIPP (Hrsg.) Kritische Lebensereignisse.München: Urban & Schwarzenberg, 1981, 1-52.

FILIPP, S. H.: Die Rolle von Selbstkonzepten im Prozeß der Auseinandersetzung und Bewältigung von kritischen Lebensereignissen. In:SCHWARZER, R.(Ed.), Zeitschrift für personenzentrierte Psychologie und Psychotherapie. Themenheft Selbstkonzept (Vol 2), 1983, 39-47.

FILIPP, S. H., AHAMMER, I., ANGLEITNER, A. & OLBRICH, E.: Eine Untersuchung zu inter- und intra-individuellen Differenzen in der Wahrnehmung und Verarbeitung von subjektiv erlebten Persönlichkeitsveränderungen. Trier: Forschungsberichte aus dem E.P.E.-Projekt Nr. 11, 1980.

FLANAGAN, J. C.: The contribution of educational institutions to the quality of life of Americans. Intern. Review of Applied Psychology 32, 1983, 275-281.

FLAVELL, J. H.: Kognitive Entwicklung. Stuttgart, 1979.

FLEMING, J. S. & COURTNEY, B. E.: The dimensionality of self–esteem: II. Hierarchical facet model for revised measurment scale. Journal of Personality and Social Psychology, 46, 1984, 404–421.

FREIRE, P.: Education for Critical Consciousness. London: 1974.

FRESE, M.: Occupational socialization and psychological development: An underemphasized research perspective in industrial psychology, In: Journal of Occupational Psychology, 55, 1982, 209–224.

FRESE, M. & VOLPERT, W.: Berufliche Sozialisation. In: R. ASANGER, & G. WENNINGER (Hrsg.): Handwörterbuch Psychologie. Weinheim: Beltz 1980.

FREUD, S.: Vorlesungen zur Einführung in die Psychoanalyse. Gesammelte Werke, Bd. 11. London: Imago, 1940.

FREY, D. & BENNING, E.: Das Selbstwertgefühl. In: MANDL, H. & HUBER, L. (Hrsg.): Kognition und Emotion. München: Urban & Schwarzenberg, 1983, 148–182.

FTHENAKIS, W. F.: Kulturelle Integration. In: SILBEREISEN, R. K. & MON-TADA, L.: Entwicklungspsychologie – Handbuch in Schlüsselbegriffen, München, 1983, 184–194.

GABLENZ-KOLAKOVIC, S., KROGOLL, T., OESTERREICH, R. & VOLPERT, W.: Subjektive oder objektive Arbeitsanalyse? In: Zeitschrift f. Arb.-wiss., 35, 1981, 217–220.

GÄRTNER-HARNACH, V.: Fragebogen für Schüler, FS 11-13. Heraugegeben von Karlheinz INGENKAMP in der Reihe "Deutsche Schultests". Beltz Test Gesellchaft, Weinheim, 1972.

GÄRTNER-HARNACH, V.: Fragebogen für Schüler, FS 5-10. Herausgegeben von Karlheinz INGENKAMP in der Reihe "Deutsche Schultests". Beltz Test Gesellschaft, Weinheim, 1973.

GÄRTNER-HARNACH, V.: Zur Situation der ausländischen Schüler in der BRD, Forchungsbericht aus der FH Mannheim, 1974.

GÄRTNER-HARNACH, V. et al.: Zur Situation der ausländischen Schüler in der BRD, in: TACK, W. H. (Htsg.): Bericht über den 29. Kongreß der Deutschen Gesellschaft für Psychologie (Bd. 2), Göttingen, 1975, 332–334.

GÄRTNER-HARNACH, V.: Angst und Leistung. Beltz Verlag, Weinheim und Basel, 1976.

GASPARSKI, W.: Zum Effizienzbegriff. In: Kommunikation 1969, 5 (2), 81.

GEBERT. D., ROSENSTIEL, L. v.: Organisationspsychologie. Person und Organisation. Stuttgart 1981.

GEHMACHER, E.: Lebensmanagement. Planungswissenschaft für die individuelle Daseinsgestaltung. Stuttgart: Seewald 1975.

GELMAN, R. and SPELKE, E.: The Development of Thought About Animate and Inanimate Objects: Implications for research on Social Cognition. In: FLAVELL, J. H. and ROSS, L. (Eds.): Social Cognitive Development. Cambridge: Cambridge University Press, 1981.

GILKENSON, H.: Social fears as reported by students in college speach classes. Speech monogr. 1942, 9, 141–160.

GILLIGAN, C.: In a different voice. Cambridge: Harvard University Press, 1982.

GJESME, T.: Future time orientation as a function of achievement motives, ability, delay of gratification, and sex. Journal of Psychology, 1979, 101, 173–188.

GÖTTNER-ABENDROTH, H.: Zur Methodologie der Frauenforschung am Beispiel einer Theorie des Matriarchats. In: Dokumentation der Tagung Frauenforschung in den Sozialwissenschaften. München, Oktober 1978. München: Eigendruck, 1979, 156–175 (2. A.).

GOFFMANN, E.: Stigma. Über Techniken der Bewältigung beschädigter Identität. Frankfurt: Suhrkamp, 1977 (2. A.).

GOLDFRIED, M. R. & GOLDFRIED, A. P.: Cognitive change methods. In: KANFER, F. H. & GOLDSTEIN, A. P. (Eds.): Helping people change. New York, Pergamon Press, 1975.

GOLDFRIED, M. R. & D'ZURILLA, T.:A Behavioral–Analytic Model for Assessing Competence. In: SPIELBERGER, Ch. (Eds.): Current Topics in Clinical Psychology. Vol. 1, New York: Academic Press, 1969.

GOULET, L. R. & BALTES, P. B. (Eds.): Life–span developmental psychology: Theory and Research. New York, 1970.

GRAHAM, P. & RUTTER, M.: Adolescent disorders. In: RUTTER, M. & HERSOV, L. (Ed.): Child psychiatry: Modern approaches. Oxford: Blackwell, 1977, p. 407–427.

GREIF, S., BAMBERG, E., DUNCKEL, H., FRESE, M., MOHR, G., RÜCKERT, D., RUMMEL, M., SEMMER, N., ZAPF. D. u.a.: Abschlußbericht des Forschungsprojekts "Psychischer Stress am Arbeitsplatz – Hemmende und fördernde Bedingungen für humanere Arbeitsplätze." Bonn: Bundesministerium für Forschung und Technologie, Projektträger "Humanisierung des Arbeitslebens". Kennzeichen 01 VD 177–ZA–TAP 0016. 1983.

GRIESE, H. M.: Jugendliche Gastarbeiterkinder: Situation und Problematik. In: Zeitschrift für Pädagogik, 27, 1981, S. 441–456.

GRIESINGER, D. & LIVINGSTON, J.: Towards a model of interpersonal motivation in experimental games. Behavioral Science, 1973, 18, 173–188.

GROSKURTH, P.: Berufliche Sozialisation als entscheidende Grundlage der Persönlichkeitsentwicklung. In Peter GROSKURTH (Hrsg.): Arbeit und Persönlichkeit: berufliche Sozialisation in der arbeitsteiligen Gesellschaft. Reinbeck bei Hamburg. 1979.

GROSKURTH, P. & VOLPERT, W.: Lohnarbeitspsychologie. Frankfurt a. M. 1975.

GRUNDWERTE-Kommission der SPD: Die Arbeiterbewegung und der Wandel gesellschaftlichen Bewußtseins und Verhaltens. (Zitiert nach Der Spiegel 1982, Nr. 5, S. 20–22).

GUILFORD, J. P. & HOEPFNER, R.: The analysis of intelligence. New York: McGraw-Hill, 1971.

HABERMAS, J.: Notizen zum Begriff der Rollenkompetenz. In: J. HABERMAS: Kultur und Kritik. Frankfurt: Suhrkamp, 1973, 195–232.

HABERMAS, J.: Moralentwicklung und Ich-Identität. In: J. HABERMAS: Zur Rekonstruktion des Historischen Materalismus. Frankfurt: Suhrkamp, 1976, 63–91 (2. A.).

HAENISCH, H. & LUKESCH, H.: Ist die Gesamtschule besser? Gesamtschulen und Schulen des gegliederten Schulsystems im Leistungsvergleich. München: Urban & Schwarzenberg, 1980.

HAGTVET, K. A.: A construct validation study of test anxiety: A discriminant validation of fear of failure, worry and emotionality. In R. SCHWARZER, H. M. VAN DER PLOEG & C. D. SPIELBERGER (Eds.): Advances in test anxiety research (Vol. 2). Lisse/Hillsdale, N. Y.: Swets & Zeitlinger/Erlbaum, 1983, 15–34.

HALL, G. St.: Adolescence, its psychology and its relation to physiology, anthopology, sociology, sex crime, religion, and education. New York: 1904.

HALL, G. S.: Adolescence. Vol. I u. II. New York: Appleton, 1911.

HAMERS, J. & SMITH, N. F: A cross-cultural study of child training values. In: BERRY, J. W. & LONNER, W. J. (Eds.): Applied Cross-cultural Psychology, Amsterdam, 1975, S. 208–211.

HARRE, R.: Theoretical preliminaries for the study of action. In: VON CRANACH, M. & HARRE, R. (Ed.): The analysis of action. Recent theoretical and empirical advances. Cambridge: Cambridge University Press, 1982, p. 5–34.

HAUSSER, K.: Identitätsentwicklung. New York: Harper & Row, (UTB 1269), 1983.

HAUTZINGER, M.: Problemlösen in der Verhaltenstherapie und Gesprächspsychotherapie. Unveröffentlichtes Manuskript, Berlin: 1982.

HAVIGHURST, R. J.: Human development and education. New York: Longmans & Green, 1953.

HAVIGHURST, R. J.: Research on the Developmental-Task Concept. In: The School Review 1956, Vol. LXIV, 215–223.

HAVIGHURST, R. J.: Developmental tasks and education. New York: McKay, 1972.

HAVIGHURST, R. J.: Youth in social institutions. In: HAVIGHURST, R. J. & DREYER, P. H. (Ed.): Youth. Chicago: University of Chicago Press, 1975, p. 115–144.

HAVIGHURST, R. J.: Developmental tasks and education. New York: 1982, (first ed. 1948).

HAVIGHURST, R. J.: The World of Work. In: WOLMAN, B. B. & STRICKER, G. (Eds.) Handbook of developmental psychology. Englewood Cliffs, New Jersey: Prentice-Hall, 771–787.

HECKHAUSEN, H.: Leistungsmotivation und Chancengleichheit. Göttingen: Hogrefe, 1974.

HECKHAUSEN, H.: Motivation und Handeln.Berlin: Springer, 1980.

HECKHAUSEN, H. & RHEINBERG, F.: Abschlußbericht zum DFG-Projekt He353/ 10. Bezugsnorm-Orientierung. Ruhr-Universität Bochum, 1980.

HELMKE, A.: Schulische Leistungsangst: Erscheinungsformen und Entstehungsbedingungen. Dissertation, Universität Konstanz, 1982.

HILLE, B.: Berufs- und Lebenspläne sechzehnjähriger Schülerinnen in der Bundesrepublik Deutschland – eine empirische Studie in Realschulen, Gymnasien und Berufsschulen. Bern: Lang, 1976.

HOFFMANN, M. L.: Empathy, role-taking, guilt, and development of altruistic motives. In: T. LICKONA (Ed.), Moral development and behavior theory, research, and social issues. New York: Holt, Rinehart & Winston, 1976, 124–143.

HOFFMANN, M. L.: Perspectives on the Difference Between Understanding People and Understanding Things: the Role of Affect. In: FLAVELL, J. H. and ROSS, L. (Eds.): Social Cognitive Development. Cambridge: Cambridge University Press, 1981.

HOFSTÄTTER, P. R.: Einführung in die Sozialpsychologie, Stuttgart: Kröner, 1966.

HOFSTEDE, G.: Value system in forty countries: Interpretation, Validation and Consequences for Theory. In: ECKENSBERGER, L., LONNER, W. & POORTINGA, Y. H. (Eds.): Cross-cultural Contributions to Psychology, Lisse, 1979.

HOLLING, H., LIEPMANN, D., KÖNIG, F., OTTO, J. & SCHMIDT, J. U.: Spezifische Zusammenhänge zwischen Problemlösefähigkeit, Intelligenz, Kreativität, Temperament, Interessen und Selbsteinschätzungen. In: SCHULZ, W. & HAUTZINGER, M.: Klinische Psychologie und Psychotherapie. Kongreßbericht, Berlin 1980, 245–256.

HOLLING, H. & LIEPMANN, D.: Testtheoretische Analysen zum Giessen-Test (GT). Diagnostica, 3, 1979, 257–283.

HOPPE, F.: Erfolg und Mißerfolg. Psychol. Forsch., 14, 1930, 1-62.

HORNSTEIN, W.: Unsere Jugend. Über Liebe, Arbeit, Politik. Weinheim: Beltz, 1982.

HORNSTEIN, W.,BÄUERLE, W., GREESE, D.,LEMPP, R., MOLLENHAUER, P.,PROTT, J. & SOMMERKORN, I. (Hrsg.): Situation und Perspektiven der Jugend. Problemlagen und gesellschaftliche Maßnahmen – Fünfter Jugendbericht der Bundesregierung – Weinheim: Beltz, 1982.

HUBER, L.: Sozialisation in der Hochschule. In: HURRELMANN, K. & ULICH, D. (Hrsg.): Handbuch der Sozialisationsforschung. Weinheim: Beltz, 1980, 521-550.

ICKES, W.J. & KIDD, R. F.: An attributional analysis of helping behaviour. In: J. H. HARVEY, W. J. ICKES & R. F. KIDD (Eds.): New direction in attribution research (Vol. 1). Hillsdale, N. J.: Erlbaum, 1976.

ILLFELD, F.: Characteristics of current social stressors. Psychological Reports, 36, 1976, 1231-1247.

ILLFELD, F.: Current social stressors and symptoms of depression. American Journal of Psychiatry, 1977, 134, 161-166.

ILLFELD, F.: Marital stressors, coping styles, and symptoms of depression. In: GOLDBERGER, L. & BREZNITZ, S. (Eds.): Handbook of stress. Theoretical and clinical aspects. New York: The Free Press, 1983, 482-495.

INGELHART, R.: Wertwandel in den westlichen Gesellschaften. In: KLAGES, H. & KMIECIAK, P. (Hrsg.): Wertwandel und gesellschaftlicher Wandel. Frankfurt: Campus, 1979a, 279-316.

INGLEHART, R.: Lebensqualität: Eine Generationenfrage. Psychologie Heute 6, 1979b, Nr. 9, 24-29.

ISRAEL, J.: Der Begriff Entfremdung. Makrosoziologische Untersuchung von Marx bis zur Gegenwart. Reinbek: Rowohlt, 1972.

JÄGER, A.O.: Mehrmodale Klassifikation von Intelligenzleistungen: Experimentell kontrollierte Weiterentwicklung eines deskriptiven Intelligenzstrukturmodells. Diagnostica, 28, 1982, 195-226.

JÄGER, A.O.:Intelligenzstrukturforschung, konkurrierende Modelle, neue Entwicklungen, Perspektiven. Psychologische Rundschau, 35, 1984, 19-35.

JERSILD, A. T.: In search of self. New York: Teachers College Bureau of Publications, 1952.

JERUSALEM, M.: Selbstbezogene Kognitionen in schulischen Bezugsgruppen. Eine Längsschnittstudie. Band I des Berichts über das Forschungsvor-

haben "Entwicklung des Selbstkonzepts und selbstbezogener Kognitionen in Abhängigkeit von sozialen Vergleichssituationen in schulischen Umwelten". Berlin: Freie Universität Berlin, 1984.

JERUSALEM, M.: A longitudinal field study with trait worry and trait
emotionality: Methodological problems. In: Henk, M. VAN DER PLOEG,
Ralf SCHWARZER & Charles, D. SPIELBERGER (Eds.), M. JERUSALEM (Ass.
Ed.), Lisse: Swets ad Zeitlinger, 1985.

JÖRESKOG, K.: Analysis of covariance structures. Scandinavian Journal
of Statistics, 8, 1981, 65–92.

JÖRESKOG, K. & SÖRBOM, D.: Analysis of linear structural relationships
by maximum likelihood and least squares methods. University of
Uppsala, 1981.

JONES, E. E. & McGILLIS, D.: Correspondent inferences and the attribution cube: a comparative reappraisal. In: HARVEY, J. H., ICKES, W.
J. & KIDD, R. F. (Ed.): New directions in attribution research. Vol.
1. Hillsdale, N. J.: Erlbaum, 1976, 389–420.

JOPT, U. J.: Selbstkonzept und Ursachenerklärung in der Schule. Bochum:
Kamp. 1978.

JOSSELSON, R.: Ego development in adolescence. In: ADELSON, J. (Ed.):
Handbook of adolescent psychology. New York: Wiley, 1980, 188–210.

JUGENDWERK DER DEUTSCHEN SHELL (Hrsg.): Jugend '81: Lebensentwürfe,
Alltagskulturen, Zukunftsbilder. Band 3. Hamburg: 1981.

KAMINSKI, G.: Behavior and Environment: Ökologische Fragestellung in
der Allgemeinen Psychologie. In: GRAUMANN, C. (Hrsg.): Ökologische
Perspektiven in der Psychologie. Bern: Huber, 1978.

KANNER, A. D., COYNE, J. C., SCHAEFER, C. & LAZARUS, R. S.: Comparisons
of two modes of stress measurement: Daily hassles and uplifts versus
major life events. Journal of Behavioral Medicine, 4, 1981, 1–39.

KARASEK, R. A.: Job demands, job decision latitude, and mental strain:
Implications for job redesign. Adm. Sc. Quart. 24, 1979, 285–308.

KARSTEN, A.: Psychische Sättigung. Psychol. Forsch., 10, 1928, 142–254.

KEMMLER, L. & HECKHAUSEN, H.: Mütteransichten über Erziehungsfragen.
Psychologische Rundschau, 10, 1959, 83–93.

KENISTON, K.: The psychology of alienated students. In: GORDON, G. &
GERGEN, K. J. (Ed.): The self in social interaction. New York:
Wiley, 1968, 405–414.

KEUPP, H.: Soziale Netzwerke. In: KEUPP, H. & RERRICH, D. (Hrsg.): Psychosoziale Praxis – Gemeindepsychologische Perspektiven. Ein Handbuch in Schlüsselbegriffen. München: Urban & Schwarzenberg, 1982,
43–53.

KIRSCH, W.: Einführung in die Theorie der Entscheidungsprozesse. Wiesbaden: Gabler, 1977.

KOCOWSKI, T.: Eine Systemtheorie menschlicher Bedürfnisse und Gesellschaftstechnik. In: SCHMIDT, J. (Hrsg.): Planvolle Steuerung gesellschaftlichen Handelns. Opladen: Westdeutscher Verlag, 1975.

KÖNIG, F.: Intelligenz und Kreativität im Kontext der Gesamtpersönlichkeit. In: LÜER, G. (Hrsg.): Bericht über den 33. Kongreß der Deutschen Gesellschaft für Psychologie in Mainz 1982. Göttingen: Hogrefe, 1983, 472-476.

KÖNIG, F., LIEPMANN, D., HOLLING, H. & OTTO, J.: Entwicklung eines Fragebogens zum Problemlösen (PLF). Zeitschrift für klinische Psychologie, Psychopathologie und Psychotherapie, 1, 1985.

KÖNIG, F., OTTO, J., HOLLING, H. & LIEPMANN, D.: Das Konzept der Problemlösefähigkeit in der Psychotherapie. Theoretische Grundlagen und empirische Analyse eines Fragebogens zum Problemlösen. In: SCHULZ, W. & HAUTZINGER, M. (Hrsg.): Klinische Psychologie und Psychotherapie, Band 2, 1980, 227-244.

KOHLBERG, L.: From is to ought: How to commit the naturalistic fallacy and get away with it in the study of moral development. In: T. MISCHEL (Ed.): Cognitive development and epistemology. New York: Academic Press, 1971, 151-235.

KOHLBERG, L.: Zur kognitiven Entwicklung des Kindes. Frankfurt: Suhrkamp, 1974.

KORTE, K., JERUSALEM, M., FAULHABER, J. & SCHWARZER, R.: The validation of a german self-consciousness inventory. In: R. SCHWARZER (Ed.): Selbstbezogene Kognitionen: Trends in der Selbstkonzeptforschung (Band II des Berichtes über das Forschungsvorhaben "Entwicklung des Selbstkonzeptes und selbstbezogene Kognitionen in Abhängigkeit von sozialen Vergleichssituationen in schulischen Umwelten. Berlin: Institut für Psychologie, Freie Universität Berlin, 1984, 93-120.

KOSSAKOWSKI, A.: Social norms as determinants of adolescent behavior. In: THOMAE, H. & ENDO, T. (eds.): The adolescent and his environment. Basel: Karger, 1974, 81-90.

KOSSAKOWSKI, A. et al. (Hrsg.): Psychologische Grundlagen der Persönlichkeitsentwicklung im pädagogischen Prozeß. Köln: Pahl-Rugenstein, 1977.

KRAPPMANN, L.: Soziologische Dimensionen der Identität. Stuttgart: Klett, 1973.

KRAUSS, H. H., MOZDZIERZ, G. J., RUIZ, R. A. & BUTTON, S.: Anxiety and temporal perspective among normals in a stressful life situation. Psychological Reports, 1967, 21, 721-724.

KRIEBEL, R.: Sprechangst: Erfassung und Modifikation. Die Sprachheilarbeit 1975, 20, 1-14.

KRIPKE, S. A.:Naming and necessity. In: DAVIDSON, D. & HARMAN, G.(Ed.): Semantics of natural language. Dordrecht: Reidel, 1972, 253-355.

KROHNE, H. W.(Hrsg.): Angst bei Schülern und Studenten. Hoffmann und Campe Verlag, Hamburg, 1977.

KROHNE, H. W. & ROGNER, J.: Repression-sensitization as a central construct in coping research. In: KROHNE, H. W. & LAUX, L. (Eds.): Achievement, stress and anxiety. Washington: Hemisphere. zit. nach SCHWARZER, R.: Streß, Angst und Hilflosigkeit. Stuttgart: Kohlhammer, 1981.

KRUSE, W., KÜHNLEIN, G., MÜLLER, U.: Facharbeiter werden – Facharbeiter bleiben? Betriebserfahrungen und Berufsperspektiven von gewerblich-technischen Auszubildenden in Großbetrieben. Frankfurt a. M./New York 1981.

KUHL, J.: Meß– und prozeßtheoretische Analysen einiger Person- und Situationsparameter der Leistungsmotivation. Bonn: Bouvier Verl. H. Grundmann, 1977.

KUHL, J.: Tatsächliche und phänomenale Hilflosigkeit: Vermittlung von Leistungsdefiziten nach massiver Mißerfolgsinduktion. In: F. E. Weinert & R. H. Kluwe (Eds.): Metakognition, Motivation und Lernen. Stuttgart: Kohlhammer, 1984.

LABOUVIE, E. & PANDINA, G.: Jugend und Drogen. In: SILBEREISEN, R. K. & MONTADA. I. (Ed.): Entwicklungspsychologie in Schlüsselbegriffen. München: Urban & Schwarzenberg, 1983, 194-200.

LANTERMANN, E.: Interaktion – Person, Situation und Handlung. München: Urban & Schwarzenberg, 1980.

LAZARSFELD, P. F.: Die Ergebnisse und die Aussichten der Untersuchungen über Jugend und Beruf. In: Quellen und Studien zur Jugendkunde, Heft 8, 1931, 1-87.

LAZARUS, R. S.: Psychological stress and coping process. New York, 1966.

LAZARUS, R. S.: The Stress and Coping Paradigm. In: BOND, L. und ROSEN, J. (Eds.): Competence and Coping During Adulthood. London: University Press of New England, 1980.

LAZARUS, R. S.: Streß– und Streßbewältigung – ein Paradigma. In: FILIPP, S. H. (Ed.): Kritische Lebensereignisse. München: Urban & Schwarzenberg, 1981, 198-232.

LAZARUS, R. S.: Puzzles in the study of daily hassles. Paper presented at the conference "Integrated Perspectives in Youth Development. Berlin, West Germany, 1983.

LAZARUS, R. S., COHEN, J. B., FOLKMAN, S., KANNER, A. & SCHAEFER, C.: Psychological stress and adaptation: Some unresolved issues. In H.

216

SELYE (Ed.), SELYE's guide to stress research (Vol. 1) New York: Van Nostrand Reinhold, 1980, 90-117.

LAZARUS, R. S. & FOLKMAN, S.: Stress, appraisal, and coping. New York: Springer, 1984.

LAZARUS, R. S. & GOLDEN, G.: The function of denial in stress, coping and aging. In: McGARRAUGH, E. & KIESLER, S. (Eds.): Aging, Biology and Behavior. New York: Academic Press, 1983, 283-307.

LAZARUS, R. S & LAUNIER, R.: Stress related transactions between person and environment. In: PERVIN, L. A. & LEWIS, M. (Eds.), Perspectives in international psychology: New York: Plenum, 1978, 287-327.

LEMPERT, W.: Sozialisation in der betrieblichen Ausbildung. Der Beitrag der Lehre zur Entwicklung sozialer Orientierungen im Spiegel neuerer Längsschnittuntersuchungen. MPI für Bildungsforschung, Berlin: 1984.

LEONTJEV, A. N.:Tätigkeit, Bewußtsein, Persönlichkeit. Stuttgart: 1977.

LEONTJEV, A. N.:Tätigkeit, Bewußtsein, Persönlichkeit. Berlin: Volk und Wissen, Volkseigener Verlag (DDR), 1979.

LERNER, R. M: A dynamic interactional concept of individual and social relationship development. In: R. L. BURGESS & T. L. HUSTON (Eds.): Social exchange in developing relationships. New York: 1979.

LERNER, R. M.: Jugendliche als Produzenten ihrer eigenen Entwicklung. In: OLBRICH, E. & TODT, E. (Hrsg.) Probleme des Jugendalters. Neuere Sichtweisen. Berlin: Springer, 1984, 69-87.

LERNER, R. M. and BUSCH-ROSSNAGEL, N. A.: Individuals as Producers of Their Development: Conceptual and Empirical Bases. In: LERNER, R. M. and BUSCH-ROSSNAGEL, N. A. (Eds.): Individuals as Producers of Their Developmet. London: Academic Press, 1981.

LERNER, R. M., SKINNER, E. A. & SORELL, G. T.: Methodological implications of contextual/dialectic theories of development. Hum. Dev. 23, 1980, 225-235.

LERNER, R. M. & SPANIER, G. B.: Adolescent Development. A life-span perspective. New York 1980.

LEWIN, K.: Field theory and experiment in social psychology: concepts and methods. American Journal of Sociology, 44, 1939, 868-897.

LEWIN, K.: Resolving social conflict. New York, 1948.

LEWIN, K.: Time perspective and morale. In: K. LEWIN (ed.), Resolving social conflict, New York: Harper, 1948, 103-124.

LEWIN, K.: Feldtheorie und Experiment in der Sozialpsychologie (1939). In: LEWIN, K.: Feldtheorie in den Sozialwissenschaften. (Hrsg.: D. CARTWRIGHT, Übers. von A. LANG & W. LOHR) Bern: Huber, 1963, 168-191.

LEWINSOHN, P. M. & TALKINGTON, J.: Studies on the measurement of unpleasant events and relations with depression. Applied Psychological Measurement, 1, 1979, 83–101.

LIDZ, T.: The adolescent and its family. In: CAPLAN, G. & LEBOVICI, S. (Ed.): Adolescence: psychosocial perspectives. New York: Basic Books, 1969, p. 105–112.

LIEPMANN, D. & HOPPE, S.: Erste Ergebnisse bei der Entwicklung eines Einstellungsfragebogens zum schulischen Bereich (EFS) bei Berufsschülern. Psych. in Erz. und Unterricht, 22, 1975, 120–124.

LIEPMANN, D. & PONTZ, D.: Über den Zusammenhang des Bedürfnisses nach Weiterbildung und der individuellen Zukunftserwartung bei jugendlichen Arbeitnehmern. In: Zeitschrift für Psych. und Prax., 4, 1982, 149–161.

LÜCK, H. E.: Entwicklung eines Fragebogens zur Messung der Angst in sozialen Situationen. Diagnostica, 17, 1971, 53–59.

LUKESCH, H.: Zur Situation von Ausländerkindern an deutschen Schulen. In: Zeitschrift für Pädagogik, 27, 1981, 879–892.

O'MALLEY, P. M. & BACHMANN, J. G.: Self-esteem: Change and stability between ages 13 and 23. Developmental Psychology, 19, 1983, 257–268.

MANASTER, G. J.: Adolescent development and the life tasks. Boston: Allyn & Bacon, 1977.

MANNHEIM, K.: Essays on the sociology of konwledge. London: Routledge & Kegan Paul, 1952.

MANNHEIM, K.: Das Problem der Generationen. In: FRIEDEBURG, L. v. (Hrsg.): Jugend in der modernen Gesellschaft. Köln: Kiepenheuer & Witsch, 1965(2), (Erst-Publ. 1928/29), 23–48.

MARCIA, J.: Identity in adolescence. In: ADELSON, J. (Ed.): Handbook of adolescent psychology. New York: Wiley, 1980, 159–187.

MARKOU, G.: Selbstkonzept, Schulerfolg und Integration. In: Zeitschrift für Pädagogik, 27, 1981, 893–910.

MARKUS, H.: Self-schemata and processing information about the self. J. of Pers. and Soc. Psych., 35, 1977, 63–78.

MARSH, H. W., RELICH, J. D. & SMITH, I. D.: Self-concept: The construct validity of interpretations based upon the SDQ. Journal of Personality and Social Psychology, 45, 1983, 173–187.

MAYER, E., SCHUMM, W., FLAAKE, K., GERBERDING, H., REULING, J.: Betriebliche Ausbildung und gesellschaftliches Bewußtsein. Die berufliche Sozialisation Jugendlicher. Frankfurt a. M./ New York 1981.

McCALL, G. und SIMMONS, J.: Identität und Interaktion. Düsseldorf: Schwann, 1974.

McCLELLAND, D. C.: Personality. New York, 1951.

McCLELLAND, D. C.: Notes for a revised theory of motivation. In D. C. McCLELLAND (Ed.): Studies in motivation. New York: Appleton-Century-Crofts, 1955, 226-234.

MEACHAM, J. A.: A transactional model of remembering. In: N. DATAN & H. W. REESE (Eds.): Life-span developmental psychology. Dialectical perspectives on experimental research. New York, 1977.

MEACHAM, J. A.: Political Values, Conceptual Models, and Research. In: LERNER, R. M. and BUSCH-ROSSNAGEL, N. A. (Eds.): Individuals as Producers of Their Development: Conceptual and Empirical Bases. London: Academic Press, 1981.

MEAD, G. H.:Geist, Identität und Gesellschaft aus der Sicht des Sozialbehaviorismus. Frankfurt: Suhrkamp, 1978 (3. A.).

MERTON, R. K.:Sozialstruktur und Anomie. In: SACK, F. & KÖNIG, R. (Ed.): Kriminalsoziologie. Frankfurt a. M.: Akademische Verlagsgesellschaft, 1968, 283-313.

MEYER, W.-U.:Überlegungen zur Konstruktion eines Fragebogens zur Erfassung von Selbstkonzepten der Begabung. Ruhr-Universität Bochum. 1972.

MEYER, W.-U.: Das Konzept von der eigenen Begabung als ein sich selbst stabilisierendes System. Zeitschrift für personenzentrierte Psychologie und Psychotherapie, 2, 1983.

MEYER, W.-U.: Prozesse der Selbstbeurteilung: Das Konzept von der eigenen Begabung. Zeitschrift für Entwicklungspsychologie und Pädagogische Psychologie, 15, 1983, 1-25.

MEYER, W.-U.: Das Konzept von der eigenen Begabung: Auswirkungen, Stabilität und vorauslaufende Bedingungen. Psychologische Rundschau, 35, 1984, 136-150.

MIES, M.: Methodische Postulate zur Frauenforschung - dargestellt am Beispiel der Gewalt gegen Frauen. Beiträge zur feministischen Theorie und Praxis, 1978, 1, 41-63.

MISCHEL, W.: On the Future of Personality Measurement. American Psychologist 1977, 246-254.

MISCHEL, W.: Toward a Cognitive Social Learning Reconceptualization of Personality. Psychological Review 1973, 80 (4), 252-283.

MITSCHERLICH, A.: Niemandskinder. Die Neue Zeitung, 3.5.1946. zit. nach MITSCHERLICH, A. (o.J.g.) Auf dem Weg zur vaterlosen Gesellschaft. Ideen zur Sozialpsychologie. München: Piper, 1946.

MONTADA, L.: Brennpunkte der Entwicklungspsychologie, Stuttgart: 1979.

MOOSBRUGGER, H.: Modelle zur Beschreibung statistischer Zusammenhänge in der psychologischen Forschung. In: Enzyklopädie der Psychologie. Themenbereich B: Methodologie und Methoden, Serie I: Forschungsmethoden der Psychologie, Band 4: Strukturierung und Reduzierung von Daten. Göttingen: Verlag für Psychologie Hogrefe, 1983, 1-58.

MORIARTY, A. und TOUSSIENG, P.: Adolescent Coping. New York: Grune & Stratton, 1976.

MÜLLER, S.: Untersuchungen zur Messung pessimistischer und optimistischer Zukunftserwartungen. Köln 1973.

MUMMENDEY, H. D.: Selbstkonzept-Änderungen nach kritischen Lebensereignissen. In S.-H. FILIPP (Ed.), Kritische Lebensereignisse München: Urban & Schwarzenberg, 1981, 252-269.

MUMMENDEY, H. D. & STURM, G.: Eine fünfjährige Längsschnittuntersuchung zu Selbstbildänderungen jüngerer Erwachsener und zum Einfluß kritischer Lebensereignisse. Unveröffentl. Arbeitsbericht Nr. 90, Universität Bielefeld, 1982.

MUSSEN, P.: Roots of caring, sharing and helping: the development of prosocial behavior in children. San Francisco: Freeman, 1977.

MUSTO, S.: Evaluierung sozialer Entwicklungsprojekte. Berlin: Hessling, 1972.

NESSELROADE, J. R.: Some implications of the trait-state distinction for the study of adult development and aging: "Still labile after all these years". Presidential address at the Annual Meeting of the American Psychological Association. Anaheim: 1983.

NEUBERGER, O. & ALLERBECK, M.:Messung und Analyse von Arbeitszufriedenheit. Bern: Huber, 1978.

NEUENDORFF-BUB, B.: Geschlechtliche Identität und Strukturierung der Person-Umwelt-Interaktion. Unveröffentlichte Dissertation. FU Berlin, 1977.

NEUGARTEN, B. L. & HAGESTAD, G. O.: Age and the life course. In: BINSTOCK, R. H. & SHANAS, E. (Ed.): Handbook of aging and the social sciences. New York: Van Nostrand, 1976, 35-57.

NEUGARTEN, B. L.,MOORE, J. W. & LOWE, J. C.:Age-norms, age-constraints, age-socialization. American Journal of Sociology, 70, 1965, 710-717.

NEWELL, A.: Reasoning, Problem Solving, and Decision Process: The Problem Space as a Fundamental Category. In: NICKERSON, R., BERANCK, B. and NEWMAN, I. (Eds.): Attention and Performance VIII. Hillsdale, N. J.: Erlbaum, 1980.

NEWMAN, B. M. & NEWMAN, P. R.: An introduction to the Psychology of Adolescence. Homewood, Illinois: The Dorsey Press, 1979a.

NEWMAN, B. M. & NEWMAN, P. R.: Development through life: A psychosocial approach. Revised Edition. Homewood, Illinois: The Dorsey Press, 1979b.

NEWMAN, B. M. & NEWMAN, P. R.: Personality development through the life-span. Monterey, California: Brooks/Cole Publishing Co., 1980.

NIEDER, A. & PEZARO, A.: Adoleszenzkrise und weibliche Identitätsfindung. Unveröffentlichte Diplomarbeit, Fachrichtung Psychologie. Saarbrücken: Universität des Saarlandes, 1983.

NILES, F. S.: The adolescent girl's perception of parents and peers. Adolescence, 1979, 14, 591-597.

NUNNER-WINKLER, G.: Berufsfindung und Sinnstiftung. Kölner Zeitschrift für Soziologie und Sozialpsychologie, 1981, 33, 115-131.

OERTER, R.:Zur Dynamik von Entwicklungsaufgaben im menschlichen Lebenslauf. In: OERTER, R. (Hrsg.): Entwicklung als lebenslanger Prozeß. Hamburg: Hoffmann & Campe, 1978, 66-110.

OERTER, R.: Entwicklung im Jugendalter - ein umweltorientierter Ansatz. In: RAUH, H. (Hrsg.): Jahrbuch für Entwicklungspsychologie 1/1979, 1979.

OERTER, R.:Jugendalter. In:OERTER, R. & MONTADA, L. (Ed.):Entwicklungspsychologie. München: Urban & Schwarzenberg, 1982, 242-313.

OERTER, R.: Interaktion als Individuum-Umwelt-Bezug. In: E. D. LANTERMANN /Hrsg.): Wechselwirkungen. Psychologische Analysen der Mensch-Umwelt-Beziehung. Göttingen: Hogrefe, 1982.

OESTERREICH, R.:Entwicklung eines Konzepts der Objektiven Kontrolle und Kontrollkompetenz (Dissertation). Berlin: Technische Universität, 1979.

OESTERREICH, R.: Handlungsregulation und Kontrolle. München-Wien-Baltimore 1981.

OFFER, D.: Das Selbstbild normaler Jugendlicher. In: OLBRICH, E. & TODT, E. (Hrsg.): Probleme des Jugendalters. Neuere Sichtweisen. Berlin: Springer, 1984, 111-130.

OLBRICH, E.: Entwicklung der Persönlichkeit. In: HETZER, H., TODT, E., SEIFFGE-KRENKE, I. & ARBINGER, R. (Hrsg.) Angewandte Entwicklungspsychologie des Kindes- und Jugendalters. Heidelberg: Quelle & Meyer, 1979, 297-327.

OLBRICH, E.: Normative Übergänge im menschlichen Lebenslauf: Entwicklungskrisen oder Herausforderungen? In: FILIPP, S.-H.(Hrsg.): Kritische Lebensereignisse. München: Urban & Schwarzenberg,1981, 123-138.

OLBRICH, E.: Jugendalter – Zeit der Krise oder der produktiven Anpassung? In: OLBRICH, E. & TODT, E. (Hrsg.): Probleme des Jugendalters. Neuere Sichtweisen. Berlin: Springer, 1984, 1–47.

PAIVIO, A.: Child rearing antecedents of audience sensitivity. Ph. D. thesis, McGill University, Montreal: 1959.

PAIVIO, A., BALDWIN, A. L. & BERGER, S. M.: Measurement of children's sensitivity to audiences. Child Development 1961, 32, 721–730.

PAIVIO, A.: Child rearing antecedents of audience sensitivity. Child Development 1964, 35, 397–416.

PAIVIO, A.: Personality and audience influence. In: MAHER, B. A. (Ed.): Progress in experimental personality research, Vol. 2, Academic Press, New York and London 1965, 127–173.

PAIVIO, A. & LAMBERT, W. E.: Measures and correlates of audience anxiety ("stage fright"). J. Pers. 1959, 27, 1–17.

PAIVIO, A. & LAY, C.: Personality and situational factors in extralinguistic phenomena. In: MAHER, B. A. (Ed.): Progress in experimental personality research, Vol. 2, New York and London:Academic Press, 1965, 163–166.

PAPALEKAS, J. C.: Die zweite Ausländergeneration: Kulturelle Aspekte. In: LOJEWSKI, G. v. (Hrsg.): Integration der Kinder ausländischer Arbeitnehmer? Probleme und Antworten auf eine Herausforderung. Köln: H. M. Schleyer-Stiftung, 1982, 27–38.

PAUL, G. L.: Insight vs. desensitization in psychotherapy. An experiment in anxiety reduction. Stanford University Press, Stanford, California, 1966.

PAWLIK, K.: Umwelt und Persönlichkeit: Zum Verhältnis von ökologischer und differentieller Psychologie. In: GRAUMANN, C. F. (Hrsg.): Ökologische Perspektiven in der Psychologie. Bern: Huber, 1978, 112–134.

PECK, R. F., MANASTER, G. J., BORICH, G., ANGELINI, A. L., DIA-GUERRERO, R. & KUBO, S.: A test of the Universality of an 'Acculturation Gradient' in three culture-triads. In: RIEGEL, K. F. & MEACHAM, J.: The Developing Individual in a Changing World, Vol. 1: Historical and Cultural Issues, Monton, 1976, 355–363.

PIAGET, J.: Intellectual evolution from adolescence to adulthood. In: Human Development 1972, 15, 1–12.

PIAGET, J.: Das moralische Urteil beim Kinde. Frankfurt:Suhrkamp, 1973.

PITTS, R. E.: Value group analysis of cultural values in heterogeneous populations. The Journal of Social Psychology, 1981, 115, 109–124.

PLATT, J. J. & TAYLOR, R. E.: Homesickness, future time perspective, and the self concept. Proceedings of the 74th Meeting of the

American Psychological Association, 1966, 1, 295–296.

PLATZKÖSTER, A.: Ein handlungstheoretisches Motivationsmodell des Hilfehandelns. Frankfurt: Lang, 1983.

PLAUM, E.: Zur Erfassung von Leistungsmotivationsvariablen im Zusammenhang mit klinisch-psychologischen Fragestellungen. Z. Psychol. 187, 1979, 406–452.

PLAUM, E.: Methodische Probleme einer Diagnostik auf interaktionstheoretischer Basis. Psychol. Prax. 25, 1981, 91–98.

PLAUM, E.: Leistungsmotivationsdiagnostik auf handlungstheoretischer Basis. Entwicklung eines neuen Untersuchungsverfahrens und erste Ergebnisse zur Validität. Unveröff. Habilitationsarbeit der Sozialwissenschaftlichen Fakultät der Universität Konstanz, 1982.

PLAUM, E.: Die Entwicklung eines Leistungsmotivationsverfahrens auf handlungstheoretischer Basis. In: MINSEL, W.-R. & SCHELLER, R. (Hrsg.): Diagnostik. Brennpunkte der Klinischen Psychologie, Bd. V. München: Kösel, 1983, 106–124.

PLOEG, H.M. van der, SCHWARZER, R. & SPIELBERGER, C. D. (Eds.): Advances in test anxiety research (Vol. 2). Lisse/Hillsdale, N. J.: Swets & Zeitlinger/Erlbaum, 1983.

PRAHL, H.-W.: Prüfungsangst. Frankfurt/Main: Fischer Taschenbuch Verlag, 1979.

PROBST, H. H.: Immer mehr Genüsse, immer weniger Geniessen. Psychologie Heute 9, 1982, Nr. 2, S. 22–28.

PROBST, P.: Eine empirische Untersuchung zum Konstrukt der sozialen Intelligenz. Diagnostica, 1975, 21, 24–47.

PROKOP, U.: Weiblicher Lebenszusammenhang. Von der Beschränktheit der Strategien und der Unangemessenheit der Wünsche. Frankfurt: Suhrkamp, 1977 (2. A.).

QUAST, H.-H.: Ereigniskorrelate emotionaler Zustände in der Postadoleszenz. In A. STIKSRUD (Ed.): Dokumentation über den Fünften Workshop "Politische Psychologie" (BDP-IÄPP). Berlin: Freie Universität Berlin, 1984.

QUAST, H. H.: Ereigniskorrelate emotionaler Zustände in der Postadoleszenz. In: A. STIKSRUD & F. WOBIT: Adoleszenz und Postadoleszenz. Beiträge zur angewandten Jugendpsychologie. Frankfurt: Fachbuchhandlung für Psychologie, 1985.

QUAST, H.-H. & SCHWARZER, R.: Social Support and Stress: Theoretical Perspectives and Selected Empirical Findings. In: SCHWARZER, R. (Ed.): The self in anxiety, stress and depression. Amsterdam: North-Holland, 1984, 234–263.

REITZ, G.: Die Rolle der Frau und die Lebensplanung von Mädchen. München: Juventa, 1974.

REYKOWSKI, J.: Motivation of prosocial behavior. In: V. J. DERLEGA & J. GRZELAK (Eds.), Cooperation and helping behavior. Theories and research. New York: Academic Press, 1982, 357–376.

REMMERS, H. H.: Cross-cultural Studies of Teenagers Problems. In: Journal of Educational Psychology, 53, 1963, 254–261.

RHEINBERG, F.: Bezugsnormen und die Wahrnehmung eigener Tüchtigkeit. In S.-H. FILIPP (Ed.), Selbstkonzeptforschung. Stuttgart: Klett–Cotta, 1979, 237–252.

RHEINBERG, F.: Leistungsbewertung und Lernmotivation. Göttingen: Hogrefe, 1980.

RHEINBERG, F. (Ed.): Bezugsnormen zur Schulleistungsbewertung. Jahrbuch für Empirische Erziehungswissenschaften 1982. Düsseldorf: Schwann, 1982.

RICE, F. P.: The adolescent. Development, relationships, and culture. Boston: Allyn and Bacon, 1978(2).

RIEGEL, K. F.: Toward a dialectical theory of development. In: Human Development 1975, 18, 50–64.

RIEGEL, K. F.:Grundlagen der dialektischen Psychologie.Stuttgart: 1980.

RODIN, J.: Behavioral medicine: beneficial effects of self control training in aging. Intern. Review of Applied Psychology 32, 1983, 153–181.

ROLL, E. J.: Psychologist's conflicts about the inevitability of conflict during adolescence: an attempt at reconciliation. Adolescence, 1980, 15, 661–670.

ROMMETVEIT, R.: On "meanings" of acts and what it meant and made known by what is said in a pluralistic social world. In: BRENNER, M. (Ed.): The structure of action. Oxford: Blackwell, 1980, p. 108–149.

ROSENBERG, M.: Conceiving the self. New York: Basic Books. 1979, 99–127.

ROTH, H., SÜLLWOLD, F. & BERG, M.: Problemfragebogen für Jugendliche, Göttingen: 1967.

RUDINGER, G.: Tendenzen und Entwicklungen entwicklungspsychologischer Versuchsplanung – Sequenzanalysen. Psych. Rundschau, 1981, 118–136.

SARASON, I. G.: Test anxiety, worry, and cognitive interference. In R. SCHWARZER (Ed.): Self-Related Cognitions in Anxiety and Motivation. Hillsdale: Erlbaum, 1984.

SCHAIE, K. W.: A general developmental model for the study of developmental problems. Psych. Bull. 64, 1965, 92–107.

SCHAIE, K. W. & BALTES, P. B.: On sequential strategies in developmental research: Description or explanation. Human Development 18, 1975, 384–390.

SCHAIE, K. W. & QUAYHAGEN, M.: Aufgaben einer Pädagogischen Psychologie des mittleren und höheren Lebensalters. In: BRANDTSTÄDTER, J., REINERT, G. & SCHNEEWIND, K. A. (Ed.): Pädagogische Psychologie: Probleme und Perspektiven. Stuttgart: Klett-Cotta, 1979, 497–524.

SCHELSKY, H.: Kritik der austeilenden Gerechtigkeit. In: BAIER, H. u.a. (Hrsg.): Öffentliche Meinung und sozialer Wandel. Opladen: Westdeutscher Verlag, 1981, 304–315.

SCHENK-DANZINGER, L. & THOMAE, H. (Hrsg.): Gegenwartsprobleme der Entwicklungspsychologie. Göttingen: Hogrefe, 1963.

SCHLENKER, B. R. & LEARY, M. R.: Social anxiety and self-presentation: A conceptualization and model. Psychological Bulletin, 92, 1982, 641–669.

SCHMALT, H.-D.: Two concepts of fear of failure motivation. In: R. SCHWARZER, H. M. VAN DER PLOEG & C. D. SPIELBERGER (Eds.): Advances in test anxiety research (Vol. 1). Lisse/Hillsdale, N.Y.: Swets & Zeitlinger/Erlbaum, 1982, 45–52.

SCHMEDING-WIEGEL, H. & SEITZ, B.: Untersuchungen zur "Problemökologie": Berufsbezogene intellektuelle Problem- und Anforderungssituationen bei Auszubildenden. Unveröff. Arbeitsbericht des FPS "Produktives Denken/Intelligentes Verhalten", Berlin: 1981.

SCHMIDT, J. U.: Berliner Lehrlingsuntersuchung 1982. Arbeitsbericht 3 des FPS "Produktives Denken/Intelligentes Verhalten". Berlin: 1983.

SCHMIDT, J. U.: Simultane Überprüfung der Zweimodalität im Berliner Intelligenzstrukturmodell. Diagnostica, 1984, 30, 93–103.

SCHNEIDER, K.: Leistungsmotiviertes Verhalten als Funktion von Motiv, Anreiz und Erwartung. In: SCHMALT, H.-D. & MEYER, W.-U. (Hrsg.): Leistungsmotivation und Verhalten. Stuttgart: Klett, 1976, 33–59.

SCHÖNPFLUG, U.: Psychologie des Erst- und Zweitspracherwerbs, Stuttgart: Kohlhammer, 1977.

SCHÖNPFLUG, U.: Theoretische Verarbeitung fremdkultureller Handlungsdimensionen und das Kriterium Zeitbewußtsein u.v. Arbeitspapier, Berlin: 1984.

SCHÖNPFLUG, W.: Regulation und Fehlregulation im Verhalten. I. Verhaltensstruktur, Effizienz und Belastung – theoretische Grundlagen eines Untersuchungsprogramms. In: Psych. Beiträge, 21, 1979, 174–202.

SCHÖNPFLUG, W.: Coping efficiency and situational demands. In: HOCKEY, R. (Ed.) Stress and fatigue in human performance. Chichester, 1983.

SCHRADER, A. NIKLES, B. W. & GRIESE, H. M.: Die Zweite Generation. Sozialisation und Akkulturation ausländischer Kinder in der Bundesrepublik. Königstein/Ts.: Athenäum, 1979(2).

SCHÜTZ, A. und LUCKMANN, T.: Strukturen der Lebenswelt. Neuwied: Luchterhand, 1975.

SCHWARTZ, S. H., & HOWARD, J.: Helping and cooperation: A self-based motivational model. In: V. J. DERLEGA & J. GRZELAK (Eds.), Cooperation and helping behavior. Theories and research. New York: Academic Press, 1982, 328-356.

SCHWARZER, C.: Kritische Lebensereignisse und psychosoziale Merkmale bei älteren Mitbürgern. In: OLECHOWSKI, R. (Hrsg.): Der Beitrag der empirischen Erziehungswissenschaft zur Praxisverbesserung von Schule, Unterricht und Erziehung. Braunschweig: Braunschweiger Studien zur Erziehungs- und Sozialarbeitswissenschaft, 1983, 221-228.

SCHWARZER, R.: Bezugsgruppeneffekte in schulischen Umwelten. Zeitschrift für empirische Pädagogik, 3, 1979, 153-166.

SCHWARZER, R.: Streß, Angst und Hilflosigkeit, Stuttgart: Kohlhammer, 1981.

SCHWARZER, R. (Ed.): Self-related cognitions in anxiety and motivation. Hillsdale, N. J.: Erlbaum, 1985.

SCHWARZER, R. & ARZOZ, J.: Die psychosoziale Verfassung von Ausländerkindern in integrierten und nationalen Schulen, in: Zeitschrift der Pädagogik, 26, 1980, 877-893.

SCHWARZER, R. & JERUSALEM, M.: Selbstkonzeptentwicklung in schulischen Bezugsgruppen eine dynamische Mehrebenenanalyse. Zeitschrift für personenzentrierte Psychologie und Psychotherapie, 2, 1983, 79-87.

SCHWARZER, R., JERUSALEM, M. & STIKSRUD, H. A.: The developmental relationship between test anxiety and helplessness. In: PLOEG, H. M. van der, SCHWARZER, R. & SPIELBERGER, C. D. (Eds.): Advances in Test Anxiety Research (Vol. 3). Lisse/Hillsdale: Swets & Zeitlinger/Erlbaum, 1984.

SCHWARZER, R. & LANGE, B.: Zur subjektiven Lernumweltbelastung von Schülern. Unterrichtswissenschaft, 8, 358-371.

SCHWARZER, R., LANGE, B. & JERUSALEM, M.: Selbstkonzept und Ängstlichkeit bei deutschen und ausländischen Grundschülern. In: Unterrichtswissenschaft, 2, 1981, S. 112-119.

SCHWARZER, R., LANGE, B. & JERUSALEM, M.: Die Bezugsnorm des Lehrers aus der Sicht des Schülers. In: RHEINBERG, F. (Ed.): Bezugsnormen zur Schulleistungsbewertung. Jahrbuch für Empirische Erziehungswissenschaft 1982. Düsseldorf: Schwann, 1982, 161-172.

SCHWEFLINGHAUS, W.: Selektive Reproduktion als Index wertbereichsbezogener Selbstschemata bei Jugendlichen. Bochum: 1982.

SCHWEMMER, O.: Verstehen als Methode. Vorüberlegungen zu einer Theorie der Handlungsdeutung. In: MITTELSTRASS, J. (Ed.): Methodenprobleme der Wissenschaften vom gesellschaftlichen Handeln. Frankfurt a. M.: Suhrkamp, 1979, 13-45.

SCHWEMMER, O.: Aspekte des Handelns und seiner Probleme. Zur Aufgabenstellung praktischer Wissenschaften. In: KEMPF, W. & ASCHENBACH, G. (Ed.): Konflikt und Konfliktbewältigung. Bern: Huber, 1981.

SEARS, P. S.: Self-concept in the service of educational goals. Journal of Instructional Improvement, 6, 1963, 3-12.

SELIGMAN, M. E. P.: Helplessness. San Francisco: Freeman, 1975.

SEMMER, N.: Streßbezogene Tätigkeitsanalyse. Weinheim 1984.

SEMMER, N., GREIF, S.: Zur Funktion qualitativer und quantitativer Methoden der Tätigkeitsanalyse. In: FREI, F. & ULICH, E. (Hrsg.): Beiträge zur psychologischen Arbeitsanalyse. Schriften zur Arbeitspsychologie (hg. von E. ULICH), Nr. 31, Bern 1981.

SHAVELSON, R. J., BOLUS, R. & KEESLING, J. W.: Self-concept: Recent developments in theory and methods. In: PAYNE, D. A. (Ed.): New directions for testing and measurement (Vol. 7). Washington: Jossey-Bass, 1980, p. 25-43.

SHAVELSON, R. J. & BOLUS, R.: Self-concept: The interplay of theory and methods. Journal of Educational Psychology, 74, 1982, 3-17.

SHAVELSON, R. J., HUBNER, J. J. & STANTON, J. C.: Self-concept: Validation of construct interpretations. Review of Educational Research, 46, 1976, 407-441.

SIEGERT, M. T.: Adoleszenzkrise und Familienumwelt. Frankfurt: Campus, 1979.

SILBEREISEN, R. K.: Handlungstheoretische Perspektiven für die Beratung jugendlicher Drogenabhängiger. In: BRANDTSTÄDTER, J. & GRÄSER, H. (Ed.): Entwicklungsberatung unter dem Aspekt der Lebensspanne. Göttingen: Hogrefe (im Druck).

SILBEREISEN, R. K. & ZANK, S.: Development of self-related cognitions in adolescents. In : R. SCHWARZER (Ed.). The self in anxiety, stress, and depression. Amsterdam:ESP North Holland, 1984.

SPECHT, W.: Die Schulklasse als soziales Beziehungsfeld altershomogener Gruppen. Unveröff. Dissertation. Universität Konstanz: 1982.

SPIELBERGER, C. D.: Test Anxiety Inventory. Preliminary professional manual. Palo Alto, Ca.: Consulting Psychologists Press, 1980.

SPIELBERGER, C. D., GORSUCH, R. L. & LUSHENE, R.: STAI Manual for the

State–Trait Anxiety Inventory ("Self–Evaluation Questionnaire"). Consulting Psychologists Press, Palo Alto, California, 1970.

SPIVACK, G. & LEVINE, M.: Self–regulation in acting–out and normal adolescents. Devon, Pa.: Devereux Foundation, 1963.

SPSS 8: Statistik–Programm–System für die Sozialwissenschaften. Stuttgart: Gustav Fischer Verlag, 1980.

StaBu 1983: STATISTISCHES BUNDESAMT (Hsrg.): Strukturdaten über Ausländer in der Bundesrepublik Deutschland. Mainz: Kohlhammer, 1983.

StaLaBe 1982: STATISTISCHES LANDESAMT BERLIN (Hrsg.): Melderechtlich registrierte Ausländer in Berlin (West) am 30. Juni 1982. Daten aus dem Einwohnerregister.(1982).

StaLaBe 1983: STATISTISCHES LANDESAMT BERLIN (Hrsg.): Melderechtlich registrierte Einwohner in Berlin (West) am 30. Juni 1983. Zahlen aus dem Einwohnerregister. (1983).

STEGMÜLLER, W.:Hauptströmungen der Gegenwartsphilsophie. Band 2. Stuttgart: Kröner, 1975.

STEGMÜLLER, W.: Neue Wege der Wissenschaftsphilosophie. Berlin: Springer, 1980.

STEPHAN, E., FISCHER, M. & STEIN, F.: Self–related cognitions in test anxiety research: An empirical study and critical conclusions. In: R. SCHWARZER, H. M. VAN DER PLOEG & C. D. SPIELBERGER (Eds.): Advances in test anxiety research (Vol. 2). Lisse/Hillsdale, N. Y.: Swets & Zeitlinger/Erlbaum, 1983.

STIKSRUD, H. A.: Pragmatische Validierung eines diagnostischen Verfahrens zur Erfassung von Werthierarchien. Zeitschrift für experimentelle und angewandte Psychologie, 26, 1979, 341–354.

STIKSRUD, H. A.: Der 'Kinderwunsch' als Gegenstand der Motivforschung. In: DER BUNDESMINISTER FÜR JUGEND, FAMILIE & GESUNDHEIT (Hrsg.). Der Kinderwunsch in der modernen Industriegesellschaft. Schriftenreihe des BMJFG (Vol. 81). Stuttgart: Kohlhammer, 154–164.

STIKSRUD, H. A. (Hrsg.): Jugend und Werte. Aspekte einer politischen Psychologie des Jugendalters. Weinheim: Beltz, 1984.

STIKSRUD, H. A.: Gibt es einen Generationen–Dissens? Empirische Untersuchungen zu Wertrangdiskrepanzen bei Personen unterschiedlichen Alters. In: Zeitschrift für experimentelle und angewandte Psychologie, 31, 1984.

STIKSRUD, H.A. & MARGRAF, J.: Familien mit drogenabhängigen Jugendlichen. Praxis der Kinderpsychologie und Kinderpsychiatrie 31, 7, 1982, 271–277.

STIKRUD, H.A. & WOBIT, F.: Wertekonfrontation: Darstellung einer personenzentrierten Intervention. In: Zeitschrift für personenzentrierte

Psychologie und Psychotherapie, 2, 1983, 49-58.

SÜLLWOLD, F.: Bedingungen und Gesetzmäßigkeiten des Problemlösungsver-
haltens. In: C. F. GRAUMANN (Hrsg.): Denken (S. 273-295). Köln: Kiepenheuer & Witsch, 1969.

SÜLLWOLD, F.: Empirische Untersuchungen über die Sorgen und Probleme
von Jugendlichen in Deutschland und den USA. In: Psychologische
Rundschau, 10, 1959, 49-66.

SÜLLWOLD, F.: Begriff und Bedeutung subjektiver Hierarchien. In:
Zeitschr. f. exp. u. angew. Psychol., 24, 1977, 1, 107-128.

SUPER, D. E.: The psychology of careers. New York: Harper & Row, 1957.

SUPER, D. E., STARISHEVSKY, R., MATLIN, N. & JORDAAN, J. P.: Career development: Self-concept theory. Princeton, N. J.: Collage Entrance
Examination Boards, 1963.

TENBRUCK, F. H.: Zur Kritik der planenden Vernunft. Freiburg: Alber,
1972.

TOMASZEWSKI, T.: Tätigkeit unnd Bewußtsein. Weinheim: Beltz, 1978.

TORRES-MATRILLO, C. M.: Acculturation, Sex-Role Values and Mental
Health Among Mainland Puerto-Ricans. In: PADILLA, A. M.: Acculturation, theory, models and some new findings, Colorado, 1980.

TROMMSDORFF, G.: Future Orientation and Socialization. International
Journal of Psychology 18, 381-406.

TROMMSDORFF, G., BURGER, Ch. & FÜCHSLE, T.: Social and psychological
aspects of future orientation. Ch. 6. In: M. IRLE (ed.), Socio-
psychologival aspects of decision-making. Berlin: De Gruyter, 1982.

TROMMSDORFF, G. & LAMM, H.: Fragebogen zur Erfassung von Zukunftsorientierung. Unpublished manuscript, Sonderforschungsbereich 24, Universität Mannheim, 1976.

TUCKER, L. R. & LEWIS, C. A.: A reliability coefficient for maximum
likelihood factor analysis. Psychometrika, 38, 1973, 1-10.

VOLPERT, W.: Handlungsstrukturanalyse als Beitrag zur Qualifikations-
forschung. Köln: Pahl-Rugenstein, 1974.

VOLPERT, W.: Der Zusammenhang zwischen Arbeit und Persönlichkeit aus
handlungstheoretischer Sicht. In: Peter GROSKURTH (Hrsg.): Arbeit
und Persönlichkeit: berufliche Sozialisation in der arbeitsteiligen
Gesellschaft. Reinbeck bei Hamburg 1979.

WAGNER, H.: Bezugsnormspezifische Lehrerunterschiede im Urteil von
Schülern. In: RHEINBERG, F. (Ed.): Bezugsnormen zur Schulleistungs-

bewertung. Jahrbuch für Empirische Erziehungswissenschaft 1982. Düsseldorf: Schwann, 1982, 173-191.

WASNA, M.: Motivation, Intelligenz und Lernerfolg. München: Kösel, 1972.

WEINER, B.: The emotional consequences of causal attributions. In: CLARK, M. S. & FISKE, S. T. (Ed.): Affect and cognition. the Seventeenth Annual Carnegie Symposium on Cognition. Hillsdale, N. J.: Erlbaum, 1982, 185-209.

WEINERT, A.: Lehrbuch der Organisationspsychologie. Menschliches Verhalten in Organisationen. München, Wien, Baltimore 1981.

WEINERT, F. E.: Über die mehrfache Bedeutung des Begriffs 'entwicklungsangemessen' in der pädagogisch-psychologischen Theorienbildung. In: BRANDTSTÄDTER, J., REINERT, G. & SCHNEEWIND, K. A. (Hrsg.). Pädagogische Psychologie: Probleme und Perspektiven. Stuttgart: Klett-Cotta, 1979, 181-207.

WERBICK, H.: Handlungstheorien. Stuttgart: Kohlhammer, 1978.

WESLEY, F. & KARR, Ch.: Vergleiche von Ansichten und Erziehungshaltungen deutscher und amerikanischer Mütter. Psychologische Rundschau, 19, 1968, 35-46.

WHITBOURNE, S. K. & WEINSTOCK, C. S.: Die mittlere Lebensspanne. Entwicklungspsychologie des Erwachsenenalters. München: Urban & Schwarzenberg, 1982.

WHITE, R. W.: Strategies of adaptation: An attempt at systematic description. In: COELHO, G. V., HAMBURG, D. A. & ADAMS, J. E. (Eds.) Coping and adaptation. New York: Basic Books, 1974, 47-68.

WIECZERKOWSKI, W., NICKEL, H., JANOWSKI, A., FITTKAU, B. & BAUER, W.: AFS. Handanweisung für die Durchführung, Auswertung und Interpretation. Georg Westermann Verlag, Braunschweig. Verlag für Psychologie, Dr. C. J. Hogrefe, Göttingen: 1973.

WIECZERKOWSKI, W., NICKEL, H., JANOWSKI, A., FITTKAU, B. & RAUER, W.: Angstfragebogen für Schüler. Braunschweig: Westermann, 1974.

WILLIAMS, F.: Adolescence - Studies in Mental Hygiene. New York: Farrar & Rinehart. zit. nach HAVIGHURST, R. J. (1953) Human development and education. New York: Longmans & Green, 1930.

WILSON, G. D.: The psychology of conservatism. London: Academic Press. 1973.

WINE, J. D.: Cognitive-attentional theory of test anxiety. In: SARASON, I. G. (Ed.): Test anxiety. Hillsdale, N. J.: Erlbaum, 1980, 349-385.

WINNUBST, J. A. M.: Het westerse tijdssyndroom. Conceptuele integratie en eerste aanzet tot construct validatie van een reeks molaire tijdsvariabelen in de psychologie. Nijmegen: Stichting Studenten-

230

press, 1975.

WISWEDE, G.: Motivation und Arbeitsverhalten. München: Reinhardt, 1980.

WIT, J. de & VEER, G. van der: Psychologie des Jugendalters. Donauwörth: Auer, 1982.

WORTMAN, C. B. & BREHM, J. W.: Responses to uncontrollable outcomes: An integration of reactance theory and the learned helplessness model. In: BERKOWITZ, L. (Ed.): Advances in experimental social psychology. Vol. 8. New York: Academic Press, 1975, 278-336.

YOUNISS, J.: Parents and Peers in Social Development. Chicago: University of Chicago, 1980.

ZAPF, D.,BAMBERG, E., DUNCKEL, H., FRESE, M., GREIF, S.(Projektleiter), MOHR, G., RÜCKERT, D., SEMMER, N.: Dokumentation der Skalen des Forschungsprojekts "Psychischer Stress am Arbeitsplatz - Hemmende und fördernde Bedingungen für humanere Arbeitsplätze". Bonn: BMFT, Projektträger Humanisierung des Arbeitslebens, Kennzeichen 01 VD 177-ZA-TAP 0016, 1983.

ZEITSCHRIFT FÜR KULTURAUSTAUSCH (1981) 3, 339. zit. nach DER SENATOR FÜR GESUNDHEIT, SOZIALES UND FAMILIE - Ausländerbeauftragter (Hrsg.) (1984(3)) Miteinander leben. Ausländerpolitik in Berlin. Berlin (W): Senatsdrucksache.

ZIEHE, T.: Pubertät und Narzißmus. Sind Jugendliche entpolitisiert? Frankfurt: Europäische Verlagsanstalt, 1979.

ZUCKERMAN, M.: The development of an Affect Adjective List for the measurement of anxiety. J. cons. psychol. 1960, 24, 5, 457-462.

ZURCHER, L. A. Jr., WILLIS, J. E., IKARD, F. F. & DOHME, J. A.: Dogmatism, future orientation, and perception of time. Journal of Social Psychology, 1967, 73, 205-209.

Autorenverzeichnis

Sachverzeichnis

Angaben zu den Autoren

BACKES, Herbert, Dipl.Psychologe, geb. 1958 in Trier,
Tätigkeit: Promotionsstudium an der FU Berlin. Derzeitige thematische Schwerpunkte: Entwicklungsaufgaben und Entwicklungsergebnisse
in der Adoleszenz

BRIECHLE, Ralf, Dr. phil., Dipl.-Soz., geb. 1946 in Ottobeuren,
Tätigkeit: Wiss. Ang. im SFB 23/Bildungsforschung, Universität Kon-
stanz. Derzeitige thematische Schwerpunkte: Entwicklung sozialer
Kompetenzen von Jugendlichen

BRANDTSTÄDTER, Jochen, Prof. Dr., geb. 1943 in Essen/Ruhr,
Tätigkeit: Professor für Psychologie, Fachbereich I (Psychologie),
Universität Trier. Derzeitige thematische Schwerpunkte: Entwick-
lungskontrolle und Entwicklungserleben im Erwachsenenalter; Methoden
der Interventions- und Evaluationsforschung

BRUNKE, Christiane, Dipl.-Psych., geb. 1958 in Berlin,
Tätigkeit: Promotionsstipendiat am Max-Planck-Institut für Bildungsforschung Berlin. Derzeitige thematische Schwerpunkte: frühkindliche
Sozialisation in der Familie, Intelligenz- und Persönlichkeitsentwicklung im (Vor-) Schulalter

CHRIST, Ursula, Dipl.-Päd., geb. 1955 in Frankfurt am Main,
Tätigkeit: wiss. Hilfskraft m.A. am Institut für Pädagogische Psychologie an der Universität Frankfurt am Main. Derzeitige thematische Schwerpunkte: Jugendpsychologie

DeVOL, Don M., Dr.phil.,Dipl.-Psych., geb.1952 in Zanesville, Ohio,USA,
Tätigkeit: wiss. Assistent am Forschungsinstitut für Arbeitsphysiologie an der Universität Dortmund. Derzeitige thematische Schwerpunkte: Beanspruchungsanalysen in Zusammenhang mit Wachsystemen auf
Handelsschiffen

DITTMANN-KOHLI, Freya, Dr., Dipl.-Psych., geb. 1942 in Berlin,
Tätigkeit: wiss. Mitarbeiterin am Max-Planck-Institut für Bildungsforschung. Derzeitige thematische Schwerpunkte: Entwicklungspsychologie des Erwachsenenalters und Alters, insbesondere intellektuelle
Entwicklung und Weisheit

DREHER, Eva, Dr.phil., Dipl.Psychologe, geb. 1944 in Dillingen/D.,
Tätigkeit: Akad. Rat, Psychologisches Institut der Universität München. Derzeitige thematische Schwerpunkte: Jugendpsychologie

DREHER, Michael Dr.phil., Dipl.Psychologe, geb. 1942 in Augsburg,
Tätigkeit: Akad. Rat, Psychologisches Institut der Universität München. Derzeitige thematische Schwerpunkte: Jugendpsychologie

DUNCKEL, Heiner, Dr.phil., Dipl.Psychologe, geb.1954 in Hamburg,
Tätigkeit: wiss. Mitarbeiter am Institut für Psychologie der FU Berlin. Derzeitige thematische Schwerpunkte: Stress, Berufliche Sozialisation, Psychologische Handlungstheorien.

HAUTZINGER, Martin, Dr.phil., Dipl.Psychologe, geb. 1950, Frankenbach,
Tätigkeit: Hochschulassistent am Psychologischen Institut der Universität Konstanz. Derzeitige thematische Schwerpunkte: Depressionsforschung.

HERRMANN, Claudia, Dipl.Psychologe, geb. 1954 in Bayreuth,
Tätigkeit: wiss. Mitarbeiter im Institut für Psychologie an der FU Berlin. Derzeitige thematische Schwerpunkte: Sozialpsychologische Aspekte von Stress, Depression und Coping.

HÖRMANN, Hans-Jürgen, Dipl.-Psych., geb. 1954 in Berlin,
Tägigkeit: wissenschaftlicher Mitarbeiter an der Freien Universität Berlin. Derzeitige thematische Schwerpunkte: Entwicklung des Selbstkonzepts; Analyse kognitiver Repräsentationen von Person und Situation; Methodenprobleme der Entwicklungspsychologie

JERUSALEM, Matthias, Dr.phil., Dipl.Psychologe, geb. 1952 in Aachen,
Tätigkeit: Wissenschaftlicher Mitarbeiter, Institut für Psychologie der Freien Universität Berlin. Derzeitige thematische Schwerpunkte: Selbstkonzeptentwicklung, Migranten, experimentelle Motivationspsychologie

LIEPMANN, Detlev, Prof. Dr. phil., geb. 1942 in Berlin,
Tätigkeit: Professor für Psychologie, Schwerpunkt: Arbeits- und Organisationspsychologie Institut für Psychologie der Freien Universität Berlin. Derzeitige thematische Schwerpunkte: Jugendliche Arbeitnehmer, Zukunftsorientierung, Struktur- und Kontextparameter in Organisationen

NIEDER, Anita, Dipl.-Psych., geb. 9.5.1954 in Bexbach,
Tätigkeit: wiss. Mitarbeiterin. Derzeitige thematische Schwerpunkte: Umweltkognitionen, Moralisches Urteil, Weibliche Identität

PEZARO, Angelika, Dipl.-Psch., geb. 1954 in Ludwigshafen,
Tätigkeit: wiss. Mitarbeiterin an der Sozialpsychologischen Forschungsstelle für Entwicklungsplanung, Saarbrücken. Derzeitige thematische Schwerpunkte: Normative Konflikte bei eritreischen Flüchtlingsfrauen im Sudan

PFEIFFER, Horst, Prof. Dr. phil., Dipl.-Psch. geb. 1929 in Beilstein,
Tätigkeit: Professor für Pädagogische Psychologie an der Universität Frankfurt/Main. Derzeitige thematische Schwerpunkte: Jugendforschung

PLAUM, Ernst, Prof. Dr.rer.nat., Dipl.-Psych., geb. 1940 in Hammelburg,
Tätigkeit: Professor für Entwicklungs- und Pädagogische Psychologie, Katholische Universität Eichstätt. Derzeitige thematische Schwerpunkte: Leistungsmotivationsforschung, Grundprobleme der Psychodiagnostik

QUAST, Hans-Henning, Dipl.-Psych., geb. 1955 in Güstrow,
Tätigkeit: Wissenschaftlicher Mitarbeiter am Institut für Psychologie der Freien Universität Berlin. Derzeitige thematische Schwerpunkte: Selbstkonzept, Stress, Angst

SCHMIDT, Jens U., Dr. phil., Dipl.-Psych., geb. 1952 in Leipzig,
Tätigkeit: wissenschaftlicher Mitarbeiter am Institut für Psychologie der Freien Universität Berlin. Derzeitige thematische Schwerpunkte: Berliner Intelligenzstrukturmodell, Persönlichkeits- und Interessenmessung

SCHWEFLINGHAUS, Wolfgang, Dr. phil. Dipl.-Psych., geb. 1946 in Siegen,
Tätigkeit: wiss. Assistent am Forschungsinstitut für Arbeitsphysiologie an der Universität Dortmund. Derzeitige thematische Schwerpunkte: Belastung, Beanspruchung im Bereich Nacht- und Schichtarbeit

STIKSRUD, Hans-Arne, Dr.phil., Dipl.Psychologe, Geb. 1944 in Nordrach,
Tätigkeit: Hochschulassistent am Institut für Psychologie der FU Berlin. Derzeitige thematische Schwerpunkte: Sozialisation und Intervention in der Adoleszenz

WOBIT, Frauke, Dipl.Psychologe, geb. 1941 in Breslau,
Tätigkeit: Promotionsstudium an der FU Berlin. Derzeitige thematische Schwerpunkte: Jugend- und Ausländerkriminalität; Kausalattribution und Veränderungsmotivation

ZAPF, Dieter, Dipl.Psych. geb. 1955 in Pilgramsreuth,
Tätigkeit: wiss.Mitarbeiter am Institut für Psychologie der FU Berlin. Derzeitige thematische Schwerpunkte: Stress, Berufliche Sozialisation, Soziale Kompetenzen.